全国高职高专旅游管理专业系列规划教材

中国旅游地理

（第二版）

主　编　佟　蔚
副主编　胡勇兵

WUHAN UNIVERSITY PRESS
武汉大学出版社

图书在版编目(CIP)数据

中国旅游地理/佟蔚主编;胡勇兵副主编.—2版.—武汉:武汉大学出版社,2013.3

全国高职高专旅游管理专业系列规划教材

ISBN 978-7-307-10324-5

Ⅰ.中…　Ⅱ.①佟…　②胡…　Ⅲ.旅游地理学—中国—高等职业教育—教材　Ⅳ.F592.99

中国版本图书馆CIP数据核字(2012)第281349号

责任编辑:柴　艺　　责任校对:黄添生　　版式设计:韩闻锦

出版发行:**武汉大学出版社**　(430072　武昌　珞珈山)

(电子邮件:cbs22@whu.edu.cn 网址:www.wdp.com.cn)

印刷:湖北民政印刷厂

开本:787×1092　1/16　印张:14　字数:321千字　插页:1

版次:2006年1月第1版　　2013年3月第2版

2013年3月第2版第1次印刷

ISBN 978-7-307-10324-5/F·1733　　定价:26.00元

前 言

随着社会和经济的不断发展，旅游已成为当今社会一种重要的文化生活方式，旅游的人数越来越多，旅游也成为世界上最大、最有发展前途的产业之一。我国旅游业虽然起步较晚，但发展速度快，成绩喜人，不过我国的旅游资源优势还未充分发挥出来，旅游产品还不够成熟。这就需要全体旅游从业人员在充分了解我国旅游资源、旅游环境条件的基础上做出努力，掌握中国旅游地理知识对从事旅游业的人员具有重要意义。

我国目前的高等职业教育旅游教材虽然种类较多，但大多数是以普通高等教育的教材为蓝本编写的，和高职学生的层次有一定差距。基于此，我们以深入浅出、生动实用为指导思想，参考了多本同类教材，在借鉴国内已出版的有关中国旅游地理著述的基础上，以旅游资源为基础，力争在有限的教学时间内给学生提供更适用、更便于掌握的中国旅游地理知识。为此，本书在编写过程中力图做到：

1. 进一步明确学习和研究中国旅游地理的目的、任务和方法。

2. 注意旅游资源的分类和分类的实用性。

3. 在分区部分采用旅游线路的形式对各省（区）、市的旅游资源进行串联介绍，力争使学生对全国各著名景区、景点有较深印象。

本书内容分为旅游地理总论和旅游地理分区两大部分。具体内容分为十一章，前三章为总论部分，后八章为分区部分。总论部分主要介绍中国旅游资源地理，分区部分以各省（区）、市旅游线路的形式对旅游景点进行介绍。本书以中国地域为对象，全面介绍了我国旅游资源形成的环境、特点、分布及其发展规律、开发利用前景，适合高职学生的层次水平。

本书由佟蔚担任主编，胡勇兵担任副主编，参加编写的有佟蔚、杨组高、黄美忠、胡勇兵，全书由佟蔚统稿。

本书在编写过程中，得到了武汉大学出版社的大力支持，在此表示深切的谢意。

由于时间和水平有限，错误和疏漏在所难免，希望得到广大读者的指正。

目 录

第1章 绪 论

第一节 旅游与地理

一、旅游与地理的关系

旅游是一种复杂的社会现象，是人类在一定地理空间上的短时间的迁移活动，因此，旅游与地理是紧密联系在一起的。

"旅游几乎没有哪个方面与地理无关，地理也几乎没有哪个部分无助于研究旅游现象"。① 人类的旅游活动由来已久，可以追溯到远古时代。在古代，人们的地理知识主要来自于旅游，但古代的旅游活动仅限于诸如帝王巡游天下、文人漫游求学、高僧云游求经、商人经营求利等。虽然这些只是极少数人的出游活动，但就是在这些有限的出游活动中，人们也总结出了地理知识。如意大利人马可·波罗游历中国后写成的《马可·波罗游记》，我国明代伟大的地理学家徐宏祖游历名山大川、历时34年写成的《徐霞客游记》，都是通过自身的旅游活动来积累地理知识的。

旅游，作为人类追求精神与物质享受相结合的一种满足途径，是以在不同地理环境下的审美经历与体验为主要内容的。旅

① ［美］M. 马特勒. 国际旅游地理. 黄国英，译. 郑州：河南人民出版社，1984：89.

游活动是以旅游者在地理环境中的空间流动为基础的，旅游活动的异地性和空间流动性是区别于其他休闲活动最根本的特征，旅游的全部复杂性都是在一定的地理环境里表现出来的，旅游取决于一系列的地理、气候、地形和居民等因素，这决定了旅游与地理环境的紧密联系。

二、旅游地理学的性质与研究内容

目前，在我国地理学界和旅游学界，就旅游地理学的研究对象而言，比较有影响的说法是：旅游地理学是一门研究旅游现象与地理环境和社会经济发展之间相互关系的新兴学科，是属于人文地理学的一门分支学科。

旅游地理学是适应大众旅游和旅游产业发展的需要而产生的。它应用地理学的理论知识，开展以区域旅游开发为中心的科学研究，在旅游资源的评价、旅游地的规划、旅游容量的估算、旅游设施的配置等方面取得了积极的成果，并已经运用到实践中去。旅游从其社会性质来讲，是一种社会经济和文化活动。旅游地理学以旅游为基础，研究人类旅游活动与地理环境的关系。旅游业的综合性，决定了旅游地理学的综合性，它除了以地理学的理论知识为基础以外，还涉及许多学科领域，如历史、宗教、民族、园林、建筑、环境、文学艺术等方面。因此，旅游地理学同时具有地理学科属性、应用学科属性和边缘学科属性。

旅游地理学是有关地理和旅游方面综合性的应用学科，其研究内容必定是与旅游业发展有着密切关系的地理方面的问题。具体来说，旅游地理学的研究内容包括旅游客源的研究，即旅游的起因及其产生的地理背景、旅游者的地域分布及其移动规律；旅游资源的研究，即旅游资源的评价、界定、分类与开发利用论证；区域旅游发展规划的制定，即旅游区（点）布局与规划建设方案的制定、旅游路线设计等；旅游开发的区域影响研究，即旅游业发展对地域经济综合体形成的影响等；旅游信息系统与旅游地图的研究，即旅游信息系统的建立和运用、旅游地图的绘制等。

第二节　旅游资源与地理环境

旅游资源是旅游业赖以生存和发展的基本前提，是旅游活动的客体。旅游资源的形成是以地理环境的差异性为基本条件的，这是因为地理环境如果无差别，将不会形成吸引力，也就不会形成旅游资源。因此可以说，无论是何种旅游资源，必然存在于一定的地理环境中。旅游资源应当是能够吸引游客前来消费的吸引物，凡是能够吸引旅游者进行各种旅游活动的自然和社会因素均可称为旅游资源。换句话说，凡是能吸引旅游者并为他们带来知识、乐趣或享受的客体或劳务，都属于旅游资源的范畴。

一、旅游资源的概念

旅游资源的核心是它的旅游吸引功能，因此，凡能为旅游者提供游览观赏、休养度假、娱乐休息、探险猎奇、考察研究、探亲访友等各种旅游功能的客体与劳务，均可称为旅游资源。另一种提法认为：凡是能够直接使旅游者产生旅游动机、实施旅游行为，并能为旅游业所利用，产生一定经济、社会与环境效益的任何旅游地吸引性因素，都可作为旅游资源。

从以上种种提法不难看出，各种旅游资源的概念有一个共同点，即能吸引游客的一切因素，称为旅游资源。这说明旅游资源的范围相当广泛，内容十分庞杂。不同地区其旅游资源构成不同，并且它只存在于旅游目的地，是直接用于欣赏、消遣的因素，不包括从客源地到目的地之间的以及纯接待的因素。旅游资源的多寡、特色、赋存和分布情况，直接影响一个国家和地区旅游业的发展。

二、旅游资源的形成

地理环境的地域差异性是旅游资源形成的基本条件。自然的演化、社会的变革、科技的进步、文明的发展，使得地球上存在着千变万化的自然景观和千差万别的人文景观，这些景观就形成了旅游资源，也可称之为旅游目的地。旅游者为旅游资源所吸引，产生了旅游者到旅游资源所在地空间位置上的移动，即旅游客源地和旅游目的地之间形成空间上的相互作用，就产生旅游流现象。

（一）自然旅游资源形成的基本条件

自然旅游资源是天然生成的，是自然地理环境中景观控制因子相互作用的结果。自然旅游资源的形成与其客观存在的地理基础有着十分密切的关系。地球表层可分为岩石圈、生物圈、水圈和大气圈，人类活动所涉及的各个圈层，均可形成各类旅游资源。如岩石圈内形成地质地貌旅游资源，水圈内形成江河湖海、瀑布溪流等水景旅游资源，大气圈内形成气象气候旅游资源，生物圈内形成动植物旅游资源。同时，地球表面各组成要素在一定地域相互组合和作用的方式也各不相同，因此形成了各具特色的自然景观旅游资源。

（二）人文旅游资源形成的基本条件

人文旅游资源是人类历史遗存的并由人类创造的物质和精神财富。人文景观受历史、经济、文化、民族、地域环境等人文地理造景要素的综合影响，是社会环境综合性的景观形态表现，因此，其造景机制比自然景观更复杂。人文景观是整个人类生产、生活活动的艺术成就和文化结晶，是人类对自身发展过程科学的、历史的、艺术的概括，并体现于人文遗迹的形态、色态和整体结构，如建筑的布局美、结构美、色彩美、形态美，工程的雄奇美，作品的艺术美，历史遗迹的古朴美，革命遗址的高尚美、情操美等。

三、旅游资源的分类

旅游资源的范畴极其广泛，以至于在现代社会很难找出哪一类事物和现象一定不能作为旅游资源来使用。根据对旅游资源的研究和实际开发的需要，可将旅游资源进行以下分类。

（一）按旅游资源的属性分

按属性分类是比较常见的分类方法。旅游资源按其属性可分为自然景观旅游资源和人文景观旅游资源两大类。自然景观旅游资源是旅游的第一环境，而人文景观旅游资源是古今人类文明的劳动结晶，是人类为了生存、发展而有意识地利用自然所创造的地理景观，有着民族性和时代性的特色，也是旅游活动不可缺少的吸引物。

（二）按旅游资源的市场特性和开发现状分

旅游资源按其市场特性和开发现状可分为现实旅游资源、潜在旅游资源和人工旅游资源三类。现实旅游资源既有自然旅游资源也有人文旅游资源，它们现在正在使用中。潜在旅游资源可以是历史遗存、自然景观，也可以是一些独特的、具有吸引力的景观或风俗风情，往往具有较高的旅游价值，但目前还不具有旅游吸引力。人工旅游资源是指原来并不存在，而由人工创造的旅游资源。

（三）按旅游资源的产生分

按旅游资源的产生可分为天然赋存的、人类历史上形成的、天然和人工相结合形成的以及人工创造的四类。天然赋存的旅游资源一般都是自然生态环境；人类历史上形成的旅游资源一般包括历史文化古迹，如石刻龛窟、古建筑等；天然和人工相结合形成的旅游资源有大型园林景观及人工湖泊等；人工创造的旅游资源主要指古代寺庙、宫殿、桥梁及现代为增加旅游吸引力而建设的主题公园、人造景点等。

目前学术界较为一致的看法，也是实际运用最多的分类方法，是根据旅游资源的本体性质和成因差异所做的分类，即把自然地理环境中的旅游吸引因素划归为自然旅游资源，把人文地理环境中的旅游吸引因素划归为人文旅游资源。

自然旅游资源是由自然地理环境要素组成的自然综合体，具体可分为地貌、水体、气候、动植物等；人文旅游资源是人类为了生存、发展，有意识地利用自然而创造的地理环境，具体可分为历史古迹、宗教遗存、风俗民情、工艺美术、娱乐设施等。

自然旅游资源和人文旅游资源尽管有着较为明显的区别，但又有一定的联系。自然旅游资源尽管是天然的，但一般都经过一定的人工开发，或多或少地带有一定的人文因素；而人文旅游资源通常是在自然景观的基础上，经过人类的再创造形成的与自然景观特色相协调的景物。

四、旅游资源的分布与地理环境

地理环境的差异性是旅游资源形成的基本条件，自然旅游资源和人文旅游资源必然存在于一定的地理环境之中。

自然旅游资源主要与各地自然条件相关。各地自然环境的形成与地壳形成、大气环流等方面因素有着直接的关系，也与其地理区位有着密切的关系。这些因素决定了当地河流的水量及季节变化、山体的走向及高度、岩石风化的强弱和动植物的种类等。因此，自然旅游资源有着明显的地域性。各种自然因素之间还会相互制约和相互作用，因而某些自然旅游资源的分布会出现相互伴生或互为条件的现象。如峡谷的深度直接与流水的切割强度、岩石的软硬程度有关。同样是山地旅游资源，热带地区的山地和寒带地区的山地、沿海地区的山地和内陆地区的山地，其风景特点相差巨大；同样是水景旅游资源，由于地理位置的不同，水景的差异也相当大。如在赤道多雨地带，多汹涌澎湃的大河、雄浑壮观的瀑布、长涌不息的泉流、星罗棋布的湖泊；而在高纬度地区，其冰雪景观独具特色。从海陆的相对位置看，在相同纬度条件下，大陆的东岸和西岸自然环境大相径庭，在此环境条件下形成的自然旅游资源，无论是种类还是数量也都很不相同。如北纬30~40度的大陆西岸地区，气候多属于夏干冬湿的地中海式气候；而同纬度的东岸地区，气候则多属于夏湿冬干的亚热带湿润气候。北纬20~30度的大陆西岸地区，终年受副热带高压控制，干旱少雨，沙漠直抵海边，形成热带干旱气候，自然旅游资源多为沙漠景观，很少出现水域和生物景观；而同纬度的东岸地区终年高温多雨，自然旅游资源的种类和西海岸截然不同，多为水域和生物景观。地球上的生物分布形成了各种生物旅游资源，植物和动物是构成风景区不可缺少的重要因素。

人文旅游资源主要与人类历史有关。文物古迹的分布和人类活动有着密切的关系。人类文明发展较早、人类活动较频繁的地区，文物古迹分布的种类、数量就多。而人类在早期发展过程中，必定要寻找适合人类生活的地方居住、发展，这样就形成了地理环境较好的地方人文旅游资源分布相对就多一些。在历史上我国少数民族曾经受到压迫和排挤，少数民族多居住在比较偏远的地区，因此少数民族文化受外来文化影响较少，民族风情较好地保存下来。

可以看出，旅游资源的分布具有多样性和综合性、地域性和地带性。旅游资源并不是单独存在的，而是多种资源的相辅相成，才能组成完美的景观。一个地区的旅游资源要素种类越多，结合越紧密，综合性越强，比例越协调，其旅游吸引力就越大。如东岳泰山，就是山水、建筑、植物、石刻艺术、历史事件等各方面有机地组合在一起，才形成了我们现在所看到的一切。中国的自然风光可以总结为"北雄南秀"，这就是自然旅游资源具有地域性和地带性所造成的。

五、旅游资源的保护

旅游业的发展产生了一定的经济效益和社会效益，但是同时也产生了污染。虽说旅游业对环境的污染相对要小于其他行业的污染，但其对旅游环境和景物的污染，特别是对旅游生态系统的污染是严重的。自然界的生态平衡是长期自然选择的结果，也是比较脆弱的，旅游业无计划、盲目地开发，势必会导致自然生态平衡的破坏。

旅游环境污染表现在多个方面，如大气污染、水污染、垃圾、噪声及旅游点长期超负荷接待、无计划开发等，甘肃敦煌莫高窟就是一个典型的例子。因为旅游环境污染，莫高窟壁画加速脱落。

自20世纪70年代以来，环境保护已作为世界性的问题提上议事日程，旅游环境保护可以说是旅游业可持续发展的关键所在。旅游环境保护可以通过保护目的地水源、大气、动植物、文物古迹、各类非物质及口头文化，以及限制人为过度影响等方面来实行。要做好旅游环境的保护工作，除了要建立健全各种环保法规、控制环境容量、引导旅游流的流向以外，对游客进行环境保护教育也是必不可少的。

第2章 旅游资源地理——自然景观旅游资源

第一节 地质地貌旅游资源

一、概述

地貌是指地球内力和外力相互作用于地球表面物质的结果。由于地质作用形成的各种具有旅游开发价值的地质地貌现象，就是地质地貌旅游资源。我国地貌格局是中生代燕山运动奠基的，而现在的地势差别，主要是喜马拉雅运动的结果。我国是一个多山的国家，山地、高原占绝对优势，同时也有许多山间盆地、低山丘陵和广阔的平原。

地貌成为旅游资源，其原因在于地貌形态本身就构成各种可供观赏的旅游资源，同时地貌形态是构成区域性整体景观的支撑骨架，它提供了其他旅游资源存在的基础。地质地貌还可作为突出的科考型旅游资源，构成科学普及、专业考察活动的主要吸引因素。

地貌按照内外力作用的程度不同，大致可划分成5种基本地貌类型。

（1）平原，指海拔高度在200米以下，内部相对高差在50米以下的地形区。

（2）高原，指海拔高度在500米以上，在我国则是1000米以上，有相对统一的高原面，边缘高差显著大于内部高差的大地形单元。

（3）山地，指海拔高度在 500 米以上，大体呈锥形，脊状隆起轮廓曲折多变的地貌类型。

（4）丘陵，指海拔高度在 500 米以下、与外部相对高差在 50 ~ 500 米的隆起地形。

（5）盆地，指四周高、中间低、相对高差一般在 500 米以上的地貌类型。

二、我国地质地貌旅游资源的主要类型

（一）构造地貌景观

我国的构造地貌景观，根据其岩性和具体成因差异可以分为以下几种类型：

1. 花岗岩与流纹岩地貌景观

花岗岩和流纹岩是由地下炽热的岩浆冷凝后形成的两种性质相似的酸性岩浆岩（火成岩），同时也是我国最主要的造景岩浆岩。

（1）花岗岩地貌景观。花岗岩是地表最常见的一种岩浆岩，属于酸性侵入岩。在地壳上升运动中，深藏于地壳中的花岗岩被抬升，形成高大挺拔的花岗岩山地，大多构成山地的核心。花岗岩岩体造型丰富，质地坚硬，岩性较为均一，不易风化。因其垂直节理发育，在流水、重力崩塌的作用下，易形成挺拔险峻、峭壁耸立的山势，多奇峰、深壑、怪石。表层岩石球状风化显著，可形成各种造型逼真的石蛋（最典型的为风动石）和象形石峰，极具观赏价值。我国花岗岩山地分布广泛，集中分布在云贵高原和燕山山脉以东的第二、三级地形阶梯上，以海拔2500米以下的中低山和丘陵为主。安徽黄山、浙江莫干山、广东罗浮山、天津盘山、辽宁千山、山东泰山、陕西华山、湖南衡山、福建厦门鼓浪屿等风景名山皆由花岗岩山体组成，尤其是华山，本身就是一株巨大的花岗岩岩株，登山道路步步奇险，皆因为花岗岩岩性坚硬，不易风化，难以形成自然的登山道路。

（2）流纹岩地貌景观。流纹岩是酸性喷出岩。我国流纹岩山地多为中生代火山喷发堆积而成。在岩浆喷出地表后的流动冷凝过程中，形成许多流纹状结构，故称流纹岩。流纹岩质地坚硬，抗风化能力强；垂直节理和裂隙发育，在风化和流水、重力的作用下，容易形成奇峰、异洞、幽谷、峭壁等丰富奇特的造型地貌地形。同时，随着观看者的走动，同一景物从不同角度观看形态多有变化，被称为“变幻造型”。我国流纹岩山地主要分布在浙江、安徽等省。浙江雁荡山、天目山、西湖周围群山为流纹岩构成的风景名山。雁荡山是流纹岩山地风景的典型代表，被称为“造型地貌博物馆”。

2. 砂岩与丹霞地貌景观

砂岩和页岩属于沉积岩，是地表层经过风化等外力作用后形成风化碎屑物质，经过长时间的沉积氧化及钙质胶结形成的岩石系统，也叫水成岩，在地壳运动过程中经褶皱、断裂而形成山地。它们耐风化程度强弱不一，且富有垂直与层面的节理和裂隙，在外力的作用下，形成峭壁参差、棱角锋利、变化多姿的绮丽景色。在岩层水平、垂直节理发育的地方还可形成各种造型的柱峰地形。石英砂岩是一种比较坚硬的沉积岩，一般情况下较难被风化侵蚀，不易形成造型地貌。但是，在我国湖南省湘西张家界地区，却由石英砂岩夹薄层砂质页岩构成了类似丹霞地貌，同时又独具神韵、举世罕见的“石

英砂岩峰林峡谷地貌”，武陵源风景区被举世公认为“自然雕塑博物馆”。

从侏罗纪到早第三纪，我国很多地区发育了富含红色氧化铁、砂砾岩及页岩交互成层的陆相红色岩系，经过风化、流水、重力崩塌等外力作用，形成奇异多样的山峰，因我国地质工作者于1928年最先研究广东仁化县的丹霞山而得名“丹霞”地貌。我国丹霞地貌分布很广，主要分布在南方，北方间或有所分布。福建武夷山、广东丹霞山、江西龙虎山、河北承德棒锤山、甘肃麦积山都是有名的丹霞地貌旅游资源。由于红色砂砾岩具有较好的整体性，又可以进行雕塑，为凿窟造龛创造了良好条件，我国古人很早就发现了这种开凿佛窟的理想场所，因而我国著名的石窟如云冈、大足、麦积山等都开凿于砂砾岩地区。

3. 火山与熔岩地貌景观

火山是地下岩浆及碎屑物喷出地表后堆积而成的山体。熔岩地貌则是指岩浆经火山喷出或地表裂隙溢出，随地形流动，逐渐冷却、凝固，并散失大量气体，最后形成的各种地形。火山和熔岩地貌的岩石性质一般是基性的玄武岩，常呈现为厚大的岩流或岩被，颜色暗黑，具有气孔及杏仁状结构。当熔岩表层已经凝固，而内部仍在随地势流走时，还会形成熔岩洞穴。熔岩洞穴内壁较平滑，只有为数不多的石钟乳和石笋，这是半凝固状态的熔岩由洞顶滴落的结果，它们与喀斯特溶洞中的石钟乳和石笋有着本质的不同，造型也不如后者千姿百态。玄武岩山地在风化和流水的作用下，可形成各种造型地形，并留下大量流动状态的造型景观，如岩流波纹、石瀑布、石蟒等。火山口有的积水成湖，有的因年久出现“地下森林”，此外，因熔岩溢出，还可形成熔岩台地、熔岩堰塞湖、温泉等景观，是极具吸引力的旅游资源。中国熔岩地貌主要分布在三个地带：环蒙古高原带，如山西大同、黑龙江五大连池；青藏高原带，如云南腾冲火山群；环太平洋带，如吉林长白山、台湾大屯火山群。其中五大连池的火山和熔岩景观最著名。

（二）岩溶地貌与峡谷地貌景观

水对地貌形态有着极为深刻的塑形作用，由此形成了特殊的岩溶地貌和峡谷地貌景观。

1. 岩溶地貌（喀斯特地貌）

岩溶地貌又称喀斯特地貌。奥地利地理学家于1781年首先在南斯拉夫斯洛文尼亚地区发现了这种地貌，但事实上中国明末的徐霞客已对此地貌进行了大量、详尽的考察，并对其中某些地质现象做出了解释和命名，其时间早于西方学者100多年，其考察地区远大于西方学者。世界洞穴委员会也承认徐霞客是岩溶地貌研究的鼻祖。因此中国称这种地貌为岩溶地貌。

岩溶地貌是以碳酸岩类岩石（主要是石灰岩）为主的可溶性岩石在以水为主的内外营力作用下形成的地貌。石灰岩是在海洋环境下，由水生物、微生物遗体沉积而形成的岩石系统。其岩性较为均一致密，质地坚硬，抗物理风化性强，但在含有碳酸气水的溶蚀下，形成各种造型奇特的峰、柱、石、洞，其形态的多样性和奇异性为其他地貌类型所难以比拟，因此，世界上许多岩溶地区都是旅游胜地。号称“甲天下”的我国桂林山水即是典型代表之一。

（1）岩溶地貌景观。岩溶地貌景观引人入胜，地面有岩溶孤峰和峰林、“刀丛剑树”式的石林及石芽、岩溶洼地、岩溶漏斗、岩溶残丘等。我国一半以上省区都有岩溶地貌发育分布，湿热的南方地区是我国岩溶地貌的主要发育地区。广西、贵州、云南三省区是我国岩溶地貌大面积连片分布的地区，也是世界上最大的岩溶地貌典型发育地区。广东、湖北、湖南西部、四川南部、重庆也有较大面积的分布。其中，最著名的是广西的桂林山水。云南有世界著名的石林、峰林，贵州是孤峰、石林发育区，四川有世界著名的石灰钙华景观——九寨沟和黄龙景区。

（2）喀斯特溶洞景观。岩溶地貌除了地面景观以外，更多体现于溶洞风光。喀斯特溶洞风光是世界洞穴风光的主体所在，我国这类岩溶溶洞在南方岩溶地区比较多见，目前还陆续有所发现。溶洞中以钟乳石、石笋、石柱、石幔、石瀑布、边石堤等形式组成造型景观。我国岩溶溶洞中高位旱洞以贵州织金洞、重庆芙蓉洞为典型代表；低位水洞的代表有贵州安顺龙宫和广西柳州万华洞。

2. 峡谷地貌景观

峡谷一般指狭而深的河谷，是最富有审美和旅游价值的地貌之一。河流峡谷是由河流穿切山地高原而形成的雄奇景观，多分布于河流的上游地带。我国河流众多，山地高原广布，峡谷地貌广泛发育，峡谷景观在世界上堪称一流。尤其是中南、西南地区，其高差较大，水汽资源条件好，有多条大江大河的上游位于此地，因此有许多世界闻名的峡谷景观。如长江三峡、金沙江虎跳峡、雅鲁藏布大峡谷等都是举世闻名的大峡谷。此外，长江支流上的大宁河小三峡、乌江峡谷也都是不可多得的旅游资源。

（三）海岸地貌景观

海岸在地质构造运动、海浪与潮汐的冲刷和堆积作用、海流及生物作用以及气候等因素的共同作用下而形成的地貌，称为海岸地貌，包括海蚀地貌和海积地貌两大类。

我国海岸线漫长，北起辽宁丹东鸭绿江口，南到广西东兴市北仑河口，大致以杭州湾钱塘江口为界，以北多为平原海岸，这类海岸地平沙细，海浪平缓，多浴场，是夏季旅游度假修养的好地点；南方多为山地丘陵海岸，又称为基岩海岸，这类海岸多曲折，沿海有较多岛屿，是旅游观光的好去处。

1. 岩石海岸地貌

岩石海岸地貌主要分布在山地丘陵海岸，这类海岸因海水对基岩的冲刷，易形成多种多样的海岸地形，如海蚀洞、海蚀崖、海蚀平台等，这些地貌景观都具有较高的观赏价值。如山东烟台庙岛群岛的海蚀崖、浙江普陀山的潮音洞、海南三亚海滨的南天一柱（海蚀柱）等，都是较典型的海蚀地貌。实际上，中国海岸线上，海蚀地貌随处可见，在很多沙砾质海岸，间或能够看到海蚀地貌。如北戴河海滨是典型的沙砾质海岸，但是这里也分布有小型的海蚀地貌。

2. 沙砾质海岸地貌

沙砾质海岸地貌主要发育在平整的基岩海岸上，属于海积地貌。其中沙质海岸沙粒细软，海岸平缓，海浪不大，是夏季开展旅游度假的好场所。我国大连金沙滩、秦皇岛北戴河海滨、青岛海滨、浙江舟山群岛朱家尖岛千步沙海滩、福建东山岛沙滩、海南三亚海滩等都是著名的沙质海滩。

3. 生物海岸地貌

在热带、亚热带气候条件下，由红树林、珊瑚等生物形成的特殊堆积地貌叫生物海岸地貌。红树林是热带、亚热带海岸特有的木本植物群落，多分布于泥滩上，其生长发育依赖于海水的周期性涨落。红树林是天然的防浪堤，有防风、抗海潮侵蚀的作用，还为海洋生物和鸟类提供了一个理想的栖息环境，而且以其大量的凋落物为之提供了丰富的食物来源。红树林中盘根错节的根系和胎生幼苗不仅能够保持土壤，还极具观赏价值，是很好的游览景观。由珊瑚等浅海生物的石灰质残骸堆积而成的特殊地貌称珊瑚海岸，珊瑚礁是很好的旅游观光景点，珊瑚自古就被视为宝玩，其形态有鹿角状、枝状、板状等，颜色有白色、红色、绿色等，富有观赏价值。珊瑚礁区域往往是鱼类的理想生活环境，因而珊瑚海岸成为价值很高的潜水旅游胜地，主要是从海底观看珊瑚、鱼类的形态。澳大利亚大堡礁是世界上最著名的珊瑚礁旅游观光地。我国福建云霄、广东湛江、广西合浦、海南琼山等地均建有红树林自然保护区。广东雷州半岛、南海诸岛为我国典型的珊瑚海岸。

（四）荒漠地貌与冰川地貌景观

1. 荒漠地貌景观

我国的荒漠地貌主要分布在西北地区。荒漠地貌主要是由恶劣的环境、极端的干旱造成的。降水量远小于蒸发量，人为开采地下水，过度垦荒，都给土地荒漠化带来了契机，而土地荒漠化最终导致了荒漠地貌景观。我国某些荒漠地貌地区在隋唐时期还是水草丰美的地带，如新疆有许多荒漠地区最早都是人烟稠密的城市，是土地荒漠化、水源的缺乏，使城市变成了荒漠地貌。新疆的塔克拉玛干大沙漠是世界上第二大流动性沙漠，亦是我国最大的荒漠景观。

(1) 风积地貌——沙漠与沙丘景观。风积地貌是以风为主要外营力，风化、堆积地面各种物质，形成沙丘。在这类地貌中，以会唱歌的鸣沙沙丘最为吸引人，我国著名的三大鸣沙沙丘是宁夏中卫沙坡头、甘肃敦煌鸣沙山、内蒙古银肯响沙湾。其中，宁夏中卫沙坡头治沙站是治沙、绿化、旅游三结合的典范。

(2) 风蚀地貌——雅丹地形和风蚀城堡。“雅丹”源于维吾尔语，意思是“有陡壁的小丘”。雅丹地形和风蚀城堡系因强大的风力侵蚀和搬运、堆积作用而形成的地貌，常呈现风蚀垄脊、土墩、风蚀沟槽、洼地等形态。此种地貌出现于多大风、干涸的古湖盆或湖积平原和戈壁滩。我国新疆的罗布泊、乌尔禾、将军崖为此种地貌的典型。每当大风刮起时，卷起满天沙尘，日月无光，不辨方向，风声犹如神哭鬼号，完全是一个恐怖世界。大风停息之后，风蚀垄脊、土墩、风蚀沟槽、洼地犹如城堡、街巷等，而又一场大风之后，一切都将变样，故乌尔禾地区的雅丹地貌被称为魔鬼城。近年科学家研究证明，瞬时的洪水激流也是此种地貌形成的原因之一。这些地区出现洪流的机会虽然很少，但并非绝对没有。

2. 冰川地貌景观

冰川是地表长期存在并在重力作用下缓慢运动的天然冰体。山岳冰川主要分布在当地雪线以上的山地。我国的现代冰川主要集中在西藏、青海、甘肃、新疆等地的极高山区，是世界上山岳冰川面积最大的国家。

由冰川的侵蚀和堆积作用形成的地貌叫冰川地貌。巨厚的冰川在缓慢运动过程中产生很强的刨蚀作用，在山体雪线以上形成险峻的角峰、刃脊和冰斗。冰川的前缘部分在逐渐消融的过程中，形成冰洞、冰瀑布、冰桌、冰蘑菇等，构成了不同寻常的观光、探险、科考旅游资源。中国西部许多高山都发育有冰川地貌，包括现代冰川。目前已有一些开发为旅游项目，如四川贡嘎山海螺沟冰川，是毗邻经济发达地区最近的冰川。其冰舌前缘以下伸到海拔2850米的高度，成为我国海拔最低的山岳冰川。这里的冰瀑布落差达1080米，仅次于加拿大国家公园1100米的冰瀑布，还有可容纳百人的冰川桥。在欣赏冰川奇观的同时，游人还可以在此洗温泉浴或在露天游泳池里游泳，因此海螺沟在冰川旅游景点中比较有名。甘肃祁连山七一冰川则是亚洲距城市最近的可游览冰川。新疆西部的喀纳斯湖是一个典型的冰川湖，附近的冰川溶水流入湖内，因细小的冰晶未全部融化，湖水经常呈现出乳白色、半透明甚至不透明的蓝色。

（五）其他地质现象

其他地质现象包括一些地质方面的典型地层剖面，如天津蓟县中、上元古界标准地层剖面、湖南吉首花垣全球地层年表寒武系标准地质剖面、浙江常山全球地层年表奥陶系黄泥塘地质剖面、浙江长兴煤山全球地层年表三叠系地质剖面等。除此之外，还有各种地震遗迹、地质公园、古生物化石点等，这些都可成为有吸引力的旅游资源。

三、山地旅游资源

山地是陆地表面高度较大、坡度较陡的隆起地貌，我国广义的山地占国土面积的2/3以上。地势以西部最高，向东逐渐下降，构成巨大的阶梯状斜面。由两条山岭组成的地貌界限，明显地把大陆分成三级阶梯：西面一条山岭由昆仑山—祁连山—岷山—邛崃山—横断山脉3000米等高线组成；东面一条山岭则由大兴安岭—太行山—巫山—雪峰山组成。西部最高阶梯上是青藏高原，面积为250万平方千米，平均海拔4000米以上，由极高山、高山和大高原组成，有“世界屋脊”之称。第二级阶梯由一系列高山、高原和盆地组成，平均海拔1000~2000米，包括阿尔泰山脉、天山山脉、秦岭山脉、准噶尔盆地、塔里木盆地、四川盆地、内蒙古高原、黄土高原和云贵高原等。第三级阶梯是东部广阔的平原和丘陵，自北而南分布有东北平原、华北平原和长江中下游平原以及东南丘陵，海拔多在500米以下，平原地区低于200米。

我国山地类型齐全，分布在不同的纬度地带，对气候和生物都产生了深刻的影响，形成的山地自然景观垂直带的类型也复杂多样。山地气候有其特殊性，具有一定的旅游吸引力。

（一）我国山地旅游资源的分类

我国的山地广泛分布于各省、市、自治区，是我国旅游开发的主体自然资源。从开发利用的角度，可将山地旅游资源分为如下三类。

1. 按海拔高度分

按海拔高度可分为极高山（高于5000米）、高山（3500~5000米）、中山（1000~3500米）、低山（500~1000米）、丘陵（低于500米）五种。

2. 按地质成因分

按地质成因可分为褶皱山、断块山、褶皱—断块山、火山、侵蚀剥蚀山五种。褶皱山的成因是整块地层岩石在地壳运动的过程中受到挤压发生褶皱隆起而形成的。著名的喜马拉雅山脉就是典型的褶皱山。断块山是在地壳运动过程中，地壳上升，造成岩层断裂、上下错位而形成的。陕西华山就是典型的断块山，整个山体就像一株花岗岩大蘑菇，所以也称花岗岩株。褶皱—断块山是指由褶皱和断块共同作用形成的山体，如新疆天山、北岳恒山等。火山是指在漫长的历史过程中曾经喷发过岩浆的山体，在我国有吉林白头山、台湾大屯火山群等。侵蚀剥蚀山是指山体经过外力长期作用，风化剥蚀，流水侵蚀等，山体不太高，但地貌形态多样，如浙江雁荡山、湖南武陵源等。

3. 按旅游功能分

按旅游功能可分为观景游览型、度假休养型和特殊活动型（登山科考型）。

（1）观景游览型。属于此类型的主要是低山和丘陵。风景名山，北方有泰山、华山、辽宁千山等，南方有黄山、雁荡山、武夷山等，少数高山、极高山因其自然景观秀丽，也被开发成此种类型，如云南玉龙雪山、四川贡嘎山等。

（2）度假休养型。此类山的主要作用是休养、疗养、度假，如莫干山、庐山、鸡公山等。这类山植被茂密，生态环境保护较好，景色优美，非常适宜旅游度假。

（3）特殊活动型（登山科考型）。此类山以高山、极高山为主，主要分布在新疆、西藏、青海三省区境内。

（二）我国的名山

中国名山起源很早，传统名山是指具有自然美和人文美的山。这类山主要分布在我国东部，这和东部地区人烟稠密、地势较低有着很大关系。

1. 五岳和五镇

五岳是以中原地区为中心，由历代帝王根据封禅、巡幸天下的需要，按地理方位加封的五座山岳，以此代表天的五个方位。最早南岳为安徽霍山，隋炀帝改南岳为衡山，沿袭至今。以泰山为代表，五岳在其名山发展过程中为后世留下了不少诗文名篇、石刻碑碣、历史传说和建筑等文化遗产。

从周代起，与五岳并举，为五方之镇的山是南镇会稽山（浙江绍兴），北镇医巫闾山（辽宁北镇），东镇沂山（山东临沂），西镇吴山（陕西宝鸡），中镇霍山（安徽霍州）。五镇之说始于《周礼·职方氏》，但直到宋朝时才正式有了五镇的说法。数千年来，历朝历代帝王在五镇立祠建庙，封禅祭祀。五镇显赫尊贵的历史地位和以神话传说、神仙文化为特色的丰富的文化底蕴，使其在中华文明史上享有崇高的地位。

2. 宗教名山

宗教在我国名山发展过程中起着非常重要的作用，因此宗教名山在我国名山中占有相当重要的地位。佛教传入我国后，在中国历史上产生过深远的影响。道教本以崇尚自然、返璞归真为主旨。僧人多以深山为家，自古就有“天下名山僧占多”的说法。僧、道从对寺庙、道观的选址到殿堂的建筑都非常讲究，往往选择风景优美、植被茂密的山地建寺立观。远离尘世、风景优美、环境清幽的山林，自东汉以来就成为宗教庙宇选址的首选。寺观的建筑宏伟、考究，登山较易，香客施主下榻方便，这些都构成了对我国名山的早期开发。

我国名山中，四大佛教名山分别是浙江普陀山、安徽九华山、山西五台山、四川峨眉山。四大道教名山是江西龙虎山、四川青城山、湖北武当山、安徽齐云山。此外还有八小佛教名山、道教“十大洞天”、“三十六小洞天”、“七十二福地”等。

3. 传统风景文化名山

传统风景文化名山是指具有自然美的典型山岳景观和渗透着人文景观美的山地空间综合体，一般都具有优美的风光，加之历代文人墨客为这些山水所写、所题、所刻的各种诗词歌赋、楹联碑文等，使这些山水更具吸引力。黄山、武夷山、雁荡山等一批传统山水名山是其中的佼佼者。

4. 近现代历史名山

近现代历史名山是以文化景观或历史遗迹为内容发展形成的。这类名山景观很丰富，因形成的历史时代不一，特点也有所不同。有因近现代政治、军事、经济、文化等重大历史活动和历史过程，尤其是社会变革过程而成名的风景名山，如井冈山、韶山、宝塔山等。

5. 当代风景名山

当代风景名山主要指为了发展旅游的需要，新开发的旅游名山，如湖南武陵源、云南玉龙雪山、贵州梵净山、重庆金佛山等。

第二节　水景旅游资源

一、概述

水是自然界分布最广、最活跃的因素之一，是生命的源泉，在人类与自然界的关系中具有特殊的意义。水使地球成为美丽的星球，水在旅游资源中也是一个引人注目的亮点。

（一）水体是最重要的构景要素之一

水体不同于其他构景要素，水本身就是旅游资源的重要组成部分；同时，水也是塑造地貌最活跃的外力因素。水景与其他构景要素相结合，可产生更大的旅游吸引力，组成有名的胜景。古人云：山得水而活，水得山而媚；因山而峻，因水而秀。大至长江三峡，小至园林中的池畔假山，无不如此。桂林山水甲天下，是由清澈碧透的漓江和形态优美的石灰岩峰林、峰丛共同组成的景区；美丽的西湖，不仅有一湖碧水，还有环峙四周且恰到好处的山地和塔、寺等多类建筑以及花草树木。

（二）水体是最具吸引力的康乐型自然旅游资源

人类与生俱来喜欢水，渴望亲近水。因此，诸如海水浴、温泉浴、游泳、漂流、滑水等水上运动游乐项目，极具吸引力。富含矿物质的水可以治病，更能吸引众人前往。可以说，在旅游日益得到广大消费者重视的今天，水体是最具有普遍参与性的康乐型旅游资源。

（三）水体对其他自然旅游资源的影响

大气降水、地表流水对地貌形态具有侵蚀雕刻作用。如果没有水，地貌将不会像今天这样多姿多彩，岩溶地区正是因为有了碳酸水，才形成了现在这样秀美的景观。水是大自然的美容师。名山不可无水，溪流瀑布使山地变得生动活泼，云雾使群山时隐时现、缥缈朦胧，远比一览无余更让人流连。水滋润着花木，养育了动物，从而使景色秀丽，充满生机。人们对水在风景构成中的作用给予了很高的评价，称水为“风景的命脉”。水还是大自然的空调器，由于水的比热大，在一定程度上调节着温度和湿度，所以在水面较大的地区，温差相对要小，呈现冬暖夏凉的特点，让人们觉得更舒爽。

二、河流

河流是地球的血脉，是重要的水源，也是交通大动脉，人类文明的发展多与江河有关。黄河、尼罗河、幼发拉底河、恒河等河流的流域都是古代文明的发源地。

顺河沿江可观赏沿岸大峡谷的壮丽风光或小桥流水的水乡风光，还可进行漂流、探险，因而河流是重要的旅游资源。

中国是多河川国家，流域面积超过1000平方千米的河流就有1500多条，大小河流总长度在42万千米以上。中国河流可分为内陆水系和外流水系两类。以秦岭—淮河为界，南、北水文状况有明显区别。北方河流流量较小，流量年变化大，含泥沙多，冬季结冰；南方河流则相反，流量大且稳定，含沙量小，冬季一般不结冰。我国的河流以外流河为主，主要分布在东部季风区，向东流入太平洋，而雅鲁藏布江、澜沧江、怒江等河流向南流出国境，最终流入印度洋。只有新疆北部阿尔泰地区的额尔齐斯河向北流出国境，最终汇入北冰洋，这是我国唯一一条向北流入北冰洋的河流。而从春秋末期开始修建的运河——邗沟，就是后经隋、元两朝大规模修建的京杭大运河，则由北向南贯通了海河、黄河、淮河、长江、钱塘江五大水系。

我国长度在1000千米以上的河流有20条，包括长江及其五条大的支流、黄河、黑龙江及其三条大的支流、珠江及其支流、雅鲁藏布江、澜沧江、怒江、辽河、海河、淮河、额尔齐斯河、塔里木河。我国自然景观与人文景观都丰富的大型河流以长江、黄河、珠江为主。

长江、黄河、珠江、黑龙江为我国四大河流，它们分布在不同的纬度地带，均自西向东注入太平洋。

长江发源于青海省唐古拉山北麓各拉丹冬雪山西南侧的冰川丛中，流经青藏高原、横断山脉、云贵高原、四川盆地、巫山山脉以及长江中下游平原等不同的地形区域，干流横贯青海、西藏、四川、云南、重庆、湖北、湖南、江西、江苏、安徽、上海11个省、市、自治区，它由人迹罕至的冰原腹地走来，经过纵横交织的网状支流，最后注入东海，全长6300千米，是我国第一长河、世界第三长河。沿江除了壮美的自然景观外，古都、古城、工商业城市、风景名胜密布。

黄河发源于青海巴颜喀拉山脉的雅拉达泽山，海拔5400多米，四周高山终年积雪，全长5464千米。上源为约古宗列渠，黄河源流段的星宿海，是一片无数小湖的沼泽。黄河流经青海、四川、甘肃、宁夏、内蒙古、陕西、山西、河南及山东9个省、自治区，成“几”字形，向东注入渤海，沿途汇集了三十多条主要支流和无数溪流，流域面积达75万多平方千米。中游段流经黄土高原地区，许多支流夹带大量泥沙汇入，使黄河成为世界上含沙量最多的河流。黄河流域是中华民族的发祥地，中华民族的祖先自古就生活在这片流域，有众多的古人类文化遗迹，各地文物古迹丰富多彩，是我国古代历史文化景观最丰富的河川旅游线。

珠江是我国南方的一条大河，横贯华南大地，珠江干流跨越云南、贵州、广西、广东4个省区，珠江流域在我国境内的面积为44.21万平方千米，另有1.1万多平方千米在越南境内。珠江下游的冲积平原是著名的珠江三角洲。珠江是我国各大河流中含沙量最小的河流，多年平均含沙量为0.126~0.334千克/立方米。珠江三角洲是沿海经济开发区，珠江流域沿海开放港口城市有广州、湛江、北海，经济特区有深圳、珠海、汕头，目前已形成以广州为中心，包括深圳、珠海、佛山、江门及周围几十个中小型城镇在内的珠江三角洲城市群，成为全国城镇化水平最高的地区。

黑龙江流经俄罗斯、蒙古、中国，被誉为“神秘的风景线”。黑龙江满语称“萨哈连乌拉”（意即黑水），其北源石勒喀河源于蒙古肯特山东麓、南源额尔古纳河源于中国大兴安岭西坡。南、北两源在中国漠河西洛古河村汇流后称黑龙江，东流至俄罗斯境内注入鄂霍次克海，在俄罗斯被称为阿穆尔河。从额尔古纳河上源的海拉尔河开始到黑龙江河口，全长4370千米，流经黑龙江省2900千米，它的中段为中俄界河，沿江两岸风光旖旎秀丽。黑龙江流域河网密布，支流、湖泊众多，大小支流一万多条，其中较大的有松花江、乌苏里江、结雅河、布列亚河等，松花江为黑龙江最大支流，流域内湖泊众多。流域内位于中国境内的主要湖泊有呼伦湖、贝尔湖、镜泊湖、天池、兴凯湖、五大连池等。

我国风景河溪主要分布在长江以南地区和东北地区。这和我国的地形与大气降水的多少有着很大的关系。浙闽山区、珠江流域山区、长江中游山区（包括湘、鄂、渝、黔、赣）、西南山区（包括藏南、川西、滇南）、东北山区、海南岛、台湾等都有著名的风景河溪。

我国开展漂流的河段主要是南方山区，如湘西的猛洞河，黔东的马岭河、杉木河，渝东的大宁河，广西资江，浙东天目溪等。漂流河段要求滩多水急，但有一定闪避空间且船只容易驾驭，对水深、水温也有一定要求。西北地区的甘肃、宁夏、内蒙古黄河河段也开展了羊皮筏子漂流的旅游项目，只不过是在黄河比较平稳的河段，这点和南方山区开展的漂流有所不同。

三、湖泊

陆地上的蓄水凹地叫湖盆，湖盆的积水部分叫湖泊。我国是个湖泊众多的国家，天然湖泊面积在1平方千米以上的就有2800多个，总面积达8万平方千米，此外还有众多的人工水库。

湖泊是在自然地理因素综合作用下形成的。按湖泊的成因，可将湖泊分为构造湖、火口湖、堰塞湖、岩溶湖、河迹湖、海迹湖、风沙湖、冰川湖和人工湖。构造湖是地壳运动产生断裂凹陷形成的湖泊。其形态一般狭长，水较深，云南的抚仙湖、洱海就是典型的构造湖，也是断层湖。火口湖是火山口或熔岩高原的喷口积水形成的湖泊，积水较深，吉林长白山天池就是典型的火口湖。堰塞湖是山崩、熔岩流或冰川阻塞河道而形成的湖泊。黑龙江的镜泊湖、五大连池都是著名的堰塞湖。岩溶湖是石灰岩地区的地下溶洞因地下水、地表水侵蚀，洞顶被穿透而形成的湖泊。贵州的草海、昆明的黑龙潭就是典型的岩溶湖。河迹湖是河流改道或分割水域而形成的湖泊，又称牛轭湖。我国长江中下游地区的淡水湖群及东北平原上的湖泊多为此类湖泊，如著名的洞庭湖、呼伦湖即属于河迹湖。海迹湖又叫泻湖，是古代河流的泥沙在海湾堆积起来的沙堤将海面围闭而形成的湖泊，久而久之，水体逐渐变成淡水。太湖、杭州西湖就是海迹湖。风沙湖是因风沙吹蚀作用形成的洼地积水形成的湖泊。甘肃敦煌的月牙泉、内蒙古的居延海就是风沙湖。冰川湖是由冰川挖蚀成的洼坑和冰碛物堵塞冰川槽谷积水而形成的一类湖泊，著名的新疆天池、四川甘孜州德格县的新路海就是冰川湖。人工湖是一种具有特殊形式的人工和自然相结合的贮水水体，在水利工程上它属于“蓄水”设施，故通常称“人工湖泊”，如浙江省淳安县境内的千岛湖、贵州的红枫湖等。

按水质可将湖泊分为淡水湖、咸水湖和盐湖。我国的淡水湖主要分布在东部季风区，这些湖泊一般都有较高的经济价值和旅游价值，是开发程度较高的水体旅游资源。盐湖和咸水湖则主要分布在西北地区和青藏高原。全国湖泊分为五个区，东部地区湖泊数量最多，湖泊面积较大；东北平原湖泊数量较多，湖泊面积适中；蒙古、新疆地区湖泊数量适中，但咸水湖、盐湖占一定比例；云贵高原湖泊数量较多，以淡水湖居多；青藏高原的湖泊数量也较多，但很大一部分是咸水湖。

四、涌泉

地下水的天然露头称为泉。泉的形成条件必须是有较为充分的地下水和一定的流动通道，所以说，地下水遍布各地，但其出露的规模有限。泉的分布与气候、地形、地质、水文条件等有着密切的关系。大气降水丰富、地表多水的地区多泉；地表容易渗水的地区多泉。泉作为水源有着重要意义，许多河流和湖泊水源自于泉，因此泉有“河源”之称。

我国是世界上涌泉最为丰富的国家之一，泉的总数量在10万个以上。涌泉的分类可以按照水质矿化度分为矿泉（矿化度≥1克/升）和淡水泉；按照温度分为冷水泉（≤34℃）、温泉（34～37℃）、热泉（38～42℃）、高热泉（43～99℃）。温泉一般出现在地壳活动带上，如我国的五大连池（环蒙古高原火山活动带）、腾冲（青藏高原火山活动带）、台湾省（环太平洋火山活动带）等地。

温泉是涌泉中占主体地位的沐浴性疗养康乐旅游资源，以温泉为中心往往容易形成园林风景旅游度假区。温泉中绝大部分是矿泉，但矿泉并不一定是温泉。

我国以温泉为中心的著名风景旅游度假疗养地主要有：陕西临潼、广东从化、云南安定、广西象州、湖北应城、南京汤山等。具有显著医疗价值的矿化温泉有：五大连池药泉、内蒙古阿尔山温泉、从化温泉等。

我国饮用型矿泉多为淡味矿泉，如著名的青岛崂山矿泉水。好茶必须有好水，“茶圣”陆羽在这方面有独到的研究。茶与水的关系早已成为人们所共知的道理。杭州“龙井茶叶虎跑水”并称“西湖双绝”。我国名泉众多，陆羽即评出20等煮茶好水，清乾隆皇帝将北京玉泉山玉泉评为第一，镇江金山中冷泉为第二，无锡惠山泉和杭州虎跑泉为第三。这些泉水水质清冽，含杂质少，甘醇可口。

五、瀑布

从河床纵断面陡坎或悬崖处倾泻而下的水流称为瀑布。瀑布形成的原因很多：地壳运动、火山活动以及流水侵蚀等均可造成一定的落差，形成瀑布。决定瀑布大小的因素，主要是水量和落差。

瀑布是自然山水结合的产物，特别具有形、声、色及动态的景观特点。瀑布通常出现在较大河湖的断面上，形成一定规模，成为主体旅游的吸引物。贵州黄果树瀑布、黄河壶口瀑布、黑龙江镜泊湖吊水楼瀑布就是我国著名的在河湖断面上形成的三大瀑布。

黄果树瀑布位于贵州省镇宁县打邦河支流白水河上，宽84米，落差68米。20世纪80年代，科考工作者在以黄果树瀑布为中心方圆450平方千米的范围内，发现了18个地上瀑布和4个地下瀑布，有的瀑布比黄果树瀑布的规模还要大。这个地区被命名为黄果树瀑布群，是世界上最壮观的岩溶瀑布群。

壶口瀑布位于黄河中游山西省吉县和陕西省宜川县交界的黄河段，两岸山势陡峭，壶口瀑布以上的黄河河床宽250~300米，河水汹涌而至，由于岩石断裂与河水冲刷，河中心30~50米宽的部分形成深约30米的巨沟，黄河满河床的水突然汇入狭窄的沟中，恰似一个巨大的茶壶嘴，故有“天下黄河一壶收”之说。由于瀑布巨大的冲刷、切蚀作用，跌水处逐渐向上游退却，每年上移2~4厘米，根据古籍记载，2700多年来，跌水位置从龙门移至壶口，共上移3000多米，形成巨沟，造成河中之河，被称为“十里龙槽”。枯水季节，河水从正面跌入“龙槽”，落差15~20米，声震峡谷，水翻浪滚，烟雾自水底升腾而起，映出彩虹，此景称为“水底冒烟”；洪水季节，河水排山倒海而来时，正面不足以容纳，还从两侧拥挤跌入“龙槽”，三面俱成瀑布，“龙槽”泻水不及，水位上升，落差减小，气势反而不如水量小时壮观。

吊水楼瀑布位于黑龙江省宁安县牡丹江上，由于火山喷发的玄武岩流堵塞了牡丹江河道，形成了一个堰塞湖，即镜泊湖，湖水从其北面的熔岩裂口中漫溢而出，泻入下面的江中，形成瀑布。平时瀑布宽40~42米，洪水季节湖水漫溢而过，瀑布宽度可达200余米，其高20~25米，冬季水瀑凝成冰帘，又是一番景色。

我国名山几乎都有名瀑，这类瀑布的构景特征是造型多变，形态多姿，而且和周围自然风景、人文景观配合得当，往往是名山风景区的重要景点。这类瀑布分布广泛，尤其是南方地区的风景名山，如黄山、雁荡山、庐山等。如庐山瀑布多达十余处，形态不同、风格各异，有二龙吐珠的王家坡双瀑、气势磅礴的石门涧瀑、声势浩大的玉渊潭瀑、形似马尾的马尾瀑以及诗人李白笔下的“飞流直下三千尺，疑是银河落九天”的香炉瀑布等。庐山瀑布之壮美，首推三叠泉瀑，三叠泉瀑总落差达600余米，上下三折，飞泻直下，发出洪钟般的声响，使人流连忘返，被称为庐山第一奇观。

六、海洋

海洋是世界上最大的水体，其面积占地球面积的70.8%，水量占地球总水量的97%。海岸带是海洋与陆地的接触地带，由于波浪、潮汐、海流等流水动力作用而形成独特的海岸地貌，具有迷人的港湾、沙滩、礁石风光。海岸地带作为旅游地是从海水浴的普及开始的，并从海水浴发展到海岸景观欣赏和以海岸为目的地的旅游活动。自20世纪60年代以后，海洋旅游活动得到极大发展。

海洋旅游资源的功能表现为康乐功能和观光度假功能。具体表现在海水、沙滩、阳光的有机结合，海水浴、海上运动项目如划水、冲浪、帆板、潜水、摩托艇等备受游客喜爱。海洋对于观光旅游也提供了具有特殊魅力的广阔天地，海域风光除大海本身的景致外，还包括一些和大海有关的人文景观，海上日出和日落、海市蜃楼、海底观光、海潮现象等都是不可多得的海域观光旅游资源。

我国海滨旅游度假观光地由北到南分布较多，北方因气候关系，旅游淡旺季明显，而广东、福建和海南岛因地处热带及亚热带，海滨旅游度假地利用季节长，旅游价值更高。

第三节　气象气候旅游资源

气象，是地球外围大气层中经常出现的大气物理现象和物理过程的总称，它由温度、湿度、风、云、雷、电、雨、雪等要素组成。天气和气候都是对气象要素的综合，天气是指短时间、小范围内气象要素的综合，气候是指长时间、大范围内气象要素的综合。气象气候对自然环境与人类生活具有深刻的影响和制约作用，气象气候因素是人类进行旅游活动最大的背景条件。它们以自身不同的形态反映大气现象和规律，能形成丰富多彩的景观、美妙的色彩和天籁之声。因此，它们都可能成为旅游资源，以其特有的非实体风景形象来吸引游人，尤以气候最具有普遍意义，它既可以制约天气活动的规律，造就多种风景形象，形成不同的物候景观，又是游人出游的重要因素和条件。

一、气候景观旅游资源

我国各地纬度分布、地形地势、距海距离远近的不同，接收太阳辐射和海洋水汽的差异很大，各地气候差异很大，由此形成了复杂多样的气候类型。

从积温情况看，我国由南到北，地跨赤道带、热带、亚热带、暖温带、温带、寒温带六个热量带。冬季当黑龙江的漠河处于-37℃的严寒时，南端的南沙群岛正处于20℃以上的初夏季节。从干湿情况看，从我国东南部及东南沿海到西北内陆，依次具有湿润、半湿润、半干旱、干旱四个差异很大的干湿地区，东南部台湾有年降雨6000毫米以上的火烧寮，而西北新疆的吐鲁番年降水量不到30毫米。再加上我国地形多样，高差近9000米，使本来已经多样的气候类型更加复杂。从季节分配看，东北北部、青藏高原长冬无夏；海南岛、滇南、台湾南部长夏无冬；长江、黄河流域的大部分地区四季分明，自然变化十分明显。

俗话说，一山有四季，十里不同天。气流在遇到山地抬升的过程中，其中的水汽随地势增高、温度降低而随时凝结成云，形成降雨、降雪，从而导致各地形成不同的垂直地带性气候景观。尤其是我国西南低纬度的高山峡谷地区，可从热带河谷气候逐渐更替到山顶的类极地冰雪世界，形成鲜明的立体气候风光。在同一山脉两侧，也常常形成气候迥异的两个世界。南岭、秦岭、天山等东西向山脉大多有“南枝向暖北枝寒”的显著气候差异；而我国南北向的山脉，也容易出现东坡多雨西坡旱的不同气候特征。

归纳起来，全国主要的气候类型有：热带季风气候、亚热带季风气候、温带季风气候、温带大陆性气候、山地气候和高寒气候。气候特征的多样性，使得我国成为世界上气候旅游景观最为丰富和立体气候景观最为显著的国家。

二、气象景观旅游资源

大气是构景因素中最活跃、最富于变化的因素，常以非实体的景象成为构景因素，能巧妙地融合为实体景观的背景或借景，形成新的风景要素，成为风景区、旅游城市的重要景点，归纳起来有以下几类。

云、雾、雨是大气中水汽的凝结物。由这类气象要素构成的景观以东部沿海地区和南方湿润地区较为多见。如云、雾在名山胜景中极为奇妙，它们与山景相映成趣，使山景富有生命。黄山云海是“黄山四绝”之一，登高观看由波状层积云形成的云海，就像看到了大海一样，云涛翻滚，蔚为壮观。在翡翠般的苍山十九峰的半山腰，有一条上万米的云带，远望如玉带环绕青山，形成著名的苍山玉带云。陕西省户县圭峰山麓的一座寺院，风景优美，寺内西北墙角有一口水井，每当夕阳西下，井内水汽上升，雾气腾腾，被誉为“草堂烟雾”，乃关中一景。关中秦岭山麓，夕阳西下时形成的白色雾带，使得禅林寺院、山村房舍在雾气中时隐时现，非常有诗意。蒙蒙细雨也能组合成一种特殊的意境。如著名的巴山夜雨、江南烟雨和梅雨，都给风景区增添了诗情画意。川陕交界的大巴山地的山间谷地，气温高、湿度大，谷地中湿热空气不易扩散，夜里降温以后，湿热空气上升使水汽凝结，在皓月当空的夜晚，游客常可看到细雨蒙蒙的景象，这就是著名的巴山夜雨。江南烟雨是东南沿海秋季降的细雨，该雨呈现一种细雨霏霏、烟雾缭绕的景象。梅雨为江淮一带春末夏初的连阴细雨。

冰雪、雾凇、雨凇景观是寒冷季节或高寒气候区才能见到的气候景观，以纯洁的白色并借助于其他因素（如地形、树木、建筑物等）构成。如黑龙江省哈尔滨市，严寒季节长，冰雪旅游资源得天独厚，每年的冰雪节办得有声有色，冰雕、雪雕、滑雪、滑冰等冰上欣赏、娱乐、运动项目的开展，使哈尔滨的旅游特色得到很好体现。雾凇常出现在冬季有雾的天气里，哈尔滨、吉林等城市冬季常出现，尤其以吉林市常见。雨凇是过冷雨滴落到0℃以下的物体上急冻而成的透明冰层，常出现在冬季湿润的南方山区，峨眉山、庐山、九华山、贵州的山区都是雨凇多发地区。雨凇和雾凇不同，雨凇是透明的玻璃世界，雾凇是银白的冰雪世界。

佛光、蜃景是大气中光的折射现象所构成的奇幻景观。佛光又称宝光，以峨眉山“金顶佛光”最为著名。七色光环围绕中心人的身影，犹如传说中普贤菩萨“真身”显露，致使一些有幸见到此景的人误以为菩萨来接引自己去“极乐世界”，而纵身跳下悬崖。因此，“金顶佛光”观景点“睹光台”也称“舍身崖”。实际上，佛光出现的原理与雨后天空出现的彩虹是一样的，都是云层将雾气水滴对阳光折射后分离的七色光反射到人眼中的景观。佛光出现的条件是：天空晴朗无风，阳光、云层和人体三者同处于倾斜的45°的一条直线上，人位于阳光和云层之间。佛光出现的时间、次数、光环的美丽程度，因有雾天数的多少、空气湿度的大小而不同。峨眉山佛光之所以著名，是由于此处云雾天数最多，湿度最大，风速最小，所以佛光出现的次数最多，色彩也最鲜艳，每年可出现七八十次。当然，庐山、泰山、黄山也都有佛光出现，只是次数较少而已。

蜃景，即海市蜃楼，是大气中由于光线的折射而形成的又一种气象奇观。在无风或微风的日子里，大气层较稳定，由于气温在垂直方向上的剧烈变化，空气密度的垂直分布随之显著变化。远处的光线通过密度不同的空气层，发生折射或反射，于是在空中或地面显现出远方景物的影像。这种现象多出现在夏季沿海地区或沙漠地带。早晨，底层空气密度较大，远处景物影像呈正像，直立于空中，称为"上现蜃景"；中午或下午，上层空气密度较大，远处景物影像呈倒像，倒立于地面，称为"下现蜃景"。我国山东蓬莱海边常可见到"上现蜃景"，沙漠中常见"下现蜃景"。

朝霞晚辉，高山、海边观日出是著名的朝霞胜景，岱顶观日出是泰山四大自然景观之一；著名的夕照景点有陕西临潼"骊山晚照"、河北承德"磬锤夕照"等。此外，杭州西湖的"平湖秋月"、"三潭印月"、北京卢沟桥的"卢沟晓月"等均是当地著名景点。

三、我国的气候特征与旅游季节

我国旅游的季节性较强，这和我国的气候特征有着直接的关系。由于我国大部分地区冬冷夏热，而春天由于南方多梅雨，气候潮湿，令多数北方人很不习惯，北方春季多风沙，也令南方人望而却步，因而一年当中，秋季是最好的旅游季节，秋高气爽，天高云淡，空气洁净度、温湿度都比较适宜。夏季，我国普遍高温，游人出游多以避暑为主要目的，其旅游线路明显地表现为向北、向山、向海滨流动；冬季则相反，表现为向南流动。由于我国气候类型多样，各地气候季节变化的特点也有所不同。如在广东、广西两省区，因春秋季多雨，冬季温暖，因而冬夏两季是最合适的旅游季节；海南省夏季酷热，适宜的旅游季节是每年的十月至来年的四月；四川盆地多秋雨，春季到此旅游较为合适；而广大东部沿海和华北、西北地区，还是以夏秋两季为旅游旺季。

第四节　动植物旅游资源

一、概述

动植物旅游资源是自然景观中最富有特色的类型，它们是富于生命活力的自然景观旅游资源，是自然生态环境的主题，也是自然景观的重要标志。我国动植物种类繁多、生活空间广泛，具有多种旅游功能。

动植物的旅游功能可以表现为构景功能、康乐功能、求知功能等。自然风景以山水为主，但少不了动植物的点缀。古人云：风景以山为骨骼，以水为血脉，以草木为毛发，以云岫为服饰；山得水而活，得草木而华，得烟云而秀媚。这就是说动植物可以对地理环境起到绿化、装点美化作用。

我国植被的分布有着明显的水平地带性和垂直分布规律。植物受地形、气候因素的影响，从东南向西北依次出现森林、草原、荒漠三大基本区域。大致从大兴安岭经黄土高原东南边缘到横断山脉至藏南，此线以东为森林区域；从内蒙中部向西南到青藏高原一线以西为荒漠区域；两线之间为草原和高山灌丛、草甸区域。在一定水平地带内，山地随海拔高度的上升，构成植被的垂直带谱。各纬度带和高度不同的地区，植物的品种、生长的状况是完全不同的。植被品种的分布与生长周期随着海拔高度而变化，故山地的四季景象不同，可以说"一山分四季"从植被上就可以看出来。

动植物能给自然和人文景观带来勃勃生机和活力。各种动物和植物千姿百态的动态与生长状态，都给游人带来美的享受，如风景区中的各种小动物、野生动物园中的各种动物、植物园中的植物等。杭州"西湖十景"之一的"柳浪闻莺"，就是西湖边由柳树和小鸟组成的景点。

动植物作为气候的镜子、生态环境的主体，是一个地区自然环境特征的重要标志。如大熊猫只生活在川、陕、陇三省交界的地区，金丝猴只生长在川、滇、黔三省特定的区域；我国北方和南方森林生长的树种有着很大不同，东北地区多以针叶林和落叶林为主，南方则以阔叶林和热带雨林为主，这是由地区自然环境所形成的。

中国是世界上生物多样性最丰富的国家之一，物种约占世界总数的 10%。我国拥有的众多生态类型，孕育了各种生态类型中的大量物种，使得生态系统多样性和遗传多样性都居世界的前列。生物世界博大精深，生态系统复杂多样，其间奥秘无穷，不断有新的东西被发现，不断有新的认识产生，因此，自然界中的动植物具有吸引人们去探求、去发现的旅游功能。

二、植物旅游资源

我国疆域辽阔，自然条件复杂多样，生态条件优越，植物旅游资源十分丰富。我国是世界上植物资源最丰富的国家之一，植物种类数目居世界第三位，具有不少珍稀的古老孑遗植物。

森林树种有各种落叶针叶树、落叶阔叶树、常绿阔叶树和热带季雨林及各种过渡类型。寒温带落叶针叶林主要分布在北纬 47°的大兴安岭地区；小兴安岭和长白山区主要分布着常绿针叶林和落叶阔叶林；落叶阔叶林主要分布在东北平原以南至秦岭淮河以北地区；秦岭以南、南岭以北的广大亚热带山区则主要分布常绿阔叶林；热带雨林、季雨林分布于海南和广东、广西、福建、台湾、云南等省区的南部。以东北山区和西南山区为代表的原始森林、次生林区，动植物种类比较丰富，适于科学考察、探险猎奇等，具有较高的旅游价值；而东部次生林区及部分原始林区的边缘地区，则适于开展大众观光、度假及科普求知等旅游活动。

我国草原主要分布在西部半干旱地区及高寒地区，主要有内蒙古、青海、西藏、天山四大草原。内蒙古草原属于典型的温带草原，干湿季节明显，其中内蒙古东部的呼伦贝尔草原可以说是我国最好的草甸草原；青藏草原属于高寒草原，面积辽阔；天山草原分布于新疆天山南北坡，上部为高寒草原，下部为温带草原。几大草原风光各有不同，内蒙古草原具有"天苍苍，野茫茫，风吹草低见牛羊"的景致；而青藏草原虽然植被矮小，但在雪山湖泊的映衬之下，风光旖旎；天山草原则显现出我国其他几大草原所不具备的特点，在天山雪松林的映衬下，大斜坡的高山草原极具异国风情。这些草原都具有开发旅游的潜力，其中靠近经济发达地区的草原，如华北、东北地区的草原具有较大的旅游开发价值。

除自然植被以外，在长期的生产实践中，劳动人民把许多野生植物培育成栽培植物，这其中的粮食作物、纤维作物、油料作物、药用植物、果类植物及工业用各种植物等，已经和人类密不可分。如饮品植物中的茶树原产于我国，茶叶是世界三大不含酒精的饮料之一，受到世界上许多国家人们的欢迎。

我国被公认为“世界树木故乡”，银杏、水杉、鹅掌楸是世界著名的三大植物“活化石”，仅存活于我国；珙桐、桫椤、银杉、金钱松、台湾杉等都是珍稀树种。这些树木现已在我国大江南北广泛培育，成为独特的观赏树种。我国的观赏植物种类非常丰富，常用于装点园林的树木花卉就达千种以上；我国还是著称于世的花卉之都，拥有名贵花卉近600种，约占世界的3/4，梅、兰、菊、山茶、杜鹃、荷花、月季等均是由我国传到世界各地的。

三、动物旅游资源

我国野生动物资源十分丰富，陆生脊椎动物达2000种，占世界总数的10%以上。大熊猫、白鳍豚、金丝猴、白唇鹿被称为我国的“四大国宝”动物，丹顶鹤、扬子鳄、褐马鸡、华南虎、黑颈鹤、扭角羚等都是国家一级保护动物。除此之外，各地都有特有的野生动物资源。

以小兴安岭和长白山为主的东北森林地区，是我国野生动物聚集地，生长着各种耐寒的珍贵皮毛动物，如东北虎、金钱豹、熊、紫貂等；西北及青藏高原的广大草原和荒漠地带，动物以耐寒为特色，藏羚羊、羚牛、黄羊、鹅喉羚羊、野马、野骆驼、牦牛等都是特色动物；川西及横断山脉地区，地形起伏大，气候植被垂直分布明显，是金丝猴、大熊猫、扭角羚、大鲵（娃娃鱼）、小熊猫、林麝、白唇鹿的故乡；云南西双版纳处于亚热带地区，有长臂猿、亚洲象、绿孔雀、鹦鹉、眼镜蛇等；华南地区有华南虎、坡鹿、叶猴等珍稀动物；长江中下游地区气候温和湿润，生长着许多珍贵的水生动物，如白鳍豚、扬子鳄、中华鲟等。

我国著名的野生动物栖息地较多，禽鸟类栖息地有黑龙江扎龙丹顶鹤栖息地、青海湖鸟岛鸟类栖息地、江西鄱阳湖白鹤越冬栖息地、福建屏南鸳鸯溪鸳鸯越冬栖息地、山西庞泉沟和芦芽山褐马鸡栖息地等；猴类栖息地有四川南坪白河川金丝猴栖息地、贵州梵净山黔金丝猴栖息地、西藏昌都地区芒康县滇金丝猴栖息地、海南南湾猕猴栖息地、峨眉山及武陵源观赏性猕猴栖息地等；虎类栖息地有黑龙江完达山东部和老爷岭南部东北虎栖息地，湖南、江西、广东交界的罗霄山华南虎栖息地等。这些野生动物栖息地现已相继建立了保护区，保护区除了对野生动物进行保护以外，还可以适当开发旅游。

第五节　风景名胜区与自然保护区旅游资源

风景是自然景观与人文景观相结合的审美综合体。风景名胜区是以富有美感的自然景观为基础、渗透着人文景观美的地域综合体，它既具有典型性和代表性的自然景观，又保留着珍贵的历史文化遗迹，因此具有较高的美学、生态学、历史学、文学艺术、科学以及旅游观赏和经济等价值。

自然保护区是指需要加以特殊保护的自然区域，包括有代表性的自然生态系统、珍稀濒危野生动植物天然分布区、独特的自然景观、有科学价值的自然历史遗迹，以及重要的自然风景区和水源涵养区等。自然保护区都划有一定的面积，并依法对其进行特殊保护和管理，其首要目标是保护自然生态系统和珍稀濒危的动植物物种。建立自然保护区是保护生态多样性最有效的途径，也是保护自然环境和自然资源的重要措施。

我国的风景名胜区与自然保护区在主要功能上有着本质区别，风景名胜区主要是为了对资源进行合理开发利用，以满足人们对休闲生活的需要；自然保护区则主要是为了保护对人类可持续发展具有重要意义的生态环境。

一、风景名胜区

我国的风景名胜区是祖国壮丽河山的缩影，其中的世界文化和自然遗产，更是我国景观的精华。它们源于古代的名山大川，融入了丰富的有形文化和无形文化，是人与大自然精神联系的最佳场所。这些风景名胜区都是不可再生的资源。

凡具有欣赏、文化或科学价值，而且自然景物、人文景物比较集中，环境优美，具有一定规模和范围，并可供人们游览、休息或进行科学、文化活动的地区，都可划为风景名胜区。

不过，我国的风景名胜区与世界上许多国家的国家公园相比，在水平上还存在不少差距。国务院审定公布的 225 处国家级风景名胜区的总面积仅占国土面积的 1%，远低于国际上国家公园占地球陆地面积 2.6% 的平均水平。随着我国人民物质文化生活水平的提高和旅游业的兴起，将有越来越多的人到风景名胜区游览、观光和开展科学文化活动。目前风景名胜区数量不足、容量不够，尤其是旅游旺季一些风景名胜区人满为患的现象日益突出。

我国的风景名胜区按其构景要素的组合结构，可概括为以下几个类型。

（一）自然山川风景型

我国此类风景名胜区最多，构景因素也最复杂，主要是由自然景观和人文景观等多种构景因素组合而成的综合性风景区。安徽黄山、江西庐山、福建武夷山、浙江雁荡山、陕西华山风景区均属于此类。

（二）特殊地质地貌型

此类风景区主要依托当地特殊地质地貌而形成，黑龙江五大连池、云南腾冲地热火山群等火山型风景名胜区，云南石林、四川黄龙、广西桂林等岩溶型风景名胜区，长江三峡、贵州马岭河峡谷等峡谷型风景名胜区均属于此类。

（三）陆地水体型

我国此类风景名胜区类型丰富，主要有浙江西湖、千岛湖，江苏太湖，云南滇池、洱海，贵州红枫湖，青海青海湖，湖北武汉东湖，吉林长白山天池，新疆天山天池等湖泊型风景名胜区；桂林漓江，浙江富春江、新安江、楠溪江，云南瑞丽江、大盈江，辽宁鸭绿江，吉林、黑龙江的松花江都是河流型风景名胜区；黄果树瀑布、黄河壶口瀑布等属于瀑布型风景名胜区。

（四）陆地生态型

此类风景名胜区是在特定的地质、地理、气候和生物的自然演变过程中逐渐形成的，它们展现了自然界优美的形态、绚丽的色彩、良好的生态环境。重庆南川金佛山、蜀南竹海、云南西双版纳均属于此种类型。

（五）海滨风景型

此类风景名胜区主要依托海滨海岛的优美风景形成，主要有辽宁大连旅顺口海滨，秦皇岛北戴河海滨，胶东半岛烟台、威海、青岛海滨，浙江嵊泗列岛海滨，福建海坛岛海滨，厦门鼓浪屿海滨，海南三亚海滨等风景名胜区。

（六）人文景观型

此类景区多由自然景观和人文景观等多种构景因素组合而成，有河北承德避暑山庄和外八庙，山东曲阜孔府、孔庙、孔林，苏州园林等古建筑园林型；明十三陵，清东陵、西陵，宁夏西夏王陵等帝王陵墓型；长城、都江堰、京杭大运河等古代工程型；甘肃麦积山石窟、洛阳龙门石窟、山西五台山、四川峨眉山、安徽九华山、浙江普陀山等历代宗教名胜型；江西井冈山、陕西延安、南京中山陵等革命历史纪念型风景名胜区。

（七）复合主导型

此类景区是由两种或两种以上构景因素共同构成的风景名胜区。我国这类风景名胜区以山水与人文古迹共同构成的居多，如扬州瘦西湖风景区、湖南岳阳楼风景区、衡山风景区等。

二、自然保护区

自然保护区就是为了保护自然资源而划出的一定的空间范围加以保护的地区。

自然保护区是一个泛称，实际上，由于建立的目的、要求和本身所具备的条件不同而有多种类型。按照保护的主要对象来划分，自然保护区可以分为生态系统类型保护区、生物物种保护区和自然遗迹保护区三类；按照保护区的性质来划分，自然保护区可以分为科研保护区、国家公园（即风景名胜区）、管理区和资源管理保护区四类。但不管保护区的类型如何，其总体要求是以保护为主，在不影响保护的前提下，把科学研究、教育、生产和旅游等活动有机地结合起来，使它的生态、社会和经济效益都得到充分发挥。

我国人口众多，自然植被少。保护区不可能像有些国家采用原封不动、任其自然发展的纯保护方式，而是采取保护、科研教育、生产相结合的方式，并且在不影响保护区的自然环境和保护对象的前提下，和旅游业相结合，形成一定产业化经营。因此，我国的自然保护区内部大多划分成核心区、缓冲区和外围区 3 个部分。

核心区是保护区内未经或很少经人为干扰过的自然生态系统的所在，或者是虽然遭受过破坏，但有希望逐步恢复成自然生态系统的地区。该区以保护种源为主，又是取得自然信息的所在地，而且还是为保护和监测环境提供评价的来源地。

缓冲区是指环绕核心区的周围地区。它是试验性和生产性的科研基地，如饲养、繁殖和发展本地特有生物，是对各生态系统物质循环和能量流动等进行研究的地区，也是保护区的主要设施基地和教育基地。

外围区位于缓冲区周围，是一个多用途的地区。除了开展与缓冲区相类似的工作外，外围区可有一定范围的生产活动，还可有少量居民点和旅游设施。

长期以来，我国生态环境和资源的破坏十分严重。为了维护生态环境，保护动植物资源，新中国成立以后，国家就着手开展自然保护工作，1956 年建立了第一个自然保护区——广东肇庆鼎湖山自然保护区。截至 2011 年，我国已建立了包括野生动物类型、野生植物类型、森林类型、湿地类型、荒漠类型等多种类型的自然保护区 2640 处（不含港澳台地区），总面积达到 149 万平方千米，约占国土面积的 15.5%，这个比例已经达到发达国家水平。这些自然保护区有效地保护了我国 85% 的陆地生态系统类型、85% 的野生动物种群和 65% 的高等植物群落，以及 20% 面积的天然林，它们都是我国生物多样性最丰富、生态功能最强、最急需重点保护的自然资源和生态系统，对改善我国生态状况、维护国土生态安全发挥了极其重要的作用。

我国的自然保护区根据自然保护对象及保护目的的不同，可分为以下三大类。

第一类是生态系统类，保护的是典型地带的生态系统。例如广东鼎湖山自然保护区，保护对象为亚热带常绿阔叶林；甘肃连古城自然保护区，保护对象为沙生植物群落；吉林查干湖自然保护区，保护对象为湖泊生态系统；云南西双版纳自然保护区，保护对象为热带自然生态系统。

第二类是野生生物类，保护的是珍稀的野生动植物。例如，黑龙江扎龙自然保护区，保护以丹顶鹤为主的珍贵水禽；福建文昌鱼自然保护区，保护对象是文昌鱼；广西上岳自然保护区，保护对象是金花茶；重庆金佛山自然保护区，保护对象是银杉、珙桐等珍稀植物。

第三类是自然遗迹类，主要保护的是有科研、教育或旅游价值的化石和孢粉产地、火山口、岩溶地貌、地质剖面等。例如，山东的山旺自然保护区，保护对象是生物化石产地；湖南张家界森林公园，保护对象是砂岩峰林；黑龙江五大连池自然保护区，保护对象是火山地质地貌。

第3章

旅游资源地理——人文景观旅游资源

人文旅游资源又称人文景观旅游资源，它是由人类活动所产生，经过开发达到引起旅游者兴趣和滞留目的的一切事物，是古今人类所创造的物质财富和精神财富的总和。

我国是一个有五千多年历史的文明古国，在漫长的历史时期中，勤劳、勇敢、智慧的各族人民创造了光辉灿烂的文化，留下了丰富多彩的历史古迹和文化遗产，其数量之多，内容之丰富，是世界上绝无仅有的。它主要包括古遗址遗迹与革命纪念地，古建筑、古园林、古陵墓、古工程，文化艺术与宗教文化，民俗风情与菜肴特产等。这些遍布全国的人文景观旅游资源是中华民族的光荣与骄傲，也是人类的共同财富。

第一节　古遗址遗迹与革命纪念地

一、古遗址遗迹

古遗址是指从人类产生到有文字记载以前人类生产、生活留下的历史遗迹。其内容包括古人类生产、生活的各个方面，它反映了人类发展早期的生存环境、生产和生活状况。这些古遗址遗迹既能为学者研究人类起源与进化提供宝贵的科学资料，也对现代人具有神秘的吸引力，成为人文旅游资源的重要组成部分。

中国是世界上古人类发源地之一，古人类遗址分布广泛，北方和南方都有原始人类活动生息，留下了众多的原始社会的踪迹。

根据考古发现，在我国遗留下来的旧石器时代（原始社会初级阶段，打制粗糙石器）著名的古人类遗址有：180 万年前至 170 万年前的云南元谋县的“元谋人”遗址；115 万年前至 80 万年前的陕西蓝田县的“蓝田猿人”遗址；60 万年前至 50 万年前的北京周口店的“北京人”遗址。此外，还有陕西大荔县的“大荔人”、湖北长阳的“长阳人”、山西襄汾的“丁村人”、内蒙古鄂尔多斯高原南部的“河套人”、北京周口店龙骨山的“山顶洞人”等古人类遗址。其中北京周口店龙骨山岩洞，是我国发现的最早的猿人住所，也是当今世界上发现的古人类遗址化石数量最多、材料最丰富、最齐全的一处，成为中外古人类遗址旅游资源中旅游价值最大的旅游胜地之一，已被联合国教科文组织列入《世界遗产名录》。

新石器时代（大约 1 万年前至 4000 年前，磨制光滑石器）的古人类遗址有 5000 多处，著名的有：河南渑池仰韶村的仰韶文化遗址、浙江余姚河姆渡村的河姆渡遗址、陕西西安市半坡村的半坡遗址、浙江余杭县的良渚文化遗址等。其中西安半坡遗址是黄河流域一个典型的母系氏族公社村落遗址，它向我们生动地展现了 6000 多年前处于母系氏族公社繁荣时期的半坡先民们的生产和生活情景。

目前，不少古人类遗址区经过发掘、建设，已对外开放，接待游人，如北京周口店、西安半坡等。

二、名人与革命纪念地

在中国历史上，出现过许多对历史或文化有一定推动作用的人物，同时也发生过不少对历史有着深远意义的事件，尤其是近现代革命史中的人物和事件。中国大地上众多的革命遗迹给后人留下了大量的可供参观、凭吊、缅怀的名人与历史事件纪念地，也是我国重要的旅游资源之一。

鸦片战争时期人民禁烟、抗英斗争的革命遗址和纪念地，主要有：东莞市虎门的鸦片战争虎门人民抗英纪念碑，在林则徐销烟的地方，今天保留着虎门沙角、威远炮台和销烟池；广州市三元里人民抗英纪念馆、抗英烈士纪念碑。

辛亥革命时期遗址，有武昌军政府旧址（红楼），楼内设有辛亥革命文物史迹展览、革命军政府战时总司令黄兴的拜将台遗址等。

国内革命战争、抗日战争和解放战争时期的遗址、纪念地主要有：“革命摇篮”——井冈山，既有美丽的自然风光，又有众多的第二次国内革命战争时期的遗址，是著名的红色旅游圣地；“革命圣地”——延安，是抗日战争时期中国革命的领导中心，这里有枣园、杨家岭、王家坪等革命旧址。除此之外，遵义会议旧址、广州农民运动讲习所、中共“一大”会址、卢沟桥抗日战争纪念馆、西北坡等革命遗址都是我国重要的人文旅游资源。

第二节　古建筑、古园林、古陵墓、古工程

一、古建筑

古建筑被誉为“凝固的音乐”、“石头的史书”，以其独特的魅力吸引着旅游者。我

国古代劳动人民在人类文明发展的漫长历史进程中，创造了光辉灿烂的建筑艺术，其内容庞杂、种类繁多、数量可观，它从各个侧面反映出社会某一发展阶段生产关系和生产力、经济基础和上层建筑相互作用的状况以及艺术上取得的成就。因此，从这些古建筑可以了解当时的政治、经济、文化的特征和变化，古建筑是研究社会发展史的实物资料。

中国古代建筑以其独特的取材、巧妙的结构和别具风格的造型艺术在世界建筑史上占有重要地位。

（一）中国古代建筑的基本特征

1. 木框架式结构

自原始社会末期以来，我国建筑便形成了以木框架为主的独特风格。它的基本构造方式是用立柱和横梁借助榫卯、斗拱组成框架，上覆屋顶。建筑物的大部分重量由框架负担，墙壁只起维护隔断作用，这便是中国古典建筑结构造型的基本特征。

中国古典建筑造型科学、结构合理、经久不废。例如，天津市蓟县独乐寺的观音阁距今有1000多年的历史，是我国现存最古老的一座木结构建筑，经清朝8级大地震和1976年唐山7.8级大地震，蓟县房屋倒塌无数，而观音阁则安然无恙。西安市的小雁塔也经过多次地震，仍没倒塌。这充分说明中国古代建筑高超的设计和建造技术。

2. 庭院式的建筑群形式

中国古代建筑很少是单个的，建筑的平面布局通常是以若干单座建筑围成的院落为单元，采用均衡对称的方式，通过明显的轴线关系串联或并联成千变万化的建筑组群。宫殿、庙宇建筑就是利用高的地势、巨大的台基和群体建筑来达到气势恢弘的艺术效果的。

3. 丰富多彩的艺术形象

中国古代建筑非常注重外观形象，“大屋顶”和飞腾的挑檐是极具特色的外观特征。自汉代以来，我国古代工匠设计了庑殿、歇山、攒尖、悬山、卷棚等多种屋顶形式和重檐屋顶结构，并利用各种屋顶形式的组合创造了丰富的形象；通过屋角反翘和屋顶曲线的变化，使庞大的屋顶呈现出一种轻巧活泼、舒展飘逸的形态，从而获得了理想的艺术效果。另外，我国古代建筑中用来衬托主体建筑的各种附属建筑物，如宫殿、坛庙等建筑群门前的“阙”，桥两端的华表，各种牌坊、照壁、石狮等，以及建筑物表面的色彩和各种彩绘，都为建筑物增添了艺术感染力。

4. 明显的等级之别

中国古代建筑具有明显的等级之别，且主次分明，建筑物等级的区分主要从以下几个方面进行比较。

（1）根据屋顶的式样。屋顶的式样有重檐和单檐，重檐等级高于单檐，而重檐屋顶以庑殿式等级最高，以下依次是歇山式、攒尖式、悬山式、硬山式。

庑殿式是我国传统建筑屋顶形式之一，由四个倾斜的屋面、一条正平脊和四条斜脊组成，屋角和屋檐向上翘，屋面略呈弯曲。如北京故宫的太和殿，俗名“金銮殿”，即重檐庑殿式，是明、清两朝皇帝举行大典的地方，是全国级别最高的建筑。劳动人民文化宫原是明、清两代帝王祭祀祖先的家庙，又叫太庙，也是等级最高的重檐庑殿式，其他建筑物就很少用重檐庑殿式了。

另外，屋顶的戗兽数目也是判断建筑等级的标准。屋顶的戗兽是指屋顶四翼角的戗脊（或垂脊）上的蹲兽。戗兽多以奇数出现，数目越多等级越高，最多为 11 个。

（2）根据屋顶的颜色。黄色在我国是最尊贵的色彩，自唐代以来，黄色被定为皇室特用的色彩。屋面盖黄色琉璃瓦为帝王宫殿，皇子居住地为绿色，蓝、紫、黑、翠等各色为园林建筑用的色彩。

（3）根据台基、材料和彩画。台基级数多的高于级数少的，汉白玉台基高于其他材料台基，有围栏的台基高于无围栏的台基。建筑物表面的彩画通常有三种：和玺彩画、旋子彩画和苏式彩画，它们的级别依次递减。

（4）根据面阔间数。中国古代木结构建筑物都以“间”作为计算单位。“间”就是由四根柱子所组成的空间，面阔间数是指横向面阔的间数。10 根柱子就是面阔 9 间，6 根柱子就是面阔 5 间。一般间数为奇数，面阔间数越多级别越高，在古建筑中以面阔 11 间为最大。“九五”象征“帝王之尊”，即面阔 9 间，进深 5 间。故宫太和殿为面阔 11 间进深 5 间，天安门为面阔 9 间进深 5 间。

（二）中国古代建筑的种类

中国古代建筑形式多样，风格各异。除宫之外，根据其功能不同可分为亭、台、楼、阁、厅、堂、榭、轩、馆、廊、斋、舫等。

1. 宫殿建筑

宫殿建筑是古建筑中最高级、最豪华的一种类型。历代统治者为了显示其至高无上的权威，不惜倾举国之力，集国内外的能工巧匠，为自己修建富丽堂皇的宫殿，所以宫殿建筑为一代建筑之精华。

我国历史上曾经建造过许多宏伟的宫殿，如秦朝的阿房宫，汉代的建章宫、长乐宫、未央宫，唐代的大明宫、兴庆宫等。古代这些著名的宫殿大多毁于战火，保留至今的只有北京故宫、沈阳故宫和西藏的布达拉宫。

2. 礼制建筑

“礼制”集中地反映了封建社会中的各种社会关系，在维护封建统治中起着非常重要的作用。因此，中国古代就出现了体现宗法礼制的建筑，即礼制建筑。礼制建筑一般分为三类：一是祭神，二是祭祖，三是祭圣贤。其中以庙坛最具有代表性，如天坛、太庙等。

3. 楼阁建筑

中国的楼历史悠久，形式繁多，有高楼、曲折的围楼，还有城楼、角楼、钟鼓楼等。黄鹤楼、岳阳楼、大观楼、烟雨楼等都属全国名楼，此外，还有山东聊城的光岳楼、济宁的太白楼、沈阳故宫凤凰楼等。

阁最初是四周有壁，为储物之用，后在造型上逐步发展。按其造型不同，分别建成储物、藏书、供佛以及登高游览之用的巨型建筑。历史上名阁众多，如滕王阁、蓬莱阁、齐云阁、云汉阁、天一阁、倚天阁等。

二、古园林

(一) 中国古典园林的发展及特征

1. 中国古典园林的发展

中国园林是人们模拟自然环境，利用山石、水体、生物、建筑等构景要素，按一定的艺术构思建成的具有生活、游憩和观赏功能的富有诗情画意的综合性艺术品，它集建筑、雕塑、绘画、书法、文学、金石、园艺等艺术于一体，达到自然美与艺术美相互融合的完美境界。其与国画、烹饪、京剧一起被称为“中国文化四绝”。

中国的园林艺术具有悠久的历史。最早的园林出现于殷商时期，称为“囿”，它是当时奴隶主为狩猎、娱乐而兴建的打猎围场。春秋战国时期，“囿”中布置了土山、沼池和台，并且构亭、营桥、种植花木，使“囿”中有了成组的风景。此为中国古典园林的萌芽时期。秦汉时期，帝王在“园林”中大筑宫室，进而形成了我国宫殿与苑园紧密结合的传统风格。此为中国园林的奠基时期。魏晋南北朝时期，社会动荡，玄学受崇，文人士大夫阶层多逃避现实，寄情山林田园，吟诗作画。这不仅推动了山水诗画的大发展，而且使园林艺术从单纯模仿自然进而到有意识地利用假山、水池、植物和建筑的组合来创造特定景观。此为中国园林的转变时期。唐宋时期是中国园林的鼎盛时期，无论是皇家园林还是私人园林，都是规模空前，形成了富有“诗情画意”的山水园林特色，使自然美与艺术美巧妙地融为一体。元、明、清时期，中国的园林艺术达到了巅峰，园林规模更是前所未有。以圆明园和避暑山庄为代表的北方皇家园林与以苏州、杭州、无锡、湖州、扬州等地的私家园林为代表的江南园林大规模发展起来，其造园艺术也日臻成熟。其中圆明园被称为“万园之园”，被誉为“人间仙境”，同时出现了一大批造园高手和构园专著。

2. 中国古典园林的特征

园林是一种空间艺术，是自然美与人工美的统一，其建筑风格及艺术表现手法，受自然、历史、民族习惯、民族风格等因素的影响。因此，中国园林与西方园林在建筑风格上有着显著的区别：西方一般是几何图形的园林设计，强调整体的形式美；中国是建造自然式山水风景园，强调意境情趣。其基本准则是“虽由人作，宛自天开”，主导思想是“师法自然而高于自然”。

中国古典园林追求“三境”：生境、画境和意境。“生境”要求其体现自然美，符合自然之趣，富有生活气息；“画境”要求其体现艺术美，即经过艺术加工提炼，使其犹如绘画，使自然环境与人工艺术巧妙地结合成一个有机的整体；“意境”要求其体现理想美，就是把人的理想、意愿和情趣表现在园林创作上。在园林的三种艺术境界中，以“意境”为最终目标，它是我国园林的精髓。它要求园林通过艺术的加工处理，使游人在游园的过程中既能感受到自然美、人工美，又能领悟到造园者所要表现的感情和理想。因此，我国著名园林鉴赏家陈从周先生认为：评价一个园林，不仅要看它的景致如何优美，还要看其是否有幽深的诗情画意，能否寓情于景、寓意于景，使人见景生情，因景联想，把思维扩大到更广阔、更久远的境界中去。

（二）中国古典园林的类型

中国古典园林的分类，按占有身份划分为皇家园林、私家园林、公共园林和寺庙园林；按园林风格划分为北方园林、江南园林、岭南园林和少数民族园林。其中最主要的是皇家园林和私家园林。

1. 皇家园林

皇家园林以北京的皇家园林为代表，通称北方园林。皇家园林的基本特征是：规模宏大，建筑华丽，体现了帝王威严与富贵的特色。皇家园林的典型代表有颐和园、北海公园、承德避暑山庄和圆明园等。

2. 私家园林

私家园林又称"府宅园林"，集中分布于江苏南部、浙江北部和上海一带，通称江南园林。私家园林的基本特征是：面积较小，以精取胜，风格潇洒活泼、玲珑素雅、曲折幽深、明媚秀丽，富有田园情趣及江南水乡特色。江南园林主要有以湖山取胜的杭州园林，以庭园取胜的苏州园林和介于两者之间的扬州园林等。其中最著名的为"苏州四大名园"：沧浪亭、狮子林、拙政园、留园。

（三）园林与旅游

独特的中国造园风格和高超的造园技巧，是我国珍贵的文化遗产，许多著名的古代园林已纳入《世界遗产名录》，成为全人类的文化遗产。一些城市之所以名扬四海，其主要原因就在于它拥有众多出色的园林，例如承德、苏州等。因此，中国古典园林在旅游资源中占有突出地位，成为重要的旅游吸引物。

三、古陵墓

（一）我国的丧葬习俗及主要丧葬方式

1. 丧葬的起源

丧葬是人类传统的重要习俗之一。传说这种民俗的出现最早起源于灵魂不灭的观念。大约在距今 10 万年的旧石器中期，人类产生了万物有灵的宗教观念。人们认为，人的死是灵魂与肉体的分离，肉体可以消失，而灵魂则可以长存不死，并同世人一样生活，同样具有人的愿望，既可以赐福予活人，也能够致祸予活人，因此，人们对死者的亡魂存在着既崇敬又恐惧的心理。为了安抚鬼魂，使其在另一个世界过得安乐、舒适，并对本族的后人加以保护和庇护，于是产生了处理灵魂的依托体——尸体的一套隆重复杂的祭祀礼仪制度和埋葬制度，这就是丧葬的起源。

在宗教产生后，人们更相信"来世转生"，因而更加重视丧葬的礼仪。中国封建社会崇尚孝道，主张"事死如事生"，"厚葬以明孝"，将生、婚、丧看做人生三大事。这对于厚葬之风的盛行起了推波助澜的作用。

2. 主要丧葬方式

丧葬方式是埋葬死者的方法。世界各国、各民族、各时期的丧葬方式都不同。丧葬方式既受生产力发展水平的制约，又与人们的生活环境、宗教信仰和社会需要密切相关。中国古代各民族的葬法多种多样，其中以土葬、火葬、水葬、天葬和悬棺葬五种葬法最具代表性。

（二）历代帝王陵墓

我国古陵墓众多，主要有历代帝王陵墓和名人陵墓，尤以帝王陵墓最具代表性，它是我国陵墓旅游资源中最具有吸引力的一种。

我国古代帝王陵墓的建筑主要由地面的“封土”和安置灵柩的“地宫”两部分组成。“封土”即通常人们所说的坟头，是帝王陵墓的地上建筑部分，也是陵墓的重要标志；“地宫”是帝王陵墓的地下建筑部分，也称“玄宫”、“幽宫”等。帝王陵墓建筑除陵墓本身外，还有宏大的陵园区。陵园区由祭祀区、神道和护陵监三部分组成。

我国历代帝王陵墓经历了一个由简到繁、由薄到厚的发展过程。

原始社会，由于生产力水平低，当时的葬式简单，“墓而不坟”。即使是尧、舜、禹也不过用葛包裹尸体，棺厚不过三寸，绝无大规模的陵寝建筑，更无殉葬之举。

奴隶社会，厚葬盛行，且出现了人殉之制，有的奴隶主死后殉葬奴隶达百人以上。

从秦朝开始，厚葬之风更盛。秦始皇即位不久，就征发70万刑徒大筑陵墓，倾全国之人力、物力，历时38年，在陕西临潼建成了中国历史上最大的一座陵墓——秦始皇陵，它超过了任何一座埃及金字塔的规模。近年来，在秦始皇陵周围发掘出大量珍贵的文物，轰动了世界，秦始皇陵被称为“世界第八大奇迹”。秦始皇陵在历史上曾多次遭到破坏，但其地宫未曾被破坏。随着科技的发展，特别是考古技术的进步，千百年来秦始皇陵的巨大谜团将会揭开，秦始皇陵地宫的宝库必将重现天日。

西汉帝王陵墓多位于咸阳北边及长安附近。西汉继承了秦代的制度，大规模修建陵墓，并有新的发展。西汉开始出现陵邑制，首先，在帝王陵区附近形成一个繁华、富庶的都邑，迁天下富豪于此，为帝王守陵；其次，将功臣、贵戚之墓设于帝王陵附近，形成一个以帝王陵为中心的陵墓区；再次，首开陵前设置石像生之先河，于神道两侧设置石羊、石虎、石马等，既壮声威，又能反映墓主的生平事迹。在西汉帝王陵墓中，以汉武帝的茂陵最大。

东汉陵墓多集中在洛阳邙山，自古有“生于苏杭，葬于北邙”之说。邙山古墓累累，难以计数。20世纪80年代在此建立了中国第一个古墓博物馆。

唐朝国力强盛，出现了帝王陵墓建设的一个高潮。唐陵主要分布在陕西周围地区，它一改过去“堆土为陵”的传统，而改用“因山为陵”的方法，这种方法既省人力，又比人工堆坟更为壮观。唐代以唐太宗李世民的昭陵和唐高宗李治与武则天的合葬墓乾陵最大。

宋代陵墓沿袭唐制，但开始向集中陵区方向发展。北宋陵主要集中在河南巩义溧河南岸台地上；南宋陵则集中在浙江绍兴。

明、清两代陵寝制度大致相同，都选址于“风水宝地”，设集中陵区。位于南京紫金山的明孝陵是现存最大的陵墓。除此之外，明代其他十三位皇帝的陵墓集中在北京昌平天寿山下，称“明十三陵”。

清军入关以前的祖陵在辽宁——“关外三陵”。清军入关后，其他皇帝分葬于河北遵化的东陵和河北易县的西陵。

（三）名人墓葬

除帝王陵墓外，还有一些功臣、名相、历史名人的陵墓，其规模也相当庞大，出土文物十分惊人，如山东曲阜的孔子墓、湖北秭归的屈原墓、陕西韩城的司马迁墓、四川成都的武侯祠、河南洛阳的关羽墓、陕西西安的霍去病墓、内蒙古呼和浩特的昭君墓、浙江杭州的岳坟以及近代的中山陵、毛主席纪念堂等。

(四) 古陵墓的旅游价值

古陵墓尤其是历代帝王陵墓，是我国一项独特的旅游资源，在人文旅游资源中占有重要地位。其旅游价值主要表现在：

(1) 陵区大多建在环境优美、风景秀丽的地区，兼具观赏、避暑、休憩等多种功能。

(2) 古陵墓地上地下建筑辉煌，特别是多数帝王陵墓仿照帝王宫殿修建，能给人以雄伟壮观、豪华富丽的感受。

(3) 古陵墓殉葬品丰富，出土文物众多，具有较高的科学研究价值和历史文化价值。例如，河南安阳殷墟出土的大量甲骨文为研究商周历史和中国文字发展史提供了重要参照；长沙马王堆出土的一件丝织大袍仅重 49 克，说明当时我国的丝绸织造技术已达到相当高的水平。

四、古工程

古工程是指历史上为了生产、交通、水利、军事、科技等需要而兴建的、与国计民生关系密切的国家级重大建设工程。古工程具有以下三个特征：一是时代性，每一个工程反映了当时的社会状况，是历史的见证和载体，是研究社会发展的实物资料；二是科技性，古工程大多规模宏伟、科技含量高、技术含量大，是当时生产力和科技水平的标志；三是实用性，古工程大多在国计民生中发挥着重要的作用，有的至今仍发挥着作用。

古工程主要有军事防御工程、水利工程、桥梁工程等。

(一) 军事防御工程——长城

长城是中国古代最伟大的一项军事防御工程，也是世界建筑史上的伟大奇迹之一，是中华民族的象征和骄傲。

长城修筑的历史悠久，最早出现于公元前 7 世纪的西周，到明代为止，大约延续了 2700 年。长城西起甘肃嘉峪关，东至山海关老龙头，绵延 6000 多千米，规模浩大，气势雄伟。长城的修建在历史上经历了三次高峰。

秦朝是长城修筑史上的第一个高峰。长城虽然在春秋战国时期即已修筑，但是由于诸侯林立，属境较小，一般小国长城只有几百里，大的诸侯国长城不过三四千里。秦始皇统一列国后，为防北方少数民族南侵，大举筑城。秦长城是将原来列国长城连接起来，加固增修而成。

汉代是长城修筑史上的第二个高峰。汉代为抗击北方匈奴的南侵，保护陆上“丝绸之路”的畅通，大规模修筑长城，在秦长城的基础上向东、西扩展，西至新疆罗布泊，东至鸭绿江，总长超过 2 万里，是中国历史上修筑长城最长的朝代。

汉代以后，一直到明初的 1100 多年间，尽管也有不少朝代有筑城之举，但其规模都不大。

明代是长城修筑史上的第三个高峰。在明代的三大国策“高筑墙、广积粮、缓称王”中“高筑墙”居首位。其目的是彻底清除北方蒙古贵族残余势力的侵扰、阻止东北女真族的南下。明长城西起嘉峪关，东至山海关，总长12700里。我们今天所见的长城即明长城。明长城在建筑规模、体系、结构、设施、工程技术水平等各方面都是空前的。1985年被评为中国十大风景名胜之冠。

现存明长城，大部分用砖砌成，城墙高大、坚固，主要由关隘、城台、烽火台和城墙几部分组成，可作战、驻兵，还可传递信息。

长城各部分相辅相成，有机地结合成一套严密而完整、进可攻、退易守的庞大军事防御体系，对保卫国家疆域起到了一定的作用。外国游客曾感慨道：“能够建造这样伟大建筑物的人民是不可征服的。”

目前，作为旅游资源开发的长城旅游景点主要有北京的八达岭、居庸关、慕田峪长城，河北的金山岭、山海关、老龙头长城，山西的雁门关长城，甘肃的嘉峪关长城等处。其中以八达岭长城影响最大，游客最多。

(二) 水利工程

在中国历史上，很早就有治理江河和利用江河资源的传统，勤劳的中国人民修建了一些著名的水利工程，其中以都江堰、灵渠、京杭大运河、新疆坎儿井最著名。

1. 都江堰

都江堰位于四川都江堰市境内的岷江上，是战国时期秦国蜀郡太守李冰父子主持修建的，至今已有2000多年的历史。主要由鱼嘴、飞沙堰、宝瓶口和金刚堤组成。工程规模宏大，治水方法科学，施工设计精湛。它的建成，使岷江水害变为水利，川西平原千百年来成为“水旱从人，不知饥馑，沃野千里，世号陆海”的天府之国。今天，这一古老的水利工程，连同庙宇、碑文、石刻等构成了一处优美的风景名胜区。

2. 灵渠

灵渠又名湘桂运河，位于广西兴安县境内，是秦始皇为统治岭南而派史禄主持修建的，主要由铧嘴、分水坎、南渠、北渠等组成，全长34千米。灵渠沟通了长江与珠江两大水系，促进了中原和岭南地区的经济文化交流，现已成为桂林市风景秀丽的游览胜地之一。

3. 京杭大运河

京杭大运河始凿于公元前5世纪的春秋末期，后屡经扩展疏浚，经过隋、元两朝的两次大规模扩展，才奠定了今天大运河的基础。大运河南起杭州，北至北京，全长1794千米，贯穿京、津、冀、鲁、苏、浙六省市，沟通了海河、黄河、淮河、长江、钱塘江五大水系，是世界上开凿最早、线路最长的人工大运河。大运河是古代南北交通的大动脉，它在促进南北经济、文化交流与发展方面起了重要作用。它联系了杭州、苏州、无锡、常州、宜兴、镇江、扬州等江南名镇，沿途水乡泽国、风光秀丽。20世纪80年代开发的杭州—扬州古运河旅游线路深受中外游客的欢迎。

4. 坎儿井

坎儿井是我国新疆干旱地区劳动人民创造的一项特殊的水利工程，距今已有2000多年的历史，主要分布在吐鲁番盆地和哈密盆地一带，长度达3000多千米。其方法为：

在山脚融雪之水的潜流处，凿若干竖井，于底部横向挖掘，以暗渠相通，形成蓄水暗渠，然后每隔数 10 米凿一竖井，相邻竖井对挖互通，即为引水暗渠，将暗渠水引出地面灌溉农田，使火洲吐鲁番出现了片片绿洲，培育了世界上著名的吐鲁番葡萄和哈密瓜。坎儿井成为干旱地区一项独特的旅游资源，到此既可参观古老的水利工程，又可观赏干旱地区绿洲的自然风光。

（三）桥梁工程

中国古代劳动人民在长期的实践中建造了各式各样的桥梁，并形成了自己独特的桥梁风格。中国著名的桥梁有赵州桥、卢沟桥、洛阳桥等。

1. 赵州桥

赵州桥本名安济桥，因建在河北赵州所以又称赵州桥。该桥位于河北赵县城南，由隋朝工匠李春设计制造，桥长 64.4 米，宽 9 米，跨径 37 米，是世界上现存最古老、跨径最大的敞肩式单孔弧形石拱桥。主拱两端各建两小拱，这种设计是世界桥梁史上的伟大创举。赵州桥距今已有 1400 多年的历史，经受了数次洪水和地震，至今安然无恙。

2. 卢沟桥

卢沟桥位于北京西南丰台区的永定河上，始建于金代，桥长 265 米，由 11 个长度不一的半圆形石拱组成。因每两个石拱间有石砌桥墩，将石拱连成一个整体，故称“连拱石桥”。桥身两侧有 140 根望柱，柱头上雕刻有大小石狮 485 个，其神态各异，活泼可爱，具有极高的艺术价值。意大利旅行家马可·波罗称赞道：“它是世界上最好的、独一无二的桥。”1937 年 7 月 7 日，日本帝国主义在此制造了震惊中外的“卢沟桥事变”，并开始发动全面的侵华战争。因此，卢沟桥又是一处具有重要历史意义的革命纪念地。

第三节　文化艺术与宗教文化

一、文化艺术

文化艺术是人类文明的重要组成部分，主要包括书法、绘画、雕塑、戏剧、杂技、舞蹈、诗词、小说、散文、游记、传记、电影、电视等。与其他旅游资源一样，它们都可以为旅游所用。文化艺术具有广泛的群众基础和极强的感染力，它较之其他旅游资源，在内容上源于生活又高于生活，易于引起人们的心灵共鸣。

文化艺术与旅游资源的关系主要表现在以下几个方面。

（一）文化艺术直接构成旅游资源

一些著名的文化艺术作品本身可直接成为旅游者感兴趣的旅游项目，或成为在旅游地观赏的重点，如到三亚旅游，最留恋“天涯海角”石刻，到泰山必看“纪泰山铭碑”等。一些著名的文化艺术遗迹都是著名的旅游点，如宋代四大书院河南嵩山嵩阳书院、江西庐山白鹿洞书院、湖南岳麓山岳麓书院和河南商丘应天府书院（亦称睢阳书院），以及“天下第一藏书楼”——宁波天一阁等。

(二) 与名篇佳作有关的旅游资源

一些优秀的文学作品成为珍贵的文化遗产，名篇中的主人翁、故事情节及发生地成为造景的主要内容，很多旅游景点就是借名篇佳作而形成的。例如湖南省桃源县风景优美的旅游地——“桃花源”，就是借陶渊明《桃花源记》这一名篇而建造的。北京、上海的“大观园”、河北正定的“荣宁街”即是借曹雪芹的文学巨著《红楼梦》而建造的。

(三) 与文学艺术大师有关的旅游资源

古往今来，涌现出了无数的文学艺术大师，他们生活、工作的地方，其遗迹、遗物乃至纪念地、纪念物，不仅是珍贵的历史遗存，而且真实地反映了当时的社会风貌，自然引起旅游者的极大兴趣。这类旅游资源主要有名人故居、墓地、博物馆、纪念性公园等。例如四川成都的杜甫草堂，乐山的“三苏祠”，浙江、北京、上海的鲁迅故居，北京的郭沫若、齐白石、梅兰芳、徐悲鸿故居等。

(四) 文化艺术专题旅游线和文化艺术节

在文化艺术旅游资源中，有的以一部文学名著为主题，形成一条文化艺术专题旅游线，将该文学名著中涉及的一系列景点串联起来，因而对游客具有很大的吸引力。如“三国旅游线”，是将家喻户晓的名篇《三国演义》中的人物、情节、地名等有关景点串联起来，形成专题旅游线，其范围包括四川、湖北、江苏、浙江等省，涉及旅游景点数十个。

因某部文学名著或某种艺术形式可形成隆重的节日，这些文化艺术节也是重大的旅游活动。如山东潍坊因风筝制作技艺超群而举行国际风筝节，泉州因木偶制作与演出技艺蜚声海内外而举行木偶节。另外，因电影艺术的发展与影响，国际电影节成为一大盛会，也成为一些城市的旅游高潮，如上海电影节等。

二、宗教文化

(一) 宗教的起源与本质

宗教是一种社会意识形态，是人类对周围自然力和社会力量的虚构与幻想。原始社会由于生产力极其低下，人们对自然现象和自然灾害不可抗拒、无法理解，对生、老、病、死及做梦等生理现象也无法解释，于是认为有一种能主宰一切的“神”存在，便产生了“万物有灵”的观念和对幻想中的超自然力量的崇拜，幻想通过各种仪式来感化神灵，达到消灾避难的目的，这样就产生了最古老的宗教——原始社会的拜物教。

进入阶级社会后，统治阶级把宗教作为统治人民的精神鸦片，利用宗教来维护其统治地位。因此，宗教在人类历史上长期存在和发展。目前，世界上以佛教、基督教和伊斯兰教最具有代表性，构成了世界三大宗教，其信徒占世界总人口的半数以上。

(二) 我国的四大宗教

世界三大宗教相继传入中国后，对我国社会、思想和文化等产生了重要的影响，加上我国本土宗教道教，构成了我国的四大宗教，其中以佛教的影响最大。

1. 佛教

(1) 佛教的起源及其在中国的传播。佛教起源于公元前6世纪至公元前5世纪的古印度，其创始人为乔答摩·悉达多。相传他 29 岁时因不满印度当时等级森严的种性制度和传统的婆罗门教的统治，出家修行，至35 岁时终于“大彻大悟”、“觉悟成佛”，创立了佛教。所以人们尊称其为“释迦牟尼”，意即释迦族的“圣人”。

佛教大约在东汉初年经中亚传入我国，一般认为，东汉明帝在洛阳修建中国第一座佛教寺院——白马寺是佛教传入中国的最早时间。佛教传入后，在中国迅速传播和发展，并与中国儒家的伦理观念相结合，形成了中国式的佛教，成为中国文化的有机组成部分。中国的佛教形成了许多宗派，如密宗、禅宗、法相宗、天台宗、华严宗、净土宗、律宗等。

(2) 佛教的基本教义。佛教认为，人生充满了苦难，其根源在于人有各种欲望，欲望满足不了就苦恼。因此，惟有断绝欲望，才可以摆脱一切烦恼和苦难得道成佛。

佛教的基本教义主要有以下几部分：

一是“四谛”。“谛”即真理。四谛即苦谛、集谛、灭谛、道谛。“苦”指人生一切皆苦，苦海无边；“集”指造成人生痛苦的各种原因；“灭”指导人们最终达到理想的境界；“道”指达到理想彼岸的手段和方法。

二是“八正道”。这是指通往彼岸世界的八种方法，即正见（正确的见解）、正思维（正确的思考）、正语（正确的言论）、正业（正确的行业）、正命（正确的生活）、正精进（正确的努力）、正念（正确的意念）、正定（正确的禅定）。

三是“十二因缘”。即佛教“三世轮回”的基本理论，是对人生苦难所作的分析。“因缘”即原因和条件。善有善报，恶有恶报，这便是因果报应论；过去世的因，造现在世的果，而现在世的因，又造未来世的果，这便是三世两重因果。

佛教的主要经典是《经藏》、《律藏》、《论藏》，又称“三藏经”。

佛教的供奉对象有佛（意为“觉他、觉行圆满者”）、菩萨（意为“自觉、觉他者”）、罗汉（意为“自觉者”）及护法天神等。

2. 基督教

(1) 基督教的起源及在中国的传播。基督教起源于公元 1 世纪初罗马帝国统治下的巴勒斯坦地区，创立者耶稣。基督教是对信奉耶稣基督为救世主的各教派的总称。“基督”源自希腊文，意为“救世主”，是基督教对其创立者耶稣的专称。公元 11 世纪后，它经历了两次大的分裂，形成了天主教、东正教和新教三大派别。目前基督教教徒大约有 16 亿人，是世界第一大宗教。

基督教于唐太宗贞观九年（公元 635 年）传入中国，当时称“景教”。明万历十年（公元 1582 年），天主教由传教士利玛窦传入中国。鸦片战争后，新教各派陆续传入中国。

(2) 基督教的基本教义。基督教信奉上帝（天主），认为“人皆有罪”，世界上一切苦难都是人们自己犯罪的结果，因此，人们必须忍受苦难。其基本教义可概括为：信仰上帝；信仰耶稣基督；信始祖原罪。所谓“信始祖原罪”是指人类的始祖亚当、夏娃背离了上帝的旨意堕落犯罪，陷入罪恶之中不能自救，因此，人一生下来就有“原罪”，这是世上一切罪恶和苦难的根源；信灵魂不灭、末日审判，认为人死后灵魂不灭，总有一日现世将最后终结，上帝将对世人作最后审判，善者升入天堂，恶者将下地狱。

基督教的主要经典是《圣经》，它是基督教经书的汇集，分为《旧约》和《新约》两部分，在中国被称为《旧约全书》和《新约全书》。

基督教的标记是十字架，因为耶稣殉难于十字架上，所以，以戴“十字架”表示信仰耶稣的主张和学说。基督教的主要宗教仪式是弥撒或礼拜。“弥撒”源自拉丁文“Missa”，是天主教对所进行的宗教仪式的称谓；礼拜是新教对所进行的宗教仪式的称谓，一般每周一次。

基督教的主要节日是圣诞节和复活节。圣诞节是纪念耶稣诞辰的节日，大多数教会将每年的12月25日定为圣诞节。这是西方国家每年最隆重的节日。复活节是纪念耶稣复活的节日。耶稣复活的意义在于战胜死亡。公元325年，基督教会规定每年春分月圆后的第一个星期天为复活节，一般在3月21日与4月25日之间。

3. 伊斯兰教

伊斯兰教于公元7世纪由阿拉伯半岛麦加城商人穆罕默德创立，目前约有教徒8亿人，主要分布在西亚、中亚、南亚和东南亚等地区。伊斯兰教派别众多，最有影响的是逊尼派和什叶派。“伊斯兰”意为“顺从”，指教徒的一切言行要服从唯一的天神——安拉的旨意。教徒称为“穆斯林”，意为“顺从安拉的人”。穆斯林聚会的场所叫清真寺。

伊斯兰教于公元7世纪中叶传入我国，在中国又称清真教、回教、天方教等。目前我国有1400多万穆斯林，主要分布在西北部的新疆、甘肃、宁夏、青海等省区。

4. 道教

（1）道教的起源与发展。道教是中国本土宗教，起源于古代的巫术，形成于东汉时期，创始人为张道陵。道教尊老子为教主，为多神教，崇奉的“神”和“仙”很多。道教在发展过程中，因道法和师承的不同而形成了不同的派别，以全真道和正一道两派影响最大。

（2）道教的基本教义。道教的教义庞杂，但基本内容是宣扬“道”，认为“道”是“万物之母”，是宇宙万物之中最核心的东西，得道者便能长生不老，要得道必须精心修炼。

道教崇奉的对象是一个庞大的神仙群体，包括“三清”、“四御”、“三官”、“四方之神”、“民间神祇”等。道教将《老子》一书改名为《道德真经》加以神化，奉为主要经典。八卦太极图是道教的标志。道教的宗教活动场所称为观。

（三）宗教与旅游

宗教旅游是以具有特定宗教含义的自然吸引物，如宗教圣地和圣迹等为主要观赏对象的一种旅游活动。

1. 宗教活动本身的旅游价值

宗教活动经过长期的发展和演变，其本身已构成一种旅游资源。目前世界上除有20多亿人信奉各种宗教，并参加相应的宗教活动外，还有不少的宗教节日，如圣诞节、开斋节以及由宗教派生的赛龙舟、武术、气功等娱乐健身活动，以及各种类型的庙会等。

2. 宗教建筑的旅游价值

出于人们对宗教的崇拜，著名的宗教建筑几乎成为当时的建筑典范。这些宗教建筑不仅规模宏大，而且还体现了一定历史时期的建筑风格和建筑艺术水平。如巴黎圣母院、罗马圣彼得教堂、西藏布达拉宫、北京雍和宫等，都是所属时代的建筑艺术的杰出之作。

中国的宗教建筑古迹遍布全国，尤以佛教建筑最为丰富，其中石窟、寺院和佛塔被称为佛教三大建筑。

（1）遍布全国的寺庙。我国的宗教寺庙以佛教寺庙居多，其中洛阳白马寺是我国的第一座佛教寺庙。目前，全国保存下来的著名寺庙有数千座，除白马寺外，还有浙江灵隐寺、天津独乐寺、山西华严寺、北京雍和宫、青海塔尔寺、西藏扎什伦布寺等。

除佛教寺庙外，还有许多伊斯兰教的清真寺，如广州圣怀寺、泉州清净寺、杭州真教寺、西安化觉寺、西宁东关清真寺、新疆艾提尕清真寺等。著名的道教宫观有白云观、佛山祖庙、武当山真武庙等。

（2）雄伟壮观的宝塔。塔起源于印度，最初是为供奉释迦牟尼佛的舍利。佛塔随着佛教从印度传入中国。塔传入我国后，与我国的建筑和文化传统相结合，形成了具有中国风格的各种形式的塔，其中著名的有云南崇圣寺三塔、山西应县木塔、西安大雁塔、北京妙应寺白塔、河北开元寺塔、河南嵩岳寺塔等。

（3）艺术宝库石窟。石窟是佛教建筑之一，起源于印度。我国的石窟艺术是公元4世纪中期随着佛教的传入而兴起的。石窟艺术属综合性艺术，它是建筑、雕塑、绘画等多种艺术风格的综合。石窟内容丰富、题材广泛，除佛教故事外，有很多是以现实生活为创作题材，具有浓郁的生活气息和浪漫色彩。

我国最著名的是敦煌莫高窟、龙门石窟、云冈石窟、麦积山石窟四大石窟，此外还有炳灵寺石窟、克孜尔千佛洞、大足石刻等。

在遍布全国的大小数百个石窟群中，保存了无数精美的古代绘画和雕刻，它们是珍贵的艺术宝库，是研究历史、文学、绘画、雕刻及古建筑学等学科的无价瑰宝。

第四节　民俗风情与菜肴特产

一、民俗风情

民俗风情是泛指各民族长期形成的独特的风尚和习惯。其内容十分丰富，包括风俗习惯、居室建筑、服饰饮食、礼仪礼节、节庆活动、婚丧嫁娶，还有民族工艺、神话传说故事、音乐舞蹈、绘画雕塑、文娱体育、宗教仪式以及集市贸易等。对于当地人来说，参与各种民俗活动，能起到愉悦精神、陶冶情操的作用。对于异族和外地游客来说，观赏和参与民风民俗活动，不仅可以满足好奇心理，而且还可以拓宽视野、增长知识。

（一）少数民族风情

我国各民族都有自己的发展历史、文化和风俗习惯，形成了各个民族特有的风格。

维吾尔族绝大部分聚居在新疆维吾尔自治区，信仰伊斯兰教，维吾尔族人体格健壮，骑术精湛，能歌善舞，热情好客，服装也独具特色，男子穿齐腰对襟长袍，称为“袷袢”。女子穿宽袖连衣裙，外套深色背心。男女都戴四棱或圆形小花帽，称做“尕巴”。肉孜节（开斋节）和古尔邦节是新疆少数民族的传统节日。

回族主要聚居在宁夏回族自治区，信仰伊斯兰教，男子戴白色小帽，女子多戴披肩盖头。回族的清真寺很有特色，教徒有做礼拜的礼仪。开斋节是其隆重的节日，“花儿会”是一年一度的传统歌节。

蒙古族主要聚居在内蒙古自治区，信奉藏传佛教，传统服装是蒙古袍，束腰带。礼节有献哈达、递鼻烟壶等，马奶酒、手扒肉、烤羊肉是其传统饮食。蒙古族性格剽悍、勇敢，擅骑射、赛马、摔跤等运动。传统节日除春节外，就是每年七八月间的“那达慕大会”。

壮族是我国人口最多的少数民族，主要聚居在广西。壮族民居多为“干栏”式木楼，服饰多样，妇女头上包提花毛巾，男子多穿对襟上衣，系腰带。节日除与汉族相同外，还有“中元节”（鬼节）、“牛魂节”和每年三月三举行的“歌圩”等民族节日。

苗族主要聚居在贵州，其房屋多为木结构，山区的“吊脚楼”分两层，上层住人，下层养牲畜和储物。妇女服饰多样、色彩鲜艳，上身多穿大领对襟短衣，下身穿百褶裙；男子头缠青色包巾，穿对襟短衣，下穿长裤，束大腰带。传统节日有50多个，如苗年、春节（称“客家年”）、花山节、中元节、龙舟节、赶歌节等。

藏族主要聚居在西藏自治区，信奉藏传佛教，即喇嘛教。藏族的服饰特征是男女均戴呢帽或细皮帽，内衣短襟、长袖，妇女多穿无袖袍，系彩色腰裙。男女都系腰带，穿长靴，蓄辫，喜戴各种首饰。饮料有酥油茶、青稞酒。敬献“哈达”是藏族最珍贵的礼节，传统节日有藏历年、雪顿节和望果节。

少数民族的歌舞、地方戏曲等，都具有浓郁的民族特色和地方特色。

(二) 传统民间节日

我国民族众多，每个民族都有自己的传统节日，除前述的主要少数民族的传统节日外，全国性的节日还有以下几种。

春节是汉族最隆重的传统节日，时间是农历正月初一。春节习俗很多，有除夕吃团圆饭、坐夜守岁、拜年、祭祖等。另外还有扭秧歌、跑旱船、舞狮子、耍龙灯、踩高跷、看戏剧以及放鞭炮，吃年糕、饺子、元宵等。

元宵节为农历正月十五，俗称灯节，古称上元节。元宵节有张灯之俗，阖家吃元宵，以取团圆之意。

清明节，也称踏青节，在公历四月五日前后。习俗有扫墓、祭祖、春游（俗称“踏青”）、放风筝、荡秋千等。

端午节为农历五月初五，源于纪念爱国诗人屈原，习俗是吃粽子，一些地方盛行赛龙舟。

中秋节为农历八月十五，是赏月、庆团圆的节日，有赏月、拜月、吃月饼等习俗。

重阳节为农历九月九日，有登高避邪的风俗，取重阳步步高之意。

（三）婚俗

我国各民族的婚俗五花八门，使人眼花缭乱。汉族有“哭嫁”之习俗，结婚虽是喜事，新娘却要哭着出门，意在表达对父母的不舍之情。另外，仡佬族的“打亲”习俗，其他一些民族“刁难”迎亲队伍的习俗，傣族、彝族等民族的“抢亲”习俗也都各具特色。通过对这些婚俗的考察，我们可以发现其中深刻的历史、社会学的内容。

（四）民居

我国的民居因气候条件、地理环境、民族风格的差异，而带有各自不同的特点。所有这些不同特点的民居，都与其生活地区的自然环境和社会环境有着密切的联系。如蒙古族的蒙古包易于游牧民族居住；傣族的竹楼是适应南方潮湿、闷热地区居住的建筑；中原一带的院落式建筑则反映了等级社会尊卑有序、长老有别的礼制规范。另外北京的四合院、黄土高原的窑洞、江南水乡等，都是各具特色的地方民居。

二、美食佳肴

中国的饮食文化源远流长，烹饪技艺在国际上久负盛名，烹饪讲究色、香、味、形、器等，要求科学性、艺术性并重，满足人们味觉、嗅觉和视觉的综合感受，形成了中国特色的各大菜系。

所谓菜系，是指在一定的区域内，因气候、地理、历史、物产及饮食习俗的不同，经过漫长的历史演变而形成的一整套自成体系的烹饪技艺，并被全国各地所承认的地方菜。全国有名的地方风味菜系有八个：鲁、川、苏、浙、粤、闽、徽、湘。各式风味名菜 5000 多种，如北京烤鸭、杭州醋鱼、四川麻婆豆腐、天津狗不理包子等。

品尝各种风味的地方食品，是一项独特的旅游活动。现在，饮食文化已成为旅游者体验异域风情与文明的重要内容之一。

三、特产

我国地大物博、历史悠久，有许多名优特产、工艺品誉满全球。中国的丝绸、瓷器等受到全世界人民的喜爱。另外，笔、墨、纸、砚“文房四宝”，绿茶、红茶、乌龙茶等名茶，茅台、五粮液等名酒，雕塑、漆器、金属等工艺品都名扬中外。

旅游的内容之一是购物。游客在游览过程中，选购当地的土特产作为纪念，或赠送亲友，是一种旅游的乐趣。旅游商品销售在旅游业利润中占有很大的比重，有时甚至高达 50%。

第4章 中原古迹名山旅游区

第一节 概 述

中原旅游大区包括京、津、晋、冀、鲁、豫、陕五省二市，位于黄河中下游地区及海河流域。本区面积约 90.37 万平方千米，人口约 3.67 亿（截至 2010 年 11 月 1 日），民族以汉族为主。

中原地区是中华民族的主要发祥地，历史上中国的政治中心，有许多重要的历史文物和名胜古迹，人文景观旅游资源丰富多彩。该地区地处我国地势的第二、三级阶梯，东临黄海、渤海，西接黄土高原，风景名山和海滨度假胜地数量众多，是全国旅游活动最早兴起和发展的地区之一；而且位置适中，区位优越，经济发达，交通方便，是旅游比较发达的地区。

一、旅游地理环境概况

（一）两大地形区为主的多种地形

本区以太行山为界，以东为华北平原，以西是黄土高原，周围围绕着冀北山地、山东丘陵、陕南山地和豫西山地。

华北平原地质上属于燕山运动造成的陷落地带，以黄河大堤为界，以北为海河平原，以南为淮河平原，故也称黄淮海平原。华北平原在接近太行山麓的地区，分布有孤山、低岗、台地等多种地形，形成许多著名旅游景点。

黄土高原也称晋陕高原，北高南低，地面除少数石山外，全部被深厚的黄土覆盖。黄土高原东部自北向南分布着恒山、五台山、系舟山、太岳山和中条山等。西部陕北高原为盆地型高原。

冀北山地是华北平原和内蒙古高原的过渡地带，东段为燕山丘陵区，其他地区由几列不连贯的平行山岭组成，山间分布着盆地。这一地带旅游景点较多，天津盘山、承德雾灵山就分布在这里。

山东丘陵是多次地壳运动中侵入的花岗岩及其变质岩构成的断块山，山势险峻；东南部分布着由平缓石灰岩盖层构成的方山地形。

陕南山地是指秦岭和大巴山组成的秦巴山地，以及其间的汉中盆地。秦岭是我国自然地理的南北分界线，山地东部褶皱紧密，多断裂谷地和花岗岩高山；大巴山地则多峡谷。

豫西山地是秦岭的余脉，山地高度自西向东逐渐下降，与淮河以南的一些低山丘陵构成了长江与淮河的分水岭。

（二）典型的暖温带湿润、半湿润季风气候

本地区位于大陆东部，气候自东向西大陆性特征逐渐显著，除汉中盆地外皆为暖温带湿润、半湿润季风气候。黄土高原大部分地区有偏冷偏干的半干旱区的气候特点；秦岭南坡及以南的大巴山、汉水谷地则属于北亚热带湿润季风气候；山东半岛气候受海洋影响较大。

本区气候特点为四季分明，冬季长而寒冷少雪，春季干燥多风沙，夏季炎热多雨，只有秋季秋高气爽，是旅游的黄金季节。但本区人文景观旅游资源丰富，对游览的气候条件要求不十分严格。加之本区自然景观旅游资源多名山和海滨，正是夏季避暑胜地，故本区旅游旺季为夏秋两季。

本区降水主要集中在夏季，自东向西呈递减态势。在此种气候条件下，形成了本区的夏绿林景观特征，天然植被自东向西依次为湿润阔叶林、半湿润阔叶林和半干旱草原带。因开发早，加之人为、战争等因素，天然植被基本破坏。山地垂直分布以秦岭最为典型，植被种类繁多，现已辟为“太白山自然保护区”，是夏绿林的典型保护区。

（三）河流水系分布状况

本地区兼有海河、滦河、黄河、长江四大水系，在气候、地形的制约下，形成了水量变化大、含沙量大的特点，冬季大部分河流有一定封冻期。

黄河水系是本地区最主要的河流，穿行于陕、晋、豫、鲁四省，在黄土高原上强烈切割形成峡谷、激流、瀑布，在山西吕梁山西南端形成了著名的壶口瀑布和龙门激流。

著名的湖泊有河北白洋淀，山东由微山湖、南阳湖、独山湖和昭阳湖组成的南四湖，由东平湖、马踏湖、南旺湖、蜀山湖、马场湖组成的北五湖等。

（四）特产

本地区是我国温带果品的重要产地，苹果、梨、柿子、红枣、板栗、蜜桃等享誉全国；各种山珍和海产品如海参、对虾、口蘑、黑木耳出产量较大；汾酒、西凤酒等名酒在全国评酒会上获得国家金奖。

传统工艺品中，北京的景泰蓝、玉石雕、料器，天津的年画、泥塑，河北的陶瓷、地毯，河南的唐三彩、汴绣，山东的风筝、贝雕、草编等均享誉国内及海外。

二、旅游资源基本特征

(一) 自然旅游资源丰富

中原旅游大区东部濒临渤海、黄海，秦皇岛、北戴河、南戴河、烟台、威海、青岛等城市是我国著名的海滨避暑胜地。

本地区名山众多，大多为旅游热点，如中华五岳即有四岳在本区，还有佛教名山五台山、道教名山崂山、京东第一山盘山、华北植物物种基因库雾灵山、世界地质公园河南云台山等。

(二) 人文旅游资源博大精深

中原地区是我国古文化的发源地，中华五千年的文明史，大部分书写在这一地区。西安半坡、河南仰韶等新石器时代文化遗址，北京周口店猿人遗址，夏、商、周、汉、唐、宋等朝代文化遗迹遍布区内。这些古代文化遗址遗迹有很多保存着它们的原始状态，为研究中国历史提供了宝贵的实物资料。

本地区帝王陵寝集中，是良好的人文景观旅游资源。从黄帝、尧、舜衣冠冢到秦、汉、唐、宋、明、清各朝代帝王陵在本地区都有分布，历代名人如孔子、孟子、司马迁、白居易的墓也分布在本地区。其中以秦始皇陵、唐昭陵、乾陵、明十三陵、清东陵、清西陵、孔林最为著名。

本地区古都名城集中。中国七大古都中的北京、西安、洛阳、开封、安阳均在本地区境内，且建都时代早，持续时间长，城市规模大，在世界上享有盛誉。被国务院列为历史文化名城的100座城市中，本地区占25座。

古代著名工程有战国到明朝的历代长城、河南观星台、北京观象台、河北赵州桥、北京卢沟桥和京杭大运河等。

著名的古建筑有我国三大古建筑群北京故宫、承德避暑山庄、曲阜孔庙，皇家园林颐和园、北海、圆明园等。

著名佛教建筑有东土第一寺白马寺、禅宗祖庭少林寺、慈恩宗祖庭慈恩寺慈恩塔(大雁塔)、山西应县木塔等。著名道教建筑有全真道祖庭之一白云观、山西芮城永乐宫等。著名基督教建筑有北京的宣武门“礼拜堂”、王府井东堂，青岛的圣弥爱尔大教堂等。著名伊斯兰教建筑有北京牛街清真寺。著名儒教胜地有山东曲阜、邹县和各地大量的文庙武祠等。

三、旅游分区与旅游线路

根据旅游景点的接近性和旅行游览的方便性，基本上以省市为单位将本地区划分为7个旅游区，共设计了16条旅游线路，每个旅游区内根据旅游资源的特征，以大尺度旅游线路为主设计了若干条旅游线路，配合长线旅游也可自行设计若干小尺度旅游线路。

第二节　北京旅游

北京是中华人民共和国的首都，简称京，位于华北平原西北端，中央四大直辖市之一，总面积 16807.8 平方千米，依山面海。东南部为平原，西临黄土高原，北接内蒙古高原，处于三级地势阶梯交接处。属于暖温带半湿润大陆性季风气候，夏季炎热多雨，冬季寒冷干燥，春、秋短促。1 月平均气温 -9 ~ 4℃，7 月约 25℃，年均降水量 500 毫米左右。全市总人口 1961.2 万（截至 2010 年 11 月 1 日）。

北京是人类发源地之一，也是世界历史文化名城和古都之一。皇家宫廷、园林、朝坛及宗教建筑遍布城内，且大多保存完好。从古蓟城到唐幽州，从元大都到明清帝京，北京历经数朝经营，积淀下丰富的帝都景观和深厚的文化底蕴。

1949 年 10 月 1 日中华人民共和国成立，北京成为新中国的首都和政治、经济、文化和国际交往中心。20 世纪 50 年代的旧城改建、60 年代的地铁营造、70 年代的立交桥兴起、80 年代的十大建筑、90 年代的亚运场馆以及 2008 年的奥运场馆更为北京城锦上添花。

北京文物古迹和民情风俗丰富多彩，名胜荟集，这里有世界上最大的皇宫、祭天神庙、皇家园林以及世界上最大的四合院恭王府等名胜古迹。全市现有世界文化遗产 6 处，分别是明清故宫、长城、天坛、颐和园、明十三陵以及周口店遗址；有国家级重点文物保护单位 98 处，省（市）级文物保护单位 357 处。北京又是国家级历史文化名城、中国优秀旅游城市，有国家 5A 级旅游景区 5 处，国家级风景名胜区 2 处，国家级森林公园 15 处，国家级自然保护区 2 处，全国十大风景名胜区 2 处，全国旅游胜地四十佳 5 处。

一、风味肴馔

北京荟萃了南北大菜，风味齐备，而以清代宫廷大菜、满汉全席最为突出，也有法式、俄式、美式等西餐和民族风味餐。北京烤鸭香酥细嫩，北京小吃品种极多，爆肚、灌肠、炒肝、羊头肉、卤煮火烧、面茶、豆汁、艾窝窝、豌豆黄等应有尽有可以大饱口福。

二、地方文艺

京剧融南北戏剧之长，形成行当齐全、表演精湛、内容广泛的艺术，是中国戏剧的代表剧种。评剧历史虽短，但生活气息浓郁，刻画人物细腻生动，唱腔甜润。北京人民艺术剧院的“京味话剧”具有鲜明的地方特色，表演炉火纯青，备受海内外观众赞誉。相声艺术则以辛辣幽默为广大群众所喜爱。

三、旅游交通概况

北京交通四通八达，是国内重要铁路枢纽，公路交通便捷，是国内重要的国际航空中心。作为对外交往中心，国家重要外事活动大多在北京举行。

四、北京的旅游线路

（一）世界文化遗产古都游

D1 北京接团。上午游览天安门及天安门广场、故宫，下午游览天坛、前门大栅栏。

天安门位于北京内城东西长安街的中心，是明清两代皇城的正门，始建于明朝永乐十五年（公元1417年），当时名承天门，其含义是皇帝“承天启运，受命于天”。清朝将承天门改称天安门，既有皇帝替天行使权力、理应万世至尊的含义，又有“外安内和，长治久安”的期望。现建筑为清顺治八年（公元1651年）重建。

天安门的主体建筑分为上下两层。上层是重檐歇山式，黄琉璃瓦顶，正面有36扇菱花门窗。殿内外立有60根红漆巨柱，天花、斗拱与梁枋等处，均绘着象征最高等级的“金龙和玺”图案。城楼基座周围的汉白玉栏杆和栏板上雕刻着莲花宝瓶图案。下层是朱红色城台，高13米，有5个拱形门洞，中间的门洞专供皇帝出入时使用。

历史上天安门多与皇家大事中的喜事相关。每逢国庆大典、新皇帝登基、皇帝结婚与册立皇后等，都要在这里举行仪式。皇帝每年去天坛祭天、去地坛祭地和去先农坛祭五谷时从天安门出入。

五四运动、“一二·九”爱国学生运动，都与天安门的名字连在一起。1949年10月1日，毛泽东主席在此宣告中华人民共和国成立，并亲手升起第一面五星红旗。天安门庄严肃穆的图形是我国国徽的重要组成部分。1988年元旦，天安门城楼对游客开放。

天安门广场因位于天安门南而得名，北临长安街，南至前门箭楼，东西两侧为人民大会堂和中国国家博物馆，面积44万平方米，可容纳100万人举行盛大集会，是当今世界上最大的城市中心广场。天安门广场原是明清皇城前面的宫廷广场。早在元大都时代，这里是南城墙的正门丽正门所在地。明朝扩建南城，承天门前开辟T形广场。广场的两侧按照“文东武西”的规矩，分别安排文武两方面的最高机构。广场在明、清时占地11万平方米，两侧建有千步廊和高达6米的朱红宫墙。

天安门广场曾是中国若干重大历史事件的见证。1911年辛亥革命后，宫廷广场从此解禁，国民自由通行。

故宫位于北京城的中心、天安门北边，是明清两朝的皇宫，旧称“紫禁城”。明朝14个皇帝、清朝10个皇帝曾在这里居住，他们统治中国的时间长达491年。故宫是中国现存最大的宫殿群，也是世界上最大的宫殿群。

故宫始建于明朝永乐四年（公元1406年），历经15年方才建成，迄今已有580多年的历史，占地72万平方米，有各类宫殿房屋9900余间，建筑面积达15万平方米。城外有52米宽的护城河。宫墙的四周各有一座结构精巧的角楼，四面各有一门。故宫的建筑集中地体现了中国古代建筑艺术的精湛水平和民族特色，建筑布局分为“外朝”与“内廷”两大部分。外朝以太和、中和、保和三大殿为轴心，文华、武英二殿为侧翼，是皇帝行使权力和召见群臣的主要场所。太和殿、中和殿、保和殿三殿均建筑在8米高的巨大平台上，皇帝登基、大婚、册封、命将出征等都在太和殿举行盛大仪式。中和殿是皇帝出席重大典礼前休息和接受朝拜的地方，保和殿则是皇帝赐宴和殿试的场所。内廷以乾清宫、交泰殿、坤宁宫居中轴线，御花园、东西六宫环绕，既是皇帝处理日常政务之处，也是皇帝与皇后、嫔妃以及太后、太妃等居住的地方，内廷以北有一个小巧别致的御花园，是帝后茶余饭后休息游乐的地方。每年登高、赏月活动也在这里进行。明代和清初的皇帝均住在乾清宫，皇后住在坤宁宫，交泰殿则是皇后的活动场所。清朝中后期，皇帝和皇后都搬至西六宫等地居住。从雍正皇帝起，养心殿成为帝王理政和寝居之所，养心殿前殿的东暖阁，曾是慈禧太后和慈安太后垂帘听政的地方。

天坛位于北京崇文门区永定门内大街路东，原为明清两代帝王祭天祈谷之处，始建于明代永乐十八年（公元1420年）。经清乾隆年间改建后，建成现在辉煌壮观的建筑群。

古代帝王祭祀天地又叫“封禅”，历史上的每一个皇帝都把祭祀天地当成一项非常重要的政治活动。最初“封禅”活动只在泰山举行，但宋真宗以后，帝王在泰山的封禅活动基本上被废止。公元1420年，明成祖朱棣建成了北京天坛、地坛，此后天坛、地坛取代了泰山，成为帝王祭祀天地的地方。

天坛最有代表性的建筑是祈年殿。祈年殿坐落在三层石台基上，是一座三重檐的圆形大殿。祈年殿的三重檐顶使用与天的颜色相同的湛蓝色琉璃瓦，用来象征皇天上帝。三重琉璃瓦檐层层缩小，呈放射形，顶尖冠以巨大的鎏金宝顶。祈年殿在天坛的建筑中，体积最大，高度最高，也是等级最高的主体建筑。清光绪十五年（公元1889年）时，此殿曾遭雷击焚毁，次年重建，1970年重修。

圜丘坛是完全按照《周礼》的要求营建的。三层平台用青石铺砌；三道回环的石栏由雕龙刻凤的汉白玉雕凿而成；坛心是一块圆形的“天心石”。这座祭天台石材的尺寸和数量，都是阳数九或九的倍数。天坛的祭天文化是通过典章制度来严格规范的，是封建礼制的具体体现。

天坛皇穹宇的回音壁、三音石，加上圜丘坛的天心石，都有着奇妙的声学现象，但更为奇特的是皇穹宇的“对话石”声学现象。站在“对话石”上，即使是相隔很远的两个人，彼此对话的声音也会十分清晰。声音的传播靠的正是皇穹宇的回音壁。

D2　游览圆明园、颐和园、香山卧佛寺、樱桃沟。

圆明园坐落在北京西郊海淀，与颐和园紧相毗邻，始建于清康熙46年（公元1707年），由圆明、长春、绮春三园组成。陆上建筑面积和故宫一样大，水域面积等于一个颐和园。它继承了中国三千多年的造园传统，既有宫廷建筑的雍容华贵，又有江南水乡园林的委婉多姿，同时又吸取了欧洲的园林建筑形式，在整体布局上使人感到和谐完美。圆明园曾以其宏大的地域规模、杰出的营造技艺、精美的建筑景群、丰富的文化收藏和博大精深的民族文化内涵而享誉于世，被誉为“一切造园艺术的典范”和“万园之园”。这一世界名园于1860年惨遭英法联军野蛮劫掠焚毁，以后又经历了无数次毁灭和劫掠，一代名园最终沦为一片废墟。

1988年，圆明园遗址被公布为国家级文物保护单位。同年，遗址公园试开放。目前已初步形成福海、长春园和绮春园三大景区。

颐和园的前身是清漪园，圆明园的属园。园内分宫殿区、万寿山和昆明湖三大部分，占地约290公顷，建于万寿山之麓，其西为昆明湖。清乾隆十五年（公元1750年）乾隆皇帝为其母祝寿而建该园。1860年，清漪园被英法联军焚毁。1888年，慈禧利用海军军费和其他款项在遗址上重建，并改名为颐和园。1900年，颐和园遭八国联军严重破坏，1903年修复。1911年以后，颐和园作为公园对外开放。颐和园是目前世界上建筑规模最大、保存最完整、文化价值最高的皇家园林博物馆，苍翠如黛的万寿山，碧波涟漪的昆明湖，辉煌壮观的建筑群，按造园艺术栽种的各种植物，周围借景及人工美与自然美的天然巧成，向人们展示了一幅精妙绝伦的具有中国鲜明文化特色的山水画卷。

卧佛寺是香山附近的小西山的一座古刹，始建于唐贞观年间（公元627—649年），已有1300多年历史。卧佛殿是全寺的精华。殿内有一尊巨大的铜卧佛。佛身长1.6丈，重约54吨，为释迦牟尼涅槃像，是中国古代的宗教艺术珍品。

香山樱桃沟，素有“小北京湾”之称。著名的燕京八景中的“西山晴雪”、“玉泉趵突”，宛平八景中的“山轩御笔”、“竹墅龙湫”、“退谷水源”均出于此。樱桃沟位于卧佛寺西，是一条1500米的山谷。这里的特点是两山夹峙，一溪中流，谷中怪石蹲伏，崖上杂树横斜。沟中过去曾盛产樱桃，现已无存。樱桃沟内气候湿润，夏季清凉，循溪上行，可听到潺潺流水声，清泉从岩石中泻出，北岩石上刻有“水源头”和“志在山水”的字样，沟的西侧有白鹿洞，附近还有飞泉亭、金鸽台、疯僧洞及广泉寺、隆教寺等古庙遗址。

D3　游十三陵、长城。

十三陵位于北京北郊昌平区天寿山南麓，是从明朝永乐皇帝起至崇祯皇帝止，共13个皇帝的陵墓。陵区的东、西、北三面环山，中间为盆地。在广阔的盆地上，埋葬着明代13个皇帝、23位皇后和众多的嫔妃、太子、公主等。13个陵寝中，建筑最为雄伟的是长陵，结构最为精美的是永陵，规模最小的是思陵。从永乐七年（公元1409年）开始营建长陵，到清顺治初年最后营建的思陵，时间跨度达200余年。现在这里开放长陵、定陵、昭陵供游人参观。

万里长城之名始于秦。秦统一中国后，为适应统一国家的需要，采取了一系列措施，修筑万里长城即为巩固中央集权制的需要所采取的政治军事措施之一。秦长城全长12000多里，是世界上最伟大的建筑之一。汉代长城较之秦长城有所发展，并修筑了外长城，长度达到20000里，是历史上修筑长城最长的一个朝代。西汉（主要是武帝时期）所筑河西长城、亭障、列城、烽燧，有力地阻止了匈奴的进犯，对发展西域属国的农牧业生产，促进社会的进步，特别是对打通与西方国家的交通，发展同欧亚各国的经济贸易、文化交流起了重大的作用。2000多年前中国的丝织品即是通过这条“丝绸之路”到达地中海沿岸各国的。汉代修筑的长城、亭障、列城、烽燧的遗址，至今巍然耸立。明朝建立后也十分重视筑城设防的措施，长城的修筑工程更为浩大。在明朝的200多年时间里对长城的修筑和巩固一直没有停止过，工程技术有了很大的改进，城墙结构更加坚固，防御作用也更大。明朝在长城重要的关隘，特别是在当时京城北面的居庸关、山海关、雁门关一带修筑了几重城墙，多的达到二十多重。戚继光任蓟镇总兵时又在山海关至居庸关长城线上修筑墩台一千多座。这些烽堠、墩台与长城南北的许多城防、关隘、都司、卫所等防御工程和军事机构共同构成一道城堡相连、烽火相望的万里防线。现在我们能看到的长城几乎都是明代所建的。

八达岭长城是明长城中保存最好的一段，也是最具代表性的一段。这里是长城重要关口居庸关的前哨，海拔高达 1015 米，地势险要，城关坚固，历来是兵家必争之地。登上八达岭长城，极目远望，山峦起伏，雄沉刚劲的北方山势绵延不绝。长城因山势而雄伟，山势因长城而更加险峻。

D4　游什刹海、恭王府、雍和宫。

什刹海为一条自西北斜向东南的狭长水面，元代曾是南北大运河北段的起点。这里水域开阔，王府环绕，园林密布，寺庙林立，景色优美。什刹海是北京内城保留原有民俗文化、富有老北京特色的传统风景和民居保留区。东部银锭桥横跨湖上，站立桥头可饱览西山秀色，故有燕京小八景“银锭观山”之美称。北京的胡同里蕴含着浓郁的平民气息，多彩的百姓风情。

恭王府位于前海西街，是清道光帝第六子恭亲王奕䜣的府邸，前身为乾隆时期和珅的宅邸。王府分为花园、府邸两部分。府邸分中、东、西三路，由三条轴线贯穿的多进四合院组成。东路的院落之后为花园——萃锦园，俗称恭王府花园。园内有散置的叠石假山，曲廊亭榭，水池花木。恭王府花园设计富丽堂皇，风景幽深秀丽，因此一向被传为《红楼梦》中的荣国府及大观园。恭王府是世界最大的四合院，也是今日北京城里 60 余座清代王府中保存最完整的一个、王府花园中规模最大的一个。

北京市东城区雍和宫大街路东，有一座典雅古朴的寺庙建筑，这就是北京地区规模最大、保存最完好的藏佳佛教寺院雍和宫。该寺院主要由三座精致的牌坊和五进宏伟的大殿组成，从飞檐斗拱的东西牌坊到古色古香的东、西顺山楼共占地 66400 平方米，有殿宇千余间。明朝时这里是太监的官房，清康熙三十三年（公元 1694 年）建成雍亲王府。雍正三年（公元 1725 年）升为行宫，改名雍和宫。因乾隆皇帝诞生于此，雍和宫出了两位皇帝，成了“龙潜福地”，所以殿宇为黄瓦红墙，与紫禁城皇宫一样规格。乾隆九年（公元 1744 年）改为喇嘛庙，是全国规格最高的一座佛教寺院。雍和宫由于是由王府改建的寺庙，在建筑格局上仍然保留王府的形制。雍和宫的木雕三绝指五百罗汉山、檀木大佛和楠木佛龛。五百罗汉山在法轮殿，整个山体由紫檀木雕刻而成，层峦叠嶂，阁塔错落，500 个用金、银、铜、铁、锡铸制的罗汉置身其间，姿势生动，神态各异，造型逼真，雕技精湛。檀木大佛就是万福阁的迈达拉佛。这尊巨佛是用整棵白檀树的主干雕成的，高 26 米，地上 18 米（地下埋有 8 米），直径 8 米，全重约 100 吨，是中国最大的独木雕像。“迈达拉佛”是蒙古语，即“弥勒”，这尊大佛体态雄伟，全身贴金，镶有各种珠宝。楠木佛龛在万福阁东厢的照佛楼内，上下两层共十间楼房，楼里有一尊照佛（旃檀佛），为铜浇铸而成，供奉这尊照佛的楠木佛龛从地面直达楼顶，高十几米。照佛背后火焰背光用楠木雕刻并涂以黄色，黄铜镜镶嵌在背光中，夕照时，佛像生辉，蔚为壮观。同时，利用透雕手法突出的 99 条立体金龙翻腾于云海之中，形态逼真。庭院中的青铜大鼎，是北京城内巨大的铜制品之一。所藏乾隆的“三洗盆”、“夏朝冠”，在全国也是绝无仅有的。雍和宫法轮殿里供奉着喇嘛黄教创始人——宗喀巴像，脸、手均以真金装饰。

（二）京郊游

D1　北京接团。游京西门头沟区灵山、珍珠湖、龙门森林公园、古迹山庄爨底下村。

灵山顶峰2303米，是北京第一高峰、首都的屋脊。由于地势的关系，灵山的植被既有暖温带植被，又有西伯利亚寒冷地带亲缘植被，1900米以上为高山草甸，是夏日休闲避暑的好场所。珍珠湖是兴建永定河珠窝水库形成的湖泊，因湖内生长的河蚌数量多而大得名。湖水清澈，蓝天、白云、高山、树影倒映其中，极似山水画。湖面可泛舟、网鱼捞虾。龙门森林公园在灵山西侧，是天然植物园，适宜休闲游。爨底下村是门头沟区斋堂镇所属的一个自然村，现保存着500间70余套明清时代的四合院民居，是我国北方保留比较完整的山村古建筑群。近几年，在此拍了几十部电影电视剧作品。

D2　游京郊密云县黑龙潭。

黑龙潭在距北京100千米的柳棵峪深谷里，18个水潭散落在大峡谷内，千姿百态。进入峡谷，山翠水清，景色各异。主干深谷又分龙潭沟、沙梁沟和清水沟三条支叉，其中以龙潭沟风景最为壮丽迷人，沟深25千米，由谷底到谷顶有200多米，谷中瀑潭连珠，有10多个潭和30米瀑、40米瀑、60米瀑6处。60米瀑即京都第一瀑——玉珠飞瀑。谷内潭瀑相扣，进峡首先见到的是黑龙潭第一潭，上有瀑布，沿溪有悬潭、沉潭、通天瀑。随后可见黑龙真潭，黑龙真潭直径5米，圆形，潭水呈黑绿色，临水而立，凉气逼人。垂瀑飞珠溅玉，喧响轰鸣，潭深水静，苍凉若古，一动一静，景色相接。青龙潭玉珠飞瀑岩壁高而阔，水从龙门洞口喷出，如猛虎跳崖，气势磅礴。玉珠飞瀑所在的柳棵峪村还有一自然奇观，山村背倚的大窟窿山是一条长4千米的山脊，山脊上天然生成一个长方形巨孔，方圆100米，传说是二郎神担山时留下的扁担眼。

D3　游京郊最大的水上乐园——金海湖。

金海湖原名海子水库，位于北京东北部平谷县境内，水域面积490多公顷，是北京市继密云、官厅水库之后的第三大水库。金海湖三面环山，一面被大坝截断，是得天独厚的高峡平湖，主要开发水上娱乐项目。游完金海湖，可到距金海湖以北12千米处的湖洞游览，在长约十数千米的大峡谷中有湖，山中有洞，溪水长流，因此得名。湖洞山峰拔翠，石崖峥嵘，峡谷幽险，山林茂密，洞幽水潺，有回音洞、一线天、映天池、山门涧、三娘洞、罗汉洞、狮子峰、虎头峰等胜景。最壮观的是坡度约为45度、完全由山石砌成的天梯，共有石阶800级，几乎直上直下，仿佛能由此登天。拾阶而上，经过唤夫亭、北天门，有高耸的“怀天揽月”牌楼，山顶有娘娘庙。

D4　游十渡。

十渡位于北京房山区西南部据马河畔，距北京100千米，是北京西山以岩溶峰林和深切河谷地貌为特色的自然风景区。从张坊至十渡，溯水而上，须经过分10个渡口，十渡因此得名；又因山奇水秀，素有“北方桂林”之称。北京山多而水少，山水俱佳如十渡的，屈指可数。十渡的枢纽是九渡，此地四通八达，步步皆景。九渡的望佛台高达十多米，石台上有朱红色凉亭一座，登高远眺，可饱览山水相映的秀美景色。九渡往东有六渡天然浴场、千尺窗、朝晖山等，往西有塔山仙池、石门、牛影洞、五指山等景观，南去可见蛙嘴石、通天洞、望月峰、笔架山等，北往能历览龙山佛字、平西烈士陵园、蝙蝠山、六壮士纪念碑，石人峰等。一渡有鹰嘴岩，登临崖顶，气势不凡。七渡以奇峰秀水而著称。十渡则以洞长十多米的通天洞而著名，石壁上留有历代文人墨客的手迹，碑上有字“不上通天洞，何时望江南”。拒马河水清澈见底，河滩细沙素净。夏日在此避暑，不比海滨浴场差。

D5　京郊森林游。

松山森林旅游区位于北京延庆县西北部，燕山山脉深处的军都山中，距市区 90 千米，是松山自然保护区的一部分。区内植物垂直分布十分明显，海拔千米以下是人工油松和落叶松林，1000～1600 米是天然次生油松林，1600～1800 米是栎树、桦树林，1800 米以上是高山草甸。松山森林旅游区的海陀山海拔 2199.6 米，是北京的第二高峰，区内除大面积的天然油松林外，还有百瀑泉、八仙洞、雄狮饮水、松月潭、金蟾望月、飞龙壁等 30 多处景点。松山森林旅游区气候宜人，是北京低温区之一，夏季避暑胜地。松山温泉自古以来是沐浴疗养的理想场所，泉水含丰富矿物质，对皮肤病、关节炎、局部神经痛等病症疗效显著。

第三节　天 津 旅 游

天津地处华北平原东北部，东临渤海，北枕燕山，西靠首都北京，市区海河横贯，是中央四大直辖市之一，总面积 11305 平方千米。天津气候属暖温带半湿润大陆季风型气候，有明显由陆到海的过渡特点。四季明显，季风显著，日照充足。1 月平均气温为-4℃，7 月平均气温可达 26℃，年均降水量 550～680 毫米。全市总人口 1293.82 万（截至 2010 年 11 月 1 日）。

天津的形成始于隋朝大运河的开通，发展于元、明、清三个朝代。唐中叶以后，天津成为南方粮、绸北运的水陆码头。金代在直沽设“直沽寨”，元朝设“海津镇”，是军事重镇和漕粮转运中心。天津的名称出现于永乐初年，为燕王朱棣所起。作为军事重地，永乐二年（公元 1404 年），天津正式设卫所（卫所是明朝的军事建置），故有“天津卫”之称。

明代北京为中国政治中心，南粮北调的巨大漕运需要，使天津成为水运交通枢纽和北方经济中心。1860 年第二次鸦片战争后，天津被辟为通商口岸，出现九国“租界地”，西方文化随之登陆天津。这里逐步发展成为当时中国北方最大的金融商贸中心，在中国近代史上有着重要地位。

天津自然景观优美雄奇，人文景观独特，盘山为其主要山地风景区，蓟县长城历史悠久，宗教遗存较多，独乐寺尤为著名。天津与中国近代史有关的景点较多，如炮台是反帝的见证，望海楼与“天津教案”、义和团运动有关，张园曾是孙中山下榻处和末代皇帝溥仪离开北京后的暂居处。天津现有国家级重点文物保护单位 14 处，省（市）级文物保护单位 122 处。天津还是国家级历史文化名城、中国优秀旅游城市，有国家 5A 级旅游景区 2 处，国家级风景名胜区 1 处，国家级森林公园 1 处，国家级自然保护区 3 处。

一、风味肴馔

小站稻名扬天下，沿海盛产对虾、螃蟹。“津门三绝”的狗不理包子、十八街麻花、耳朵眼炸糕更是闻名遐迩。狗不理包子以其味道鲜美而誉满全国，十八街麻花“酥脆香甜、久放不绵”，耳朵眼炸糕因最初该店坐落于耳朵眼胡同而得名，外焦里嫩，独具特色。

二、地方文艺

天津是北方曲艺的重要发源地。京韵大鼓、梅花大鼓、天津时调、相声、快板书等发源于天津。评剧源于唐山一带，但在天津发展壮大。

三、旅游交通概况

天津是连接华北、东北、西北地区的交通枢纽，从天津到东北的沈阳，南下到徐州、郑州等地，其直线距离均不超过600千米，已形成以港口为中心、海陆空一体的高度发达的立体交叉网络。天津港有60多条海上航线通往300多个国际港口，是从太平洋彼岸到欧亚内陆的主要通道和欧亚大陆桥的主要出海口。

四、天津游

D1　天津接团，游盘山、蓟县独乐寺、白塔。

盘山位于蓟县西北部，距市区150千米左右，西距北京80多千米，有公路直通山脚下。林峦秀异、山水清奇，被称为“京东第一山”，是我国十五大名山之一。盘山已有1200多年的游览历史，早在唐朝，唐太宗李世民就游览过盘山。历代帝王修建了诸多行宫、云楼。清乾隆在此建了规模宏大的行宫“静寄山庄”，并28次游览盘山。盘山的主要风景名胜有五峰（挂月、紫盖、自来、舞剑、九华），八石（悬空、摇动、晾甲、将军、天井、蛤蟆、蟒石、夹木），七十二佛寺（多不可述），十三宝塔。人们把盘山风景分为三盘，上盘松胜（劲松苍翠，盘曲遮天），中盘石胜（巨石嵯峨，千奇百怪），下盘水胜（飞泉响涧，溅玉喷珠）。主峰挂月峰海拔864米，峰顶上锐下削，上筑定光佛舍利塔，此塔始建于唐初，塔旁有摩崖石刻。

独乐寺又称大佛寺，坐落于蓟县城西门内，因寺西北有独乐水，故名。独乐寺是我国著名的古代佛教建筑之一，始建于隋唐年间，辽统和二年（公元984年）由蓟州人韩匡嗣主持重建，距今已有1000多年的历史，是我国现存最古老、最大的阁式木结构建筑之一。山门的门额上悬挂的“独乐寺”大匾出自明朝严嵩之手。山门中间门道两旁各塑一尊护卫法神像，形象生动，俗称“哼哈二将”，是辽统和二年重建时的原物。独乐寺的山门是我国现存最早的庑殿顶式山门，具有浓郁的唐代建筑风格。观音阁前上檐鎏金的四个大字“观音之阁”，相传是唐肃中元年李白北游幽州时所书；下檐“具足圆成”为清代咸丰皇帝所题。阁内高达16.27米的观音菩萨像，是辽代泥塑艺术珍品，也是国内最大的观音塑像。观音像矗立在阁内中央的须弥座上，向上穿过二、三层平台，直入顶层覆斗形的八角藻井之中。为显示观音法力高强，塑造者在观音头顶上又塑出10个小观音，所以又有“十一面观音”之称。

位于寺南300米的辽代白塔与独乐寺同属一个建筑群体。塔高30.6米，八角亭式，塔基由白色花岗石条砌成，呈须弥式，塔身雕有仿木结构的斗拱、双重栏杆、仰覆莲花等各种装饰。八个拐角各饰有砖雕小塔，设计精巧，造型生动，具有浓郁的唐代遗风。塔尖有十三圈天相轮，攒尖直达于顶，巍然壮观。

D2　游览黄崖关古长城、古文化街。

黄崖关古长城位于天津最北端，清东陵之西，始建于北齐天保年间（公元550—559年），重修于明代。黄崖关城是明代蓟镇长城的重要关隘，也是县境内唯一的一座关城。关城东侧山崖的岩石多为黄褐色，每当夕阳映照，金碧辉煌，素有“晚照黄崖”之称，关城因此得名。黄崖关是万里长城第二关，长4千米，接山跨水，地势险峻，关城建筑特色鲜明，城台城墙皆用砖石砌筑，水陆关隘、敌楼站台、烟墩营寨一应俱全，构成了完整的防御工事体系。南城门楼上镌“黄崖口关”，北城门楼上书“黄崖正关”，城墙上建有“北极阁”，也叫“玄武庙”。关城内的街道就是著名的“八卦街”，也叫“八卦迷魂阵”，明永乐年间仿照诸葛亮八卦阵图建造。城中有“长城博物馆”，藏有戚继光用过的战刀。关城之外建有圆状空心敌楼，为著名的凤凰楼。由此向南则是横跨泃河的黄崖水关，有引人注目的方形敌楼，山巅之上还筑有黑色的圆形石楼，为北齐天保年间所建的北齐墩台。

古文化街是天津一条有着六百余年历史的文化古街，由天后宫、南北大街、宫前广场组成，天后宫是全街的中心。这里早年是海运与河运的中转站，元泰定三年（公元1326年）由皇帝下令敕建天后宫，供船民祭海祈求平安，以兴漕运。天后宫由大殿、钟鼓楼等古建筑群组成，宫内供奉天后娘娘。天后在古时被人们称为护海女神，女神原为福建莆田人，水性极好并经常驾船出海搭救遇难的人，故被后人敬为女神。传说农历三月二十三日是天后的诞辰，每逢这一天要在宫前广场和南街北街举办庙会，由民间组织表演各种节目，届时百戏云集，热闹非凡。古文化街以其所具有的浓郁的中国味、天津味、文化味的特点成为天津对外开放的窗口。游览古文化街后，可到天津著名的五大道观光。天津拥有大量的西方近代建筑，这是在特定的历史条件下形成的一种建筑文化现象。其中以居住为功能的建筑多集中在马场道、睦南道、大理道、常德道、重庆道附近（俗称五大道），大部分是庭院式独居住宅，建筑外形具有各国民俗特点。

第四节　河北旅游

河北省因位于黄河下游以北而得名，部分地区古属九州之一的冀州，故简称冀，东临渤海，兼跨内蒙古高原，海岸线长487千米，总面积18.8万平方千米，省会石家庄市。全省环抱北京和天津，位于环渤海的中心地带，地貌类型齐全，自然景观丰富多彩。地势由西北向东南倾斜，西北部为山区、丘陵和高原，其间分布有盆地和谷地，中部和东南部为广阔的平原。坝上高原平均海拔1200～1500米；燕山和太行山地，其中包括丘陵和盆地，海拔多在2000米以下；河北平原是华北平原的一部分，海拔多在50米以下。河北省属温带大陆性季风气候，大部分地区四季分明。1月平均气温-14～

-2℃,7月平均气温20~27℃，年均降水量300~800毫米。全省总人口7185.42万（截至2010年11月1日）。

河北省历史悠久，是中华民族发祥地之一。早在五千多年前，中华民族的三大始祖黄帝、炎帝和蚩尤就是在河北由征战到融合，从而开创了中华文明史。春秋战国时期，河北地属燕国和赵国，故有“燕赵”之称。元、明、清三朝定都北京，河北成为拱卫京师的畿辅之地。悠久的历史使河北形成了浓厚的文化积淀。河北又是全国唯一兼有海滨、平原、湖泊、丘陵、山地、高原的省份，种类齐全的地形地貌和温和宜人的气候，造就了河北独特的自然风光。

河北省旅游资源十分丰富，现有世界文化遗产3处，分别为长城、承德避暑山庄及其周围寺庙、清代皇家陵寝群（清东陵和清西陵）；国家级重点文物保护单位163处，居全国第三位；省级文物保护单位930处，居全国第二，是中国著名的文物大省。有国家级历史文化名城5座，中国优秀旅游城市10座，国家5A级旅游景区5处，国家级森林公园27处，国家级风景名胜区7处，国家级自然保护区12处，全国十大风景名胜区2处，全国旅游胜地四十佳3处。

一、风味肴馔

饶阳杂面、唐山蜂蜜麻糖、保定马家老鸡铺卤鸡、石家庄金凤扒鸡、藁城宫面、保定槐茂酱菜、白洋淀松花蛋、渤海对虾等。

二、地方文艺

河北梆子形成于清代，其唱腔高亢、悲壮，表演真实、泼辣、夸张，重视发缕功、水袖功等演技。评剧源于唐山，唱腔低回婉转。此外还有西河大鼓、乐亭大鼓、天津时调等曲艺品种。

三、旅游交通概况

河北省地处全国政治、经济、文化中心——北京市的周围，京广、京九、京沈、京包、京沪、石太、石德、京通、京承、锦承等铁路线从省内经过，是东北地区与关内各省区联系的通道，还是山西、内蒙和广大西北地区通往天津港的必经之路。通过该省的不冻港秦皇岛，可进行国内和国际的贸易往来。铁路纵横交错，公路四通八达，境内有石家庄、秦皇岛两大机场。

四、河北的旅游线路

（一）塞北承德游

D1　石家庄接团。乘夕发朝至列车赴承德，住车上。

D2　早晨到承德，游览避暑山庄、外八庙、磬锤峰等景点。

避暑山庄又称热河行宫，或称承德离宫，位于承德市北郊山谷盆地中，系清代皇帝避暑和处理政务的地方，是世界现存最大的皇家园林。其共有建筑120余组，分宫殿区和苑景区两部分。苑景区又分为湖区、平原区和山区。这里有康熙、乾隆二帝御题72

景，集全国古代园林之大成。清康熙、乾隆皇帝每年大约有半年时间要在承德度过。

当年康熙皇帝在北巡途中，发现承德地势良好，气候宜人，风景优美，又直达清王朝的发祥地——北方，是清朝皇帝家乡的门户，还可内俯关内，外控蒙古，于是决定在这里建行宫。康熙四十二年（公元1703年）开始大兴土木、修路造宫，至康熙五十二年（公元1713年）建成36景，并建好山庄的围墙。雍正时暂停修建。乾隆六年（公元1741年）到乾隆五十七年（公元1792年）又继续修建直至完工，建成的避暑山庄新增加乾隆36景和山庄外的外八庙，形成占地约564万平方米、规模宏大、别具一格的皇家园林，为后人留下了珍贵的古代园林建筑杰作。

山庄的宫殿区是皇帝处理政务和帝后居住的地方，包括“正宫”、“松鹤斋”、“万壑松风”和“东宫”（已毁）四组建筑。正宫是宫殿区的主体建筑，包括9进院落。主殿“澹泊敬诚”殿，用珍贵的楠木建成，因此也叫楠木殿，各种隆重大典都在此举行。其后有“四知书屋”、“烟波致爽”、“云山胜地”等殿堂，是皇帝处理朝政、读书和居住的地方，至今珍藏着两万余件皇帝的陈列品和生活用品。湖区洲岛错落，湖面被长堤和洲岛分割成5处水面，之间有桥相通，两岸绿树成阴，秀丽多姿。其风景建筑大多仿江南名胜建造，如仿浙江嘉兴南湖烟雨楼修建的“烟雨楼”，仿江苏镇江金山布局的金山岛。湖中两岛分别有两组建筑：“如意洲”和“月色江声”。“如意洲”是风景区的中心，“月色江声”是皇帝读书的地方。湖区东北角有著名的热河泉。整个山庄东南多水，西北多山，是中国自然地貌的缩影。

避暑山庄之外的寺庙群，由12座喇嘛寺庙组成，如众星捧月环绕山庄，象征民族团结和中央集权。清朝初期奉行扶持喇嘛教的政策，以此笼络中国西部和北部的少数民族，为此在营建避暑山庄的同时，在其周围依照西藏、新疆喇嘛教寺庙的形式修建喇嘛教寺庙群，供西北方少数民族上层及贵族朝觐皇帝时礼佛之用。这些庙宇多利用向阳山坡层层修建，主要殿堂耸立突出、雄伟壮观。寺庙建筑风格融汉、藏文化艺术于一体。寺庙殿堂中，完好地保存和供奉着近万件精美的佛像、法器等。

磬锤峰古称石挺，在承德市武烈河东岸的山巅之上，是承德名峰之一，也是承德的标志。清康熙四十一年（公元1702年），康熙皇帝以该峰状似磬锤，将此山赐名为“磬锤峰”。磬锤峰与避暑山庄内的“锤峰落照”亭遥遥相对。

D3　赴金山岭长城游览。

金山岭长城位于滦平县巴克什营花楼沟一带，因修筑于雾灵峰与古北口卧虎岭之间的大、小金山之上，故得此名。此段长城始建于明洪武元年（公元1368年），为大将徐达主持修建，明隆庆元年（公元1567年）抗倭名将冀镇总兵戚继光、冀辽总督谭纶在此基础上续建、改建，约长30千米。这里地势低缓，易攻难守，城墙修筑得十分厚实坚固，烽火台巍峨高大，城关要塞星罗棋布，楼台密集，是中国现存长城中保存较完好的一部分。

D4　乘车赴坝上木兰围场游览。

木兰围场位于承德市围场县北部，现名塞罕坝，蒙语为“美丽的高岭”，几百年前曾是清朝的御用狩猎场，每到秋天都要在此进行木兰秋狝，因此这里更习惯被人们称为木兰围场。这里冬季漫长，春秋两季较短，夏季雨水充沛，凉爽宜人。木兰围场位于内蒙古高原和冀北山地的交汇处，在植被上处于森林与草原的过渡地带，造就了这里丰富、奇特的自然景观：这里既有高原又有山地，既有森林又有草原，既有河流又有湖泊，游客可以欣赏到各种不同的地形地貌。7万多公顷的浩瀚林海与广阔的内蒙古乌兰布通大草原相辅相成，浑然一体，野生动植物资源丰富。草原风光秀丽，经常可以看到万马奔腾的壮观景象。

木兰围场上星罗棋布的泡子（湖泊）如一块块翡翠散落在大草原上，一到夏季，月亮湖、七星湖、将军泡子、西大泡子的湖水清澈湛蓝，月亮湖、七星湖现已开发成度假村。

D5 游月亮湖、百花坡、观林海。

月亮湖景区位于棋塞公路坝梁西段，总面积10平方千米，包括月亮湖、百花坡、黄花滩三个景区。月亮湖是天然高原湖泊，旧称沙尔脑泡子，为游人必游之地。月亮湖位于林海与草原的结合部，东、北两面是蓊蓊郁郁的松林，英姿飒爽，郁青滴翠，浓荫蔽日，秋日蘑菇丛生，徜徉其间，心旷神怡。西、南两面是平坦舒缓的草坡，由于距御道口牧点不远，常可见马群、牛群、羊群散落其间，自由觅食，山风徐来，绿浪翻滚，构成了一幅风吹草低见牛羊的美丽图画。在林海草原之间，月亮湖起到一种“画龙点睛”的作用。从远处望去，仿佛是一块镶嵌在王冠上的宝石，闪闪发光；到近处观看，波平如镜，倒映着蓝天白云，湖面波光粼粼，反射着点点阳光。由于地势低洼湿润，适宜金莲花生长，所以这里又是观赏金莲花的理想之所。每年7月中旬至8月上旬前后，满洼满坡的金莲花汇成一片金灿灿的海洋。

（二）帝陵游

D1 北京接团。乘火车到兴隆县，换乘汽车上雾灵山。

雾灵山位于河北省承德市兴隆县，有华北第一生态名山之称，拥有16.5万亩森林，是华北温带森林生态系统的典范，被专家誉为“华北物种基因库”，现为距北京最近的“中国人与生物圈”国家级自然保护区。

雾灵山原名伏凌山，为燕山山脉主峰，海拔高度2118米，被誉为“京东之首”、“燕山明珠”。雾灵山山势雄伟，峰峦叠嶂。自古以来，云雾常年弥漫山上，造就了雾灵山“优凌仙境”。雾灵山是清东陵后龙风水宝地。清朝270多年的封禁，使雾灵山原有诸多寺庙败落，人迹罕至，形成了原始森林景象。因山高林密，气温较低，夏季平均气温17.6℃，空气清新爽透，是避暑的好地方。金秋时节可畅游雾灵山，白天进行雾灵山金秋大采摘，夜晚可赏仲秋明月，如遇月明星稀，可以看见北京城的阑珊灯火。

D2 早起观日出。登雾灵山主峰，长城内外尽收眼底，视野极其开阔。上午山上游览，下午乘汽车下山至兴隆县，乘车至遵化县城。

D3 游清东陵。

清东陵坐落于唐山遵化市马兰峪镇以西的昌瑞山一带，是清王朝在关内营建的第一座皇陵。早在明朝，这块地方就被预定为皇家兆域，只是尚未来得及动工营建，明朝就灭亡了。清人关后，此地又被清帝看中，很快被辟为清朝的皇家陵园。

清东陵是一块难得的“风水”宝地。陵区东起马兰峪，西至黄花山，北接雾灵山，南面有天台、烟墩两山相对峙，中间自然形成的出入口称为“龙门口”，又叫“兴隆口”。雾灵山是清东陵的太祖山，是“后龙之正脉，风水之大源”。其山脉逶迤南伸，至昌瑞山而止。整个陵区以昌瑞山为界，以南称“前圈”，以北为“后龙”。前圈四面环山，诸陵寝均建在前圈之内。当年顺治皇帝到这一带行围打猎，传旨“此山王气葱郁可为朕寿宫”。此后昌瑞山便有了规模浩大、气势恢宏的清东陵。

清东陵于清康熙二年（公元 1663 年）开工兴建，到光绪三十四年（公元 1908 年）慈禧陵重修工程完成，历经 245 年。在近乎两个半世纪中，修建有 5 座帝陵、4 座皇后陵、5 座妃园寝。在陵区外还有大量亲王、贝勒、公主园寝陪葬墓。

东陵中以顺治的孝陵最为壮观。进入陵区是 12 米宽、长达十多里的神路，排列着石牌坊、大红门、更衣殿、石像生、龙凤门、七孔桥、隆恩门、隆恩殿、明楼等。入口处的六柱五间十一楼的石牌坊纹饰雕刻精细、造型生动美观。过大红门后是高达 30 米的重檐九脊神功圣德牌楼，神路两边站立着十八对石像生，用整块的巨石雕成，数量之多，是清代的其他帝陵所无法比拟的。

乾隆皇帝的裕陵位于孝陵以西的胜水峪，整座地宫呈“主”字形，用条石构成，分为明堂、穿堂、金堂三个部分，各堂四壁及券顶都有佛像、图案和经文浮雕。裕陵的地宫装饰豪华富丽，雕凿精巧细致。

东陵的地面建筑以慈禧陵最为考究，其地面建筑的内部装修和雕刻工艺十分豪华精致，在全部的清陵中独一无二。隆恩殿四周的汉白玉石栏杆、栏板和望柱上，雕刻着精美的龙凤呈祥等图案，殿前的龙凤彩石采用了透雕这一高超工艺，殿内处处布满雕刻的贴金砖，明柱上有浮雕的金龙盘绕周围，斗拱、梁枋和天花板全部贴金彩绘，使大殿显得金碧辉煌，光彩夺目。

（三）夏季北戴河海滨游

D1　石家庄接团。乘旅游列车赴北戴河，住北戴河。

D2　早晨起床到鸽子窝公园看海上日出，到联峰山公园游览。

联峰山公园位于北戴河海滨中心偏西，此山于 1919 年建成北戴河最大的森林公园，以登山揽胜、林中探幽为特点，原有的地形地貌和植被保存完好。园内有三座松林覆盖的山峰，因山势连缀故有联峰之称，远视又似莲蓬，亦称为莲蓬山。最高峰东联峰山海拔 153 米，是北戴河的制高点。游人观景登高主要以东联峰山为主。山顶建有望海亭，登亭远眺，北戴河海滨的秀丽风光尽收眼底。

D3　早起乘车前往山海关，游“天下第一关”及老龙头长城。

“天下第一关”建于明洪武十四年（公元 1381 年），城楼气势雄伟，是山海关城的东门，又称镇东楼，俗称箭楼，是山海关城的标志性建筑。“天下第一关”在地理位置上，为万里长城东部起点的第一座关隘；在地势上，依山连海，雄关锁隘，易守难攻。山海关成为明清以来特别是近代史上“关”的代表。

登上第一关城楼，南望渤海，烟波浩淼；北眺长城，壁垒森严，大有身临古战场之感。城楼左右的四座建筑物为靖边楼、牧营楼、临闾楼、威远堂。“天下第一关”记录了 600 多年来的沧桑变化，成为历史的见证。

老龙头是明长城的东起点，位于山海关城南 5 千米的滨海高地。之所以把这里称为“老龙头”，是因为人们把万里长城比做一条巨龙，这条龙自燕山而下，向渤海飞驰，经过山海雄关，随之引颈入海，这入海的部分便是老龙头。老龙头是万里长城的重要组成部分，它与城北的角山长城、城东的威远城构成犄角之势，护卫着山海关城。从明初洪武年间到明末崇祯年间的260余年中，老龙头不断修建，逐步完善。直至清代长城内外成为一统，老龙头从此失去了军事防御的作用，成为帝王将相、文人墨客观光揽胜的佳境。老龙头上的“天开海岳”碑，据传为唐代遗碑。登上老龙头，面对波涛汹涌、云水苍茫的大海，游人可以尽览“长城万里跨龙头，纵目凭高更上楼，大风吹日云奔合，巨浪排空雪怒浮”的壮观美景。

(四) 冀中古文化游

D1　石家庄接团。乘车前往保定，游览保定市区古莲池公园和莲池书院、直隶总督署。

古城保定地处南北交通要道，素称京南重镇，清代辟为京畿首府，直隶总督驻节于此。莲池书院就坐落于保定中心的古莲花池中。古莲花池与颐和园、拙政园、豫园等齐名，为我国十大历史名园之一，至今已有700余年的历史。明代辟为官府园林，号称“水鉴公署”，并以“莲漪夏滟”为名列入古城八景之中。园中树木葱郁，夏季清荷飘香，是修身、颐情、养性的名胜之处。清雍正十一年（公元1733年），直隶总督李卫建莲池书院于古莲池。同时，在书院东侧建有皇华馆，作为总督府接待往来使臣宾客的场所，形成书院与宾馆并列的的局面，是莲池的一大特色。清乾隆十年（公元1745年），为迎接皇帝巡幸，宾馆扩大为行宫，至此，莲池演化成皇帝行宫与士人书院并列之局。光绪二十六年（公元1900年），德、法、英、意四国联军侵占保定，莲池珍藏文物被洗劫一空，建筑亦成灰烬。战后虽有再建，书院也经重修复学，但已无往昔辉煌。现今，古莲池经修浚一新，以行宫、书院合二为一，集南北园林优点于一体，向游人展示中国传统文化的魅力。

直隶总督署位于保定市繁华的市中心，是我国目前唯一保存完好的一座清代省级衙署，其前身可追溯至元代，雍正七年（公元1729年）大规模改扩建为直隶总督署，次年正式启用。自雍正始，至清帝逊位废止，计有180余年的历史。直隶总督署具有丰富的历史内涵，人称“一座总督衙署，半部清史写照”。现总督署与雍正初年建成的总体面积、布局基本相同，以两条南北甬道相隔，衙署被分为中、东、西三路，主要有大门、仪门、大堂、二堂、三堂、上房，并配以左右耳房、厢房等，至今保存完好。“直隶总督部院”系雍正皇帝手书。

D2　游易县清西陵、紫荆关。

清西陵位于河北省易县城西15千米的永宁山下，是我国规模最大、保存最完整、品种最齐全的清代皇家陵墓群之一，是中国两千年来陵寝建筑艺术最杰出的代表。清朝王室有4个皇帝、9个皇后、57个嫔妃、2个公主、2个王爷、3个阿哥、1个阿哥长子共78人埋葬在这里。雍正的陵址本来选在清东陵九凤朝阳山，但他认为“规模虽大而形局未全，穴中之土又带砂石，实不可用”，因而将原址废掉，命另选“万年吉地”。选陵址者奏称，易县永宁山下是“乾坤聚秀之区，阴阳汇合之所，龙穴砂水，无美不收。形势理气，诸吉咸备”。西陵的靠山——永宁山为太行山脉，屏立于陵寝之后，易水河缓缓流淌于大红门之前。正是由于这些怡人的自然景色，衬托出“万年龙虎抱，每夜鬼神朝”的上吉之壤，雍正才离开父祖在易州境内首辟西陵，以图大清江山万代、岁远天长。后来，为使东陵和西陵香火永续，以后的皇帝采取“昭穆次序、隔代埋葬”的方式分葬于清东陵和清西陵。

清西陵有规模宏大、体系完整的古建筑群，是一处环境幽雅、风景秀丽的游览胜地。在方圆100千米、面积800平方千米的陵区内，有华北地区最大的人工古松林。从建陵开始，清王朝就在永宁山下、易水河畔、陵寝内外，栽植了数以万计的松树。陵区内千余间宫殿建筑和百余座古建筑、古雕刻，气势磅礴。每座陵寝严格遵循清代皇室建陵制度，皇帝陵、皇后陵、王爷陵均采用黄色琉璃瓦盖顶，妃、公主、阿哥园寝均为绿色琉璃瓦盖顶，这些不同的建筑形制，展现出不同的景观和风格。

雍正的泰陵居于陵区的中心位置，是西陵中建筑最早、规模最大的一座。其余各陵分布在东西两侧。泰陵的神道，由三层巨砖铺成，两边苍松翠柏，上南往北分布着40多座大大小小的建筑。第一座建筑物是进入陵区的联拱式五孔桥，桥北有三座高大的石牌坊巍然矗立。牌坊的建筑庄重、美观，色彩调和。三座石坊都是五间、六柱、十一楼形式，用青花石筑成，上刻山、水、花、草、禽兽等图形，形态生动，被视为西陵建筑艺术中具有代表性的作品。泰陵始建于雍正八年（公元1730年）。泰陵内埋葬着雍正及其皇后孝敬、皇贵妃敦肃，是西陵的主体建筑，规模大，体系完整，规制与清东陵基本相同，依次建造石牌坊、大红门、具服殿、圣德神功碑楼、七孔石拱桥、石像生、隆恩门、隆恩殿、方城明楼和宝顶等一系列建筑和石雕刻。隆恩殿建造精美壮观，面阔五间，进深三间。重檐歇山黄瓦顶，木结构卯榫对接。明柱沥粉贴金包裹，殿顶有旋子彩画，梁枋装饰金线点金，枋心彩画“江山统一”和“普照乾坤”，色彩调和，殿宇金碧辉煌。

紫荆关位于易县城西15千米的紫荆岭上，海拔1080米，东连云蒙山，北傍拒马河，南临宽南湖。紫荆关有九关门之称，明朝以后因其漫山多紫荆树而得名紫荆关。紫荆关与居庸关、倒马关合称“内三关”，是长城上的重要关口之一。关城有东、南、西、北四门，城墙向四周延伸，建筑布局独具匠心，进可攻、退可守，具有很高的军事价值。此关是太行山著名的第七径，山险峡深，易守难攻。通向关城的十八道，现今修成公路盘旋曲折，回旋上升，道边就是悬崖峭壁，让人叹为观止。

D3　前往安新县，白洋淀一日游。

观看当地村民编筐、织篓、打苇箔，跟随渔民进淀学划船、打鱼、打水仗。下午后参观白洋淀雁翎队纪念馆及雁翎队在抗日战争时期打日本鬼子包运船的地点。傍晚观赏群鸭戏水、划船放鸭，天黑后可在淀内放荷灯。

D4　游野三坡。

野三坡位于保定地区涞水县西北部，这里既有独特的自然景观，又遗留着古老的历史文物，素有“世外桃源”之称。野三坡以“雄、险、奇、幽”闻名遐尔，分成上、中、下三坡，三坡由此而来。这里总的特点就是突出一个“野”字，登野山、观野景、食野味、住野舍、玩野趣。拒马河号称京西百里画廊，流经野三坡境内35千米，沿岸群山竞秀，环境清幽，顺流而行，“石猴戏水”、“石门顿开”、“悬崖栈道”、“天桥拱立”、“沙蟒拦路”等景点接踵而至，构成了风光秀丽的风景走廊。拒马河畔气候凉爽，是夏天避暑胜地。天下第一峡——百里峡由三条峡谷组成，海棠峡、十悬峡、蝎子沟形如鹿角，全长105华里，故称“百里峡”。峡内奇岩耸立，绝壁万仞，草木横生，千奇百怪的岩溶景观集雄、奇、险、幽为一体。有大龙门城堡、摩崖石刻、蔡树庵长城三处省级文物保护单位。

D5　游满城汉墓。

满城汉墓位于满城县城西南约1.5千米处陵山主峰东坡，是西汉中山靖王刘胜及其妻窦绾之墓。刘胜墓与窦绾墓均采用以山为陵的营建方式，两墓规模宏大，坐西朝东。墓道及墓室凿山而成，呈弧形，平面布局上两墓则大同小异。全墓分为墓道、甬道、南耳室、北耳室、中室和后室6个部分，墓室中分别修建了木结构瓦房和石板房，墓室构造和布局完全模仿地面上的建筑，宛若豪华的地下宫殿。两墓随葬品豪华奢侈，出土文物品类繁多，数量浩大，总数达1万多件。墓主人的两套完整的金缕玉衣葬服，是首次重大发现。除此之外，长信宫灯、错金博山炉、透雕双龙白玉璧均为国宝级文物。窦绾的镶玉漆棺在我国也是第一次发现。现在这里已建成汉墓陵区。

第五节　山东旅游

山东位于黄河下游。山东半岛突出于渤海与黄海之中，同辽东半岛遥相对峙，与朝鲜半岛、日本列岛隔海相望，总面积15.67万平方千米。春秋战国时期著名的齐、鲁两国是西周在今山东境内最大的诸侯国，由于齐、鲁两国发达的经济、政治、文化在中国历史上的重大影响，所以山东又称“齐鲁之邦”，简称鲁，省会济南市。山东省中部山地隆起，地势最高，泰山海拔1545米，为全省最高点。黄河三角洲一般海拔2～10米，为全省陆地最低处。地形大势以山地丘陵为骨架、平原盆地交错环列其间。山东省属暖温带季风气候类型，降水集中、雨热同季，春秋短暂、冬夏较长。1月平均气温-4～-1℃，7月平均气温24～27℃，年均降水量为550～950毫米。全省总人口9579.3万（截至2010年11月1日）。

山东是中华民族古老文化发源地之一，约在原始氏族公社时期，中华祖先就在这里创造了大汶口文化和龙山文化。相传五帝之一的少昊曾建都曲阜，西周时期，齐国即已发展成为经济、军事强国，春秋时期更为强盛。曲阜作为鲁国都城，持续了800年之久。中国古代的大思想家、大教育家孔子和孟子均出生于鲁国。秦、汉以来，历代帝王屡屡巡幸山东，文人墨客聚会历下，宋江等聚义梁山，台儿庄大战、莱芜战役在抗日战争中的作用都不可忽视。

山东省是全国旅游资源丰富的地区之一，现有世界遗产2处，分别为自然文化双遗产泰山、文化遗产曲阜“三孔”；国家级重点文物保护单位95处，省级文物保护单位687处。有国家级历史文化名城8座，中国优秀旅游城市35座，国家5A级旅游景区6处，国家级风景名胜区6处，国家级森林公园38处，国家级自然保护区7处，全国十大风景名胜区1处。悠久的历史、灿烂的文化、优美的自然风光构成了内容丰富、特色鲜明的自然景观和人文景观，共同形成了山东旅游独特的风格。

一、风味肴馔

鲁菜为中国八大菜系之一，以清香、鲜嫩、味纯著名，讲究用汤。清汤色清而鲜，奶汤色白而淳。北方菜多受其影响，清代宫廷御膳即是以鲁菜为主发展起来的。

二、地方文艺

吕剧生活气息浓郁，山东快书风格别具，广有听众。

三、旅游交通概况

山东的交通四通八达，除了铁路、航空、海运之外，山东便捷、通畅的公路运输在全国享有盛名。山东的高速公路与一级公路修到了每一个市、县，在全国首屈一指。

四、山东的旅游线路

(一) 胶东半岛滨海游

D1　青岛接团，游览市区。

青岛是我国最美丽的城市之一，城市建筑别具一格，市区依山而筑，一层比一层高，各条马路都可以看到大海，绿树白墙红瓦，清秀明丽。接团后直接乘车游八大关。八大关是青岛的别墅区，并非传统意义上的城关，而是马路以关名命名。八大关号称是青岛的“万国建筑博览会”，几乎各国的建筑形式都有。

D2　游崂山。

崂山是我国沿海最高峰，海拔 1133 米。崂山山海相接，从海边突兀而起，给人的印象十分高大挺拔。崂山景点很多，著名风景有南九水和北九水。崂山太清宫又称下清宫，是道教宫观，建于北宋初年，至今已有近千年的历史，由三官殿、三皇殿、三清殿组成。观内有清蒲松龄所写聊斋故事的许多场景，如崂山道士所穿过的墙，香玉中的白牡丹、耐冬树等。太清宫东道边有一巨石，高达丈余，上刻“波海参天”四个大字，下有“始皇帝二十八年游于此山”一行小字。三清殿外面有一眼泉水，叫神水泉，里面含有丰富的矿物质。

D3　市内游，主要是参观栈桥和小青岛。

栈桥是青岛的象征，与市内最繁华的中山路成一直线，由海岸直伸入海中。栈桥最早是一座小木桥，初建于清朝光绪十七年（公元 1891 年），是青岛最早的码头，德国占领青岛后延长作为军用码头，1931 年改建成长 440 米、宽 10 米的栈桥。栈桥最南端建有两层八角亭——回澜阁，登高眺望，澄碧空明，海天一色，青岛十景中的第一景——“飞阁回澜”就是指此。顺栈桥东南方前行 1 千米可见号称“琴岛”的小青岛，据说青岛的名称就由此而来。青岛设市后，此地更名为“小青岛”。小青岛最高处建有灯塔，青岛十景的“琴岛飘灯”即指此。

D4　乘船赴威海，参观刘公岛甲午战争纪念馆。

刘公岛位于威海市区东 2.1 海里的威海湾中，素有“东隅屏藩”之称，是闻名遐迩的海防重镇。明洪武三十一年（公元 1398 年）设威海卫，屯兵驻守。从此，威海卫港及刘公岛等岛屿便成为海防重地。清光绪十二年（公元 1886 年），清朝在此建立北洋水师。光绪二十年（公元 1894 年）甲午海战中，北洋水师与日寇激战于黄海。提督丁汝昌和舰长邓世昌英勇奋战，最后壮烈殉国，北洋舰队遭全军覆没的厄运。在旅顺口打捞起来的继远舰残骸陈列在甲午战争纪念馆内。

下午游览成山头。成山头又名“天尽头”，位于荣成市成山镇，因地处成山山脉最东端而得名。成山头三面环海，一面接陆，是中国陆海交接处的最东端，古时成山头被认为是日神所居之地，秦始皇曾两次驾临，留下若干古迹。这里大海浩瀚碧蓝，峭壁巍然，巨浪飞雪，是观海最理想的去处。此地自古就是兵家必争之地，三国、隋、唐、明、清均有兵事发生，甲午海战就发生在成山头东 10 海里外的海面上。

D5　赴蓬莱参观蓬莱阁。

蓬莱市古称登州，位于山东半岛最北端，以蓬莱阁闻名于世。蓬莱阁素称“蓬莱仙境”，相传徐福入海求仙药即从这里出海，神话“八仙过海”也发生在这里。蓬莱阁始建于北宋嘉祐六年（公元 1061 年），明万历十七年（公元 1589 年）增修了一批建筑物，统称“蓬莱阁”，清嘉庆二十四年（公元 1819 年）又增修扩建。蓬莱阁的海市蜃楼是非常著名的奇景，如天气条件符合有可能看到。下午出海体验渔家生活，可以自己捕鱼钓蟹。

（二）圣山圣人故里游

D1　济南接团。乘汽车到曲阜，游孔府、孔庙、孔林。

曲阜位于济南市南 160 千米，为山东著名的古城，儒家学派创始人孔子的故乡。孔庙位于曲阜城的中央，以皇宫的规格而建，是我国三大古建筑群之一，在世界建筑史上占有重要地位。据史料记载，在孔子辞世第二年（公元前 478 年），鲁哀公将孔子旧居改建为祭祀孔子的庙宇，经历代重修扩建，明代形成了现有规模。孔庙占地 14 万平方米，其建筑仿皇宫之制，建筑布局贯穿在一条南北中轴线上，为对称式九进庭院，主体建筑大成殿雄踞中央，周围建筑参差错落，整组建筑布局合理，气势雄伟。庙内共有殿阁亭堂门坊 100 余座。大成殿前廊 10 根大柱上各精雕两条戏珠的飞龙，工艺绝妙，为宫殿建筑中罕见，殿内廊柱皆为楠木，都彩绘团龙错金。殿前“杏檀”亭是孔子晚年讲学的地方。奎文阁飞檐斗拱，造型庄严，为国内少见。孔庙内有孔子塑像、13 座碑亭、53 块巨碑及以孔子一生经历为题材的 120 块石刻《圣迹图》，还陈列有汉魏以来的碑刻 2100 多块，形成了我国又一碑林。

孔府位于孔庙东侧，为孔子长孙的衙署，是孔子的子孙们居住的地方。孔子去世后，子孙一直依庙居住，明洪武十年建立独立的衍圣公府，经多次扩建重修，形成前堂后寝、衙宅合一的庞大建筑群，是我国历史上延续时间最长的封建贵族庄园。庭院分东、中、西三路，东路为家庙，西路为客厅院，中路则是主体建筑，前院为官衙，后院为住宅，最后是花园。府内存有著名的孔府档案和大量文物。

孔林位于曲阜北约 1.1 千米处，亦称至圣林，是孔子及其家族的专用墓地。孔子卒于鲁哀公十六年四月乙丑，葬鲁城北。其后代从冢而葬，形成今天的孔林。从子贡为孔子庐墓植树起，孔林内古树已达万余株。历代墓葬 10 余万座，碑刻 4003 块。孔子的墓呈东西长方形，居孔林中偏南，其后世子孙依次而葬。孔子墓东为其子孔鲤墓，南为其孙孔伋墓，祖孙三代葬于孔林内单独的小院中，呈“品”字形，三墓前各立有两块石碑。

D2　前往泰安，游岱庙、泰山。

岱庙是历代帝王祭祀泰山神的地方，创建年代久远。天贶殿是岱庙的主殿，北宋真宗大中祥符二年（公元1009年）修建，殿内供奉东岳泰山神，墙上画有宋代壁画《泰山神出巡图》。整幅图长62米，高3.3米，描绘泰山之神出巡的盛况。东半部是出巡，西半部是回銮。整个画面计675人，加以祥兽坐骑、山石林木、宫殿桥涵，疏密相间，繁而不杂，是中国道教壁画杰作之一。岱庙内还有《泰山秦刻石》残字碑，也称李斯碑。此刻石是秦二世胡亥于公元前209年下诏书，由丞相李斯以小篆字体书刻制成的。《泰山秦刻石》原在岱顶，后渐磨损，至清代移存山下岱庙，曾被盗而又追回，尚存完整者7个字“臣去疾臣请矣臣”，半残者三字“斯昧死”。《泰山秦刻石》已成为稀世瑰宝。游览完岱庙后登泰山。

泰山，自古就有“五岳独尊”、“天下第一山”的美誉。在25亿年前左右，被称为“泰山运动”的造山运动，使泰山第一次露出海平面。而在3000万年前的新构造运动中，泰山南麓发生山前断裂，所处的盆地下沉，而北麓大幅度抬升，形成了如今泰山巍峨高耸的雄姿。

在封建社会，大凡帝王都会自命为“天子”，是受命于天的。而要祭天，最庄严、最神圣的仪式，就是到泰山去封禅，因为在人们的心目中，泰山是最高最大的山，是万物始生之地。秦始皇一统天下，成为中国历史上第一个中央集权的封建帝王，即位后的第一件大事，就是泰山封禅。雄才大略的汉武帝，则把封禅作为治国安邦、修身养性的第一要务，前后八次登封泰山。汉文帝、汉章帝、汉安帝、隋文帝、唐高宗、武则天、唐玄宗、宋真宗、清康熙、清乾隆等，都以不同的形式祭祀过泰山。泰山封禅意味着受命于天，昭示着国家统一，彰显着国泰民安，因此，历代帝王莫不竞相效仿。泰山封禅这一“旷世大典”，在中国演绎了数千年。由此，也就形成了泰山在世界上独一无二的封禅祭祀文化，或曰帝王文化。

几千年来泰山的自然景观融入了帝王封禅、诗文渲染、工匠艺术以及科学考察等因素，构成了泰山风景。风景区内形成了以主峰为中心呈放射状分布、三重空间（以岱庙为中心的泰安城，城西南蒿里山的“阴曹地府”，南天门以上的“仙界天府”）、一条轴线（连接这三重空间的景观带，主要是岱庙中轴线北延直到玉皇顶）的景观格局。从海拔150余米的山麓泰安市区，至中天门海拔847米，南天门1460米，玉皇顶1545米，层层迭起，构成泰山的独特景观。

从东路攀登上山，如乘车，则由西路到泰山中天门，再向上攀登（或乘缆车）到南天门。从中天门望岱顶，“十八盘”犹如天梯从天而降，三个十八盘险道耸立眼前，当地民谣“慢十八、紧十八、不紧不慢又十八”。这三个十八盘的整体路程不到一千米，要攀登石阶1594级，坡度陡达60°~70°，拔地升天400米。岱顶是泰山名胜最集中的地方，有碧霞祠、大观峰摩崖碑、日观峰、丈人峰等。

D3　早起到日观峰看日出，早餐后开始下山。下山可乘缆车，也可以从原路返回，返程中，上山时未很好浏览的景色可以仔细浏览。上山是坐车到中天门，下山最好从东路下山，沿途峰回路转，林阴夹道，风光优美，古迹众多。其中著名景点有经石峪、岱宗坊、斗母宫、柏洞、五松亭等。

第六节　山西旅游

山西地处黄河中游，黄土高原东部、太行山以西，故得名，简称晋，省会太原市。山西省是一个被黄土广泛覆盖的、起伏较大的高原。全省除少数地方基岩裸露外，大部分地方覆盖着10~30米厚的黄土，是我国黄土高原的组成部分。山西内部地形以山地、丘陵为主，地貌类型复杂多样，除中部、南部几个盆地和谷地海拔高度较低外，大部分海拔高度在1000米以上。以北部的五台山为最高，主峰北台叶斗峰海拔3058米，是华北地区的最高山峰，素有“华北屋脊”之称。省境轮廓大体呈平行四边形，总面积15.6万平方千米。山西位于大陆东岸的内陆，外缘有山脉环绕，因而难以受海风的影响，形成了比较强烈的温带大陆性气候。同时，又由于受内蒙古冬季冷气团的袭击，北部比较寒冷。由此形成了山西的气候特征：冬季长而寒冷干燥，夏季短而炎热多雨；春季日温差大，风沙多；秋季短暂，天气温和。1月平均气温-16~-2℃，7月平均气温19~28℃，均自北向南逐渐增高，年均降水量400~600毫米，但不均匀。全省总人口3571.21万（截至2010年11月1日）。

山西是中华民族的发祥地之一，有着悠久的历史、优秀的文化遗产、光荣的革命传统。山西名胜古迹众多，可称得上中国古代建筑艺术的博物馆。中国宋、辽以前的地上木结构古建筑70%以上在山西境内，现有世界文化遗产3处，分别为平遥古城、五台山和大同云冈石窟。国家级重点文物保护单位271处，省级文物保护单位428处，规模较大的石窟近50处，国家级历史文化名城6座，中国优秀旅游城市5座，国家5A级旅游景区3处，国家级风景名胜区5处，国家级森林公园18处，国家级自然保护区5处。“十年中国看深圳，百年中国看上海，千年中国看西安，五千年中国看山西”。自然美景、历史文明、革命史迹和新时期建设成就，共同构成了山西得天独厚、古今兼备、多姿多彩的旅游资源。

一、风味肴馔

太原过油肉、六味斋酱肉、平遥牛肉等素有盛名。“清和元头脑”有滋补作用。刀削面、猫耳朵、乔面灌肠、莜面栲栳（圆形蒸面食品）等是大众性风味食品。闻喜煮饼外裹芝麻，内包糖馅，酥软可口。

二、地方文艺

晋剧（山西梆子）在中国戏曲史上影响很大，是北方戏曲的代表。其唱腔高亢激越、活泼跳跃，伴奏乐器中以打击乐器梆子作用最突出为特点。山西梆子分为蒲州梆子、上党梆子、中路梆子、北路梆子四种流派，合称四大梆子戏。此外，还有多种“道情”、秧歌、花鼓等。

三、旅游交通概况

山西省交通运输业发展迅速，现已初步形成了铁路、公路、航空纵横交错、四通八达的立体交通网络。

四、山西的旅游线路

（一）晋北古迹文化风光游

D1　大同接团，游览华严寺、善化寺、九龙壁、云冈石窟。

大同在历史上曾是我国北方的重镇，公元 5 世纪北魏建都于此，留有较多古迹。辽代佛教华严宗盛行，北魏道宗皇帝曾亲撰《华严经随品赞》十卷，故敕建华严禅寺。华严禅寺是辽金时期我国华严宗重要寺庙之一，现寺内主要保存有大雄宝殿和薄迦教藏殿两座佛殿，坐西朝东，可能与契丹族崇拜太阳的习俗有关。大雄宝殿始建于辽清宁八年（公元 1062 年），是国内现存辽金时期最大的佛殿之一。

善化寺坐落在大同市南门里，是一组较完整的辽金建筑群，始建于唐开元年间，故名开元寺，辽末大部毁于兵火，金初重修。明正统十年（公元 1445 年）整修后，改名善化寺。其主要建筑沿中轴线坐北朝南，山门及三圣殿均为金时所建。辽代遗构大雄宝殿坐落在后部高台之上。寺院建筑高低错落，主次分明，左右对称，是我国现存规模最大，最为完整的辽金寺院。寺内还保存着泥塑、壁画、碑记等珍贵文物。

九龙壁位于大同东大街路南，建于明洪武二十五年（公元 1392 年），为明太祖第十三子朱桂代王府前照壁。壁长 45.5 米，高 8 米，厚 2.02 米，为全国第一大琉璃照壁。壁上均匀协调地分布着 9 条飞龙，由 426 块特制五彩琉璃构件拼砌而成。

云冈石窟位于大同市西郊武周山南麓，因其高处名云冈，故名。石窟依山开凿，东西绵延 1000 米，是我国规模最大的古代石窟群之一。据文献记载，开凿最早的“昙曜五窟”为北魏和平年间（公元 460—465 年）由佛教高僧昙曜奉旨开凿，即现存的云冈第 16 窟至第 20 窟。其他主要洞窟也大多完成于北魏孝文帝迁都洛阳之前，距今已有 1500多年的历史。云冈石窟现存洞窟 53 个，大小窟龛 252 个，石雕造像 51000 余尊，在我国三大石窟中，以气势宏伟，内容丰富，雕刻精细著称于世，是我国艺术宝库中的一颗璀璨明珠。

D2　赴北岳恒山游览。

恒山又名元岳、常山，位于山西省浑源县境内，为桑干河、滹沱河的分水岭。因山势如多匹骏马奔腾，故有“恒山如行”之说，主峰玄岳峰，海拔 2017 米，地理形势极为险要，相传宋朝杨家将曾在此安营扎寨。抗日战争时期，这里建有北岳根据地。北岳古有十八胜景之说，现尚存十余处，其中最著名的是悬空寺。悬空寺位于翠屏峰金龙口的绝壁上，始建于北魏后期（公元 471—523 年），金、元、明各代均有重修，但仍保留了原来的风格，是我国一处利用力学原理建造的非常出色的古代寺庙建筑群。寺内楼阁殿宇全建在深不过 10 米、长 40 余米的凹壁之中，紧贴岩壁一字排开。悬空寺殿阁栈道相连，高低相错，用木制楼梯相沟通。整个寺庙，错综而不显零乱，交叉而不失严谨。除悬空寺外，北岳还有三元宫、魁星楼、北岳庙等古建筑群。

D3 参观应县木塔。

应县木塔本名佛宫寺释迦塔，由于此塔全部为木结构，俗称木塔，建于辽代清宁二年（公元1056年），金明昌六年（公元1195年）增修完毕。塔高67米，底层直径30米，是国内外现存最古老木结构塔式建筑。整座木塔建造在4米高的台基上，塔的外观为5层，各层间夹设暗层，实为9层。塔内各层均塑佛像。木塔自建成后，历代名人挂匾题联，有明成祖朱棣题“峻极神功”匾，明武宗朱厚照题“天下奇观”匾。木塔历900多年的风雨侵蚀、地震战火，至今仍保存完好，除其塔基牢固，结构严谨外，历代不断维修也是重要原因，可登塔眺望应县市容和恒山、桑干河景色。

D4 游五台山、宁武县城。

五台山是山西省目前主要的旅游胜地，位于五台县东北隅，方圆250平方千米。主峰5座，峰顶似平台，故名。五峰内外称台内台外，台内以台怀镇为中心。五台山夏季气候清凉，又有清凉山之称，是避暑的好地方。五台山是我国四大佛教名山之一，文殊菩萨的道场，庙宇寺院最多时达300处。据明《清凉山志》载，东汉永平年间（公元58—75年）五台山已有寺庙建筑。相传台怀镇西侧山峰与古印度灵鹫山相似，故将五台山第一座寺庙定名为“大孚灵鹫寺”（今名显通寺）。现在台内尚存寺庙39座，台外寺庙8座，其中有唐朝的南禅寺和佛光寺。下午乘车至宁武县，游宁武县城，宁武乃历代兵家必争之地，宁武关城在明朝万历年间扩展加固，城北筑楼三层，因其建筑格局像展翅欲飞的凤凰，故有凤凰城之称。鼓楼被称为凤凰城的心脏，高大雄伟。

D5 游宁武天池、汾源灵沼、悬崖栈道、悬棺和悬空寺。

宁武天池是由十多个湖泊组成的高山湖泊群系，水面平如镜面，湖边芦苇丛生，犹如江南水乡。汾河是黄河在山西最大的支流，有“三晋母亲河”之称，而“汾源灵沼”则是母亲河的源头。源头之水自石崖下的石凿龙口喷出，声响巨大，泻入鱼湖，再从九个龙口、六个鱼口溢出，汇成汾河。灵沼旁的山头上有1997年修复的汾源博物馆，原名“雷鸣寺”，据说是因为汾水从石崖下的龙口喷出时声如雷鸣而得名。

离汾源不远，有悬崖栈道。悬崖上的几座悬空佛寺始建于唐代，由总长42华里的栈道联通，构成了我国佛教界罕见的水平帘洞式悬空古刹栈道群。近年来，已修复栈道5华里及部分佛寺。罗汉殿下的台阶为全国五大回声建筑之一，名为“回声阶”。悬崖栈道的攀爬较为艰险，途中要攀登悬崖、台阶，还要穿越仅可容一人通过的山间隧道。在来往栈道的途中，不时可以看到公路两旁的怪石，其中最具有代表性的是“象顶一品”，也叫“支锅奇石”。三块大小不一的石头，垒成一个“品”字，看似摇摇欲坠，却已巍然耸立不知多少年了。

游览“悬棺与悬空寺”景区，除攀登栈道外，还要通过一座长达数十米悬于两座山崖之间的铁索桥，栈道中间，建有一座两层的悬空寺，气势雄险，其名金安寺。为了区别于恒山悬空寺，也称其为小悬空寺。过金安寺向前，沿途悬棺渐多，可能是古代少数民族遗留下来的。前行游览万年冰洞。万年冰洞经中科院地质研究所洞穴专家现场考察，认定形成于新生代第四纪冰川期，距今约300万年，故名。专家们称，该冰洞位列全国一万多个洞穴中仅有的九个冰洞之首，其制冷机制最强、冰储量最多，有冰帘、冰钟、冰花、冰人等，洞内壁上皆冰，堪称一个冰的世界。

D6　游芦芽山景区。

芦芽山位于宁武县及五寨县境内，系管涔山的主峰，海拔 2739 米，因形似“芦芽”而得名。沿着曲折的山路而上，沿途美景宜人。芦芽山的最高点是“太子殿”，民间传说为朱元璋第十八子出家地。因其居群山之极，数十里外即可看到。离太子殿越近，山路也越险，芦芽束身峡，因其仅容单人束身通过而得名。束身峡虽深，却是登临太子殿的必经之路，在束身峡两侧临崖俯视，芦芽山主峰坐落的山峦尽收眼底。

（二）晋中古文化风俗游

D1　太原接团，游晋祠、太原双塔寺。

晋祠位于太原市西南 20 千米的悬瓮山麓，晋水源头。晋祠是为纪念晋国开国诸侯唐叔虞而建，取名唐叔虞祠。叔虞的儿子燮因境内有晋水，改国号为晋，祠堂改名为“晋王祠”，简称“晋祠”，唐宋时对晋祠进行了扩建。晋祠规模壮观，有近百座殿堂楼阁亭台桥榭，景色宜人。规模最大、最古老、建筑艺术最精湛的圣母殿，是宋代建筑的代表作。晋祠的周柏、难老泉和宋代侍女塑像被誉为“晋祠三绝”。

双塔寺在太原东南郊，建于明万历年间，原名永祚寺。因寺内双塔高耸，俗称双塔寺。寺内现存主要建筑，全为砖仿木结构建筑。寺侧两座文宣塔，平面八角十三级，檐上饰琉璃兽，绚丽壮观。塔内有梯可登顶层，凭窗远眺，太原风光历历在目。人们出入太原，双塔寺首先映入眼帘，成为太原的标志。

D2　参观乔家大院、平遥古城。

乔家大院位于祁县乔家堡村，又名“乔在中堂宅院”，是全国著名商业金融巨贾乔致庸的宅第，始建于清代乾隆年间，以后曾有两次增修、一次扩建，于民国初年形成现存规模，迄今保存完好。整个大院分六个院落，内套 20 个小院，设计精巧，外观气势宏伟，内视富丽堂皇。大院三面临街，四周是封闭式砖墙，高三丈有余，安全牢固，威严气派。走进乔家大门，是一条 80 米长通道。通道尽头是乔家祠堂，以通道为中轴把大院分为南北两个建筑群，南北各三个院子，每个院子都是正院偏院相辅相成。乔家大院建筑艺术高超，各种砖雕、石刻，工艺精湛，是我国民宅建筑史上不可多得的艺术珍品，被专家学者誉为“北方民宅建筑上的一颗璀璨明珠”，因此远近素有“皇家看故宫，民宅看乔家”之说。

平遥古城始建于西周宣王时期（公元前 827—公元前 782 年），至今已有 2700 多年的历史。明洪武三年（公元 1370 年）平遥古城在旧城垣的基础上扩修改筑为砖石城墙，形成现在的规模，是我国古城风貌保存最为完整的历史文化名城。平遥古城内的街道、商店和民居保持着传统的布局和风格。这些建筑与古城均为研究我国明代县城建置的实物资料。清道光三年（公元 1823 年）全国第一家票号——日升昌开设于平遥西大街。

到平遥参观平遥城墙、古城西大街的日升昌票号、世界第一奇石博物馆、古城东大街的清虚观、南大街的市楼、长升源点心店、县衙、城隍庙、财神庙、灶君庙等。

（三）晋南黄河古迹文化游

D1　太原接团。乘火车前往临汾，游尧庙、壶口瀑布。

临汾是我国历史上第一座都城——尧都。尧庙坐落于临汾城南 3 千米处。庙内有五凤楼、尧井亭、广运殿、寝宫、棂星门等。

由吉县城西行23千米，即可看到壶口瀑布。黄河穿流于陕晋两省的高原上，由于受到吕梁山的影响，峡谷很多。在昕水河口以南，黄河切过吕梁山西南端，河床宽度由250米收缩为50米，河水被夹于壶口般的地形中，滔滔河水从千米河床排山倒海似地推来，骤然归于二三十米的“龙槽”，倾注如壶口，形成极为壮观的瀑布，壶口即因此而得名。壶口瀑布落差约30米，宽度最大时可达千余米，滚滚洪流，到这里急速收敛，注入深潭，声似雷鸣，数千米外可闻；水波急溅，形成腾腾雾气。夏秋之季，彩虹贯空，分外秀丽。

D2　前往河津，参观禹门口、解州关帝庙。

禹门口在河津市城西北12千米的黄河峡谷中，原称龙门，传说是大禹用神斧劈开的，古人有“龙门三激浪，平地一声雷”的赞叹。后人为怀念禹的功德，改称禹门。其左岸的龙门山和右岸的梁山，伸崖相抱，刀劈斧削的两岸山崖像大门夹住河谷，黄河水流经禹门口，被约束在高山峡谷之间，愈近龙门，河床越窄。奔腾的黄河，受到峡谷约束，横冲直撞，雷霆万钧。龙门三激浪是黄河千百年来的奇观。如今，龙门口已新建起铁索桥、公路桥、铁路桥，沟通了秦、晋两省。从河津乘车至运城解州。

解州古称解梁，是三国蜀汉名将关羽的故乡，相传三国名将关羽故里在解州东南10千米的常平村。解州镇西关帝庙俗称解州关帝庙，为全国武庙之祖，创建于隋开皇九年（公元589年），嗣后屡建屡毁，现存建筑为清康熙四十一年（公元1072年）大火之后，历时十载而重建的。横线上分中、东、西三院，中院是主体，主轴线上又分前院和后宫两部分。庙内有清朝康熙、乾隆、咸丰三帝御赐手书匾额。全庙共有殿宇百余间，主次分明，布局严谨。庭院间古柏参天。关羽故乡常平关帝庙是关羽的家庙，又称关帝祖祠。创建于隋代，金代始成庙宇，现存建筑多系清代遗构。庙内殿宇壮观，古柏参天，气势宏伟。庙前有牌坊3座，庙内中轴线自前至后，有山门、午门、享殿、关帝殿、娘娘殿、圣祖殿等六进殿宇；其特色为有娘娘殿（供关夫人），圣祖殿（供奉关羽的始祖、曾祖、祖父、父亲塑像），为其他武庙中所未见。庙南有关氏祖坟，庙内石碑对关羽封号、关族世袭、庙堂沿革有详细的记载。

D3　赴芮城县游览永乐宫、开元铁牛、普救寺。

永乐宫位于芮城县城北约3千米处，原是一处道观，为奉祀中国古代道教“八仙”之一的吕洞宾而建，原名“大纯阳万寿宫”，因原建在永乐镇，被称为永乐宫。这是一处在国内外很有影响的古建筑，以壁画艺术闻名天下，可与敦煌壁画媲美。永乐宫系元代定宗贵由二年（公元1247年）动工兴建，包括彩绘壁画在内，至元代至正十八年（公元1358年）竣工，施工期长达110多年。永乐宫内宫宇规模宏伟，中轴线上排列着龙虎殿、三清殿、纯阳殿、重阳殿四座高大的元代殿宇。建筑结构吸收了宋代“营造法式”和辽、金时期的“减柱法”，形成了自己特有的风格。永乐宫壁画满布在四座大殿内，壁画题材丰富，画技高超，继承了唐、宋以来优秀的绘画技法，又融汇了元代的绘画特点，形成了永乐宫壁画的可贵风格。永乐宫原在的永乐镇，因黄河三门峡工程动工处于淹没区内，从1959年起，历经6年，将永乐宫全部迁移到芮城县城北。

开元铁牛又称黄河大铁牛，位于永济市城西15千米，蒲州城西的黄河古道两岸，各四尊。铁牛铸于唐开元十二年（公元 724 年），为稳固蒲津浮桥，维系秦晋交通而铸。元末桥毁，久置不用，故习称“镇河铁牛”，因黄河变迁，逐渐为泥沙埋没。1989 年 8 月在蒲津渡遗址上经勘查发掘，处于黄河古道东岸的四尊铁牛全部出土，为国宝级文物。铁牛头西尾东，面河横向两排伏卧，两眼圆睁，呈负重状，形象逼真，栩栩如生。

蒲州普救寺位于永济县西 12 千米，寺内舍利塔，方形 13 层，高约 50 米，因历史名剧《西厢记》的故事就发生在这里，后人称舍利塔为莺莺塔。这座塔同北京天坛的回音壁、河南宝轮寺塔、四川潼南县大佛寺内的“石琴”，并称为我国现存的四大回音建筑。普救寺的建筑由寺院和园林两部分组成，山门上悬挂着中国佛教协会会长赵朴初题写的寺名横匾。寺院建筑有大钟楼、塔院回廊、莺莺塔、大雄宝殿、天王殿、菩萨洞、弥陀殿、罗汉堂、十王堂、藏经阁等。

第七节　河南旅游

河南省位于中国中东部，黄河中下游，黄淮海平原西南部，大部分地区在黄河以南，故名“河南”。2000 多年前，河南是中国九州中心的豫州，所以简称“豫”，又因古时豫州位于九州中心，所以又有“中州”、“中原”之称。全省总面积约 16.7 万平方千米，省会郑州市，是中国陆路交通枢纽。河南地处我国地势第二阶梯向第三阶梯的过渡带，地势西高东低，北、西、南三面有太行山、伏牛山、桐柏山、大别山四大山脉环绕，间有陷落盆地，中部和东部为辽阔的黄淮海冲积大平原。境内有黄河、淮河、卫河、汉水四大水系。河南省属北亚热带与暖温带过渡区气候，过渡性明显，地区差异性显著。具有冬季长且寒冷雨雪少，春季短且干旱风沙多，夏季炎热雨丰沛，秋季晴和日照足的特点。1 月平均气温-3 ~ 3℃，7 月平均气温 24 ~ 29℃，年均降雨量500 ~ 1380毫米。全省总人口 9402.35 万（截至 2010 年 11 月 1 日）。

河南是中华民族文化的发祥地之一。自远古以来，中华祖先在这里创造了“裴李岗文化”、“仰韶文化”和“龙山文化”等令世人赞叹的史前文化。淮阳至今仍保存着规模庞大的太昊陵。被称为“中华第一大帝”的轩辕黄帝，据说就诞生在今天郑州的新郑市，并在这里建立都城。从中国第一个世袭王朝夏朝建都于河南偃师，至清王朝覆灭的4000余年历史中，河南处于全国政治、经济、文化的中心地域长达3000年，经济社会文化发展曾几度达到鼎盛，先后有 20 多个朝代建都或迁都于此。中国七大古都河南就有 3 个，中国古代四大发明中的指南针、造纸、火药三大技术均发明于河南。长期以来，河南始终在全国政治、经济、文化等方面占据着重要地位。

河南省是全国旅游资源较丰富的地区之一，现有世界遗产 3 处，即洛阳龙门石窟、登封“天地之中”历史建筑群和安阳殷墟，国家级重点文物保护单位 189 处，省级文物保护单位 1237 处，国家级历史文化名城 8 座，中国优秀旅游城市 27 座，国家 5A 级旅游景区 8 处，国家级风景名胜区 10 处，国家级森林公园 28 处，国家级自然保护区 11 处。名山秀水，吸引着大批国内外游客，繁荣的经济、灿烂的文化给河南留下了丰富的文化史迹，为发展历史文化旅游、宗教旅游等提供了丰富的资源。

一、风味肴馔

开封鲤鱼焙面为宋代御膳名食，用黄河鲤鱼和龙须面炸制，色泽枣红明亮，甜中透酸，鱼肉嫩如豆腐，焙面酥脆。开封“第一楼”饭庄小笼灌汤包鲜美可口，始于宋代。“套四宝”为宋都宾馆名菜。洛阳“水席”24道菜均多有汁汤，味辣而鲜。

二、地方文艺

豫剧是河南最大剧种，在全国广有影响。其表演亦庄亦谐，妙趣横生。曲剧、越调也流传较广。

三、旅游交通概况

河南省是中国内陆交通运输的重要枢纽。京广、陇海、京九等铁路干线纵横交错，公路网络连接城乡，交通十分便利。目前全省已初步形成了以铁路、公路为骨干，民航、水路运输为辅助的交通体系。

四、河南的旅游线路

（一）济源山水文化三日游（豫北旅游区）

D1　郑州接团。乘汽车赴云台山。

云台山世界地质公园位于河南省焦作市修武县北部，古称“覆釜山”，又因山岳高峻，山间常年云雾缭绕，故又名云台山。云台山属太行山系，是豫北名山。云台山满山覆盖原始森林，深邃幽静的沟谷溪潭，千姿百态的飞瀑流泉，如诗如画的奇峰异石，这些都使得云台山形成了独特完美的自然景观。

云台山以山称奇，整个景区奇峰秀岭连绵不断，主峰茱萸峰海拔1308米，登上茱萸峰顶，望怀川平原，沃野千里、田园似棋，黄河如带，使人领略到“会当凌绝顶，一览众山小”的意境。云台山以水叫绝，素以“三步一泉，五步一瀑，十步一潭”而著称。落差314米的全国最高大瀑布——云台天瀑，犹如擎天玉柱，蔚为壮观。天门瀑、白龙潭、黄龙瀑、丫字瀑皆飞流直下，形成了云台山独有的瀑布景观。云台山文化渊源深远，唐代诗人王维在茱萸峰写下了“每逢佳节倍思亲”的千古绝唱，白居易也留下了“天冷日不光，太行峰苍莽。尝闻此中险，今我方独往”的诗句，而山中更留有众多名人墨客的碑刻、文物，这又使云台山具有了丰富的文化内涵。

D2　游济源王屋山。

王屋山风景区位于济源市西北45千米，因其状若王者之屋，故名。山势巍峨，山径险峻，主峰天坛山，相传愚公移山的故事就发生在这里。王屋山南麓有愚公村、愚公洞、愚公井等景点。村东南有一大山口，传说为愚公移山处。王屋山天坛峰南麓有河南省现存规模最大的明代殿宇——阳台宫，为唐代道人司马乘桢修身处。现存的主体建筑三清殿和玉皇阁为明正德年间重修，可乘索道上山游览。下山后可参观不老泉和千年银杏树、愚公故里。

位于济源市东北15千米处的五龙口风景区，是一处以自然景观为主，以猕猴、温泉为特色的山岳形风景区，也是国家猕猴自然保护区，主要保护分布在地球最北端的太行猕猴群。这里的秦代枋口水利工程与都江堰齐名；古朴清幽的盘谷寺，因唐代大文豪韩愈写下《送李愿归盘谷序》和清乾隆皇帝钦定盘谷为“名山胜迹”而久负盛名。

D3　游黄河小浪底水库、济渎庙。

小浪底位于济源市西南 30 千米黄河中下游交界处，黄河小浪底水利枢纽工程即在此兴建。黄河三峡可与长江三峡相媲美。隋开皇二年（公元 582 年）朝廷为祭祀济渎神敕建济渎庙。唐贞元十二年（公元 796 年），朝廷鉴于北海远在大漠之北，难以祭祀，故在济渎庙后增建北海庙，经历代增修，逐步形成了规模宏大、布局有序、风景秀丽的古典园林式建筑群。

（二）中州古迹名胜游

D1　洛阳接团，游白马寺、关林。

洛阳号称“九朝古都”，位于黄河以南，洛水之北。洛阳因居于洛水之阳而得名。白马寺位于洛阳东郊 12 千米处，创建于东汉永平十一年（公元 68 年），是佛教传入我国后第一座由官府建造的寺院，历来被尊为中国佛教的“祖庭”和“释源”，有“中国第一古刹”之称。建成之后，又经宋、元、明各朝重修，逐渐形成今日的规模和布局。白马寺中大雄宝殿内所存的三世佛、二天将、十八罗汉像都是元代作品，造型生动、姿态各异，是佛教艺术的珍品。白马寺中还保存着自唐以来的历代碑碣 40 余块，以元代书法家赵孟頫手书的《洛京白马寺祖庭记》最为珍贵。

关林位于洛阳城南 10 千米处，是埋葬关羽首级的地方。自明万历二十年（公元 1592 年）开始建庙植柏，清乾隆年间加以扩建，如今已占地百余亩，拥有殿宇廊庑 150 余间。关林的建筑按宫殿式样建造，沿中轴线依次排列舞楼、大门、仪门、大殿、二殿、三殿、牌坊、墓冢、后门，其他建筑的布设皆沿此线左右对称，严谨有序，为中国古代建筑的典型代表。院内 800 余株古柏遮天蔽日，蓊郁苍翠。每年 4 月是久负盛名的洛阳牡丹花会，如此时游洛阳，可游览王城公园，观牡丹。

D2　游览龙门石窟。

龙门石窟位于洛阳市南郊 13 千米处的伊河两岸，这里香山与龙门山对峙，形似天然门阙，故古称“伊阙”。隋朝建都洛阳后，因宫城门面对“伊厥”而始称“龙门”。著名的龙门石窟就密布在伊水两岸长达 1 千米的两山崖壁上，与甘肃敦煌莫高窟、山西大同云冈石窟并称中国三大石刻艺术宝库。龙门石窟开凿于北魏孝文帝由平城（今山西大同）迁都洛阳之际（公元 493 年），历经西魏至明诸朝，雕凿不断，断续营造达 500 余年，现存伊河两岸山崖峭壁间的两千余座窟龛和十万余尊造像，多数为北魏和盛唐两个时期的雕刻作品。石窟中至今仍保留着大量的宗教、美术、建筑、书法、音乐、服饰、医药等方面的实物资料。龙门石窟中最具有代表性的是建于北魏时期的古阳洞、宾阳洞、莲花洞、药方洞以及建于唐代的潜溪寺、看经寺、万佛洞、奉先寺、大万伍佛洞等。

D3　游中岳嵩山。

嵩山位于登封市境内，地处中原，故称中岳。嵩山山势挺拔，层峦叠嶂，主峰峻极峰海拔 1492 米，主要古迹有中岳庙、嵩岳寺塔、嵩阳书院、少林寺、惠善寺、初祖庵等。嵩阳书院位于嵩山脚下，因坐落于嵩山之阳而得名。北宋时期嵩阳书院和湖南岳麓书院、江西白鹿洞书院、河南商丘应天府书院（亦称睢阳书院）并称中国四大书院。嵩阳书院最早是建于北魏时期的嵩阳寺，五代时改为书院，北宋景祐二年（公元1035年）更名嵩山书院，理学家程颢、程颐及司马光、范仲淹等曾在此讲学。司马光的史学巨著《资治通鉴》部分写成于嵩阳书院。清康熙年间重修，现书院基本布局大体保持清代建制。院内现存历代碑刻百余块，大多出自名人手笔。最著名的有李林甫撰文、徐浩书写的《大唐碑》以及黄庭坚草书的《忆故乡碑》、宋代《北方真武君经碑》、清朝《乾隆御制诗书碑》等。书院内还有汉武帝游嵩山时封的三棵将军柏，一棵毁于明末兵火，现仅存两棵。

少林寺是天下第一名刹、少林武术的发源地，也是中国儒、佛、道三教和谐统一的地方，因其坐落在嵩山的腹地少室山下的茂密丛林中，所以取名“少林寺”。北魏太和十九年（公元495年），孝文帝为安顿印度高僧传教而依山敕建少林寺。达摩到少林寺，广传禅宗，被佛教界尊奉为中国禅宗的初祖，少林寺也被奉为中国佛教的禅宗祖庭。少林寺以禅宗和武术并称于世，隋唐时期，已具盛名，成为中国武术派别中的佼佼者。

中岳庙位于太室山东南麓黄盖峰下，四周群山环绕，风景秀丽。中岳庙原名“太室祠”，始建于秦，后历代均有扩建。清乾隆年间进行大规模重修，现存建筑基本上保留着清代重修以后的规模，是嵩山现存较完整的古庙宇建筑群。其主要建筑多为清代宫廷式样，庙内植有汉至宋代古柏335株，还有各种文物百余件。

D4　乘车赴开封，游览大相国寺、古吹台、繁塔、铁塔公园。

开封号称七朝古都，战国时期的魏、五代时期的后梁、后晋、后汉、后周以及北宋和金均在此建都。开封历史上最繁荣时代是北宋，当时不仅是全国政治、经济、文化的中心，也是当时世界上最繁华的大都市之一。北宋张择端《清明上河图》就是描绘当时开封的繁华景象。

位于开封市中心的大相国寺是中国著名佛教寺院，始建于北齐天保六年（公元555年），原名建国寺，唐代改为现名。北宋时期，相国寺深得皇家尊崇，多次扩建，是京城最大的寺院和全国佛教活动中心。后因战乱水患而损毁，清康熙十年（公元1671年）重修。八角琉璃殿内有一尊用银杏木雕成的四面“千手千眼观音”站像，高7米，四面千手，每手一眼，全身贴金，是相国寺镇寺之宝。

古吹台也称禹王台。相传是春秋时期晋国音乐家师旷吹奏音乐的地方，后人为纪念他，将这块高地称做吹台。相传大禹治水在这里住过，这里现有禹王庙，三贤祠等古迹。繁塔在古吹台南，正式名称叫兴慈塔。因为建在繁台上，俗称繁塔。繁塔建于北宋太平兴国二年（公元977年），为开封市内现存最早的建筑物。据文献记载原为九层，高100多米，明初毁，只剩三层。后在三层塔身上建七级小塔，形成特殊风格。铁塔公园因有一座北宋皇祐元年（公元1049年）用铁锈色琉璃砖建造的琉璃塔而得名。铁塔造型宏伟挺拔，九百多年来，虽经地震、洪水、兵火，特别是日本侵华战争中，用大炮轰击铁塔，也只留下了一点伤痕。铁塔前建有铜佛殿。

第八节 陕西旅游

陕西位于黄河中游，南部跨汉水上游，境内山塬起伏，河川纵横，地形复杂，由北向南形成3个各具特色的自然区。北部是陕北黄土高原，中部是关中平原，号称“八百里秦川”，南部是秦巴山区。南北资源兼备，多种景观俱全，是连接中国东、中部地区和西北、西南的交通枢纽，因位于陕原以西，故名“陕西”。陕西在春秋战国时期为秦地，故简称为“陕”或“秦”。陕北黄土高原海拔800~1300米；关中平原西起宝鸡，东至潼关，平均海拔520米；陕南秦巴山区包括秦岭（海拔1000~3000米）、巴山（海拔1500~2000米）和汉江谷地。陕西的总面积20.56万平方千米，省会西安市。陕西地处内陆中纬度地带，呈明显的大陆性季风气候，从北到南跨温带、暖温带和北亚热带三个气候带。南北各地气候差异极大，由北向南1月平均气温-10~3℃，7月平均气温21~27.5℃。年降水量为800~1000毫米，南多北少。全省总人口3732.73万（截至2010年11月1日）。

陕西是人类祖先的发祥地之一，不仅有115万年前的“蓝田猿人”，还有6800年前新石器时代的半坡遗址。相传“人文初祖”黄帝葬于黄陵县桥山。从公元前11世纪起，西周、秦、西汉、新莽、西晋、前赵、前秦、后秦、西魏、大夏、北周、隋、唐等13个王朝建都陕西，延续共1500多年，是中国历史上多个朝代的政治、经济、文化中心，“丝绸之路”也以西安为起点。陕西被誉为天然的中国历史博物馆，中国各个历史时期在这里都有代表性和完整性的文物古迹。近代的陕西，是中国革命的摇篮。1935—1948年，中共中央和毛泽东在陕西领导中国革命，并以此为根据地。

陕西省旅游资源十分丰富，全省拥有各类文物景点3.5万余处，现有世界文化遗产1处，即被称为世界第八大奇迹的秦始皇陵及兵马俑；有国家级重点文物保护单位138处，省级文物保护单位668处，是中国著名的文物大省。此外，有国家级历史文化名城6座，中国优秀旅游城市6座，国家级5A级旅游景区5处，国家级风景名胜区5处，国家级森林公园31处，国家级自然保护区16处，全国十大风景名胜区1处，全国旅游胜地四十佳2处。

一、风味肴馔

牛羊肉泡馍为西安风味食品，特点是瘦肉绵软，肥肉不腻，汤浓味鲜。春发生葫芦头始于唐代，相传至今，具有浓郁味醇，鲜香滑嫩，肥而不腻，老幼皆宜的特点。黄桂柿子饼，也叫水晶柿子饼，是用临潼特产“水晶柿子”为原料制成的风味食品。黄桂稠酒古称“醪醴”，酒汁稠味醇，绵甜适口，有健胃，活血，止渴，润肺的功能。岐山面皮，制作工艺考究，以“白，薄，光，软，劲，香”而闻名。

二、地方文艺

秦腔是流行于我国西北地区一支主要的地方戏曲。秦腔又称乱弹，以陕西关中地区为中心发展。这一地区周代为秦地，“秦腔”就此得名，因其以梆子为击节乐器，又叫

“梆子腔”。清康熙时秦腔发展成熟，乾隆年间魏长生进京演出秦腔，轰动京师。眉户原名“迷胡”，以其曲调委婉动听，具有令人听之入迷的艺术魅力而得名。弦子戏以弦胡伴唱而得名，又名“高腔”，以唱腔落尾有帮腔而得名，现流行于陕南、鄂西、川北的交界地区。

三、旅游交通概况

陕西全省交通以铁路为主，公路以西安为中心，高速公路和地方公路辐射全省。西安有多条空中航线连通内地和西北各重要城市。全省已初步形成了立体化交通网络。

四、陕西的旅游线路

（一）关中古迹山岳游

D1　西安接团，游大雁塔、小雁塔、碑林。

西安位于渭河平原中部，渭河之南。从西周开始，先后有13个朝代和政权在此建都，故有“十三朝古都”之称，是世界四大古都之一。西安建都于我国封建社会的早期和中期，距今年代久远，因此名胜中遗迹、遗址较多，地下文物资源丰富，地面建筑保留较少。现西安的古建筑大部分为明代修建，但也有如大雁塔这样的唐代遗存。大雁塔位于西安南郊的慈恩寺内，原名慈恩寺塔，为古城西安的标志。初建时5层，后增建为10层，现仅剩7层。大雁塔下镶有两块石碑，分别为“大唐三藏圣教序”和“大唐三藏圣教序论”，是唐代遗留于后世的名碑，是研究唐代书法、绘画、雕刻艺术的重要文物。

小雁塔位于西安城南友谊路荐福寺内，原名荐福寺塔。因规模小于大雁塔，修建时间较晚，故称小雁塔。小雁塔为密檐式方形砖构建筑，初为15层，塔身内部为空筒式结构，设木结构楼层，有木梯盘旋而上。明嘉靖三十四年（公元1555年）地震时受损，仅存13层。

碑林位于西安南门内陕西博物馆内，始建于宋哲宗元祐五年（公元1090年），原为保存唐《开成石经》而设，迄今已有近1000年的历史。经历代修葺扩建，如今有陈列室和游廊各6个，藏有自汉代以来各种名贵石碑1700多种，3000余方，是我国藏碑最多的地方。

D2　游览明长城、钟楼、秦始皇兵马俑、华清池。

现存的西安城墙是明代建筑，城墙建于明洪武三年至十一年（公元1370—1378年）。1985年，西安市对明城墙进行历史上第三次维修，开辟为城墙公园。西安钟楼坐落在西安市内东、西、南、北四条大街的中心，钟楼基座为正方形，青砖砌成。楼的整体为木质结构，四角攒尖顶，三重檐，上覆深绿色琉璃瓦，各层装饰斗拱。楼四周有回廊，内有楼梯可盘旋而上。乘车前往秦始皇兵马俑博物馆。

秦始皇兵马俑博物馆坐落在距西安37千米的临潼区城东。1974年，在秦始皇帝陵东发现三个兵马俑坑。坑内有陶俑陶马共7400余件。1980年，在秦始皇陵西侧出土了两乘大型彩绘铜车马，造型逼真，装饰华美，制作精巧。

骊山是秦岭山脉的一条支脉，海拔800米左右。骊山温泉历史悠久，华清池温泉形成于二三百万年以前，历代帝王均在此修建汤池沐浴，使其逐渐成为皇家御用温泉。华清池在安史之乱毁于战火，现华清池景区为清代和新中国成立后重建。

D3　游华山。

华山位于华阴市城南，为秦岭余脉。华山在五岳中以雄险著称，有“奇拔峻秀冠天下”的美誉。华山有东、西、南、北、中五峰，四峰簇拥如花瓣，中峰如花蕊一般。南峰是华山主峰，海拔 2160 米，也是华山最险峰，华山东、西、南三面均为悬崖峭壁，无法开路，只有北面倾斜面节理较发育，坡度较缓，可凿路而上，便有了“自古华山一条路”之说。华山山路奇险，景色秀丽，从华山脚下到青坷坪，一路上风光幽静。青坷坪前有一巨石，站在石上往上看是危崖峭壁、突兀凌空的“千尺幢”，胆小的人就此停住，准备往回走了，故名“回心石”。千尺幢窄陡的石梯容纳一人上下，370 多个石级，非铁索牵挽，难以攀登。过千尺幢经百尺峡是“老君犁沟”，有 570 多个石级，其尽头是“猢狲愁”，过了猢狲愁到华山北峰，一般游览到此为止。由北峰南上，有仙人砭、阎王砭、上天梯等险处。游人若再上到苍龙岭，这里坡度极陡，南北长 1500 米，宽仅 1 米，中间突起如龙背，350 级梯道，凌空而上，两旁为万丈深渊，岭尽处有“韩愈投书处”，过了苍龙岭，是登东、南、西、中峰的咽喉，名为金锁关。

D4　王陵一日游。

王陵是西安游览区的重要旅游资源之一，这里集中了自黄帝以来秦、汉、唐各朝代帝王陵墓多处。西汉有 11 个皇帝陵分布在关中各塬上，仅咸阳塬上就有 9 个，其中以汉武帝茂陵最有名。西汉时，茂陵地属槐里县茂乡，武帝在此建陵，故称茂陵。茂陵外部全用夯土筑成，形似覆斗，显得庄严稳重，经过 2000 多年的岁月侵蚀，茂陵的地面封土，现在仍高 47 米，底部和顶部均为方形。茂陵周围有李夫人、卫青、霍去病等陪葬墓。1958 年在霍去病墓建立茂陵博物馆。霍去病是西汉时期著名的青年军事家，死时仅 24 岁，汉武帝特为他修建了墓冢，雕刻各种巨型石人、石兽作为墓地装饰。石刻中尤以马踏匈奴最为有名，高度体现了汉初沉雄、博大的时代精神和艺术风格，是我国目前保存的古代成组大型石刻艺术的杰作。

昭陵位于礼泉县的九骏山，是世界上面积最大、陪葬陵最多的帝王陵园。陪葬墓达 200 多处，昭陵自唐贞观十年（公元 636 年）葬文德皇后始，至唐贞观二十三年（公元 649 年）葬太宗李世民止，营建工程历时 13 年。驰名中外的“昭陵六骏”就是唐太宗诏令雕刻列置于昭陵北麓祭坛内的，具有极高的艺术价值，可惜这几件艺术珍品在 19 世纪 20 年代遭到破坏。昭陵的地面建筑早已毁坏，仅存几处废墟。

乾陵位于乾县城北 6 千米的梁山上，是唐高宗李治和女皇帝武则天的合葬墓陵，修建于公元 684 年。乾陵司马道两旁现有华表、石马、翁仲、石碑等。东为无字碑，西为述圣记碑。述圣记碑俗称“七节碑”，是武后为高宗立的记功碑，由武后撰文记述高宗的功绩，由唐中宗李显书写，现尚残存部分字迹。因武后遗言自己的功劳让后人去作评，故无字碑未刻一字。现碑上刻有文字，是自宋金以后为后人所作。返回时到法门镇参观法门寺。

法门寺位于扶风县法门镇，始建于东汉，寺因塔而建，是我国古代安置释迦牟尼佛骨舍利的寺院，曾是唐代皇家御用道场，当时有 8 位皇帝六迎佛骨的记载。寺内八棱十三层宝塔，为仿木结构建筑形式，因年久失修，塔身半壁倒塌。1985年，陕西省政府决定仿明代的砖塔重建新塔，在清理塔基时，意外发现地宫。在地宫中发现了深藏千年之久的释迦牟尼指骨舍利和供养舍利的大批珍贵文物。据专家们考证、勘验，认定这确是唐代皇帝多次迎奉的释迦牟尼佛的真身舍利，也是已知世界上仅存的佛指舍利。现在这些珍宝多已放置于寺旁新建的法门寺博物馆内，供游人观赏。

（二）陕北古迹——革命圣地游

D1　西安接团。乘火车到黄陵县参观黄帝陵。

黄帝陵是中华民族始祖轩辕黄帝陵墓的所在地，位于县城北1千米处的桥山上，山上古木参天，环境幽静。山顶立有下马石，上书“文武百官到此下马”字样。陵前祭亭内立有石碑，上书郭沫若题“黄帝陵”三个大字。亭后即是陵墓，陵前石碑上书“桥山龙驭”四字。历代政府对保护黄陵古柏都很重视。宋、元、明、清都有保护黄陵的指示或通令。桥山东麓黄帝庙始建于汉代，庙门上方有“轩辕庙”牌匾。庙内有黄帝手植古柏，距今已有5000多年，人称轩辕柏。乘火车前往延安。

D2　游延安。

延安在历史上一向是陕北地区的政治、经济、文化和军事中心，又是中国革命的圣地。从1935年10月到1948年3月，党中央和毛泽东等老一辈无产阶级革命家在延安生活战斗了13年。全市境内的革命文物达140多处。列入国家级和省级重点保护的有凤凰山麓、杨家岭、枣园、王家坪及南泥湾。延安革命纪念馆陈列了数以千计的珍贵革命文物。

参观延安革命纪念馆、杨家岭、凤凰山、抗大旧址、鲁艺旧址等，午后乘火车回西安。

第5章 江南山水园林旅游区

第一节 概 述

江南旅游大区包括沪、苏、浙、皖、赣四省一市，是自然地理上的长江下游地区。面积约51.7万平方千米，人口约2.6亿(截至2010年11月1日)，是全国人口密度最大的地区。汉族是主要民族。本区地理位置优越，气候条件良好，经济文化发达，水陆交通便利，物产丰富。历史上数个政权都在此建都，为本区留下了许多重要的历史文物和名胜古迹，人文景观旅游资源丰富，园林荟萃，古文化底蕴深厚。本区地处我国地势的第三阶梯丘陵地带，东临黄海和东海，自然旅游资源中名山众多，秀水散布，风景名山和湖海滨度假胜地等自然景观旅游资源引人入胜，是全国旅游活动最早兴起和发展的地区之一。

一、旅游地理环境概况

(一) 以平原与低山丘陵为主的地形

本区地处我国地形三大阶梯的最低一级，呈现平原和低山丘陵相间分布的格局。自北向南依次为黄淮平原、皖中丘陵、长江中下游平原、江南丘陵及闽浙丘陵。黄淮平原位于苏、皖两省淮河以北，是华北平原的一部分。由于历史上黄河夺淮，大量泥沙淤塞淮河河道，使淮河在京杭大运河以西形成湖泊群。皖中丘陵成山历史悠久，经长期剥蚀，花岗岩裸露地表，花岗岩名山众多，如琅琊山、天柱山等。长江中下游平原包括苏皖沿江平原和长江三角洲，长江曲折而平缓，两岸山丘夹峙，平原上河道纵横，湖泊棋布，风景十分优美，加之肥沃的土地、温和的气候、稠密的人口及发达的经济等因素，使得长江中下游平原成为人文景观旅游资源集中分布区。南部江南丘陵及闽浙丘陵是旅游名山集中地区，如黄山、九华山、庐山、井冈山、雁荡山等都分布在此区域内。

（二）典型的亚热带湿润季风气候

本区除淮河以北属暖温带外，其他地区均属亚热带季风性湿润气候，但因北面无高大山地阻挡，冬季受北方冷空气影响较大，气温较同纬度世界其他地区低。降水丰沛且较均匀，降水量由东南沿海向西北递减，山地多于平地，春夏季长于秋冬季。

本区气候特点为四季分明、冬温夏热、热量资源丰富。春秋两季气候温和，春季无大风沙，秋季降水较少，是旅游活动的黄金季节。夏季河谷平原普遍高温，但山地气候凉爽宜人，以到山区避暑旅游为佳，滨海旅游也是本区旅游活动的一项内容。冬季与北方相比，并无严寒，加之本区自然景观旅游资源和人文景观旅游资源丰富，因此一年四季不乏游人。

本区温暖湿润的气候培育了繁茂的植被，形成了山清水秀的自然风光。自然景观丰富多彩，植被种类繁多，表现出明显的过渡性。大部分地区植被以常绿阔叶林为主，兼有北方温带性植被和南方热带性植被。其中樟、楠、水杉等都是优质木材，落叶悬铃木（俗称法国梧桐）生长迅速、树冠覆盖面积大，江南城市普遍用作绿化树种。

（三）河湖水系密布

本区河网密布，湖泊众多，呈现出江南水乡泽国的景色，水资源极为丰富。主要河流分属淮河、长江和钱塘江三大水系，河流汛期长，泥沙少，水量大，水流稳定，无冰期，航运价值大。本区湖泊集中分布，长江两岸湖泊星罗棋布。我国五大淡水湖中的鄱阳湖、太湖、巢湖、洪泽湖都在本区内。此外，旅游价值较大的湖泊还有杭州西湖、南京玄武湖、扬州瘦西湖、淳安千岛湖等。

（四）经济发达，旅游商品丰富

长江中下游地区自然条件极为优越，人口众多，开发历史悠久，历史上就是我国重要的农耕区，是我国农业最发达的地区之一，也是我国重要的商品粮、棉花、油料作物主要产区。沿海生产各种海洋鱼类和其他海产，舟山群岛是我国最大的海洋渔场。

本区土特产品丰富，尤其以茶叶、名酒和丝绸最负盛名。惠山泥人、扬州漆器、上海玉雕、杭州绸伞、徽州文房四宝都是久负盛名的传统工艺品。瓷都景德镇的陶瓷制品和陶都宜兴的紫砂陶制品更是蜚声海内外。

（五）交通便捷四通八达

本区是我国交通最发达的地区之一，水、陆、空交通十分便利。本区铁路运输发达，以上海为中心，通过京沪、沪杭、浙赣、京九、京广、陇海等铁路线连接区内各主要城市和旅游区；区内公路密度较大，已形成四通八达的公路网，山地丘陵地带公路是主要交通线，和铁路线相连。本区是我国水陆交通最便利的大区，河运和海运并举，构成发达的水上运输网。长江是本区最大的水运通道，连通了长江沿岸重要的旅游城市。

京杭大运河的江南段至今仍是重要的物资运输线，运河两岸分布着众多的旅游热点城市。上海是中国最大的港口和世界重要港口之一，海运可以与其他各沿海省区城市联动，组成海上观光游览线路。除国内沿海航行外，远洋可达 160 多个国家的 400 多个港口。上海是我国东部沿海航空枢纽之一，与全国多个城市有直飞航班，区内航线可直达各旅游区及主要旅游城市，与世界多个城市有定期航班。

二、旅游资源的基本特征

（一）名山众多水景丰富，自然旅游资源丰富多彩

江南旅游大区风景名山众多，有多座国家级重点风景名山，其中包括世界自然遗产和文化遗产黄山、庐山。这些风景名山融丰富的自然景观和人文景观于一体，加上宜人的气候条件和便捷的交通条件，是本区旅游业发展的重要基础。

本区河流众多，湖泊密布。流经山地的河段风景秀丽，长江、京杭大运河、钱塘江、楠溪江是重要江河旅游线；沿湖山色风景优美，太湖、洪泽湖、千岛湖、杭州西湖等是重要湖滨旅游景点；嵊泗列岛、普陀山等是本区著名的滨海旅游区。

（二）园林荟萃吴越文化特色分明，人文旅游资源博大精深

本区地处江南水乡，地表水丰富，盛产花岗岩，著名的太湖石是修建园林不可多得的原材料，在建造园林方面具有得天独厚的条件。江南园林与北方园林遥相呼应，组成了我国园林艺术的主流。

长江流域自然环境优越，开发历史悠久，是中华文明的发祥地之一。这里自古就是繁华之地，我国著名的“七大古都”中的南京和杭州就在本区。全国 100 座历史文化名城位于本区的有 19 座。经济的繁荣和城市的繁华推进了文化艺术的发展，在得天独厚的自然环境和特定的历史发展过程中，逐步形成了以灵毓秀雅、尚文重教为特色的吴越文化。历史上名人辈出，人才荟萃；文学艺术、建筑、戏曲、工艺品等以纤巧、秀雅、委婉、玲珑剔透为特征；商业较为发达，游娱之风较盛。

三、旅游分区与旅游线路

根据本区旅游资源的差异性、旅游资源的分布规律，将本区以省市为单位划分为 5 个旅游区，全区共设计了 12 条旅游线路，每个旅游区内设计若干条大尺度旅游线路，再根据旅游资源的具体分布，配合交通住宿条件，辐射若干小尺度旅游线路。

第二节　上海旅游

上海市，简称“沪”，别称“申”，位于中国大陆海岸线中部长江入海口，中央四大直辖市之一，也是中国最大的工商业城市。其总面积 6340.5 平方千米，除西南部有少数丘陵山脉外，上海境内全为坦荡低平的平原，是长江三角洲冲积平原的一部分，陆地地势总趋势由东向西低微倾斜。上海属北亚热带季风气候，四季分明，日照充分，雨量充沛，每年 6 月中旬至 7 月上旬是梅雨季节。气候温和湿润，春秋较短，冬夏较长。1 月平均气温约 4℃，7 月份平均气温约 28℃，最高气温达 35～38℃。年均降雨量

1300～1500毫米。全市共有人口2301.91万（截至2010年11月1日）。

上海是一座历史文化名城，早在新石器时代，就有人类在此生活。春秋时期，上海曾经是楚国春申君黄歇的封邑，故上海别称为“申”。战国时当地渔民创造了捕鱼工具“扈”，称这一带为沪渎，故上海简称“沪”，宋代以后逐渐发展成为水上交通和对外贸易的市镇。公元1292年，元朝政府设立上海县，标志着上海建城之始。16世纪（明代中期）上海成为全国棉纺织手工业的中心。清康熙二十四年（公元1685年）清政府在上海设立海关。19世纪中叶，上海已成为繁华港口。鸦片战争以后，上海被殖民主义者开辟为“通商”口岸。新中国成立后，经过50多年的发展建设，上海的经济和社会面貌发生了深刻的变化。今日上海是中国最大的工业城市、最大的商业、金融中心，内外贸易额均居全国各大贸易中心首位，也是中国东方最大的海、空交通运输中心。上海虽然不是风景城市，但它具有独特的城市风貌：有五大古典园林和古迹以及淀山湖、黄浦江，还有许多名人故居。上海有国家级重点文物保护单位19处，省（市）级文物保护单位136处，国家5A级旅游景区3处，国家级森林公园4处。

一、风味肴馔

沪菜融合了中国许多菜系的优点，融合了中国许多菜系的优点，吸收了西餐的一些做法，油而不腻，味浓而鲜，咸淡适口，色泽鲜亮，保持原味，习用烧、烤、煨、焖、蒸等法。上海小吃种类多而制作精，南翔小笼包、排骨年糕、蟹壳黄烧饼、高桥松饼、城隍庙梨膏糖、奶油五香豆名声远扬。

二、地方文艺

沪剧和越剧虽为地方剧种，却广有影响，滑稽戏独树一帜，评弹在当地很受大众欢迎。

三、旅游交通概况

上海作为一个国际化大都市，是中国最大的商业、金融中心，也是西太平洋地区重要的国际港口城市。上海又是中国东部的重要铁路交通枢纽，南接港澳地区，北连俄欧，西达中亚，也是东部地区公路和水路运输的重要中转枢纽，我国最大的国际国内航空枢纽港之一。

四、上海人文景观游

D1　上海接团，游览上海老城区、南浦大桥。

老城区是上海城市的发祥地，从元朝开始到清末，这一带是上海的政治、经济和文化中心。19世纪60年代前后，开始有里弄建筑，人称“石库门”，是上海传统建筑的代表。以小东门上海老街作为老城区旅游的起点，游览上海老街、城隍庙、豫园等景点。上海老街的商店全部是仿明清建筑，许多上海有名的老字号商店汇集在这条街上，有钱庄、金店、银楼、酒家、茶馆、戏楼、商行等。

步行到城隍庙、豫园。老城隍庙始建于明永乐年间。上海开埠以后，这里汇集了各地商贾，一般上海人皆到此处购买日用品。20世纪90年代，这里进行大规模重修，成为大型的古代建筑群和商业城。这里可以买到各地的手工艺品和在大商场里很难买到的商品、特产。

豫园就坐落在豫园商场内，是一座江南古典园林，始建于明嘉靖三十八年（公元1559年），至明万历五年（公元1577年）后陆续扩充至70余亩，是当时任四川布政史潘允端的私人花园，明末园荒景废。清乾隆二十五年（公元1760年）重建豫园，具有明清两代建筑风格。新中国成立后经重新修缮，豫园于1961年开放。大假山是豫园的精华所在，为明代遗物；玉华堂前的玉玲珑，是宋代花石纲遗物，江南三大名石之一，具有“皱、瘦、漏、透”的特点。

南浦大桥1991年底建成通车，是世界第四大全悬浮双塔双索斜拉桥，上有邓小平同志亲笔题写的“南浦大桥”四个大字。

D2 从外滩开始游览上海市容，之后乘轮渡过江到浦东游览滨江大道、上海国际展览中心、陆家嘴绿地、浦东新商圈、钦赐仰殿道观、到东方明珠塔或金贸大厦登高欣赏上海全景，最后逛南京东路。

100多年来，外滩一直都是展现上海风姿的象征，同时，在这里也可以看到近代中国遭受帝国主义侵略的历史遗迹。外滩建于20世纪20—40年代的建筑群，并非同一设计师设计，也不是同一年代建成，但整体基调一致，并且还可以看到不同时期、不同国家、不同风格的建筑，因此人们又把外滩称做“万国建筑博览会”。

乘轮渡过江，滨江大道与黄浦江岸并行。上岸后，即可乘车游览整个滨江大道。这里风景极佳，有音乐喷泉、露天咖啡座、亲水平台等，是观赏浦西景色最佳的地方。

位于滨江大道上的上海国际会议中心，与著名的外滩建筑群隔江相望。此建筑最大特色在于外观为一个巨型地球，上面有五大洲的图形，并标出中国的版图。会议中心本身还是一个五星级宾馆。

位于陆家嘴金融区旁的陆家嘴绿地，以绿色植物为主，水景为辅，是上海规模最大的开放式草坪。这里观看金贸大厦、金融区建筑群、东方明珠塔视角绝佳。

浦东南路张扬路口一带是浦东新商圈，也是最大的商业中心，大型百货公司林立。位于源深路上的钦赐仰殿道观，是上海地区较早的道观之一，相传是三国时东吴孙权为其母所建，有“千年古观”之称。清乾隆时期改为“钦赐仰殿”，主要供奉东岳大帝。这里香火鼎盛，建筑造型也十分特别。

返回东方明珠塔或金贸大厦，登高欣赏上海全景。

东方明珠塔是上海新的标志性建筑，建于1991年，高468米，与外滩隔江相望，是亚洲第一高塔，世界第三高塔，主要由塔座、下球体、上球体、太空舱组成。下球体和上球体是观景廊，是欣赏外滩景色、鸟瞰整个上海市最佳的地方。这里还有亚洲最高的旋转餐厅，可以以360°欣赏到上海的全景。最上面的太空舱设有高级观光层和会议厅。金贸大厦位于浦东陆家嘴金融贸易区的黄金地段，主楼有88层，是目前中国第一高楼，登上金贸大厦的88层，也是鸟瞰整个上海城市的最佳位置。

乘轮渡回外滩，游览号称“中华商业第一街”的南京路。

D3 游览上海市区。

人民广场位于市中心，是上海最大的公共广场，旧中国这里是当时远东最大的“跑马厅”，新中国成立后改建成公园和广场。广场南侧有上海博物馆、西北侧有上海大剧院、地下为香港名店街和地下商城。人民广场南侧，有闻名中外的上海大世界。大世界是一座西洋古典式建筑，内部却是中国的传统风格，这里集合了许多娱乐项目，有游乐世界、博览世界、竞技世界、美食世界四大部分，不定期还有许多传统戏曲表演。

静安寺是上海著名的古寺，相传建于三国东吴孙权赤乌十年，距今有近2000年的历史。初名“重玄寺”，到宋朝改为“静安寺”，今天的静安区便是由此得名。

玉佛寺位于普陀区安远路江宁路口。原为清代名宦盛宣怀在江湾的家庵，是上海最有名的佛教禅宗寺庙。清光绪年间，普陀山慧根和尚到印度礼佛朝拜，返国途中取道缅甸，请到大小玉佛五尊，途经上海，留下了白玉雕刻的释迦牟尼坐像和卧像各一尊，遂更名为玉佛寺。玉佛楼正中的佛龛里，供有一座1.9米玉雕释迦牟尼坐像，卧佛堂的神龛里供奉一座白玉释迦牟尼涅槃像。1989年，新加坡华人送来一尊4米多长的整块碧玉雕刻的释迦牟尼卧像，寺内还藏有清雍正年间雕版大藏经7000余卷。今上海佛学院就设在寺内。

虹口区四川北路被称为中华名品一条街，与南京路、淮海路并称为上海三大商业街。鲁迅墓位于虹口区鲁迅公园内，距四川北路非常近。鲁迅公园原名虹口公园，1956年鲁迅诞辰75周年，市政府将鲁迅墓由万国公墓迁到这里，并塑鲁迅铜像，建造鲁迅纪念馆和纪念亭，使公园成为具有文化纪念性质的特色公园，1988年公园正式改名为鲁迅公园。

D4　上海郊县游。

青浦区朱家角镇是上海保存最完好的江南水乡古镇，镇上的明清古建筑一条街，有众多古朴典雅的茶馆、饭庄。作为水乡古镇的朱家角最为人称道的还是“小桥、流水、人家”的古朴东方情调。

大观园地处青浦区淀山湖畔，是为了拍电视剧《红楼梦》建造的一座古典园林。园中有怡红院、潇湘馆、大观楼、蘅芜苑等10余组景点，和书中意境比较吻合。

乘车前往松江佘山。松江是上海的发源地，保留有许多古迹，佘山上最著名的景点是佘山天文台和天主教堂。天文台建于清光绪二十五年（公元1899年），由法国传教士所建，是我国最早的现代意义上的天文台，也是我国天文研究中心之一。其天文望远镜是我国最早的一台，为我国积累了大量珍贵的天文资料。现在是上海天文台佘山工作站。佘山圣母大殿，也称远东圣母大殿。该堂于1871由法国传教士始建，1935年落成，集多种建筑风格于一体，采用无木无钉无钢无梁的四无结构，堪称不对称的典范。从20世纪40年代起即为世界闻名的天主教圣地，也是国内天主教最主要的朝圣地。

D5　游览嘉定古镇。

嘉定有很多古迹，其中坐落于南翔镇沪宜路旁的古猗园最为著名。古猗园原名“猗园”，为明代江南名园之一，始建于明代嘉靖年间，古猗园具有绿竹依依、曲水幽静、明代建筑、楹联诗词以及花石小路等五大园艺特色，素有“苏州园林甲天下，沪有南翔古猗园”的美誉。

嘉定文庙位于嘉定南大街，始建于南宋嘉定十二年（公元1209年），已有800多年历史，历经元、明、清三代整修、重建和增建，自古以来就有“吴中第一”之称，在江南地区的孔庙中，是最具特色的。大成殿是庙内主要建筑，殿宇宏伟，内置孔子塑像、《论语》全文。殿前的古柏已有600多年历史，有龙凤古柏之美称。明伦堂两侧碑廊中部分碑刻极具考古价值。在孔庙旁，有距今已400多年历史的汇龙潭，由五条小河奔集汇合，南有应奎山镶嵌其中，如同游龙戏珠一般，有“五龙抢珠”的美称，如今已开辟为公园。法华塔坐落于嘉定州桥练祁河旁。又名金沙塔，始建于南宋开禧年间（公元1205—1207年），法华塔历经多次修葺，至今仍保持了原有的风貌。

秋霞圃位于嘉定东大街，是上海五大园林之一，也是上海最古老的园林，始建于明弘治十五年（公元1502年），距今有500多年的历史，是由明代工部尚书龚弘的私人花园、沈氏园、金氏园三大家族的园林以及城隍庙合并而成。园内遍布亭台楼阁、华池曲径，给人一种世外桃源之感，是典型的明清私家花园。

第三节　江苏旅游

江苏地处美丽富饶的长江三角洲，得名于清朝江宁府和苏州府二府之首字，简称“苏”，是我国开发较早的地区之一。江苏跨长江下游两岸，东濒黄海，海岸线长954千米。地形以平原为主，省境除北部边缘和西南边缘为丘陵山地，地势较高外，其余则自北而南为黄淮平原、江淮平原、滨海平原、长江三角洲，其中点缀着中国五大淡水湖中的太湖、洪泽湖，自然条件优越，经济基础较好。全省面积10.26万平方千米，省会南京市。江苏属东亚季风区，大致以淮河苏北灌溉总渠一线为界，为我国暖温带和亚热带的分界，以南属亚热带湿润季风气候，以北属暖温带湿润季风气候。四季分明，雨热同季，冬冷夏热，春温多变，秋高气爽。1月平均气温-2～4℃，7月平均气温26～29℃。年均降水量800～1200毫米，大致由东南向西北减少。全省总人口为7865.99万（截至2010年11月1日）。

江苏地域和古老的黄河流域一样，也是中华民族诞生的摇篮之一。远古时代起这里就有人类繁衍生息，春秋时期吴国青铜器的冶炼和锻造已闻名遐迩。三国以后，南京成为南方的经济文化重心，吴、东晋、宋、章、梁、陈皆建都于此，是为六朝古都。隋唐以后，全国经济重心逐步南移，繁华的扬州城应时而起，成为东南财赋、漕运、盐铁转运的中心。19世纪末，缫丝、纺织、面粉、采煤等近代工业在无锡、南通、苏州、徐州等地陆续兴起。江苏是文化发达的省区之一，历史上素享“人文荟萃”之佳誉，产生了大文学家施耐庵、吴承恩、冯梦龙，书画大家顾恺之、米芾、米友仁、倪瓒、唐寅、祝允明及以郑板桥为代表的“扬州八怪”和以龚贤为代表的“金陵八家”。

江苏风光秀丽，名胜古迹众多，物产富饶，交通便捷，自古以来就是旅游胜地。这里有世界文化遗产2处，即位于南京的明孝陵和苏州古典园林；国家级重点文物保护单位119处，省级文物保护单位645处，国家级历史文化名城10座，中国优秀旅游城市28座，国家5A级旅游景区9处，国家级风景名胜区4处，国家级森林公园1处，国家级自然保护区2处，全国十大风景名胜区1处，全国旅游胜地四十佳2处。

一、风味肴馔

江苏菜系又称淮扬菜系，系全国八大菜系之一，其用料较广，以鸡、鸭、鱼、虾为主，咸甜适中，原汁原汤，浓而不腻，酥、烂、鲜、香。常熟叫化鸡、无锡肉骨头、和桥老油豆腐干、黄桥烧饼等风味食品较有名气。

二、地方文艺

昆曲发源于江苏昆山，至今已有600多年历史，被称为“百戏之祖，百戏之师”。其剧目丰富，剧本文词典雅华美，文学性很高。唱、念、做、打（舞）四个方面及其综合在昆曲中要求最高。昆曲中的许多剧本如《牡丹亭》、《长生殿》、《桃花扇》等，都是古代戏曲文学的不朽之作。苏州评弹擅长抒情叙事，广有听众，“无锡风光”小调极富地方色彩。

三、旅游交通概况

江苏交通十分便利，以水运最为发达，长江和大运河为两大主干水系；铁路、公路、航空可联系省内外。连云港是重要的海港。

四、江苏的旅游线路

（一）烟花三月下江南

D1　南京接团，游览中山陵、灵谷寺、明孝陵。

南京古称“金陵”，是我国七大古都之一，历史上是江南文化的核心。中山陵位于南京市东郊紫金山第二峰南麓，始建于1926年。根据孙中山先生生前愿望，1929年国民政府将其遗体安葬于此。中山陵建筑雄伟庄严，陵墓的正门上有孙中山手书“天下为公”四个大字，碑亭里的石碑上刻有“中国国民党葬总理孙先生于此”。从陵墓进口处的石牌坊开始到墓室，逐级上坡，其间有8个平台，392个石阶。寝陵前面是祭堂，内置白色大理石孙中山全身坐像，石座四周有记叙孙中山先生当年革命事迹浮雕，祭堂四壁刻有他的遗嘱《建国大纲》。祭堂后面为墓室，墓室中间是圆形大理石圹，圹中央长方形石棺上安放着孙中山先生白色大理石卧像，孙中山先生的遗体安放在紫铜棺内，安葬在大理石卧像下5米左右。中山陵周围还有一些纪念性建筑物。

灵谷寺位于中山陵东侧，是一座规模宏大的寺院。始建于南朝梁武帝天监十三年（公元514年），最初名开善寺，明朝初年更名为蒋山寺。明洪武十四年（公元1381年），朱元璋为修自己的陵墓，选中了这块风水宝地，寺庙给皇陵让路，遂迁现址，改名灵谷寺。由于进山门处有成片的松树，郁郁葱葱，被评为当时金陵四十八景之一“灵谷深松”。灵谷寺里最著名的建筑数无梁殿，无梁殿也称无量殿，因供奉无量寿佛而得名，又因整座殿宇没有梁柱，全部建筑用石料和砖砌成，殿外形为仿木结构大殿形式，而得名无梁殿，是全国最大的一座无梁殿。1929年，为纪念北伐死难将士，在灵谷寺内建灵谷塔。

明孝陵位于中山陵西侧，紫金山南麓独龙阜玩珠峰下，是明代开国皇帝朱元璋和皇后马氏的合葬墓。为目前南京规模最大、保存最完好的一座帝王陵墓，距今已有600多年的历史。明孝陵于洪武九年（公元1376年）开始筹建，洪武十四年（公元1381年）正式动工，至永乐三年（公元1405年）建成，历时25年，耗费巨大。经过500多年的战乱，现存的地面建筑仅为当时陵园的最后部分，且多为清代以后修建，宝顶是留下来的唯一的明代建筑。陵园正门前的林阴路两侧，排列着16对石像生，体型巨大，是明代石刻艺术珍品。正对着陵园大门的梅花山上有三国东吴孙权的墓地。孝陵西侧不远处还有国民党元老廖仲恺和何香凝的合葬墓。回市区坐船溯秦淮河而上，秦淮河流经市内，从东水关到西水关的一段，古称"十里秦淮"，明清时繁华绮丽，盛极一时。

D2 游玄武湖，赴扬州游览个园、何园。

玄武湖位于市区东北，南京火车站南面。玄武湖古称桑泊，南朝宋元嘉二十五年（公元448年），传说湖中出现过黑龙，因此改名为玄武湖。湖中有五个小岛，各岛之间有长堤和桥梁相连，五岛各有特色。

扬州位于长江北岸，自古即为南北水陆交通要冲和风景名城，东周敬王三十四年（公元前486年），吴王夫差北上伐齐，开邗沟建邗城，为扬州建城之始。自隋炀帝开凿南北大运河以来，扬州处于长江与运河的交汇点，为我国南北重要交通枢纽，商旅必经之地。个园坐落于扬州东关街，前身是清初的寿芝园。清嘉道年间两淮盐商黄至筠购得此园并加以改建，因种竹多，得名"个园"，有挺直不弯、虚心向上之意。"扬州以名园胜，名园以叠石胜。"个园是以竹石为主体，以分峰用石为特色的城市山林，园内山峰挺拔，气势磅礴，给人以假山真味之感。园中有宜雨轩、抱山楼、拂云亭、住秋阁、透月轩等建筑，与假山水池交相辉映，配以古树名木，更显古朴典雅。个园以"四季假山"闻名。四季假山各具特色，表达出"春山艳冶而如笑，夏山苍翠而如滴，秋山明净而如妆，冬山惨淡而如睡"和"春山宜游，夏山宜看，秋山宜登，冬山宜居"的诗情画意。个园旨趣新颖，结构严密，是中国园林的孤例，也是扬州最富盛名的园景之一。

何园坐落于扬州市徐凝门街66号，又名"寄啸山庄"，是清乾隆年间双槐园的旧址。清同治年间，道台何藏舠在双槐园的旧址上改建成寄啸山庄。何园被誉为"晚清第一园"，其中，片石山房系石涛大师叠山作品，堪称人间孤本。何园虽是平地起筑，但独具特色，通过嶙峋的山石、磅礴连绵的贴壁假山，把建筑群置于山麓池边，并因地势高低而点缀厅楼、山亭，错落有致，蜿蜒逶迤，山水建筑浑然一体，有城市山林之誉，是扬州住宅园林的典型。何园的主要特色是把廊道建筑的功能和魅力发挥到极致，1500米复道回廊，是中国园林中绝无仅有的精彩景观。左右分流、高低勾搭、衔山环水、登堂入室，形成全方位立体景观和全天候游览空间，把中国园林艺术的回环变化之美和四通八达之妙发挥得淋漓尽致，被誉为立交桥雏形。

东关街是扬州城里最具有代表性的一条历史老街，东起古运河边，西至国庆路，全长1122米，原街道路面为长条板石铺设。东关街以前不仅是扬州水陆交通要冲，而且是商业、手工业和宗教文化中心。街面上市井繁华、商家林立，行当俱全，生意兴隆。陆陈行、油米坊、鲜鱼行、八鲜行、瓜果行、竹木行有近百家之多。这里，保留着扬州人原汁原味的传统生活。路边"糖人匠"在白石板上浇出的糖人，店堂里"银剪"剪出的扬州风景，还有谢馥春、中国照相馆、四美酱园、大清盐号、绿杨春、协茂大药房等“老字号”……外地游客东关街不可不去，脚踏敦实厚重的石板路，沿老街前行，便融入了扬州人的市井生活。

D3　游瘦西湖公园、平山堂公园。

一日之计在于晨。扬州人有吃早茶的习惯，富春等几家知名饭店的三丁包、翡翠烧卖等美味早餐更是让人入口难忘。富春茶社成立于 1885 年，由扬州人陈蔼亭创立，初名“富春花局”，以花应市。主人去世后，其子陈步云将之更名为“藏春园茶社”，后又定名为“富春茶社”，沿用至今。茶社历经百余年，其间不断创新开拓、精益求精，已形成了一批享誉海内外的名菜名点，堪称淮扬菜系的正本清源之地。早晨在富春茶社吃早餐，早餐后可游瘦西湖公园。

瘦西湖景区位于扬州市区西北郊，原名保障河，为古代扬州的护城河。经历代造园名家精心设计构造，使狭长的湖面形成层次分明，曲折多变的湖光山色，因其湖面秀丽似杭州西湖，但较之瘦长，故名瘦西湖。瘦西湖景区兼有北方园林的雄浑和江南园林的秀美，著名景点有五亭桥、二十四桥等。

游览后乘车前往平山堂公园，公园位于扬州西北蜀岗之上，包括古刹大明寺，平山堂、鉴真纪念堂等古迹。大明寺建于南朝宋大明年间（公元 457—464 年），故名，曾是唐代高僧鉴真居住和讲学之地，现在的寺庙是清同治年间重建，有牌楼、天王殿、大雄宝殿等。平山堂位于大明寺天王殿后面，是欧阳修于北宋庆历八年（公元 1048 年）在扬州任太守时修建的。欧阳修在此书有一匾“远来山与堂平”，现建筑为清同治九年（公元 1870 年）重建。欧阳修祠是苏东坡为纪念老师欧阳修兴建的。鉴真纪念堂位于大明寺大雄宝殿之右，是我国著名建筑学家梁思成仿照鉴真在日本奈良主持建造的唐招提寺式样，于 1962 年设计，1973 年建成的，堂内安置有楠木鉴真坐像。东西两侧墙上是鉴真东渡事迹的绢饰画。堂前建有碑亭，正面刻有赵朴初先生所撰碑文。乘车前往镇江。

D4　游览金山风景区。

镇江古称丹徒、润洲，在长江南岸。雄踞长江边的金山、北固山和矗立在江心的焦山，鼎足而立，地势险要，是拱卫南京的门户。镇江又有京口之称，“京口三山”是镇江的主要名胜。金山在镇江西北，原是长江中的一个小岛，由于长江水流变迁，清道光年间金山开始与南岸相接成为陆地之山。金山上著名景点有江天禅寺（金山寺），始建于晋，原名泽心寺，唐代因开山得金，遂改称金山寺。远望金山寺，只见巍峨的庙宇，故历来有“金山寺裹山”之说。山巅矗立着七级八面的慈寿塔，山门之外还有一处名胜——被称为“天下第一泉”的中泠泉。

北固山位于镇江市东北江边，因绝壁临江，形势险固而得名。山虽然 50 多米高，但临江一面，峭壁如削，雄险异常。相传南朝梁武帝肖衍见此雄山，赞不绝口，提笔手书“天下第一江山”。山上有三国时期吴国京城——铁瓮城旧址，至今残存一段城墙。北固山后峰上的甘露寺，相传是刘备招亲的地方。山上最高处有凌云阁，传说刘备在白帝城去世后，孙夫人在此祭夫后投江而死，故又名祭江亭。

焦山在镇江市东北长江之中，高 150 米，满山竹林繁茂，绿阴之中隐约可见一些寺院，因此有“焦山山裹寺”之说。焦山上摩崖石刻之多远胜于金山、北固山，墨宝轩中有米芾、陆游、康有为等名家题刻。

（二）天堂苏杭游

D1　南京接团。乘车赴太湖鼋头渚景区游览，沿途可游览蠡园。

蠡园在无锡市蠡湖畔，原是两处私人园林，1949 年后建了一条 300 米的长廊，将其连成一片。蠡湖原名漆湖、五里湖，相传春秋时越国大夫范蠡偕美人西施泛舟于此，湖因人而得名，园因湖而得名。该园三面环水，远眺翠嶂连绵，近闻长浪拍岸；蠡园假山就水而叠，因水而活，尽显山水交融之“假山真水”的无限情趣。鼋头渚位于无锡市西南 10 千米的犊山山麓，是一块伸入太湖中的矶石，三面环水，背依高山，如同一只伸头痛饮太湖水的大鼋，故名。这里是欣赏太湖风景的最佳之处，在此可乘船游三山岛。三山岛又叫太湖仙岛，位于太湖东北角鼋头渚西南 2.6 千米的湖中“三山”之上，该岛如神龟静伏水面，绰约多姿，恍如“蓬莱仙岛”，俗称“乌龟山”。岛上玉宇琼楼，石窟灵洞，林木苍翠，猕猴戏耍。回市区游览三国水浒城。三国城位于市区西南，是中央电视台在无锡兴建的外景基地，并作为影视文化旅游景点，向游人开放。除此之外，附近还建有一系列主题公园，如“唐城”、“世界奇观”、“水上世界”、“惊奇世界”等。

D2　游宜兴溶洞。

宜兴位于无锡西南，太湖西岸，以山多岩洞、洞多神奇著称，宜兴还是我国著名陶都，以生产紫砂陶具著称于世。位于宜兴西南的张公洞、善卷洞、灵谷洞最为著名。前往宜兴丁蜀镇，可到紫砂一条街观光购物。

D3　游览苏州园林。

苏州因有姑苏山而得名，始建于 2500 年前的春秋末年，是当时吴国的国都。苏州是我国著名的江南水乡城市，城内河港纵横交织，桥梁极多。苏州是历史悠久的园林风景城市，苏州园林多系私人宅第，规模较小，占地只有几亩、十几亩，最大的拙政园也不过 78 亩。现苏州古典园林尚存 69 处，其中沧浪亭、狮子林、拙政园、留园是苏州最具代表性的四大园林。

留园、西园都在苏州阊门之外，可一起游览。留园是中国四大名园之一，位于阊门外留园路，始建于明嘉靖年间（公元 1522—1566 年），面积 3.3 万平方米，内有宏伟宽敞的“楠木厅”、精美华丽的“鸳鸯厅”（均为中国古典园林厅堂建筑精品）、江南最大的湖石冠云峰等。留园以结构严谨、精巧典雅、变化多端著称，具有移步换景、引人入胜的特点。西园的主要建筑是戒幢寺和西园放生池，在戒幢寺内有五百罗汉彩塑高大如真人，形态各异，很有特点。

拙政园与北京颐和园、承德的避暑山庄、苏州的留园齐名，被誉为中国四大名园，是苏州最大、最具代表性的园林。其初为唐代诗人陆龟蒙的住宅，元代为大宏寺，明嘉靖元年（公元 1522 年），御使王献臣在政治上失意，弃官回乡买下寺产，改建成此园，并借用晋代潘岳《闲居赋》中“灌园鬻蔬，此亦拙者之为政也”的语义，取“拙政”二字为园名。1860—1864 年，太平天国忠王李秀成曾住于此。东部明快开朗，以平冈远山、松林草坪、竹坞曲水为主；中部为拙政园精华所在，以水为主，临水布置了形体不一、高低错落的建筑，主次分明；西部主体建筑为靠近住宅一侧的卅六鸳鸯馆，水池呈曲尺形，其特点为台馆分峙、回廊起伏，水波倒影，装饰华丽精美。拙政园林主要建筑自然雅致、风格独具，被誉为“园中精华”。

狮子林位于苏州城区园林路23号，是苏州古典园林的代表之一，拥有国内尚存最大的古代假山群，被誉为“假山王国”，创建于元代至元年间（公元1264—1294年）。狮子林将山川的壮丽融入苏州园林特有的秀美，在苏州园林中独树一帜。园中假山重峦叠嶂，群峰起伏，气势雄浑。最高狮子峰，是元代遗物。全园结构紧凑，长廊四面贯通，廊壁上嵌有石刻67块，摹刻前代名家书法。游狮子林可以欣赏到宋代苏轼、黄庭坚、米芾、蔡襄四大书法家的书法艺术，园中还有文天祥诗碑、御碑等古迹。据史载，1703年康熙皇帝南巡，狮子林赐额“狮林寺”后，乾隆皇帝六游狮子林，赐有多块匾额，现存“真趣”等匾额。乾隆还下令在北京圆明园、承德避暑山庄内仿建了两座狮子林，可见当年皇帝对狮子林情有独钟。狮子林最大的特点是湖石假山多。园中峰峦起伏，洞壑交错，奇峰巨石，玲珑剔透。步入假山群犹如身处八卦阵，明明山穷水尽，却又柳暗花明。

沧浪亭是苏州历史最悠久的园林，系五代（公元907—960年）吴越时广陵王的花园，北宋庆历年间（公元1041—1048年）诗人苏舜钦遭贬谪流寓来苏买下此园，借“沧浪之水”之意，建沧浪亭，并写《沧浪亭记》传世。欧阳修诗“清风明月本无价，可惜只卖四万钱”即指沧浪亭花园。后园林几经荒废，清康熙三十五年（公元1696年）重修，园内有“五百名贤祠”、明道堂、沧浪亭、看山楼、仰止亭等建筑，此园以山石为主，整洁幽静，借水景与山景自然结合，相映成趣。沧浪亭与盘门景区相隔不远，可在游览沧浪亭之后，到盘门景区一游。沧浪亭附近，有苏州文庙、可园、开元寺无梁殿等景观。

D4　游览虎丘、寒山寺、周庄。

虎丘在苏州阊门外西北7里处，古称“吴中第一名胜”，虎丘的人文历史可追溯到2500年前，和苏州古城一样历史悠久，相传春秋时期这里就是吴王阖闾的离宫所在。公元前496年，阖闾战死，其子夫差将他葬在这里。葬后三天，出现一只白虎蹲踞其上，故称虎丘。虎丘山上的古塔——云岩寺塔，俗称“虎丘塔”，是著名的“中国斜塔”、江南第一古塔，也是古城苏州的象征。该塔始建于五代后周显德六年（公元959年），建成于北宋建隆二年（公元961年）。塔八面七层，塔身最大倾角为3°59′。试剑石位于山路东侧，此石中裂如剑劈，相传春秋时期吴王阖闾令干将莫邪铸剑，成而试之，劈开此石。巨石旁另有一石，有宋吕升卿所题“试剑石”三字。千人岩底，有一长池，传说是吴王阖闾之墓，因陪葬三千宝剑，故名剑池。剑池后山崖上有唐代书法家颜真卿和宋代书法家米芾所书的“虎丘剑池”和“风壑云泉”刻石。

寒山寺位于苏州城西5000米的枫桥镇，始建于梁天监年间（公元502—519年），初名“妙利普明塔院”，又称枫桥寺。相传唐贞观年间高僧寒山、拾得曾在此住持，遂更名寒山寺。该寺曾多次毁于战火，现存殿宇多为清代重建，1954年曾进行全面整修。该寺碑刻艺术天下闻名，碑廊陈列着历代名人岳飞、唐伯虎、董其昌、康有为等人的诗碑。唐代大诗人张继游寒山寺，写有《枫桥夜泊》诗，寒山寺因此诗而更加闻名。现存清代巨钟高悬钟楼，寺庙除夕举办听钟声活动。

周庄位于苏州东南 38000 米处淀山湖畔，四面环水，古称摇城，原系春秋时吴国太子摇的封地。北宋当地人周迪功笃信佛教，舍其宅及良田给寺庙当庙产，百姓们感其恩德，遂更名为周庄。周庄虽历经 900 多年沧桑，仍完整地保存着原有的水乡古镇的风貌和格局。全镇 60% 以上的民居仍为明清建筑。镇内“井”字形河道流贯全镇，形成八条长街，纵横交错，民居临河建屋，依水成街，河上保存着元、明、清历代石桥数十座，建于元代至正年间（公元 1341—1367 年）的富安桥，是目前江南仅存的桥楼建筑。登临桥楼，周庄一览无遗。建于明万历年间的双桥，俗称“钥匙桥”，由石拱桥世德桥和石梁桥永安桥联袂而成，桥面一横一竖，桥洞一方一圆，构成奇丽的景致，十分独特。围绕周庄有澄湖、白蚬湖、淀山湖、南湖和三十多条大小河流，游周庄可以先乘船在河里游览，再到周庄名人——“江南第一富商”沈万三的沈厅游览。沈厅清末被称为松茂堂，由周庄巨富沈万三后代于清乾隆年间修建，坐东朝西，临河跨街有七进院，五个门楼，熔苏、徽建筑艺术于一炉，规模宏伟，从街面直至后河，共有大小 100 多间房屋，排列得十分幽深，是典型的江南民居建筑群。张厅为明代中山王徐达之弟徐孟清所建，前后五进，“箸泾”穿屋而过，有“轿从前门进，船从家中过”的独特建筑风格。

（三）苏北古迹风光游

D1　徐州接团，游览狮子山楚王陵、汉兵马俑、龟山汉墓、云龙山、戏马台、淮海战役烈士纪念塔。

徐州位于江苏西北部，古称彭城。相传帝尧封彭祖于此，称大彭氏国，有 2500 多年建城史，是江苏境内最早出现的城邑，自古为军事要地。狮子山楚王陵坐落于徐州东郊，为西汉时期诸侯王陵墓，距今有 2100 多年的历史，据专家考证，墓主可能为第三代楚王刘戊。该陵壮阔宏大，是 1995 年度中国十大考古发现之一。发掘出土了大批珍贵文物，在相当程度上反映西汉初年的政治、经济、军事、文化等状况，对研究中国古代葬俗、葬制、服饰、雕塑、制玉工艺等都具有十分重要的意义。位于其西侧 300 米远的狮子山汉兵马俑发现于 1984 年，是我国继陕西咸阳汉兵马俑、西安秦始皇兵马俑之后的又一重大发现。清理出土兵马俑 2500 件，展现了汉代工艺水平和当时的社会状况。

龟山汉墓位于徐州西北郊九里山下，为西王第六代楚襄王刘注夫妻合葬墓。汉墓以山为陵，共有 15 间大小配套、主次分明的墓室，俨然是一座宏伟的地下宫殿。雕凿精细，工程浩大，堪称汉代一绝。

云龙山在徐州西南，高 140 米，南北走向。据旧书载“山有云气，蜿蜒如龙”，故名云龙山。云龙山东麓兴化寺，原名石佛寺，初建于唐朝开元年间，历经数代，古迹众多。大雄宝殿内供奉着依山崖雕凿的北魏大石佛，寺内山崖之间还有保存完好的唐代摩崖石刻。云龙山顶有放鹤亭、饮鹤泉和张山人故居。北宋文人张天骥号云龙山人，博学而不仕，与当时徐州太守苏东坡交厚，在山顶以训鹤为乐。为此，苏东坡写有《放鹤亭记》一文。亭后有碑廊，内有元、明两代珍贵碑刻。亭旁有饮鹤泉。云龙山西麓建有“汉画像石艺术馆”，共收藏陈列汉画像石珍品 350 余块。汉画像石是汉代人在墓室、祠堂墙壁上刻画的带有鲜明主题的装饰画，徐州是中国汉画像石集中分布地之一。出土的汉画像石与南京六朝石刻、苏州明清园林并称为“江苏三宝”，题材广泛，内容丰富。

戏马台是徐州现存最早的古迹之一。公元前206年，项羽灭秦后，自立为西楚霸王，定都彭城，于城南山上，构筑崇台，以观兵士操练赛马，故名。历代在台上营建了不少建筑物，但昔日的建筑物已不存。现经整修过的戏马台，以风云阁为中轴线、分东西两院。东院"楚室生春"，立项羽石刻像；西院"秋风戏马"，置巨鼎一尊，鼎腹铸"霸业雄风"四字，寓意项羽"力能扛鼎、才气过人"的英雄气概。追胜轩外的天然大石，其形巧妙天成，似一将军仰天长啸，又像一巨型骷髅，故被称为"啸天石"、"人杰鬼雄石"。

淮海战役烈士纪念塔坐落在徐州市南郊凤凰山东麓，塔身正面镶嵌着毛泽东主席亲笔题词："淮海战役烈士纪念塔"九个镏金大字。上端雕刻着由五角星照耀下相交的两支步枪和松枝、绸带组成的塔徽。塔座正面镌刻着碑文，两侧为大型浮雕，塔下的围廊里，镌刻着党和国家领导人题词及三万多名烈士名录。

D2 乘火车前往连云港。

连云港市因前临连岛，背依云台山而得名。转乘汽车前往云台山。花果山位于云台山脉之中，距市区7000米，是江苏省最高山峰。相传吴承恩写《西游记》中的花果山就取材于此，《西游记》中描写的情景与这里十分相似。三元宫、团圆宫、玉皇宫三殿是花果山附近依山而建的三座上下相连的庙宇，是历史上有名的"南瞻部洲"的佛教圣地，鼎盛时期，曾有僧侣数百人。花果山西北山脚下的阿育王塔是山中标志性建筑。该塔建于宋天圣元年，八面九级，纯砖结构，高度40余米，是苏北最大的古塔。

第四节 安徽旅游

安徽省地处中国东部，紧靠以上海为中心的长江三角洲经济区，是临江近海的内陆省份，因境内南部天柱山，也叫皖山，故简称皖。其总面积13.96万平方千米，省会合肥市。安徽省地形地貌呈现多样性，长江和淮河自西向东横贯全境，全省大致可分为五个自然区域：淮北平原、江淮丘陵、皖西大别山区、沿江平原和皖南山区。北部地形平坦，人口密集，能源矿产资源丰富；中部地区丘陵起伏，人口适度，建材矿产丰富；西南部多为山地，人口较少，拥有丰富的森林资源和高品位的自然风景、历史文化旅游资源。其主要山脉有大别山、黄山、九华山、天柱山等。长江流经安徽南部，是安徽的出海通道；淮河流经安徽北部；新安江为钱塘江正源。长江水系湖泊众多，较大的有巢湖、龙感湖、南漪湖，其中巢湖是中国五大淡水湖之一。安徽地处暖温带与亚热带过渡地区，气候温暖湿润，四季分明。淮河以北属暖温带半湿润季风气候，淮河以南为亚热带湿润季风气候。1月平均气温-1～4℃，0℃等温线基本上与淮河干流吻合；7月平均气温28～29℃。年均降水量700～1700毫米，黄山的降水量高达2000毫米以上。全省总人口5950.05万（截至2010年11月1日）。

安徽是中国史前文明的重要发祥地。在繁昌县人字洞发现距今约250万年前人类活动遗迹。在和县龙潭洞发掘的三四十万年前旧石器时代的"和县猿人"遗址，表明远古时期已有人类生息繁衍在安徽这块土地上。亳州在商代曾为成汤之都，古寿春（今寿县）在春秋战国时曾为楚国首都。安徽春秋属吴、楚等国。汉分三州，唐属三道，元归两行中书省，明直隶南京。清初取安庆、徽州二府字首建安徽省。

安徽省旅游资源十分丰富，尤其集中于皖南山区。这里有举世闻名的黄山、四大佛教名山之一的九华山和景色可人的齐云山、太平湖等。这里保留着特色鲜明的徽州文化。现有世界文化遗产 2 处，分别为世界双遗产黄山和文化遗产皖南古村落；国家级重点文物保护单位 56 处，省级文物保护单位 451 处，国家级历史文化名城 5 座，中国优秀旅游城市 10 座，国家 5A 级旅游景区 4 处，国家级风景名胜区 10 处，国家森林公园 29 处，国家级自然保护区 7 处，全国十大风景名胜区 1 处。

一、风味肴馔

徽菜为中国八大菜系之一，多用山珍野味水鲜，重油重色，滋味醇厚。其烟熏技术别具一格。符离集烧鸡、雪冬烧山鸡、火腿炖甲鱼等为名菜。安庆的豆腐、寿县的“大救驾”糕、阜阳的婆婆馍都各具特色。

二、地方文艺

徽剧形成于明代中叶，表演细腻、唱做并重，是古老剧种之一，清代乾隆朝“四大徽班”入京，成为京剧的主要渊源之一；庐剧流行于合肥（古称庐州）一带，唱腔丰富，委婉细腻；黄梅戏源于湖北黄梅县采茶调，但传到安徽安庆大有发展，唱腔韵味丰富优美，载歌载舞，表演细腻；凤阳被称为“花鼓之乡”，其双条花鼓自明代以来流传极广。

三、旅游交通概况

安徽近代交通始于 20 世纪初叶，旧中国交通相当落后。新中国成立后安徽的交通运输业取得了巨大的进步，一个以合肥为中心，高速公路、干线铁路和长江黄金水道为骨架，二级公路和内河航道为干线的综合交通网布局正在形成。

四、安徽的旅游线路

（一）皖南逍遥游

D1　合肥接团。乘汽车前往九华山，过铜陵长江大桥时可停车照相。

D2　游九华山。

九华山原名九子山，唐天宝年间李白游此地，留下“昔在九江水，遥望九华峰，天河挂绿水，秀出九芙蓉”的佳句，遂改名九华山。九华山与黄山遥遥相望，山雄水秀，名声远播海内外。据史料记载，九华山在南北朝时期便有僧人结庵修行，唐开元年间，新罗国王子金乔觉出家为僧，渡海来到九华山，居岩洞、饮山泉，感动了众多善男信女，遂捐资为他建寺，名九子寺。寺后有两株古树——九子古枫、千年古榆，为他亲手所栽。相传金乔觉圆寂时，其尸身三年不腐，僧众认为他是地藏菩萨的化身，尊称为金地藏，建肉身塔供奉至今。九华山便以地藏王菩萨道场而与五台山、峨眉山、普陀山并称中国四大佛教名山。

九华街是进入九华山的第一站，有著名的寺院化城寺、祇园寺、肉身殿等。

肉身殿为九华山佛景之首，该殿耸立在神光岭上，“殿中有塔、塔中有缸、缸中有肉身”，乃金乔觉圆寂之处。该殿历经1200余年，几度兴废，至今气魄非凡。殿内木塔中的金地藏塑像，正是金乔觉肉身所在。

D3　乘车前往歙县屯溪，到屯溪后逛明清老街、购物，如徽雕、徽墨、歙砚等。

D4　牌坊一日游。

歙县自唐宋以来建了400多座牌坊，历经千年，至今还完好地保留着104座。这些牌坊中规模最大的要属棠樾牌坊。棠樾位于歙县城西6000米处，在棠樾村首的大道上，有七座石牌坊、三座祠堂和一座路亭。牌坊依名排列是“忠、孝、节、义、节、孝、忠”七重，充分反映了封建时代的社会伦理和道德观。这些牌坊都是棠樾鲍氏家族营建，是旌表本族历史上有卓著功德的人物的建筑，三座祠堂建于牌坊群西首。牌坊群的纵轴线上还有建于清朝乾嘉时期的一座方亭，四角攒尖式，灵巧精致。这座亭子起了画龙点睛的作用，使建筑形象更加生动，为牌坊群增色不少。

歙县县城内的许国石坊是全国罕见的典型明代石坊建筑，建于明万历十二年（公元1584年），又名大学士坊，俗称八脚牌楼，矗立于古城中心，跨街而立。牌坊通体由青石构成，柱、枋等部分均雕有图案，八个柱子用梁枋相连，基柱雕刻成12只大狮。这座牌坊从建筑结构、装饰艺术和石雕工艺等方面看，都堪称是民族文化遗产中的瑰宝，是中国古代建筑史上的杰作。

乘车到岩寺镇，坐落在岩寺后街“洪桥”西侧的“进士第”大门坊是进士郑佐的府门坊，建于大明正德丙子年（公元1516年），大门坊四柱为水磨清缝砖砌就，门楼的枋和匾均用烧雕青砖砌筑，上面花卉、鳌鱼、狮子、怪兽采用高浮雕砖刻，形态饱满，栩栩如生。“进士第”笔力遒劲，上下款识清楚，这座门坊是如今保存较为完好的典型徽派建筑。这里还可以看到洪桥古巷、老屋阁、绿绕亭等古民居建筑。

D5　游黄山。

黄山位于皖南太平（今黄山区）、黟县、休宁、歙县四县之间，古称黟山，相传轩辕黄帝曾在此山炼丹，故唐天宝六年唐玄宗来此游览时，下令改称黄山。自古以来，黄山以怪石、奇松、云海、温泉“四绝”闻名于世，黄山松是由黄山独特地貌、气候而形成的中国松树的一种变体。黄山怪石，以奇取胜，以多著称，已被命名的怪石有120多处。其形态可谓千奇百怪，令人叫绝。黄山怪石从不同的位置，在不同的天气观看情趣迥异，可谓“横看成岭侧成峰，远近高低各不同”。黄山是云雾之乡，其瑰丽壮观的“云海”以美、胜、奇、幻享誉古今，一年四季皆可观，尤以冬季景最佳。黄山温泉（古称汤泉），源出海拔850米的紫云峰下，水质以含重碳酸为主，可饮可浴。传说轩辕皇帝就是在此沐浴七七四十九日得以返老还童，羽化飞升的，故又被誉为“灵泉”。明代大地理学家、旅行家徐霞客赞叹：“薄海内外无如徽之黄山，登黄山天下无山，观止矣!”“五岳归来不看山，黄山归来不看岳。”莲花峰是黄山最高峰，海拔1873米，其状若千瓣莲花；天都峰海拔1810米，鹤立万峰之间，缥缈云海之上，被称为“天上的都会”，在黄山诸峰中最为雄险神奇；光明顶海拔1841米，山顶视野开阔，气势磅礴，可远眺“西海”群峰，近观“天海”云景；玉屏峰海拔1680米，峰顶嶂壁状若屏风，壁前有玉屏楼，又叫文殊院，为全山最佳观景点，自古就有“不到文殊院，未见黄山面”。北海宾馆一带是黄山巧石佳景荟萃之处，登始信峰，如入画中，使人始信黄山景物离奇绝妙，因而得名。排云亭是观西海的最佳去处，而且怪石繁多。进黄山大门后，乘缆车到莲花峰脚下，体力好的可爬天都峰，从天都峰下来，接着上玉屏楼，看迎客松，过莲花峰，再上百步云梯到天海，就没有陡峭的山路了。

D6　早晨 4 点起床，到狮子峰下清凉台看日出，日出前或阴天可看到云海。从白鹅岭后山下山，到云谷寺乘车回温泉景区，乘车至休宁。

D7　游览齐云山。

齐云山方圆百里，有三十六奇峰，七十二怪石，涧、洞、池、泉遍布其中，以白岳岭、齐云岩、石桥岩、紫霄岩等最为著名，海拔均在1000米以上。《齐云山志》称“一石插天，直入云汉，谓之齐云”。齐云岩高达千米，宋代程泌题刻“云岩”二字于上，白岳岭奇峰四起，绝壁断岩。游齐云山，必先登白岳岭。齐云山在地质上属于丹霞地貌，砂岩红若彩霞，美丽非常，自古以来就是风景名胜区。自唐代元和四年（公元 809 年）刺史韦绶在独耸岩建石门寺后，成为道教发祥地，明代有道教建筑 108 处，与江西龙虎山、湖北武当山、四川鹤鸣山并列为四大道教圣地。

（二）“卧虎藏龙”之旅

D1　黄山市接团。赴黟县宏村、西递村、黄山翡翠谷游览。

宏村位于安徽省黟县东北部，始建于南宋绍熙年间（公元 1190—1194 年），至今已有 800 余年。宏村背倚黄山余脉，山前溪水环绕，村庄建在山水之间的一块平地上，村庄内部一条活水绕过家家门前。宏村流水潺潺，远山朦胧，蓝天下青瓦粉墙，就是一幅天然的山水画。特别是整个村子呈“牛”形结构布局，更是被誉为一大奇迹。巍峨苍翠的雷岗当为牛首，参天古木是牛角，错落有致的民居群宛如庞大的牛躯。村西北一溪绕屋过户，九曲十弯，村中天然泉水汇合蓄成一口斗月形的池塘，形如牛肠和牛胃。水渠最后注入村南的湖泊，俗称牛肚。人们在绕村溪河上先后架起了四座桥，作为牛腿。这种别出心裁的科学的村落水系设计，不仅为村民提供了消防用水，而且调节了气温，为居民生产、生活用水提供了方便，创造了一种“浣汲未防溪路远，家家门前有清泉”的良好环境。宏村各具特色的古民居，过去曾“养在深闺人未识”，近年来才产生轰动效应。

西递村位于黟县城东 8000 米处，距宏村不远，被誉为“中国明清民居博物馆”、“华夏第一村”。村口雕刻精湛的明代胡文光刺史坊巍然屹立。村落以一条纵向的街道和两条沿溪的道路为主要骨架，构成东西为主、向南北延伸的村落街巷系统。所有街巷均以黟县青石铺地，古建筑为木结构，砖墙围护，木雕、石雕、砖雕丰富多彩，巷道、溪流、建筑布局相宜。村落空间变化韵味有致，建筑色调朴素淡雅，由于历史上较少受到战乱的侵袭，也未受到经济发展的冲击，村落原始形态保存完好，始终保持着历史发展的真实性和完整性。现保存的明、清古民居 124 幢，祠堂 3 幢，体现了皖南古村落人居环境营造方面的杰出才能和成就，具有很高的历史、艺术、科学价值。

翡翠谷是黄山风景区中最长的峡谷之一，纵深 20000 米，谷中原始古木参天，怪石交错，谷中之溪名为“碧玉溪”，源自炼丹、始信、天女诸峰。翡翠谷中怪岩耸立，怪石与洞穴错落棋布。彩池群池有异彩，或清凉如水晶，或碧绿如翡翠，或湛蓝如大海，且一池多色，随时而异，翡翠谷因此而得名。

D2　乘缆车上山，或步行上山。游玉屏楼，观玉屏卧佛，远眺天都峰，登华东最高峰莲花峰，过一线天，登光明顶，游飞来石等，夜宿北海。

D3　观日出，游览西海景区，步行下山；或乘缆车下山至云谷寺，乘汽车返温泉景区。午后乘汽车至屯溪，游览屯溪宋代老街。

第五节　浙江旅游

浙江位于中国东南沿海、长江三角洲南翼，东临东海，境内最大的河流钱塘江因江流曲折，称之江，又称浙江，省以江名，简称"浙"，省会杭州市。浙江省陆域面积10.18万平方千米，海域面积26万平方千米。大陆海岸线和海岛岸线长达6486千米，居中国第一。有面积500平方米以上岛屿3061个，是中国岛屿最多的省份。浙江省地势自西南向东北倾斜，呈梯级下降。西南部为平均海拔800米的山区，中部以丘陵为主，东北部为冲积平原。浙江省属亚热带季风气候，气候温和湿润，四季分明，冬季受北方高压控制，盛行西北风，以晴冷干燥天气为主，低温少雨；夏季受太平洋副热带高压控制，以东南风为主。全省1月平均气温2～8℃，7月平均气温27～30℃，年均降水量1000～2000毫米。全省常住人口5442.68万（截至2010年11月1日）。

浙江历史悠久，文化灿烂，是中国古代文明的发祥地之一。早在5万年前的旧石器时代，浙江就有原始人类"建德人"活动；有距今7000年的河姆渡文化、距今6000年的马家浜文化和距今5000年的良渚文化。春秋时浙江分属吴、越两国。三国时期，浙江有省的建制。南宋王朝建都临安（今杭州），历时150年。明朝浙江省名正式出现。

浙江是中国著名的旅游胜地。中国丹霞江郎山入选世界自然遗产，杭州西湖入选世界文化景观。现有国家级重点文物保护单位130处，省级文物保护单位815处；国家级历史文化名城7座，中国优秀旅游城市27座，国家5A级旅游景区9处，国家级风景名胜区18个，国家级森林公园37处，国家级自然保护区10处，全国旅游胜地四十佳1处。

一、风味肴馔

浙江菜为中国著名的八大菜系之一，品种丰富，注重营养，选料讲究，制作精细，烹饪独到；菜式讲究小巧精致，菜品鲜美、滑嫩、脆软清爽。名菜有叫化鸡、东坡肉、龙井虾仁、西湖醋鱼、宋嫂鱼羹等。吴山酥油饼、虾爆鳝面、桂花藕粉、丁莲芳千张包子、宁波汤圆、嘉兴粽子、南湖菱、金华火腿等都家喻户晓。

二、地方文艺

由于南宋建都杭州及温州港的发展，"南戏"便在当时的浙江发展起来，对中国戏剧产生了深远影响。越剧是中国主要剧种，20世纪初发源于浙江嵊县（今嵊州市）。曲调优美婉转，细腻抒情，早期全部由女演员演出。新中国成立后，越剧得到迅速发展，成为国内最具影响的地方剧种之一。除越剧外，还拥有婺、绍、瓯、甬、姚、湖等多个剧种。

三、旅游交通概况

浙江水陆交通便利，铁路以浙赣、沪杭、杭甬、金温等线路为骨干，公路是浙南山区重要交通线；平原水乡和沿海水运发达，宁波、温州为重要的对外开放贸易港口，深水海港北仑港已基本建成。浙江现有民用机场7个，开通国内、国际航线160余条。

四、浙江的旅游线路

（一）天堂游

D1　杭州接团。游西湖。

杭州是我国七大古都之一，著名的旅游城市，享有“上有天堂，下有苏杭”的美誉。秦时为钱塘县，隋朝改为杭州，南宋时称临安府，曾先后为五代吴越国和南宋两朝国都，历时230多年。隋朝南北运河的修建，对杭州经济的发展起了重要作用。唐代名臣李沁和诗人白居易、北宋文学家苏东坡在杭州任太守和知州时，对西湖的治理和开发做了一系列艰巨的工作，为杭州的繁荣打下了坚实的基础。南宋时的杭州人口超过100万，成为当时全国最大的城市。西湖是杭州市最著名的景区，三面环山，一面临城。湖面的苏堤和白堤，将西湖分隔成外西湖、里西湖和北西湖三部分。白居易任杭州刺史时，在钱塘门外筑堤，后人称之为白堤。北宋元祐四年（公元1089年）苏东坡出任杭州太守，率领杭州人民开浚西湖，修建长堤，后人称之为苏堤。苏堤南起南屏山，北接岳王庙，像彩虹横贯西湖，堤上建有映波、锁澜、望山、压堤、东浦、跨虹六座石拱桥，据说均为苏东坡命名。白堤西端一山矗立，即著名的孤山。小瀛洲前，三座石塔浮在湖面，即著名的三潭印月。西湖十景大多在西湖之中及其沿岸。

D2　游览岳庙、灵隐寺、龙井村、虎跑泉。

岳庙坐落于西湖北岸栖霞岭南麓，始建于南宋嘉定十四年（公元1221年），历代迭经兴废，今存墓、庙为清代重建格局，分为忠烈庙、启忠祠、墓园三部分。忠烈庙正殿为重檐歇山顶，檐间“心昭日月”匾额是叶剑英元帅于1979年岳王庙重建时题书。正殿两侧壁有明代浙江参政洪珠题写的“精忠报国”四个大字，正殿中间为岳飞塑像，坐像高4.45米，头戴帅盔，身披战袍。像前高悬“还我河山”匾，传为岳飞手迹。忠烈庙西侧旧为启忠祠，现辟为岳飞纪念馆。墓园翠柏森森，岳飞墓坐北朝西，墓碑上刻有“宋岳鄂王墓”，左侧有一同遇害的长子岳云墓。墓道两旁陈列着石虎、石羊、石马和三对石人，象征着岳飞生前仪卫。阶下为秦桧、王氏等四贼铁铸跪像。两墓保持宋代的式样。墓前一对望柱上刻有一副对联：“正邪自古同冰炭，毁誉于今判伪真。”墓阙后重门旁有对联一副：“青山有幸埋忠骨，白铁无辜铸佞臣。”

灵隐寺也称云林禅寺，位于西湖西边群山之中，背依海拔314米的北高峰，前临海拔168米的飞来峰，四面林深竹密，溪清泉浅，是杭州市主要旅游胜地之一。灵隐寺始建于东晋咸和六年（公元331年），当年印度僧人慧理来杭州见到飞来峰惊奇地说：“此乃天竺灵鹫山之小岭，不知何以飞来？佛在世日，多为仙灵所隐。”遂面山建寺，取名“灵隐”。寺前飞来峰小巧玲珑，怪石峥嵘，溶洞众多，在岩洞和岩壁上分布着从五代到元代的石雕造像330多尊。石刻中以宋代袒腹露胸的大肚子弥勒佛最大，最引人注目。

龙井村位于西湖西南群山丛林之中，村中的龙井实际上是泉水露头。龙井之西是龙井村狮峰山，环山产茶，名“西湖龙井”，其中以“狮峰龙井”为上品，具有色翠、香郁、味醇、形美“四绝”而驰名中外。

虎跑泉位于西湖和钱塘江之间的群山中，在西湖到六和塔的公路旁，虎跑泉不仅与龙井、玉泉并列为西湖三大名泉，而且有“天下第三泉”之美称。“龙井茶叶虎跑水”历来被誉为“西湖双绝”。相传唐元和年间，此地有位叫性空的高僧，因用水不便，准备迁走，夜里忽然梦见神仙说：“南岳有童子泉，当遣二虎移来。”第二天果有二虎“跑地作穴”涌出泉水，故称虎跑泉。后人特在泉水池上面的滴翠岩下塑了一只猛虎，以作纪念，并在虎跑泉侧的红砂岩上雕塑性空高僧的睡像，边上塑有两虎。

D3　游览瑶琳仙境、千岛湖。

瑶琳仙境在桐庐县城西20余千米的猴岭山麓，距杭州80千米。瑶琳仙境是华东沿海中部亚热带湿润区石灰岩溶洞的典型代表，洞体结构共分七个洞厅，厅厅相通，游览路线1000米，共有200余处景点，洞内布满石钟乳和石笋，常年温度在17℃左右，遂有“瑶林仙境”之称。

千岛湖位于浙江省西部淳安、建德市境内，是镶嵌在三江（钱塘江、富春江、新安江）、三湖（西湖、千岛湖、太平湖）、二山（黄山、九华山）“黄金旅游线”上的一颗明珠，原名新安江水库，为20世纪50年代末因建新安江水电站而形成的人工湖。

千岛湖自然风光秀美，水质洁净，文物古迹众多。这里有中国历史上第一个自称女皇帝的陈硕真的起义遗址，方腊起义遗址，海瑞祠，还有长岭石柱、金坳幽谷、赋溪石林等自然景观。

到千岛湖后，先参观千岛湖水库大坝雄姿，然后乘船游东南湖区。东南湖区水域浩瀚，水体清澈，主要游览景点有：羡山岛，又称羡山山庄；密山岛位于羡山岛以东8000米处，岛最高处建有密山禅寺，游客必须通过800级石阶方能到达顶端。相传石级数与彭祖寿数相同，因此登此石阶可使人增寿。传说中“三个和尚没水吃”就发生在密山禅寺，寺庙外有三座和尚圆寂塔。桂花岛距密山岛5000米，传说中这里是龙女牧羊的地方，有群羊洞，洞底卧有一群石羊，栩栩如生，故旧名羊山岛，因岛上桂花遍地，人们改称桂花岛；姥山岛位于东南湖区最西面，与羡山岛遥遥相对，是千岛湖第二大岛。岛上竹林茂密，二十里林海蔚为壮观。

D4　继续游览千岛湖中心湖区。

这里是游客游览重点区域，水域广阔，人文景观与自然景观相辅相成。可供游览的景点众多，著名的有龙山岛、三元宰相岛、钱币岛、锁岛和蛇岛、猴岛等一系列动物岛屿。龙山岛不仅风景优美，林木常年葱绿，而且是淳安人文荟萃的象征。岛上有海瑞祠、石砌牌楼，是淳安县人民为纪念明代清官海瑞在淳安当知县而建。三元宰相岛，简称宰相岛，是为纪念淳安历史名人商辂而命名的。岛上还有一座状元桥和一口北宋年间的铁井古迹。钱币岛和锁岛是两处具有特别文化内涵和历史意义的景观。钱币岛曾建有

“财神仙居”，南宋“淳熙元宝”钱和宫廷礼钱“五蝠花钱”皆出于此，锁岛以形似巨锁而得名。

从东南湖区毛竹园上岸，前往龙游县参观石窟群。距龙游县城北 3 千米的凤凰山南麓有座叫“小南海”的小山包，附近散布着许多大小差不多的方形水塘，据当地老人说，这些都是无底塘，深不可测。1992 年对这些水塘进行开发，发现了龙游石窟。到目前为止，这些石窟的开凿年代及成因还不清楚，从已开发的石窟中也未发现任何物品。

D5　前往衢州市，参观孔庙。

衢州孔氏南宗家庙为南孔圣地，孔子家庙“普天下惟二焉”，一在山东曲阜，一在浙江衢州。南宋建炎三年（公元 1129 年），孔子第四十八世孙孔端友负孔子及夫人楷木像，随宋高宗赵构南渡，赐居衢州。沿袭曲阜孔庙型制建家庙于衢州。衢州遂成为孔氏的第二故乡，誉称“东南阙里”、“南孔圣地”。衢州孔庙曾经三迁三建，十多次修葺。现址的孔庙为明朝武宗正德十五年（公元 1520 年）所建，位于衢州城东，基本上按照山东曲阜的规模建造，分孔庙、孔府两个部分。整个建筑坐北朝南，主殿大成殿建筑雄伟壮观，重檐歇山式屋顶，庙前设有“金声”、“玉振”、“棂星”、“大成”四门，“德侔天地”、“道冠古今”两块牌坊。

江郎山位于江山市南 25 千米，主峰海拔 824 米，三巨峰矗立，相对高度 310 余米，上巨下细，负向倾斜，属丹霞地貌，被中外游客称为“神州丹霞第一峰”。南宋词人辛弃疾和明代著名旅行家徐霞客都有诗词描写江郎山风景。登江郎山，著名景点有一线天，为全国一线天之最，从底下看天空为一道圆弧形，两边石壁又高又直，原来上山没有路，古代很多名人到此只能是望山兴叹。20 世纪 90 年代初，江郎山修建了上山道路，上到山顶，顿时会有“江山如此多娇”的感觉。

D6　前往海宁观钱塘江潮。

钱塘江潮自古以来被称为天下奇观，涌潮袭来时，潮头壁立，声如雷鸣，形似万马奔腾，潮头高度可达 3. 5 米，潮差可达 8. 9 米，被称为“怒潮”。钱塘江地形奇特，钱塘江口和杭州湾像一个巨大的喇叭向东海张开大口，在上海南汇区泥城至浙江镇海区中泽之间，宽达 100 千米，向上游到浙江澉浦水面收缩至 20000 米，再向上游到海宁市盐官镇江面仅 3000 米宽，与此同时，水深也由 10 米变浅为 2 米，加上河口有一巨大的栏门沙坎，潮水被狭窄的江道约束住，只好后浪推前浪地形成巨大的浪头，滚滚向前。钱塘江潮以农历 8 月 15—18 日最为壮观，有“八月十八潮，壮观天下无”之说，此时称为观潮节。“钱江秋涛”以盐官镇最佳。观潮风气最盛的时候在南宋，钱塘观潮是南宋时期的盛大节日。

D7　前往莫干山、西天目山游览。

莫干山风景名胜区位于杭州西北 60 千米处，相传春秋时代两位著名铸剑师干将、莫邪夫妇住在此山中，受吴王阖闾之命铸剑，后铸成两把名为“干将”、“莫邪”的雌雄宝剑，削铁如泥，流传于世。后人为纪念干将、莫邪，就把这座山称做莫干山。莫干山风景秀丽，环境清幽；翠竹遍地，林木繁盛；山泉清洌，凉爽宜人，是避暑疗养的好地方。莫干山的中心地区荫山街，有各种旅游设施。主峰塔山，海拔 761 米，有剑池瀑布、天桥、观日台等名胜古迹。

西天目山位于临安市西天木乡一带，山中生长有许多千年以上的大树，有许多是国家一级保护植物，是一座种类繁多、林木茂密的植物王国，号称“大树王国”，素有“天目千重秀，林木十里深”之说，以柳杉、金钱松、银杏等为多。西天目山植被发育，山泉众多，汇成溪流，水流湍急，是漂流的理想场所。

（二）浙东古迹山海风景游

D1 杭州接团，前往绍兴游览。

绍兴位于杭州东南60千米，历史悠久。夏禹治水后，设城“会稽”，春秋战国时，此地是越国的都城，名越地。南宋高宗赵构南逃，曾在此暂住，并用“绍祚中兴”之义，改称绍兴，并建绍兴府。绍兴是鲁迅先生和辛亥革命女英雄秋瑾的故乡，周恩来的祖籍地，是一个极具地方特色的江南水乡城市。城内河道纵横，桥梁众多。绍兴名胜古迹和革命纪念地很多，有鲁迅故居、三味书屋、鲁迅纪念馆、秋瑾纪念馆、沈园、兰亭、大禹陵、大禹庙、东湖、鉴湖等。

参观秋瑾纪念馆后，前往沈园游览。沈园位于绍兴市洋河弄，原为沈姓旧业，宋时池台极盛，是南宋时当地名园。园内楼台亭阁、假山池塘，环境优美。宋代以后，园渐废，仅存一角。1984年，依传世《沈园图》重建，总面积18.5亩，沈园内有宋朝时期的葫芦形水池、陆游在上题词的影壁、六朝时期的古井及井亭、明朝时期的“如故亭”等。

兰亭在绍兴市兰渚山里，因东晋大书法家王羲之所写的《兰亭集序》而闻名。东晋永和九年（公元353年）王羲之与好友谢安、孙绰等42人集会于兰亭，吟诗饮酒，后汇集诸人诗文，王羲之写了这篇序文。现建筑和园林是明嘉靖二十七年（公元1548年）后重建，有流觞亭、王右将军祠、墨池、鹅池等建筑。鹅池畔有一石碑亭，亭中立“鹅池”石碑一块，传为王羲之书。

D2 赴鉴湖柯岩风景区、大禹风景区游览。

鉴湖距绍兴市南1500米，长约23千米，宽度却很小，平均宽108米，最宽处300余米，也称长湖。湖面水清如镜，王羲之“山阴道上行，如在镜中游”指的就是这里，所以又叫镜湖。鉴湖历史悠久，东汉永和五年（公元140年）会稽太守马臻总纳山阴、会稽两县三十六源之水为湖。鉴湖水质特佳，驰名中外的绍兴酒，就是用鉴湖水酿造的。

柯岩风景区位于绍兴市城西12千米处，始于隋唐，距今已有1000多年历史，依托千年越文化，乃绍兴久负盛名的传统旅游胜地。自三国以来因历代开山采石，造就了众多石壁、石宕等自然景观，隋唐年间，祖孙三代石匠历经百年相继开凿而成的奇石“云骨”和精雕而成的弥勒石佛，更是众多景观中的精品。千百年来，随着自然景观的点缀和宗教文化的介入，加上文人墨客的点染，到清代，已形成著名的“柯岩八景”。其中既有展现石景的弥勒佛像、云骨、七星岩、蚕花洞，又有展现鉴湖水景的五桥步月、南洋秋泛等景致，是一处自然风光与人文资源交融的旅游资源宝库。柯岩风景区根据鲁迅笔下的“鲁镇”还原了一个乡村小镇主题公园，其间蕴含着旧时绍兴城镇的民俗风情、建筑风韵、自然景观，是绍兴水乡的一个缩影。一走进鲁镇，但见粉墙黛瓦的古居、枕河临街的店铺、静穆庄严的寺庙、千姿百态的石拱桥、古色古香的石板路、纵横交错的深水巷，绍兴的桥文化、石文化、水文化、酒文化、名士文化扑面而来。豪华气派的鲁府、外土内洋的钱府、旧木板房的民宅错落有致，鲁迅小说中写到的鲁家祠堂、奎文阁、阿 Q 调戏小尼姑的静修庵和阿 Q 栖身的土谷祠，一一呈现在眼前。

大禹陵、大禹庙位于绍兴会稽门外 3000 米的会稽山下，大禹治水完成后，会诸侯于江南分封功劳，死后葬在这里。1979 年重建大禹陵碑亭，内立明朝南大吉书“大禹陵”三字巨碑一块，大禹庙在大禹陵右侧，始建于南朝梁代大同十一年（公元 545 年），历代屡建屡毁，现建筑大部分是清代重修。乘车前往宁波。

D3　游宁波。

宁波是一座历史文化名城，文物古迹众多，有佛教禅宗五大名刹之一的天童寺、江南现存最古老最完整的北宋木结构建筑保国寺、最古老的藏书楼天一阁等。

赴天一阁参观。明朝兵部右侍郎范钦解甲归田后，在家乡宁波建藏书楼收藏他一生在全国各地搜集到的图书。藏书楼为木结构六开间二层楼房，为了防火，藏书楼前建有水池，并根据《易经》中“天一生水”之说取名天一阁、天一池。天一阁藏书多数为宋明木刻和手抄本，有不少是稀有珍本和孤本。天一阁本身还是一座江南私家花园，环天一池堆叠假山、构建亭台楼榭，楼榭上的廊窗、细致的镂花、梁上门上的宁式木雕，都有着浓重的宁波传统色彩。藏书楼后的尊经阁、明州碑林、新建的书库、陈列室和东园，与藏书楼巧妙地融为一体。

天童寺位于宁波市东 30 千米处的太白山麓，号称天下禅宗五山第二，是一座规模宏大的寺院，始建于晋代永康年间（公元 291—299 年），历经多次毁修，最盛时房屋曾达 990 间之多，规模之大，国内少有。天童寺寺院殿堂顺着山势，由低渐高，从寺前的六塔到天王殿到佛殿到法堂再到罗汉堂，错落有致。天王殿的四大天王特别高大，佛殿供三世佛坐像，法堂上层为藏经楼，罗汉堂内有十八罗汉石刻像碑，刀工精细，形象生动。

宁波市郊的保国寺是我国江南现存最古老、最完整的木结构建筑。宁波保国寺始建于唐，大雄宝殿为北宋大中祥符六年（公元 1013 年）重建，至今已有近千年的历史。大殿面阔、进深皆五间，中部三间为宋代原建结构，四周附阶为清代增建。宋原建结构部分许多做法与《营造法式》制度非常吻合，室内天花中的藻井和平棋、平暗是非常珍贵的宋代遗物。大殿结构不用一根钉子，全部利用精确的榫铆技术将各部位结合，大殿的柱子不用独木，而使用多根小圆木拼成瓜轮状，既美观实用，又别具匠心。

D4　赴溪口游览。

溪口位于宁波市南 35 千米，是浙东著名风景区之一。风景区以溪口镇为中心，四周群山环绕，剡溪穿流而过。到溪口后先到蒋介石故居参观，蒋介石故居在溪口镇三里街中段，名“丰镐房”。然后前往溪口的武岭门、文昌阁游览，武岭门是一座两层飞檐城楼，东、西楼阁“武岭”两字，分别为于右任和蒋介石题写。进武岭门，左边的山上有一座古朴典雅的文昌阁，是当年蒋介石、宋美龄夫妇回乡时常住的地方，阁内有部分陈列品。与文昌阁毗邻的两层水泥建筑，又名小洋房，为蒋经国留苏归国在溪口的旧居。

D5　游普陀山。

普陀山是舟山群岛中的一个小岛，面积 12.76 平方千米，为我国四大佛教名山之一。据传，五代后梁贞明二年（公元 916 年），日本僧人慧锷自五台山请观音像归国，途经普陀山为大风所阻，于紫竹林结庐留居，建“不肯去观音院”。南宋嘉定七年（公元 1214 年）规定该山以供奉观音为主。普陀山寺院众多，最有名的当数普济寺、法雨寺、慧济寺。元代古建筑多宝塔、明万历年间雕刻的杨枝观音碑、清初从南京拆迁来的明故宫九龙殿（也有说是佛顶山上的鹅耳枥树），是观音道场的“镇山三宝”。

普济寺位于普陀山佛顶山南，灵鹫峰下，初建于北宋元丰三年（公元 1080 年），其前身即是“不肯去观音院”。清康熙三十八年（公元 1699 年）重建大殿，并赐寺额“普济群灵”。寺内殿宇间古木参天，宝鼎蒙烟。沿中轴线依次筑有御碑殿、天王殿、大圆通殿、藏经楼、方丈殿、灵鹫楼。主殿两旁有普门、文殊、普贤、地藏四菩萨配殿。现大殿为清雍正九年（公元 1731 年）奉敕重建，是普陀山供奉观音的主刹。主殿大圆通殿，殿堂之上毗卢观音妙相庄严，慈祥自若。

法雨寺创建于明万历八年（公元 1580 年），清康熙三十八年（公元 1697 年）兴修大殿时，康熙赐题“天华法雨”匾额。寺前海会桥头的石狮子精巧逼真，寺前放生莲池被海会桥分为东西两潭，两株古树参天。法雨寺依山取势，分群递升，入门左前有一座巨型九龙壁，九龙壁后为天王殿，从天王殿上行至玉佛殿，之后九龙观音殿，而后大雄宝殿，最后方丈殿，殿殿升高，整个庙宇高远宏大，气象超凡。

慧济寺位于佛顶山顶，是普陀山的最高处，原为一石亭供佛，清乾隆五十八年（公元 1793 年）始建圆通殿、玉皇殿、大碑楼等。用彩色琉璃瓦盖顶的大雄宝殿、天王殿，在阳光照射下成“佛光普照”奇景。1988 年新建观音殿，1989 年 10 月举行佛像开光典礼。观音殿四壁镶嵌着 132 尊线刻观音像，汇集了唐宋元明清五朝名家的杰作。整个寺院深藏于森林之中，幽静称绝，殿阁楼堂，雕梁画栋，布局别致，周围古木异卉众多。从寺南下山的云扶石上刻有“海天佛国”四个大字，为明代抗倭名将侯继高所题，笔力雄健，气势磅礴。参观完慧济寺，可在山顶欣赏海天一色的风光。

游览完三寺后可到观音跳山岗参拜南海观音像，这座总高 33 米的观音像是普陀山的象征，观音像端庄，气势雄伟。

（三）天下奇秀雁荡游

D1　温州接团，游楠溪江风景区。

乘车前往岩头镇。岩头是整个楠溪江风景区的中心，镇南按“七星八斗”修建的清代芙蓉古村和镇北以“文房四宝”布局的岩头苍坡宋代古村值得一看。狮子岩是楠溪江中一块巨石，因状似狮子而得名。乘竹排漂流到狮子岩后乘车前往楠溪江上游的石桅岩景区，这里有石桅岩和小三峡等景点。从石桅岩直接乘车前往北雁荡山。

D2　游雁荡山。

雁荡山坐落于温州乐清县境内，因“山顶有湖，芦苇丛生，结草为荡，秋雁宿之”而得名。雁荡山形成为 1.2 亿年前，是一座典型的白垩流纹质古火山，以山水形胜，峰、瀑、洞、嶂见长，素有“海上名山”、“寰中绝胜”之美誉，史称“东南第一山”。雁荡山主要风景大多分布在北雁荡山，全山分为灵峰、三折瀑、灵岩、大龙湫、雁湖、显胜门、仙桥、羊角洞八个景区，“二灵一龙”——灵峰、灵岩、大龙湫被称为“雁荡三绝”。“日景耐看，夜景销魂”，“观山景，尝海鲜”，“一景多变，移步换形”是它区别于中国其他名山大川的三大特色。

灵峰是雁荡山的东大门，灵峰中心景区以悬崖叠嶂、奇峰怪石而著称，沿鸣玉溪前行，两边峰嶂高二三百米之间，拔地而起，悬崖千丈，仰首可望而不可上。灵峰高 270 米，与其右侧的依天峰紧紧相依，势如两手合掌，又称合掌峰。灵峰景区除却奇峰怪石，还有奇中之绝——古洞奇穴。雁荡石洞完全不同于千篇一律的岩溶型洞穴，显得格外奇异、空灵。洞内大多建有庙宇、庵堂、道观，刻有各种摩崖碑刻，富有人情味和宗教意味，融自然景观和历史文化于一体，尤其是合掌峰两峰之间的一个高约 130 米、宽约 40 米、长 70 余米的狭长山涧，这就是号称“雁荡第一洞天”的观音洞。早在晚唐时期就有僧人在此修行，以后逐渐依洞穴建成十层楼高的庙宇，从洞口到最高一层共有石阶 377 级。第一层供有风、调、雨、顺四大天王像，第二至八层为僧房和供香客下榻的客房，第九层内岩壁中嵌有一石，仅一指长，形状如同观音，称为“一指观音”。在此仰视洞顶，可见一线天光从石缝中射进，因而得名“一线天”。第十层供有观音大士像，两侧有十八罗汉。此外，灵峰景区还有北斗洞、将军洞、碧霞洞等景观，洞内或建佛殿或为道观。在雁荡山岭从多瀑布中，三折瀑三次飞跃重岩云崖，奔流之下，成为上、中、下三个姿态各异的飞瀑，其中尤以中折瀑为极致，有人甚至称它为“雁荡第一胜景”。净名坑内悬嶂蔽日，林木茂密，自有其幽深之意。

灵峰夜景以其移步换形、一景多变而称绝于世。游客在夜色中重返灵峰景区，白天所见到的合掌峰在夜色中从不同角度分别显现出“夫妻”、“巨鹰”等不同形象。

D3　游大龙湫景区。

大龙湫谷口剪刀峰拔地而起，俨然是一把大剪刀，但从不同角度看，又似一面迎风的船帆、擎天的巨柱、硕大的玉兰，还可以观赏到啄木鸟、狗熊偷蜜等诸多变化。大龙湫瀑布高 197 米，为国内瀑布落差之最。瀑布从高高的悬崖顶端飞泻直下，十分壮观。因水自极高处飞落，每至阳春、秋日，大龙湫水量变小，水帘如丝，随风散落；盛夏雨后，飞瀑如发怒的银龙，轰然疾下，气势之猛震天动地。大龙湫峡谷四周是雁荡山所特有的巨嶂绝壁，人在谷底，闻瀑布之声，观水之飞态，感山之高深，大自然的山水神韵尽在其中。因此，大龙湫向来是游客必到之处。从大龙湫远望连云嶂口，只见云波雾海中，一艘大船扬帆远航，这就是高 260 余米的一帆峰，是雁荡诸峰最奇特者。

出大龙湫景区，返回途中游览灵岩。元代文学家李孝光形容：“峭刻瑰丽，莫若灵峰，雄壮混庞，莫诸灵岩”，道出了“雁荡二灵”审美风格上的区别。灵岩景区不仅有惟妙惟肖、千形万状的奇峰怪石，更有一种其他风景区少有的整体氛围和宗教肃穆。一到灵岩景区，即可见到两座巨大山岩——钟岩和鼓岩，分列入口两边，格外醒目的“钟鼓齐鸣”四个大字把游客导入宗教氛围之内。灵岩的主要景观是拔地擎天的天柱峰、遮天蔽日的展旗峰，两峰对峙成门，壁立千仞。门内藏灵岩古刹，灵岩古刹前，左为双鸾峰、独秀峰，右为天窗洞，后为屏霞嶂，游人至此，顿觉万虑俱息。有人说，灵峰使人情思飞动，灵岩使人沉静。游灵岩景区还可以观看雁荡独有的民间绝俗——“岩灵飞渡”，灵岩高空飞渡脱胎于已有近百年历史的高崖绝壁采草药。天柱、展旗二峰，中间宽250米，在两峰峰顶拉绳，表演者在260多米的高空做凌空表演，惊险卓异。旅行社游雁荡山一般到此为止，如还想游雁湖、仙桥、显胜门和羊角洞景区，可在雁荡山再住两天。

第六节 江西旅游

江西省位于中国的东南部，长江中下游的南岸，因省内最大河流赣江而简称“赣”，总面积16.69万平方千米，省会南昌市。江西地貌类型以山地、丘陵为主。境内除北部较为平坦外，东西南部三面环绕有幕阜山脉、武夷山脉、怀玉山脉、九连山脉和九岭山脉，中部丘陵起伏，整个地势由外向里、由南向北倾斜，形成了一个向长江开口的盆地。江西地处北回归线附近，属亚热带湿润季风气候，春寒、夏旱、秋干、冬阴。气温大体南高北低，1月平均气温3～9℃，7月平均气温27～31℃，鄱阳湖盆地气温最高。年均降水量1340～1940毫米。全省总人口4456.74万（截至2010年11月1日）。

1万年前江西即有人类活动，春秋战国时主要属楚，秦置九江郡，汉属扬州，因公元733年唐玄宗设江南西道，简称江西道，为政区原始名。江西是中国革命的摇篮。八一南昌起义向国民党反动派打响了第一枪，赣南的瑞金是中央苏区的中心。江西省人民为新中国的诞生立下了不可磨灭的卓越功勋。

江西历史悠久，以经济繁荣、文化发达而享有“物华天宝，人杰地灵”之誉，是名副其实的“江南昌盛之地”和“文章节义之邦”。江西省旅游资源丰富，拥有“落霞与孤鹜齐飞，秋水共长天一色”等美不胜收的景色。现有世界文化景观庐山、世界自然遗产三清山和中国丹霞龙虎山，国家级重点文物保护单位51处，省级文物保护单位375处，国家级历史文化名城3座，中国优秀旅游城市9座，国家5A级旅游景区3处，国家级风景名胜区12处，国家级森林公园43处，国家级自然保护区10处，全国十大风景名胜区1处，全国旅游胜地四十佳1处。

一、风味肴馔

庐陵菜的主要特色是选料精细、讲究刀工、注重火候，擅长烧、焖、炒，注重保持原汁原味，讲究酥、烂、脆、嫩。原料选用当地土产，地方特色浓厚。石鸡、石耳、石鱼、兴国三蒸、赣南鱼饼、泰和乌鸡汤等为风味名菜。

二、地方文艺

赣剧发源于上饶，已有500余年历史，表演朴实细腻，音乐秀美娇甜。江西采茶剧由民间歌舞、灯彩发展而来，已有300余年历史，以精彩的表演和幽默、诙谐的台词取胜。

三、旅游交通概况

江西目前已形成了水、陆、空立体交通运输网，基本消除了交通基础设施对经济发展的“瓶颈”制约。

四、江西的旅游线路

（一）赣北湖光山色风景游（A 线）

D1　南昌接团，参观八一广场及八一起义纪念塔、纪念馆和滕王阁。

耸立在八一广场中心的八一起义纪念塔被誉为南昌城的城徽，纪念塔是 1977 年八一起义 50 周年时兴建，2004 年 9 月扩建，顶部是一只汉阳造步枪，一面迎风飘扬的八一军旗，正北面是叶剑英元帅题写的“八一南昌起义纪念塔”，下嵌“八一南昌起义简介”花岗石碑，其他三面是“宣布起义”、“攻打敌营”、“欢呼胜利”三幅大型花岗石浮雕。塔身两侧各有一面翼墙，嵌有中国工农红军旗徽浮雕。塔的北面建有八一大型军史浮雕和以江西现有的八个国家级风景名胜区为题材的山水浮雕，充分体现了江西的地域文化特色。

八一起义总指挥部旧址是一栋灰色的五层大楼，原是江西大旅社，建成于 1924 年，1927 年 7 月下旬，起义部队到南昌，包租这个旅社，成立了以周恩来为书记的中国共产党前敌委员会，这里成为领导起义指挥中心，现为八一起义纪念馆。门首悬挂着陈毅手书的“南昌八一起义纪念馆”鎏金横匾，大楼的二、三层已辟为 4 个陈列室和一个题词纪念室，以大量的历史文献资料、图表、照片、文物以及参加南昌起义的老同志题词，生动地再现了南昌起义的光辉历史篇章。

滕王阁位于赣江边，唐永徽四年（公元 653 年）唐太宗李世民之弟、滕王李元婴所建，故名滕王阁。传说当时诗人王勃探亲路过南昌，正赶上阎都督重修滕王阁后，在阁上大宴宾客，王勃当场写下这篇令在座宾客赞服的《秋日登洪府滕王阁饯别序》（即《滕王阁序》）。继王勃之后，唐代的王绪写了《滕王阁赋》，王仲舒写了《滕王阁记》，被史书上称为“三王记滕阁”，从此，序以阁闻名，阁以序著称。历时1300多年的滕王阁，屡毁屡建，重修重建达 28 次。最后在 1926 年被北洋军阀邓如琢部纵火烧毁。现在的滕王阁是 1989 年根据宋代风格而建，明四层暗七层，重檐歇山式绿琉璃瓦顶，雕梁画栋，雄伟壮丽。

D2　游览青云谱、梅岭。

青云谱道院是一座具有江南地方特色的园林。西汉南昌县尉梅福弃官隐钓于此，后建“梅仙祠”。东晋许逊治水至此，取名“太极观”，明末皇室后裔朱耷（号八大山人）和其弟朱秋月为避清王朝之害，改名换姓，隐居于此，始称青云谱。八大山人毕生从事书画，精于诗文，在艺术上很有成就。青云谱“八大山人纪念馆”内陈列他和其弟子的书画真迹百余幅。园中现存有关帝、吕祖、许祖三宫，斗姆、峤园等六座殿堂，古朴典雅，风格独具。庭院内古树参天，亭台玲珑，每年仲秋，桂花盛开，十里飘香。

梅岭因梅福在此修道而得名，位于南昌古城和赣江的西侧，因而人们将它命名为“西山”。主峰洗药坞海拔 842 米，为全市最高点。夏季平均气温比市区低 8 ~ 10℃，这对我国“四大火炉”之一的南昌来说，是一座难得的“凉岛”，故有“小庐山”之称。

D3　游庐山。

庐山又名匡庐，相传在周朝时有匡氏七兄弟上山修道，结庐为舍，故得名，有“匡庐其秀甲天下”之称。最高峰汉阳峰海拔1474米，远看一山飞峙大江边，近看千峰携手紧相连，横看铁壁铜墙立湖岸，侧看擎天一柱耸云间。庐山气候宜人，夏季是长江中下游“热海”中的“凉岛”，由于高耸江湖之间，雨量丰沛，山中湿度大，植物茂盛，是个天然植物园。庐山又是我国著名的佛教圣地，东汉明帝时，成为中国佛教中心之一，山上寺庙达三百多处，历代许多帝王和文人也都慕名到庐山游历。据传夏禹王疏九江、秦始皇南巡都曾登临过庐山，陶渊明、李白、杜甫、白居易、苏轼、陆游、范仲淹、王阳明等历代大文豪都曾纷纷赋诗填词，据统计，现存历代名人歌颂庐山的诗词就达4000多首。岳飞、文天祥、李时珍、徐霞客等也曾到此。

自1895年英国传教士李德立花200两白银强租牯岭长冲河一带约8000亩土地为避暑地后，俄、英、美、法、德、日、意等20多个国家的商贾名流和国内各界人士，都争相来此建度假别墅达940多栋，这里可以说是世界别墅建筑艺术博物馆。

到庐山后，游览山南秀峰龙潭、黄崖瀑布，李白著名诗句“飞流直下三千尺，疑是银河落九天”描写的就是黄崖瀑布。含鄱口在庐山东谷含鄱岭中央，山势高峻、形凹如口，正对鄱阳湖，大有将鄱阳湖一口吞下之势，故名。口中的含鄱岭是一座长达数千米的狭窄的岭脊，好像口中的舌头。游览牯岭街附近景点，有如琴湖、花径、三宝树等。

D4　游庐山、石钟山。

锦绣谷相传为晋代名僧慧远采撷花卉、草药处。这里四时花开，犹如锦绣，故名。谷中千岩竞秀，万壑回萦；断崖天成，石林挺秀。仙人洞为庐山著名景点之一，位于锦绣谷的南端，有参差如手的“佛手岩”。佛手岩下，一洞中开，幽深处有清泉下滴，称“一滴泉”。洞壁有“洞天玉液”等石刻题词，洞中央“纯阳殿”内置吕洞宾石像，传说八仙中的剑仙在此修道成仙。至清朝，改称仙人洞。毛泽东同志的著名诗句“天生一个仙人洞，无限风光在险峰”使仙人洞景点名扬四海，是来庐山的客人必游并留影之处。仙人洞的左侧有石砌的月亮门，门楣镌刻“仙人洞”三个大字。在月亮门内有一巨石突兀，形如蟾蜍，名“蟾蜍石”，石上刻有“纵览云飞”、“豁然贯通”摩崖大字。

石钟山位于鄱阳湖出口长江右岸，属湖口县双钟镇，镇南为上石钟山，镇北为下石钟山。石钟山历史悠久，北魏郦道元一说是微风鼓浪、水石相博，其声如钟；唐代李渤则在深潭上发现两块巨石，击之声音高亢而清脆，名石钟；北宋文学家苏东坡亲自驾舟考察，发现绝壁下都是洞穴和石缝，风浪冲击洞穴，发出钟鸣般的声响，故名，并写下了千古名篇《石钟山记》。两座钟山，尤以下石钟山更佳，山上怪石嶙峋，江边石洞众多，历史上早已成为旅游胜地。古迹甚多。主要名胜古迹有怀念苏东坡月夜泛舟探石钟山的怀苏亭、纪念晋代田园诗人陶渊明弃官归田的归去亭和江天一览亭、临江塔、船厅等。

（二）赣北湖光山色风景游（B线）

D1　南昌接团，乘火车前往景德镇。

景德镇古称新平，因坐落于昌江之南，又名昌南。景德镇陶瓷生产的历史已有

2000多年，北宋景德年间（公元1004—1007年）在此制御瓷，瓷器底部一律书写“景德年制”，于是年号变成地名。到景德镇参观古窑瓷厂，可参与做瓷器。

D2 乘车赴婺源游览。

婺源历史上曾属安徽管辖，为古徽州一府六县之一，是镶嵌在黄山—景德镇—庐山国际旅游黄金线上的一颗绿色生态与古文化明珠，被称为“中国最美丽的农村”。以山、水、涧、滩、岩洞、飞瀑、舟渡、古民居等为组合的自然景观，有着世外桃源般的意境。“一生痴绝处，无梦到徽州”，地处偏僻山乡的婺源很幸运地保存了古徽州的所有气韵。这里民风纯朴，文风鼎盛，有着深厚文化底蕴的婺源，自古以来，就被誉为“江南曲阜”和“书乡”。哲学家、教育家、理学大师朱熹，铁路之父詹天佑，就从这里走向全国、走向世界。苏东坡、黄庭坚、宗泽、岳飞、朱熹等在此留下了不少赞美的诗文。“两水夹明镜，双桥落彩虹”，因袭唐诗而得名的宋代古桥彩虹桥，是婺源廊桥的代表作。这里四周青山如黛，桥下绿水长流，在这里浏览风光，让人感到世外桃源般的悠闲和宁静。乘车前往三清山。

D3 游三清山。

三清山位于江西东部玉山县和德兴县交界处，因玉京、玉华、玉虚三峰峻拔，犹如道教所尊崇的玉清、上清、太清三神列座，并有古建筑三清宫而得名。三清山以山岳、古松、云雾、飞泉称奇，人文景观道教古建筑粗犷古朴著称。

三清山自然景观的特色是奇峰怪石，竞相崛起。在这些石景中，更有景中三绝之神女峰、观音听琵琶和巨蟒出山。三清山的人文景观亦很有特色，古建筑大多为明代遗存，如南天门、龙虎殿、飞仙台、三清宫等，规模不大，但结构独特，造型古朴，且因山就势，因岩施艺，因而达到人工与天工的巧妙融合。早在1600多年前，晋代道家葛洪就曾在此修道炼丹，明代道教兴盛，成为我国道教名山之一。历代名人如苏轼、苏洵、佛印、朱熹、王安石、陆游、徐霞客都曾到过三清山，并留下许多赞美的诗词和题刻。

D4 游览龙虎山。

龙虎山原名云锦山，是我国典型的丹霞地貌风景区，景区有99峰、24岩、108处自然和人文景观，龙虎山因道教而名，更因泸溪而神。蜿蜒数十里的泸溪河从景区贯穿而过，向北注入鄱阳湖，把上清宫、天师府、龙虎山、仙水岩连成一体，形成了龙虎山旅游观光的最佳线路。从上清千年古镇坐上竹筏顺泸溪河而下，蓝天、白云、碧水、丹山尽收眼底，两岸奇峰怪石，竹林青翠欲滴，移步即景，宛若仙境。在龙虎山仙水岩的百米绝壁上，有大片距今2600多年的春秋战国崖墓，以其分布广、数量多、位置险、造型奇特、文物丰富而成为研究古越族史及中国纺织史、乐器史、音乐史等学科的珍贵资料。

（三）井冈山红色之旅

D1 南昌接团，前往井冈山市。

井冈山位于湘赣边界罗霄山中段，山势高大，地形复杂，主要山峰海拔多在千米以上，最高峰海拔在2120米以上，井冈山不仅革命遗址众多，而且风景秀丽，有峰峦、山石、瀑布、云海、溶洞、温泉、珍稀动植物、十里杜鹃长廊等，四季皆宜旅游。井冈山市原名茨坪，是井冈群山中一块不大的平地，现在已建成公园式的城市。这里交通方便，旅游车可通往各大景点。下午稍事休整可参观市内景点，有挹翠湖公园、毛主席故居、革命烈士墓、烈士纪念碑、前敌指挥部旧址等。

D2 游览黄洋界。

黄洋界位于井冈山西北面，是红军的五大哨口之一，黄洋界经常云雾似海，犹如一片汪洋，故又有“汪洋界”之称。其“瀑布云”是云海中一绝。前往茨坪北面的龙潭瀑布群游览。龙潭瀑布群有五潭十八瀑之称，游览龙潭瀑布，要顺源头下山至山脚，可以更好地观看瀑布。步行前往金狮面，金狮面因似巨狮伏地而得名。这里奇峰怪石众多，瀑布也颇具特色，白龙瀑为间歇瀑，瀑布源头每隔几秒钟涌起高达一米的浪花，碎成几米宽的水雾、水珠飘扬下达82米，每当晴天，瀑布在阳光照射下，衍射出七彩长虹，游人称之为“彩虹瀑”。旅游者可以站在水帘后观赏瀑布。游览茅坪红军医院、红四军军部、象山庵、步云山练兵场等景点。回茨坪参观雕塑群、碑林、博物馆。

D3 游览五指山、笔架山。

茨坪西南6千米的五指山因峰峦像人的五指并列而得名，绵延数十千米，气势磅礴，人迹罕见，有保存较好的原始森林，现在已开辟为保护区。笔架山位于茨坪西南20千米，因七个峰峦依次排列形同笔架而得名。笔架山生长着高大而挺拔的杜鹃花树，形成世界上罕见的长达十余里的杜鹃林带，集中生长着十几种杜鹃。每年4月中旬至5月底，杜鹃花盛开，姹紫嫣红，把整个山峦点得如同彩龙玉带，花期长达1个半月。盛花期时节，笔架山就成了一望无涯的花海，暮春初夏是赏杜鹃的最好季节。

第 6 章 华南山海风情旅游区

第一节 概 述

华南旅游大区位于我国南部，包括福建、台湾、广东、海南四省和港澳地区及东南海域中属于我国的诸多岛屿，是自然地理上的珠江三角洲地区和台琼海峡两岸。本区陆地面积约 37.17 万平方千米，人口为 1.8068 亿（截至 2010 年 11 月 1 日），是全国人口密度最大的地区之一。汉族是主要民族。

本区临近东南亚，是我国侨乡集中的地区和改革开放的先行地区。本区旅游业发展历史悠久，宋代以泉州为起点的海上丝绸之路在一定程度上促进了旅游活动的开展，清代由于外国势力的入侵以及中外商贾的需要，与旅游有关的行业得到一定的发展。港澳台地区旅游业发展较早，速度较快。

本区旅游资源丰富，以高温多雨、四季常绿的南亚热带和热带景观为特征，经济发达，为旅游发展提供了坚实的物质基础和客源基础。

一、旅游地理环境概况

（一）破碎的沿海低山丘陵地形

本区地形以海拔 500 米以下的低山丘陵为主，占总面积的 3/4 以上，平原狭小。本区可以划分为东西两带，东部闽、粤两省平原、丘陵、低山交错分布，花岗岩地貌地形。西部则处于广西盆地，岩溶地貌发育。

武夷山和南岭两条山脉构成了华南地形的骨架，两山脉多发育红层盆地和丹霞地貌，碧水丹山。

本区面临东海，海域广阔，海岸线曲折，海蚀地貌发育。岛屿星罗棋布，类型齐全。海岸地带在河流出口处发育有着不同规模的河口三角洲，分布有大面积的红树林海岸，成为我国南方海岸上的一大景观。珊瑚礁海岸则集中分布在海南省。

（二）热带、南亚热带季风气候

本区为典型的长夏无冬、春秋相连、季节更替不明显的气候类型，热量丰富、雨量充沛、台风频繁是其气候特征。全区终年气温较高，大部分地区1月均温在10℃以上，7月均温在28℃左右。夏季长达半年以上，没有真正的冬季。海南岛、台湾南部，南海诸岛为终年皆夏的热带气候。年降水量在2000毫米左右，集中在5—10月，显示出季风气候特征。台风影响较大是华南气候上的重要特征之一。台风所带来的降水量占全年降水量的10%～26%。由于夏季时间长，因而旅游季节较长，旅游淡、旺季差别较小。一年当中春秋为最适宜旅游的季节，冬季则成为避寒疗养中心和旅游中心。

（三）河网密布，水资源丰富

本区水系众多，河网密度大。本区主要河流为珠江、晋江、韩江三大水系，其中以珠江水系最大，是由西江干流及东江、北江二大支流汇流而成，流量为黄河的8倍，水质清澈。晋江发源于武夷山区，上游蜿蜒在武夷山地，植被繁茂；中游切割闽中山地，两岸峭壁挺拔，表现为峡谷地貌；下游流经福州入海，景色秀丽。沿海的晋江、韩江、北仑河、钦江等均系独立入海河流，终年可进行航运。由于植被茂密，雨量较均匀，本区河流呈现出汛期长，河流水量丰富，含沙量小、水利资源丰富的特征。

本区位于环太平洋火山地震带沿线，地热资源丰富。各省区温泉出露点之多，范围之广是其他各省不能比拟的，尤其是台湾省，是世界闻名的温泉之乡。

（四）优越的地理位置和发达的经济

本区位于我国南部沿海，接近东南亚，地理位置优越，尤其是本区大部地区属于开放先行地区，经济发展迅速，雄厚的经济基础对旅游业的发展具有强大的推动作用。

本区是著名的侨乡，也是华侨华人回乡的必经之地，他们是本区稳定的入境旅游的两大客源之一，滞留时间长，平均花费大，对本区的旅游收入贡献较大。

港澳台地区经济发达，尤其是香港、台湾位列亚洲四小龙，居民收入高。台湾风景如画，香港是购物天堂，澳门具有异国情调，这些都是不可多得的旅游资源，为旅游业的发展奠定了坚实的基础。

本区土特产品和手工艺品生产历史悠久，漆器、陶瓷、刺绣、牙雕、椰壳雕等都是重要的旅游商品和旅游纪念品。

（五）水陆空交通运输便利，形成立体交通网络

本区是我国交通最发达的地区之一，水、陆、空交通十分便利，拥有以铁路、公路为主，海运、空运为辅的交通网。

华南地区在铁路方面有京广、京九、鹰厦等干线铁路分别与华中、华东各省相连

接，现已基本形成以铁路、公路为主，海运、空运为辅的立体交通网。目前本区交通以铁路为骨干对外联系，以公路为区内主要联络方式。内河运输在广东占有一定的地位，海运在华南各省区货运方面起到很大的作用。本区航空运输发展迅速，广州是我国大型航空中心之一。

台湾交通发达，现已形成环岛铁路，公路更是四通八达。沿海各港口还开辟有环岛航线，远洋航线可直达美国、日本、东南亚等地。对外客运主要依靠航空运输。

二、旅游资源的基本特征

（一）自然旅游资源多彩，名山秀水植物景观丰富

本区丹霞地貌发育十分典型，如广东的丹霞山、福建的武夷山、冠豸山等均是著名的丹霞景观。本区花岗岩分布很广，以福建东部沿海和南部山地最为集中，如福建的鼓浪屿、清源山、太姥山等都是花岗岩景区。本区的粤西粤北和闽西地区都有岩溶发育，著名的有广东的肇庆、福建鳞隐石林等景观。

华南地区海岸线长，海积海蚀地貌发育，三亚大东海是世界上最佳海水浴场之一。三亚、台湾野柳等地海蚀地貌都是著名的景点。

本区处于热带地区，自然植被四季常青，植物种类丰富多样，是我国热带经济作物主要产地，热带和亚热带水果品种繁多，名茶名花数不胜数，福建乌龙茶世界扬名，福建漳州水仙素有“凌波仙子”的美誉。本区由于处于稳定的亚热带环境，保存有大量的古老树种和珍稀动物，为了适应生物研究和环境保护的需要，本区建立了一系列自然保护区，我国第一个自然保护区——鼎湖山自然保护区就位于广东省肇庆。

（二）中外文化交融，岭南文化明显

本区开发较晚，明代之前常为流放之所，但一些中原饱学之士如韩愈、苏轼对当地文化发展有着重要影响，使中原文化和当地文化更好地融合，促成岭南文化的发展。明清之后，由于外国势力的入侵，加之兴旺的海上贸易往来，以及大批民众到海外谋生，本土文化与外来文化相融合。这具体表现在造园、民居、宗教建筑上，岭南园林既吸收了中原和江南造园手法，也借鉴西方构园理念，表现出以我国民族形式为主，兼容外国风格的特点。独特的文化艺术也是岭南文化的表现，如福建梨园戏、广东粤剧等具有强烈的岭南特色；本区饮食文化享誉全国，扬名海外；民俗风情也很有地方特色，如福建的妈祖文化、海南的黎族风情、广东的过年习俗等。

三、旅游分区与旅游线路

根据旅游资源特色和旅游业发展的现状，将华南区以省为单位划分为 6 个旅游区。按具有地区特色的旅游景观及其辐射范围划分，港澳台地区主要以观光购物为主，闽粤琼三省主要以观光度假为主。配合长线旅游可设计若干小尺度旅游线路，再根据旅游资源的具体分布特点，灵活变动。

第二节 福建旅游

福建地处祖国东南部、东海之滨，简称“闽”。隔台湾海峡，与台湾省相望，海岸线长达3324千米，居全国第二。全省岛屿共1400多个，散列于距海岸50千米以内的海域。全省陆地面积12.14万平方千米。省会福州市。福建是一个多山的省份，素有“八山一水一分田”之称，全省丘陵和山地占土地总面积的90%。地势西北高东南低，呈阶梯状。福建的山脉主要有武夷山脉、杉岭山脉、太姥山脉等6个，平原主要分布在沿海地区，较大的有福州、漳州、泉州和兴化4大平原；主要河流有闽江等。福建属温暖湿润的亚热带海洋性季风气候，西北山脉阻挡了寒流，东南有海风调节，温暖湿润为气候的显著特色。1月平均气温5~13℃，7月平均气温25~30℃。年均降水量1400~1900毫米，是中国雨量最丰富的省份之一。全省总人口3689.42万（截至2010年11月1日）。

公元前221年，秦始皇统一中国后，福建是闽中郡的一部。唐开元二十一年（公元733年），设立军事长官经略使，从福州、建州（今建瓯）各取一字，名为“福建”经略使，这是“福建”之称的由来。

福建省旅游资源十分丰富，现有世界自然文化双遗产武夷山、世界文化遗产福建土楼、世界自然遗产中国丹霞泰宁，国家级重点文物保护单位85处，省级文物保护单位600处，国家级历史文化名城4座，中国优秀旅游城市8座，国家5A级旅游景区4处，国家级风景名胜区16处，国家级森林公园28处，国家级自然保护区12处。

一、风味肴馔

闽菜为中国八大菜系之一，由福州、闽南和闽西三路不同风味的地方菜组合而成。闽菜的烹饪有四个鲜明的特征：刀工严谨，汤菜居多，调味奇异，烹调细腻。其菜肴特点是清爽、鲜嫩、淡雅、偏于酸甜，汤菜居多。福建多产海味，故闽菜多用海鲜，大菜“佛跳墙”闻名全国。

二、地方文艺

梨园戏为中国古老剧种之一，有“宋元南戏活化石”之称。莆仙戏更是具有千余年历史，流行于莆田、仙游、福清等地，表演形式古老，有些舞台动作具有傀儡的特点。泉州、漳州被誉为“木偶戏的故乡”，其提线木偶、布袋木偶形象生动，表演逼真，产生了广泛的国际影响。

三、旅游交通概况

福建省境内多山，河流多险滩，新中国成立前交通闭塞，有“闽道更比蜀道难”之说。1956年鹰厦铁路通车后，大大改善了福建的对外交通。现全省已构成了四通八达的综合交通运输网络。

四、福建的旅游线路

（一）闽西北名山秀水游

D1　福州接团。乘火车至武夷山，住武夷山市。

D2　游览武夷山。

武夷山风景区位于福建和江西两省交界处武夷山脉北段，神话传说彭祖隐于此山，生有二子彭武、彭夷，后人为纪念他们为民治水，把此山称为“武夷山”。武夷山风景荟萃，九曲溪配合两岸的36峰，绿水映衬丹山，有“三三秀水清如玉，六六奇峰翠插天”之誉。自秦汉以来，历代许多文人学者，如范仲淹、辛弃疾、朱熹、陆游、刘伯温、王阳明、戚继光等都曾到此游览、讲学。这里兼有黄山奇峰云海和桂林山清水秀之特色，气候凉爽宜人，四季皆可旅游。

天游峰景区中天游峰号称“武夷第一胜地”。武夷精舍是南宋淳熙十年（公元1183年）南宋大理学家朱熹亲自辟划、营建的书院。朱熹在武夷精舍著书立说，讲学达十年之久，培养了大批理学人才。

水帘洞是武夷山最大的岩洞，原名唐曜洞天，因瑞泉岩峰巅有两道飞泉奔泻而下，随风飘洒，犹如水帘，后人便改称为水帘洞。水帘洞外有层层茶园，洞内非常宽敞，可容纳数百人。

D3　游览一线天，九曲溪。

一线天位于虎啸岩景区的灵岩，岩顶有一条裂缝，将岩石一分为二，裂隙高50多米，宽不足0.3米，长100多米，游人只能侧身而过，在裂隙中行走，游人自洞底仰视，可见岩顶如利剑劈开，直裂到谷底，从弯弯曲曲的裂缝中，漏如一线天光，因而得名“一线天”。虎啸岩是传说有仙人骑虎到此吼啸而得名，其实啸声来自岩上的巨洞，山风穿过洞口，犹如虎叫。

九曲溪发源于武夷山自然保护区，经星村入武夷山景区，折为九曲，到武夷宫前汇入崇阳溪。至星村乘竹排顺流而下，犹如漫步在画廊里，一路看遍两岸名胜。沿岸山峰有大王峰、玉女峰、小藏峰、仙钓台、隐屏峰、接笋峰、天游峰、三仰峰等。

D4　游览金湖风景区。

金湖位于武夷山脉南端泰宁县境内，以水为主体，以丹霞地貌为特征，是国内少有的丹霞地貌与浩瀚湖水相结合的风景名胜区。20世纪80年代，金溪上游修建池潭水电站，在泰宁县境内形成了一个南北长、东西窄的人工湖——金湖。金湖两岸群峰竞秀，如利剑刺天，有“天生怪石，其胜武夷”之说。景区内有赤壁丹崖、水上一线天、猫儿山、白水漈瀑布、十里平湖、醴泉岩、虎头岩、甘露岩及甘露寺、尚书墓等名胜古迹180多处。甘露岩寺始建于南宋绍兴十六年（公元1146年），造型奇特，因建在甘露岩上得名。甘露岩是一个天然的内窄外敞的洞穴，洞穴上部宽30多米，下部宽却只有10多米，呈倒三角形，古人把地理上的劣势变为建筑上的优势，以独木擎天解决岩势上宽下窄的难题。一根柱子落地，上面建起了四幢楼阁，整个重檐歇山式的层楼叠阁包括上殿、蜃阁、观音阁、南安阁等建筑，皆仗一柱支撑，顶部无需片瓦，造型别具一格。其柱即为“状元柱”。

D5 游览冠豸山。

冠豸山位于连城县东3千米处，旧称田石，相传古有灵兽名獬豸，能辨曲直。遇恶人则以角触之，法官可据此判断是非。春秋时楚文王依其形制成王冠，称“獬豸冠”。因山形似此冠而得名。冠豸山平地兀立，景区集山、水、岩、洞、泉、寺、园于一身，雄奇、清丽、幽深，与武夷同属丹霞地貌，被誉为“北夷南豸，丹霞双绝”。冠豸山游览区历史悠久，宋代就被称为汀江、闽江、九龙江上游第一名胜。冠豸山有清泉穿石的苍玉峡、清澄如镜的金字泉、两峰壁裂的一线天、高达百米的照天烛石峰、泉清风爽的莲花洞、风姿绰约的五姐妹石等。冠豸东南石门湖，潭深壑浅，湖清山秀，酷似一块翡翠镶嵌在冠豸山的奇峰险壑之中。登艇游湖，沿溪而上，两岸巨石相拱，峰回路转，有岩有洞，别有天地。沿途可欣赏“渴马饮泉”、“大象戏水”、“猴猕撞钟”、“三姐妹石”、“疯僧戴帽”等胜景。

冠豸山历代留下许多摩崖石刻和楼台亭阁及书院等人文景观。今尚存半云亭、松风亭、东山书院、修竹书院、灵芝庵等以及摩崖石刻40余处。最为珍贵的有林则徐登临冠豸山，存于东山草堂的手书的横匾“江左风流”；清乾隆名士纪晓岚在任福建提督学院时题写的“追步东山”的墨宝。

D6 游览桃源洞、鳞隐石林。

桃源洞位于永安市北10千米的燕江畔。景区内峰岩嶙峋，林木葱郁。由桃源洞、百丈岩、修竹湾、葛里、栟榈潭五大景区组成。古时桃源洞一带山上有许多栟榈树，所以历史上又称为栟榈山。唐代就有僧人结庐于此，五代时建有栟榈寺。明代万历年间当地人捐资建亭、台、楼、阁十余处，取“世外桃源”之意改名为桃源洞，并在入口120米高的峭壁上36米高处刻有“桃源洞口”四个大字。南宋宰相李纲和左正言等曾在此隐居读书，明代大旅行家徐霞客也曾游览此地，都留有诗句。桃源洞有一线天、通天亭、观音殿、飞来石、仙人棋盘、跨虹桥、凤冠亭等18景。最著名的是一线天，堪称全国之冠。悬岩断壁上一隙通明，全长120米，高40米，宽仅盈尺，最窄处只可侧身而过。徐霞客在游记中称“缝隙一线，上劈山巅，远秀山北；中不能容肩。余所见一线天数处，武夷、黄山、浮盖，曾未见若此大而逼、远而整者”。

鳞隐石林位于永安市西北13千米的大湖镇，由鳞隐石林、洪云山石林、十八洞等景区组成，是一处典型的喀斯特地貌，发育了众多的怪石、奇峰和异洞。这里耸立着奇形怪状的石柱196座，怪石拟人状物，千姿百态，有巡山怪面人、霸王别姬、麒麟童子；有灵猴捧桃、双龙出洞、五鱼戏水、古钟悬挂，以及惊人石、朝天笏、望天星等，惟妙惟肖，栩栩如生。经有关专家考察认定，距今5000万年以前，这里原是海底，由于地壳运动，形成现在的石林景观，规模仅次于著名的云南石林，堪称全国第二，有“福建小桂林”称誉。

（二）闽东南海景古迹游

D1 福州接团，游览市容。

福州位于福建东部沿海偏北，唐开元十三年（公元725年）置福州，900多年前，福州太守张伯玉鼓励居民在城内广种榕树，于是福州榕荫如盖，满城青翠，因此福州有“榕城”之称。福州屏山、鼓山是著名景区。

屏山位于福州城北，因其形状如屏风，故名。山上景色清幽，榕荫盖天蔽日，山下有华林寺，建于北宋乾德二年（公元964年），内有文昌祠、普陀岩和正殿等。此后，后人又在附近建造数座禅院，蔚成大观。明正统九年（公元1444年），御赐匾额“华林寺”，遂改名。现存的山门、左右配殿、廊庑和大殿，系清代重修，但保留宋代建筑的特征。其建造方法在全国唐宋木构建筑中独具一格，华林寺大殿是我国南方遗存的、屈指可数的宋代木构建筑之一。

鼓山位于城区东南郊17千米的闽江北岸，因峰顶有巨石平展如鼓，故名。山上苍松滴翠，怪石嶙峋，岩秀谷幽、风景秀丽、四季如春，早在晋朝时即被誉为“八闽二绝”之一。自宋以来，历代名士文人在全山各处镌刻的摩崖题刻计有500多段。鼓山的风景胜迹以山腰涌泉寺为中心。五代后梁开平二年（公元908年），闽王延请国师主持修建，赐名“国师馆”。因天王殿前有罗汉泉，后改名涌泉禅院。明永乐五年（公元1407年）称涌泉寺。明代两次毁于火，后相继重修。清顺治初重修。清康熙三十八年（公元1699年），康熙皇帝颁赐的御笔亲书“涌泉寺”匾额现仍高悬于天王殿寺门之上。涌泉寺建筑工艺精巧，保持了明、清两代建筑风格。寺前有两座高7米的宋代千佛陶塔，寺中供有白玉卧佛，都是珍贵文物。

西禅寺是福州五大禅寺之一，位于西门外怡山之麓，始建于隋代，原为修道场地，唐咸通八年（公元867年）重建改为佛寺，至今已有1100多年历史。寺庙规模宏大，大小建筑40多座，大雄宝殿型制雄伟，寺内天王殿、大雄宝殿、法堂、藏经阁等主体建筑端肃古雅，整体布局合理匀称，放生池的九曲桥有似江南的园林格局。玉佛楼内有两尊玉雕佛，佛像之大，国内罕见。

福州西湖公园位于厦门市区西北部，始建于西晋太康三年（公元282年），是福州迄今保存最完整的古典园林，有关西湖形成有两种说法，一说是自然形成的海迹湖，另一说是晋太康三年（公元282年），郡守严高筑城时凿西湖，引西北诸山之水注入以灌溉农田，因其地在晋代城垣之西，故称西湖。五代时，闽王扩建城池，将西湖与南湖连接。在湖滨辟池建造亭、台、楼、榭，西湖成了闽王朝的御花园。此后渐成了游览区。

林则徐纪念馆位于福州市澳门路。林则徐是中国近代史上抵御外侮的第一个民族英雄。林则徐纪念馆建于光绪三十一年（公元1905年）。牌楼式的大门，气势凌空。门前有一对石狮拱护，栩栩如生。入大门是“仪门厅”，中间石铺甬道，两侧分立8尊青石雕刻的石人、石兽，两旁的回廊里，陈列着20多面的仪仗执事牌。在福州视时间游览景点，晚餐后乘车赴太姥山风景区。

D2　游太姥山。

太姥山位于福建沿海北端福鼎县境内，传说东海诸仙常聚于此，故太姥山素有“海上仙都”之誉。据《太姥山志》记载，太姥山旧称才山。尧帝时有老母种兰于山中，逢道士点化，成仙而去，故以太母名之。汉武帝时，太母被册封为36名山之一，改“母”为“姥”，从此称太姥山。太姥山以花岗岩峰林岩洞为特色，拥有山峻、石奇、洞异、溪秀、瀑急等众多自然景观，以及古刹、碑刻等丰富人文景观，融山、海、川和人文景观于一体，分为太姥山岳、晴川海滨、九鲤溪瀑、福瑶列岛、桑园翠湖五大景区。峡谷幽邃、峰岩森峭，山峰海拔大多在500～1000米，主峰摩霄峰，巍峨挺拔，高耸入云，登临绝顶，极目东海，水在天际流，峰从海中出；新月峰上有“观月台”，晨可观东海日出，暮可看青山落照，夜能赏当空皓月，故名。莲花峰极似硕大的莲花；太姥山在唐宋时已十分兴盛，山南山北建有36座寺院，其中以国兴、瑞云、灵峰、芭蕉、天王等寺规模最大。有“道仙佛地”之称。至今国兴寺遗址尚有石柱360根，寺前有楞枷宝塔、石池以及唐宋时创作的人物、花卉、禽兽等雕刻和石碑。早晨观日出，游览国兴寺、夫妻峰、将军洞、九鲤朝天、白云寺等。乘车赴泉州。

D3　游泉州。

泉州位于福建东南沿海，晋江下游北岸，因城北有一甘美的石乳泉而得名泉州。泉州是我国历史上著名的对外贸易港口，早在隋唐时期就已有对外贸易，据今已有1200多年的历史。宋、元时代海外通商达到了鼎盛时期，当时有一百多个国家和泉州有贸易往来。泉州有许多古代对外交通史迹和文物，有佛教、伊斯兰教、基督教、天主教、印度教、摩尼教和道教等大量遗迹和石刻，有“世界宗教博物馆”之称。

开元寺始建于唐垂拱二年（公元686年），原名莲花寺，曾与洛阳白马寺、杭州灵隐寺、北京广济寺齐名。唐开元二十六年（公元738年）唐玄宗下令全国各州建一座开元寺，遂改现名，是福建省最大的佛教建筑之一。寺内殿宇建筑雄伟，镏金溢彩，四周古榕垂荫，殿内佛像的雕塑艺术水准极高。大雄宝殿始建于唐朝垂拱二年（公元686年），先后经过唐、南宋、元、明几次受灾重建，现存建筑物是明代崇祯十年（公元1637年）遗物。寺内的镇国、仁寿双塔，分别建于唐末和五代，是全国最高的一对石塔，也是泉州的标志。

清净寺是我国现存最古老的伊斯兰教寺院之一，又称“艾苏哈卜清真寺”，创建于北宋大中祥符二年（公元1009年），仿照叙利亚大马士革伊斯兰教礼拜堂的建筑形式建造。主要建筑分为大门、奉天坛、明善堂等部分。现存建筑是元代耶路撒冷人重修，其中高达20米的三层穹形顶尖拱门廊用青、白花岗石砌成，有着中东伊斯兰式建筑风格。门楼后墙上刻有两行阿拉伯文，上面记载着清净寺的创建年代、重修时间以及最早的名称，门楼顶层望月台，台的周围三面建筑“回”字形的垛子，像城堞一样，别有回教的风致。

洛阳桥又名万安桥，位于泉州城东洛阳江上，始建于北宋皇祐五年至嘉祐四年（公元1053—1059年）。与北京的卢沟桥、河北的赵州桥、广东的广济桥并称为我国古代四大名桥。洛阳桥原长1200米，宽5米，有46个桥墩，528个石雕扶拦，28个石狮，7座石亭和7座古塔，全用巨大石块砌成，规模宏伟。洛阳桥是我国第一座海港大石桥，是我国古代桥梁建筑史上的伟大创举。建桥900余年以来，先后修复17次。

清源山位于泉州城北，风景区由清源山、九日山、灵山圣墓三大片区组成，主峰海拔498米，为泉州的主山，有“闽海蓬莱第一山”之称。清源山历史上因有诸多乳泉从石间流出，又名泉山，泉州之名亦由此山而得；据泉州府志记载，清源山最早开发于秦代，唐代“儒、道、释”三家竞相占地经营，兼有伊斯兰教、摩尼教、印度教的活动踪迹，逐步发展为多种宗教兼容并蓄的文化名山。自古以来，清源山就以36洞天，18胜景闻名于世，山有三峰，中峰有清源洞，左峰有北宋元祐二年（公元1087年）用左峰整块岩石雕凿而成的释迦牟尼像一尊，又称瑞像岩。右峰老君岩，也是用右峰整块岩石雕凿的道教鼻祖太上老君像。老君岩右边山岗上，有千手岩寺和弥陀岩。寺宇红墙素瓦，大殿供奉的释伽牟尼坐像是宋代石雕，工艺精湛，是清源山宋代石雕艺术佳作之一。千手岩悬崖上有弘一法师圆寂前所书的“悲欣交集”石刻。弘一法师圆寂后即葬于此。

D4 游崇武古城。

崇武古城是我国仅存的一座比较完整的石头城，也是我国海防史上一个比较完整的史迹。古城位于惠安县东南24千米，在福建省东南沿海的突出部，三面临海，处于湄州湾与泉州湾之间，地势婉蜒起伏，十分壮观。近处海域遍布岛屿与礁石，地形复杂，易守难攻，是个战略位置十分显著的国防要塞，历来为兵家必争之地。崇武建城至今已有600多年，古城全部用白色花岗岩垒成，设有两层跑马道。四面设城门，城门上各设烽火台一座；城内的十字大街相接四个城门。这些城墙、门楼、月城、墩台、演武厅，构成我国古代一套完整的战略防御工程体系。现崇武城仍保存着宋、明、清历朝所修建的寺庙庵堂30多座，其中有宋代的“云峰庵”、“水潮庵”，有明代的“关帝庙”、“东岳庙”，也有敬奉海神妈祖娘娘的“天妃宫”，以及纪念当地有功人物的“灵安王庙”等，这些古建筑的保存，增添了古城古朴优雅的气息。崇武一带惠安女的奇特风情，给古城风光增添了几分魅力，惠安女以其吃苦耐劳的民风和“常住娘家”的民俗，以及黄斗笠、花头巾、银腰带、短上衣、宽裤筒、精巧艳丽的头饰，俚语称之为封建头、民主肚、节约衣、浪费裤的服饰，吸引着旅游者前去参观。

D5 游览鼓浪屿。

厦门是我国四大经济特区之一，传说很久以前这里是白鹭栖息的地方，也称鹭岛、鹭江。明洪武二十年（公元1387年）为防倭寇，在嘉禾屿（今厦门岛）筑城，谓大厦之门户，故称厦门。厦门岛背依大陆，南临东海，和台湾省相望。厦门岛是由花岗岩构成的岛屿，岛上地形崎岖，最高峰云顶岩，海拔335米。这里四季常绿，终年无雪，古迹众多，素有“海上花园”之美称，是著名的旅游城市。

鼓浪屿位于市区西南，与厦门岛隔海对峙，古名圆洲仔，因西南海滨礁穴受浪冲击，声如擂鼓，明代改称“鼓浪”屿。岛上碧波、白云、绿树交相辉映，处处给人以整洁幽静的感觉，完好地保留着许多具有中外各种建筑风格的建筑物，有“万国建筑博览会”之誉。岛上居民喜爱音乐，钢琴拥有密度居全国前列，被赞为琴岛。岛上最高处为日光岩，山顶“闽海雄风”的巨石是当年郑成功练兵的水操台。日光岩南面临海处，有著名的菽庄花园，分名藏海园和补山园两部分，园中景色宜人，被称为“厦门第一园”。鼓浪屿四季如春，树木繁茂，空气清新，山海相拥，自然造化和人工雕凿相映成趣。

D6 游览南普陀寺、厦门大学、集美学村。

南普陀寺位于厦门市区五老峰下，始建于唐朝会昌、大中年间，初名泗州寺，清康熙二十三年（公元1684年）由靖海侯施琅重建，因为寺院是观音菩萨的主要道场之一，又在我国佛教名山浙江普陀山之南，故称南普陀寺。南普陀寺主体建筑为天王殿、大雄宝殿、大悲殿和藏经阁，依次铺在南北纵向的中轴线上，所有建筑依山傍势、层层托高、庄严肃穆。寺后五峰林立，谓为“五老凌霄”。

厦门大学是爱国华侨陈嘉庚先生于1921年筹资创办的，鲁迅先生曾在这里任教。

集美镇是一个三面环海的小半岛，是陈嘉庚先生的故乡，“集美学村”是集美各类学校及各种文化机构的总称。这里有许多大中学校，校园占了小镇的绝大部分，是厦门最集中的教育区，这些学校原大多由陈嘉庚先生集资兴办，充满了浓郁的闽南侨乡建筑风格，由于学村的建筑熔中西风格于一炉，成为集美的一个象征。学村东头是著名的鳌园，由门廊、纪念碑、嘉庚墓组成。集美解放纪念碑，是鳌园的主体建筑。正面是毛泽东主席亲笔题写的“集美解放纪念碑”。陈嘉庚先生墓地，是集美镇的精华所在。鳌园不远处建有“归来堂”，堂前立有陈嘉庚先生铜像，还建有陈嘉庚先生故居和生平事迹陈列馆，是重要的爱国主义教育基地。

D7　游客家土楼。

客家土楼的历史可以追溯到宋代，是中原人为避战乱南迁定居，为了防盗和外来的欺凌，建起的土楼——围屋。南靖县被称为“土楼王国”，现存土楼15000多座。年代最久远的已有600余年的历史，现存200年以上的土楼就有130多座。土楼的造型格局均是封闭式的，只有一个大门可以出入。圆楼由二三圈组成，由内到外，环环相套。

第三节　广东旅游

广东省位于中国大陆最南部，南临南海，临近港、澳，与海南省隔海相望，大陆海岸线总长3368千米。全省陆地面积17.8万平方千米，省会广州市。广东地处低纬度，北回归线横贯陆地中部，地势北高南低，境内山地、平原、丘陵交错。山地主要为三列东北—西南走向山脉，北部为南岭山脉，中部为罗平山脉，南部为莲花山脉；丘陵分布于上述山地四周；平原台地主要分布在南部沿海和各江中下游谷地，平原以珠江三角洲和潮汕平原较大；台地则以粤西沿海的阳江—电白—雷州半岛及惠阳—潮阳的粤东沿海较为连片。沿海共有面积500平方米以上的大小岛屿759个，海岛面积1600平方千米，岛屿岸线长1649.5千米（大陆和岛屿岸线均不包括香港、澳门和东沙群岛地区）。广东大部分地区属亚热带季风气候，夏长冬暖，1月平均气温自北而南为9~16℃，南部雷州半岛为20.8℃。7月平均气温多数地区为28~29℃。广东是中国降水丰沛的地区之一，大部分地区年降水量1500~2000毫米，但分布不均。全省总人口10430.31万（截至2010年11月1日）。

广东历史渊源久远，早在10万年前就有“曲江马坝人”在此繁衍生息。相传古为百越民族居地，故简称粤（古语粤与越相通）。秦统一中国后，于公元前214年在今广东境内设置南海郡，三国时，岭南属孙吴，唐代设岭南道，清代设广东省，相沿至今。

广东有丰富的旅游资源。现有世界文化遗产开平碉楼与村落、自然遗产中国丹霞仁化丹霞山，国家级重点文物保护单位66处，省级文物保护单位424处，国家级历史文化名城7座，中国优秀旅游城市21座，国家5A级旅游景区7处，国家级风景名胜区8处，国家级森林公园25处，国家级自然保护区11处，全国旅游胜地四十佳2处。广东是游览港澳地区的必经之路，粤港澳大三角旅游区建设取得突破性进展，国务院批准在珠江三角洲和汕头等10个城市实施“144小时便利签证”，极大方便了国人出游港澳地区。

一、风味肴馔

粤菜为中国八大菜系之一，以用料广泛、精致为特点，讲求精、鲜、嫩、爽、滑、香、脆。其中代表菜有盐水鸡、梅菜扣肉、叉烧、冬瓜盅、牛肉丸等。著名野味有蛇羹、红烧果子狸等。广东点心是中国面点三大特式之一，品种繁多，五光十色，造型精美，口味新颖，别具特色。小吃品种极多，如云吞面、糯米鸡、虾饺、鱼粥、猪肠粉等。

二、地方文艺

粤剧是广东主要地方戏曲，早期称本地班、广东大戏，用粤语方言演唱。广东的戏曲种类还有潮剧，用潮州方言演唱；广东汉剧，旧称“外江戏”、“兴梅汉戏”；正字戏、西秦戏和白字戏；粤北采茶戏，是在广东民间歌舞的基础上形成的民间小戏剧种；广东各地还流传着不少曲艺形式，如潮汕地区的潮曲清唱，海陆丰地区的白字曲等。这些曲艺形式是从当地民间音乐发展形成的，深受当地老百姓的喜爱。

三、旅游交通概况

广东省位于中国改革开放的最前沿，经济发展迅速，经济实力雄厚，为其交通基础设施的建设奠定了良好基础。广东已经形成了一个较为完备的立体交通体系，以广州为中心的海、陆、空交通网可达海内外。

四、广东的旅游线路

（一）珠江风情游

D1　广州接团，游览市内景点。

广州市位于广东省中部，背靠白云山，珠江穿市而过。华南植物园、云台花园、流花湖公园等充分展现了南国的园林特色，市郊还有从化温泉风景区等。当地的主要人文景观有南越王墓、镇海楼、三元里抗英斗争旧址、黄埔军校旧址、中山纪念堂等。

越秀公园因园中的越秀山而得名，是广州最大的公园。以山水秀丽、文物古迹众多而著称。园内山水相依，镇海楼坐落在越秀山小蟠龙冈上，为“羊城八景”之一。镇海楼历史上曾五毁五建，1928 年重修时由木构架改建为钢筋混凝土结构，现为广州博物馆。五羊石雕塑位于越秀山的木壳岗顶，是雕塑家依照广州别名“羊城”、“穗城”由来的神话而创制的巨型雕塑艺术品。

广州中山纪念堂是为纪念孙中山先生而兴建的，重檐歇山顶的中央，高悬孙中山手书“天下为公”漆金大匾，现已成为广州最具标志性的建筑物之一，是广州市大型集会和演出的重要场所。

陈家祠堂又名陈氏书院，光绪十二年（公元 1886 年）建成，是当时广东省 72 县陈姓人氏合资兴建的合族祠堂，为本族各地读书人来广州参加科举考试时提供住处，现为广东民间工艺博物馆。陈家祠堂建筑装饰集中体现了广东民间装饰艺术的精华，巧妙地采用了木雕、砖雕、陶塑、铜铁铸等工艺进行装饰。

黄埔陆军军官学校是第一次国共合作时期，为培养军事干部创办的。军校学生曾多次参加过革命战争，为中国革命事业作出了重大的贡献。抗日战争时期，黄埔军校旧址曾被炸毁。1964年经修缮基本恢复了原貌。

D2 赴深圳，途中游东莞可园，抵达深圳。

东莞可园与顺德清晖园、番禺余荫山房、佛山梁园合称广东近代四大名园，始建于清朝道光三十年（公元1850年）。面积虽小但设计精巧，把住宅、别墅、庭院、花圃、书斋等建筑艺术地组合在一起。布局高低错落，处处相通，曲折回环，扑朔迷离，是广东园林的珍品。

D3 前往华侨城游锦绣中华、民俗村、世界之窗、欢乐谷四个主题公园。

锦绣中华是深圳华侨城的一个旅游区，坐落在风光绮丽的深圳湾畔。景区中近百处景点大致按照中国区域版图分布，是中国自然风光与人文历史精粹的缩影。有名列世界八大奇迹的万里长城、秦陵兵马俑，最古老的石拱桥（赵州桥）、天文台（古观星台）、木塔（应县木塔），最大的宫殿（故宫）、佛像（乐山大佛），最大的皇家园林（“万园之园”——圆明园），最长的石窟画廊（敦煌莫高窟），海拔最高最宏伟的建筑（布达拉宫），最奇景观（石林），最奇山峰（黄山），最大瀑布之一（黄果树瀑布）；有肃穆庄严的黄帝陵、成吉思汗陵、明十三陵、中山陵，金碧辉煌的孔庙、天坛，雄伟壮观的泰山，险峻挺拔的长江三峡，如诗似画的漓江山水；有杭州西湖、苏州园林等江南胜景；有千姿百态、各具特色的名塔、名寺、名楼、名石窟以及具有民族风情的地方民居。此外，皇帝祭天、光绪大婚、孔庙祭典的场面与民间的婚丧嫁娶风俗尽呈眼前。游人可以在一天之内领略中华五千年历史风云，畅游大江南北锦绣河山。

中国民俗文化村毗邻锦绣中华微缩景区，是国内第一个荟萃各民族民间艺术、民俗风情和民居建筑于一园的大型文化游览区。现有24个风格典型的民族村寨，集中展示了中华56个民族的浓郁风情。游客在这里可欣赏并参与彝寨实景表演《阿诗玛的故乡》、佤寨风情表演《神奇的阿佤山》、高山寨绝技表演《飞陀螺》等众多民俗艺术经典之作；学习民间工艺品制作，品尝民族风味食品，参与民间节庆活动；观看大型民族音乐舞蹈诗画《绿宝石》和大型广场艺术晚会《龙凤舞中华》，领略华夏民族多姿多彩的民间文化。

世界之窗是一个集世界奇观、历史遗迹、自然风光与民俗风情于一体的大型主题乐园。景区分为九大景区，共建有118个微缩景观，包括埃及金字塔和卡尔纳克神庙、柬埔寨吴哥窟、美国大峡谷、巴黎凯旋门、印度泰姬陵、比萨斜塔等，再现原汁原味的异国风情。欢乐谷是国内新一代大型旅游主题公园，注重满足人们参与、体验的新型旅游需求，营造出清新、活泼、热烈、刺激的休闲旅游氛围，带给人们充满动感魅力的欢乐之旅。

D4 游览珠海圆明新园、渔女像，下午环游澳门岛。

珠海是我国的经济特区，珠海的旅游业主要向“市容游览、环岛观光、休闲度假、旅游购物、体育竞赛”这几个方面发展，这里每两年会举办一次中国国际航空航天博览会。

圆明新园坐落于珠海九洲大道石林山下，以北京圆明园为原稿，按 1∶1 比例精选圆明园四十景中的十八景修建而成。圆明新园以浓厚的清文化、精雅别致的亭、台、楼、阁和气势磅礴的大型舞蹈表演吸引了无数国内外游客。园内东部，正大光明殿、九洲清宴景区等布局庄严、方正。园内西部是西洋建筑群，白色的大理石墙身，精致的殿内装饰，体现出 18 世纪欧洲情调。

珠海渔女石雕坐落于风景秀丽的香炉湾畔，是珠海市的象征，可乘车时观览。从珠海码头乘船在海上遥观澳门。乘车返回广州，途中经中山、顺德、番禺，游孙中山故居、顺德清晖园和宝林寺、番禺余荫山房。

孙中山故居位于中山市翠亨村，是孙中山的诞生地，距中山市区 25 里。此处傍山濒海，林木葱茏，鸟语花香，气候宜人。故居是一幢赭红色二层三开间的砖木结构楼房，1892—1895 年，孙中山经常在这里生活、行医和从事革命活动，1912 年他辞去临时大总统后回乡曾在此处小住。

清晖园为岭南四大名园之一，位于顺德市大良镇，故址为明末状元黄士俊所建的黄氏花园，现存建筑主要建于清嘉庆年间。园取名“清晖”，意为和煦普照之日光，喻父母之恩德。园林经龙氏数代多次修建，逐渐形成了格局完整而又富有特色的岭南园林。清晖园全园构筑精巧，布局紧凑，其布局吸取苏州园林艺术精华，环境以清幽自然、秀丽典雅见称，集古代建筑、园林、木雕、灰塑、书画等艺术于一园。古今名人楹联、匾额琳琅满目。大部分门窗玻璃多为清代进口刻蚀加工的套色制品，精美典雅。一套目前仅存于世的清代旧羊城八景套色雕刻玻璃珍品，已被初步鉴定为国家一级保护文物。

余荫山房，又名余荫园，位于番禺南村镇，为清代举人邬彬的私家花园，始建于清同治五年（公元 1866 年），同治十年竣工，以“小巧玲珑”的独特风格著称于世，赢得园林艺术的极高荣誉，为广东四大名园之一。余荫山房吸收了苏杭庭院建筑艺术风格，整座园林布局灵巧精致，以“藏而不露”和“缩龙成寸”的手法，在有限的空间里建有深柳堂、榄核厅、临池别馆、玲珑水榭、来薰亭、孔雀亭和廊桥等，在面积并不大的山林里，浓缩了园林的主要设施和景致，使有限的空间注入了幽深广阔的无限佳景。

D5　前往肇庆，游六祖寺、鼎湖山风景区、七星岩风景区。

肇庆位于广东省的中西部，是岭南文化的发祥地之一，古称“端州”，以产文房四宝中的“端砚”著名。

六祖寺旧址位于四会市龙甫镇营脚寺前村，始建于唐代，距今已有 1300 多年历史。清嘉庆十四年（公元 1809 年）重修。寺内供奉六祖惠能金身。

鼎湖山风景区位于肇庆市区东北 18000 米处，整个景区由鼎湖、鸡笼、伏虎等十多座山峰组成，主峰鸡笼山海拔 1000. 8 米，是珠江三角洲地区的最高峰。鼎湖山原始森林茂密，有“北回归线上的绿洲”之称，1956 年被划为我国第一个自然保护区。

七星岩风景区又叫星湖景区，主要包括了星湖和七座山峰，它们似北斗七星散落湖中，因而得名。其风景自古就以“峰险、石异、洞奇、庙古”而著称。七星岩景区还有广东罕见的庞大石刻群，保存着唐代以来的石刻 489 题（七星岩摩崖石刻），具有重要艺术价值和科研价值。位于七星岩东面的仙女湖风景优美，每当太阳西下的时候可以观赏到卧佛吞日的自然奇观。

D6 游览开平碉楼、佛山祖庙、梁园、从化温泉风景区。

开平地处珠江三角洲西南部，东北距广州110千米，是我国著名的华侨之乡、建筑之乡和艺术之乡。碉楼是一种集防卫、居住和中西建筑艺术于一体的多层塔楼式乡土建筑，千姿百态、形式多样。开平碉楼在16世纪前已经出现，19世纪末20世纪初达到鼎盛时期。由于当时社会动荡，防卫功能显著的碉楼便应运而生。开平碉楼规模宏大、种类繁多、造型独特，是中西建筑文化在中国乡村广泛结合的典范。其中最具代表性的碉楼有自力村碉楼群、锦江里碉楼群、赤坎镇三门里迎龙楼、百合镇马降龙碉楼群、蚬冈镇锦江里瑞石楼、塘口镇方氏灯楼等。乘车赴从化，经佛山游佛山祖庙、梁园，下午游览从化温泉风景区。

佛山距广州仅17千米，是一座历史悠久的古城。佛山祖庙位于佛山的城区中心，始建于北宋，是当地最为著名的历史古迹。最初是供奉冶炼行业祖师的地方，后来改奉道教北方真武玄天上帝，亦即北帝。因为宋元以后这里一直是佛山各宗祠公众议事的地方，成为联结各姓的纽带，所以佛山人习称它为祖庙。

祖庙坐北朝南，原建筑已于元末焚毁，明洪武五年（公元1372年）重建，以后经过20多次重修、扩建，形成一座规模宏大、制作精美、具有独特民族风格和浓厚地方特色的古建筑群。祖庙由万福台（广东仅存的一座古戏台）、灵应牌坊、锦香池、钟鼓楼、三门、前殿、正殿、庆真楼等建筑组成，结构严谨、体系完整。庙里面到处都有精美的雕刻，被称为民间雕塑艺术的大观园。

梁园是佛山梁氏宅园的总称，由“十二石斋”、“群星草堂”、“汾江草庐”、“寒香馆”等建筑群组成，规模宏大，是粤中四大名园之一。梁园建成于清代的嘉庆和道光年间，布局精妙，宅第、祠堂与园林错落有致、格调高雅，是清代岭南文人园林的典型代表。1982年重修。整个建筑轻盈通透、花园曲水回环、松堤柳岸，景色十分宜人。

从化温泉风景区位于广东从化县西北，距广州市75千米，这里四面山峦重叠，环境幽静，是旅游和疗养胜地。景区分河东河西两部分，碧波桥横跨流溪河，将两岸连为一体。河东是温泉疗养区，群山叠翠、风景如画、空气清新。河西是天湖游览区，以山林、湖水、瀑布而著称。从化温泉一向以其水质佳、水温高和泉景奇特闻名于世，被誉为岭南第一温泉，对各种关节炎和皮肤、消化器官、神经系统等疾病有辅助疗效。现已从泉眼用特制的管道将温泉水引入宾馆、别墅，供游人沐浴使用。晚住从化，沐温泉浴，减缓旅途疲劳。

D7 前往岭南第一名山罗浮山游览，返回广州，游览白云山、黄花岗七十二烈士陵园等景点。

罗浮山是岭南第一名山，位于广东东江之滨，以奇峰怪石、飞瀑名泉和洞天奇景闻名。罗浮山不仅山水绮丽，而且有着丰富的文化内涵，古迹繁多，是全国著名的道教圣地。山上寺观遍立，据说东晋时的葛洪曾在此修道，留下了《抱朴子》内外篇70卷等书，历代文人如李白、杜甫、李贺、刘禹锡、苏轼、汤显祖等人均曾来此游历。罗浮山地处北回归线，气候宜人，一年四季均可旅游，是岭南山水型生态观光的旅游度假胜地。

白云山位于广州市北部，是南粤名山之一，登高可俯览全市，遥望珠江。每当雨后天晴或暮春时节，山间白云缭绕，山名由此得来。白云山自古以来就是有名的风景胜地，近年来又开辟了山顶和山北公园，修建了山庄旅舍、双溪别墅、松涛别院及观鸟园。每年的农历 9 月 9 日重阳节，会有许多人去登白云山。

黄花岗七十二烈士陵园位于市区北面的白云山南麓，始建于 1912 年。1911 年 4 月广州起义失败后，同盟会会员潘达微冒着生命危险把 72 位烈士遗骸收殓安葬于此地。改原地名"红花岗"为"黄花岗"，象征英烈节操，如菊花般傲霜凌雪，十分恰当。烈士墓构筑在岗陵之上，孙中山书"浩气永存"四字镌于墓坊。纪功坊峙立墓后。墓道两旁苍松翠柏，烘托出满园黄花辉映碧血的庄严肃穆气氛。园内还建有八角亭、四方池、石桥等。

该行程是一个以广州为中心的辐射型行程，可视具体情况作调整。

（二）粤北名山名寺游

D1　广州接团，乘车赴韶关，游览南华寺。

南华寺坐落于韶关市区东南，是佛教禅宗南宗祖庭之一。该寺始建于南北朝明的梁天监元年（公元 502 年），已有 1500 多年的历史。天监三年寺庙建成，梁武帝赐名"宝林寺"。至宋开宝元年（公元 968 年），宋太宗敕赐"南华禅寺"，寺名乃袭至今。南华寺因为供奉着六祖慧能的真身而成为广东乃至东南亚最具影响的重点寺庙。现南华寺为 1934 年重修。全寺建筑风格呈中轴线两边对称布局。游客从正门进入，依次是曹溪门、放生池、宝林门、天王殿、大雄宝殿。大雄宝殿里，有三尊贴金大佛，四壁有 500 个罗汉。六祖殿里供奉着六祖慧能大师以及憨山大师、丹田祖师真身，还新镶嵌了 29 块石刻；寺后有卓锡泉（俗称九龙泉），泉水终年流涌不绝，苏轼曾为之作《卓锡泉铭》。泉的前面有 9 株水松，松龄超过 500 年。

D2　游仁化丹霞山。

丹霞山位于湘、赣、粤三省交界处的仁化县境内，距广东省韶关市 45 千米，被誉为"中国红石公园"。丹霞山由红色沙砾岩构成，以赤壁丹崖为特色，方圆 290 平方千米的红色山群"色如渥丹，灿若明霞"，故称丹霞山。丹霞山的山崖，远看似染红霞，近看则色彩斑斓，许多悬崖峭壁，像刀削斧凿，直指蓝天，无数奇岩美洞，隐藏于山中，景色相当绮丽。清澈的锦江，环绕于峰林之间，游客可乘舟漫游，欣赏沿江两岸景色和摩崖石刻。

傍晚前往连南瑶族自治县，途经乳源县游云门寺。

云门寺位于乳源县城东北，本名大觉禅寺，俗称云门寺，建于五代后唐同光元年（公元 923 年），至清末，寺庙已近荒芜。现存殿宇为 1943—1950 年由著名高僧虚云和尚募化重建。山门内壁保留著名的南汉大宝元年（公元 958 年）《大汉韶洲云门光泰禅寺故匡真大师宝性碑铭并序》和大宝七年（公元 964 年）《大汉韶洲之云门山大觉禅寺云匡圣弘明大师碑铭并序》两块重要石碑。由于云门寺在"文革"期间遭到严重破坏，1984 年在政府的支持下，再次对云门寺进行了大规模的重建工作。大雄宝殿内释迦牟尼像前两尊一立一卧的佛像，为纯正的缅甸汉白玉雕成；镶嵌在四壁的大型彩瓷佛面，下为十八罗汉，上是二十四天神。云门寺前有观音山，后有桂花潭、慈悲峰、钟鼓楼等山水名胜。

D3　游连南千年古寨、地下盘王宫、油岭新村、三排瑶寨，晚餐后参加充满瑶家特色的瑶族篝火晚会。

、连南瑶族自治县位于广东省西北部，瑶族居住的地方占全县面积的80%，有“百里瑶山”之称。千年古寨位于连南县城西南，古寨依山而建，房屋层叠，石板道纵横交错，主次分明。此寨建于宋代，至今已有千余年的历史。据专家考证，南岗是全国乃至全世界规模最大、最古老、最有特色的瑶寨。新中国成立后，因移民下山，现古寨只保留有200余人和368幢明清时建的古宅及寨门、寨墙、石板道等。走进古寨，让人感觉到瑶族历史的悠久和传统文化的“古典美”。

油岭新村距离连南县城16千米，为万山朝王“王中之王”。这里的排瑶建筑、民族风情、民间艺术、溶岩山貌，包罗万象，独领风骚，可谓连南瑶山之精华。这里的古排瑶风光保留完整，民俗民风淳朴，耍歌堂、长鼓舞等民间艺术多姿多彩，名扬四海。

三排瑶寨位于连南县南三排山脉半山腰，是一个排瑶族源历史、文化艺术、生活习俗、居住建筑、服饰特色、民间歌舞、体育娱乐等民族风情最为丰富、最为全面的旅游景区。有可供游客参观的瑶族传统蒸酿酒坊；有民间工艺品制作手工工场；有古朴别致的民居——吊脚楼；有纵横交错的瑶族“自来水管”——竹水管；有古老的土法榨油坊；有色彩斑斓的瑶族服饰、精巧的瑶族妇女刺绣；有丰富多彩的民间歌舞表演及各种各样的体育娱乐活动；还有琳琅满目的手工艺品、古董以及富有瑶族特色的旅游纪念品。

（三）汕头、潮州、梅州、南澳岛休闲游

D1　汕头接团，乘船赴南澳岛。

南澳岛位于广东省和福建省交界的洋面上，由大小23个海岛组成，人称“潮汕屏障，闽粤咽喉”。岛上有长山尾炮台、总兵府、雄镇关等古迹，以及黄花山国家森林公园、青澳湾旅游区。游宋井、青澳湾、总兵府。

宋井是南澳岛上一处较有特色的景点，位于云澳海滨，相传南宋末代皇帝南逃时经过此地挖掘了龙井、虎井和马井，故名“宋井”，至今已有700多年历史。附近有南宋末代皇帝驻扎岛上时修的“太子楼”遗址。三井原在山坡上，由于地壳变动逐渐沉入海滨沙中，近年加修围栏保护。

青澳湾被海内外游客誉为“东方夏威夷”，位于南澳岛的东端，是广东省著名沐浴海滩之一。这里海浪低平，坡度平缓，沙质细洁，海水无污染；海湾上围绕着的防风林带，四季郁郁葱葱，与金黄色的沙湾和湛蓝的海水构成优美的景观，是旅游者戏水游泳的绝好场所。

南澳岛总兵府位于深澳古镇，明万历四年（公元1576年）兴建，原建筑在1918年大地震中倒塌，现存建筑为后人仿造。在总兵府门口，最吸引人的当属一棵有400多年历史的榕树。据传，1646年郑成功首进南澳岛，就是站在这棵古榕下检阅兵将。为了纪念郑成功收复台湾的光辉业绩，这棵古榕被海峡两岸人民尊为“招兵树”。招兵树旁竖立着一尊高3米、重达7吨多的郑成功石刻雕像，与位于总兵府大门前昔年的闽粤界碑、鸦片战争期间南澳驻军装备的八千斤大炮相互辉映。

D2 赴潮州，游开元寺、泰佛殿、湘子桥、韩文公祠、潮州古城墙。

潮州位于广东省的东南部，历来是粤东地区政治、经济、文化中心，也是闽、粤、赣边韩江流域的商品集散地及海外贸易的始发地。这里名胜古迹星罗棋布，有中国四大古桥之一的广济桥，有号称“百窑村”的笔架山宋窑遗址，有国内罕见的宋代许驸马府，有纪念唐代大文豪韩愈的韩文公祠，有国内首座泰国式佛殿“泰佛殿”等。

潮州开元寺始建于唐开元二十六年（公元738年），经宋元明清至近代，先后十余次大规模整修。其中，以天王殿为代表的宋代建筑群最为著名。历经千余年，经多次天灾人祸，至今仍保持着唐宋宫殿式建筑壮严肃穆的风格，有“古代建筑艺术明珠”的美誉。大殿内还有一座造型典雅精巧的红铜香炉，为唐代来此参学的朝鲜僧人所遗文物。

泰佛殿位于东山路慧如公园对面山麓，是国内首座泰国式佛殿，仿泰国云石寺而建，极富泰国特色，重檐多面式屋顶装鱼鳞瓦，封檐板装向上的黄色图形，柱头翘角是龙凤呈祥之意，山墙的装饰、门窗的顶尖形集中了泰国古代的造型艺术。佛殿门额“开元寺泰佛殿”由原中国佛教协会会长赵朴初书。大殿正中供奉泰式释迦牟尼佛，称清拉佛像，表面贴金箔，称为金佛。山坡上建有“望江楼”、“望洲阁”及“佛塔”等。

广济桥始建于宋，初为浮桥，由八十六只巨船连接而成，名“康济桥”。以后历代多有修建，东西两岸修建了桥墩，桥墩数随时间推移不断增加，中间仍以巨船连接，形成了梁桥与浮桥相结合的基本格局。浮桥可开可合，结构奇特，同时，还集梁桥、拱桥、浮桥于一体，这在我国桥梁史上是个孤例。桥墩上建有形式各异、用途各不相同的24座楼台亭阁。

韩文公祠在潮州市韩江东岸笔架山麓，为纪念韩愈而建。原韩祠始建于宋真宗咸平二年（公元999年），苏轼为其撰写了《潮州昌黎伯文公庙碑》。韩文公祠倚山临水，环境清幽。回柱三门石坊，正殿中央塑韩愈像，两旁塑侍从张千、李万。祠内石柱镌刻对联、四壁环生历代碑刻40面，记载着韩祠的历史和韩愈治潮业绩以及颂扬韩祠的诗文。

潮州古城墙于宋代已成规模，由于朝代的更迭、战火的破坏，元末明初已是破烂不堪。明洪武年间增筑石墙，全面修建城墙。环城开七门，并于城门外构筑月城作为屏障。现仅存东面临韩江的古城墙，有城门四座，并建有城楼。在古府城墙上众多城楼中广济门城楼最为壮丽，是原潮州古城七门中最巍峨壮观的一座，同时也是潮州城的主要标志。现在的广济楼是依据清代《潮州古城图》和有关的历史文献重新建造的。潮州的古城墙是全国古城墙中保存得最完整、最长久者之一。

D3 乘车赴中国最大的客家人聚居地——梅州，游客家围龙屋。

梅州市位于广东省东北部，地处闽、粤、赣三省交界处，历来被誉为“文化之乡、华侨之乡、足球之乡”和“山歌之乡、金柚之乡、单丛茶之乡”。这里是客家人的主要聚居地，有“客乡”、“客都”之称。游客可参观古老的客家围屋，品尝正宗的客家美食。

在岭南山区客家人聚居的村子里，随处可看到古朴典雅的客家民居建筑——围龙屋、走马楼、四角楼等。以客家围龙屋存世最多，也最为著名，是客家建筑文化的集中体现。围龙屋有圆有方，但不论是圆是方在建筑上都有其共同特点：东西对称，前低后高，主次分明，坐落有序，布局规整。围龙屋始于唐宋，盛行于明清。目前，梅州城区和城郊方圆40千米范围内保存较为完好的围龙屋有数百座，如梅州市中心的承德楼、梅县白宫富良美村的联芳楼、大埔县的花萼楼和泰安楼、东源县仙塘圩镇的围龙屋等。

第四节 海南旅游

海南省，简称琼，位于中国最南端。行政区域包括海南岛和西沙群岛、中沙群岛、南沙群岛的岛礁及其海域，是中国最大的海洋省，最小的陆地省。全省陆地（包括海南岛和西沙、中沙、南沙群岛）总面积3.5万平方千米，海域面积约200万平方千米。其中海南岛面积3.39万平方千米，省会海口市。海南岛形似梨状，是我国仅次于台湾岛的第二大岛。环岛海岸线长1528千米，有大小港湾68个，与广东雷州半岛相隔的琼州海峡宽约18海里。

西沙群岛和中沙群岛在海南岛东南面约300千米的南海海面上。中沙群岛仅有黄岩岛露出水面，西沙群岛陆地面积8平方千米。南沙群岛位于南海的南部，是分布最广和暗礁、暗沙、暗滩最多的一组群岛，陆地面积仅2平方千米，其中曾母暗沙是我国最南端的领土。海南岛四周低平，中间高耸，山地和丘陵是海南岛地貌的主要特征。山地主要分布在岛中部偏南，中部五指山主峰海拔1867米，是海南岛最高峰；丘陵主要分布在岛内陆和西北、西南部；山地丘陵周围广泛分布着宽窄不一的台地和阶地；环岛多为滨海平原；海岸主要为火山玄武岩台地，海岸生态以热带红树林海岸和珊瑚礁海岸为特点。海南是我国最具热带海洋气候特征的地方，属热带季风气候，全年暖热无冬，1月平均气温17.2℃，7月平均气温28.4℃，大部分地区降雨充沛，年均降水量1500～2000毫米。全省总人口867.15万（截至2010年11月1日）。

海南岛原与大陆相连，是中国大陆向南延伸的一部分，历经地壳断陷、火山喷发及冰川等活动的频繁作用，形成南北宽20～40千米，东西长80～100千米的琼州海峡。唐朝贞观五年（公元631年）设琼州，海南简称“琼”即据此而来。1950年5月1日成立海南行政区，划归广东省管辖。1988年海南正式设省。

海南岛旅游资源以自然风光为主，有独特的山岳奇峰、火山地貌、岩溶景观、瀑布、温泉和地震遗迹；有众多沙白水平的海湾、沙滩、珊瑚礁石和海蚀地貌。海南现有国家级重点文物保护单位14处，省级文物保护单位108处，国家级历史文化名城2座，中国优秀旅游城市5座，国家5A级旅游景区2处，国家级风景名胜区1处，国家级森林公园25处，国家级自然保护区9处，全国旅游胜地四十佳1处。海南是中国热带滨海风景资源最丰富、最密集、最完整的地区，有“东方夏威夷”之称，是避寒、冬泳、度假和旅游的胜地。

一、风味肴馔

著名莱肴有文昌鸡、嘉积鸭、东山羊（万宁县）、曲口海鲜（琼山县）、万泉鲤鱼、五指山金钱龟和鳖、福山乳猪、东方白切羔羊、那犬狗肉等，海南粉则各地都有。到黎家品尝香饮则是一种难得的乐趣。

二、地方文艺

琼剧是海南的主要剧种，源于江西戈阳腔，明朝中期经闽南、潮汕传入海南岛，后吸收当地民间小调而形成，已有 360 多年的历史。海南公仔戏又称木偶戏、傀儡戏或手托木头戏，是具有地方特色的表演艺术品种之一；海南八音乐是海南器乐曲的主要品种。少数民歌舞有黎族、苗族歌舞等。

三、旅游交通概况

海南岛四面环海，特殊的地理环境，铸就了特殊的交通运输系统。目前，海南的交通运输业已进入飞跃发展的新时期，形成一定规模的海、陆、空立体营运网。

四、海南的旅游线路

到海南旅游，一般有两种选择：参加旅游团或是自助游。参加旅行团，价格便宜，方便省事，但不够自由，即便是喜欢的景点也不能按喜欢的方式去游览；而自助游以休闲度假为主，选择几个景点慢慢游览，可以充分享受休假的乐趣，但花费较大。

（一）海南椰岛风情游

D1　游览海口市内景点东寨港红树林自然保护区。

东寨港红树林自然保护区位于海口市琼山区东北部的东寨港，是我国建立的第一个红树林保护区。这里的红树林生长良好，丛林茂密。涨潮时分，红树林的树干被潮水淹没，只露出翠绿的树冠随波荡漾，成为壮观的“海上森林”，有水鸟展翅其间，游人可乘小舟深入林中。区内野菠萝岛环境幽美，岛上形态奇特的野菠萝林连片蔽日，修有观光小道，可乘游船登岛游览。

D2　游红色娘子军塑像、博鳌风景区、兴隆温泉旅游区。

琼海是海南著名的革命圣地，万泉河穿城而过。整个万泉河上游，犹如一幅山环水绕、碧波万顷的山水画长轴；两岸山峦起伏，乔木参天，奇伟险峻。沿岸有热带天然森林保护区、石虎山摩崖石刻、红色娘子军雕像等自然和历史人文景观。万泉河的中下游河水温顺平缓，两岸晨昏景色变幻神奇。著名的红色娘子军雕像就位于琼海市加积镇街心公园。

博鳌旅游风景区位于海南岛东部的博鳌镇境内，万泉河出海口，作为“博鳌亚洲论坛”所在地而举世闻名，被称为海南的现代传奇。博鳌镇南面的万泉河出海口处即博鳌港内，有东屿岛、沙坡岛、鸳鸯岛等小岛及玉带滩等著名景观。玉带滩是博鳌港口一条狭长的分界河海的沙洲，已被列入吉尼斯世界纪录。这里椰树围绕，空气清新，泉水清洌，沙滩洁白，碧海蓝天，美不胜收，令人神往。

兴隆温泉旅游区位于万宁市东郊的兴隆镇，有泉眼十几处，水温四季保持在 60℃。温泉水含丰富的矿物质，对皮肤病、关节炎和神经衰弱症等有治疗作用。附近有兴隆热带花园、热带植物园和东南亚风情村等休闲观光点，已成为吃、住、玩、浴多功能配套，具有相当规模的温泉旅游度假区。

D3　游览三亚。

三亚位于海南岛南端，有大小海湾 10 多个，是著名的“避寒旅游胜地”。海南世居的黎、苗、回族，大多数聚居在中部、南部地区和三亚市、通什市。黎、苗等少数民族能歌善舞、纯朴忠厚，民族文化底蕴深厚。黎族是海南岛上最早的居民，常用歌谣、乐器和舞蹈表达喜、怒、哀、乐。他们自削的竹管乐器——唎咧，音色透亮粗犷、清脆悦耳，是少有的民族乐器。黎族歌舞更为奇绝，传统舞蹈有“竹竿舞”、“打鹿舞”、“钱铃双刀舞”、“舂米舞”等，都富有强烈的民族特色和较深的艺术功底，传统节日是“三月三”。现在，在海南“竹竿舞”已成为海南最富有特色的舞蹈表演。三亚苗族具有自己独特的服饰、歌舞、节庆及婚丧娶嫁习俗。

亚龙湾山清、水碧、沙白、石怪、洞幽，集现代旅游五大要素海洋、沙滩、空气、阳光和绿色于一体，具有优越的热带海洋性气候，全年长夏无冬，气候温和，阳光灿烂。沙滩坡度平缓，海水清澈见底。冬可避寒、夏能消暑。乘坐半潜式海底游览船下潜，游客通过座位边的玻璃钢窗口，可观赏海底千姿百态的珊瑚和各种热带鱼。

鹿回头位于月牙形的三亚湾，是一座雄伟峻峭的山岭，因地形酷似一个回头凝望高处的鹿而得名。山顶巍然屹立着巨型鹿回头石雕，在这里可以远眺三亚全景，观赏海上日出日落。顺山势建有著名哈雷彗星观测站和白色的听潮亭、红色的观海轩。

大东海位于三亚市东面，是个弓形的海湾，达千米的洁白沙滩边围，一排排高大耸翠的椰树擎着巨型绿伞给海滩遮阳。这里四季如春，即使是北国滴水成冰的冬日，这里平均水温不低于 20 摄氏度。由于大东海的碧水、白沙、青山、绿椰、阳光均属大自然所赐，人们称之为“天然浴场”，是蜚声国内外的游泳胜地。

D4　游览天涯海角、南山佛教文化苑、大小洞天。

天涯海角风景区位于三亚市区约 23 千米处，前海后山，风景独特。因古时候交通闭塞，“鸟飞尚需半年程”的琼岛，人烟稀少，是封建王朝流放“逆臣”之地。到这里的人，来去无路，望海兴叹，故谓之“天涯海角”。刻有“天涯”、“海角”、“南天一柱”、“海判南天”的巨石雄峙南海之滨，为海南一绝，这里经历代文人墨客的题咏描绘，成为我国最著名的海滨度假区。

南山旅游区位于三亚南，分为三大主题公园：南山佛教文化园、中国福寿文化园、南海风情文化园。其主要建筑有南山寺、南海观音佛像、观音文化苑等。南山寺主体建筑包括仁王门、兜率内院、金堂。中国福寿文化园是一座集中华民族文化精髓，突出表现和平、安宁、幸福、祥和之气氛的园区。南海风情文化园是一座利用南山一带蓝天碧海、阳光沙滩、山林海礁等景观的独特魅力，突出展现中国南海之滨的自然风光和黎村苗寨的文化风情，同时兼容一些西方现代文明的园区。

大小洞天景区位于三亚市区西的海滨，自宋代淳熙年间（公元 1174—1189 年）相继开发，至今已有 800 多年的历史，是海南省历史最悠久的旅游风景区之一。1200 年前，鉴真大师偕日本留学僧荣睿、普照及鉴真徒弟等 15 人第五次东渡日本，遭遇台风后船漂到南山湾，从宁远河口登岸，并在崖城驻留一年多，在此期间修建佛殿，讲经渡人。因此，南山西峰上伫立着栩栩如生的鉴真和尚及其弟子群雕。

第五节　香港旅游

香港位于我国大陆南部的东海岸线上，珠江口东侧。西与澳门遥遥相对，北和深圳市毗邻，陆地部分与广东省接壤，距广州市约200千米，总面积达1104平方千米，由香港岛、九龙半岛和新界（包括235个离岛）组成，其中郊区多集中在新界。香港自古以来就是中国的领土。

1984年11月19日，中英双方正式签署关于香港问题的联合声明，1994年8月31日，八届全国人大常委会第9次会议通过中国将在1997年恢复对香港行使主权时重组香港立法机关和区域组织的决定。1997年7月1日，香港终于回到了祖国的怀抱。

香港、九龙和新界的地势，丘陵起伏，山丘大多从东北向南伸延，与福建省、广东省部分丘陵排列方向相同，形成很多山势陡峭的岛屿和海湾。香港属于亚热带气候，春季天气回暖潮湿，经常有雾和微雨；夏季天气炎热潮湿，间或有骤雨和雷雨；秋季天气晴朗，清凉干爽，是旅游旺季；冬季天气最凉爽干燥，1月平均气温17℃，7月平均气温28℃，年均降水量2200毫米。全区总人口为709.76万人，其中，常住人口688.53万，流动人口21.23万（截至2010年11月1日）。

香港得名于香江，与深圳隔河相望，150多年前，香港被形容为“荒芜之地”，时至今日，已跻身世界大都会之列。“东方之珠”香港是我国的一个特别行政区和国际自由贸易港，日益成为举世闻名的动感之都。由于优越的地理位置和国际资本的不断注入，现已发展成为世界金融贸易中心，其黄金外汇市场、深水自由港、转口贸易等已成为国际商业的重要组成部分，是亚洲经济重要的增长点。

一、风味肴馔

被誉为亚洲美食之都的香港，美食种类繁多。无论是铜锣湾充满香港风味的大排档，还是赤柱大街一带的美食集中地，或是鲤鱼门、西贡、南丫岛别具风味的饮食，保证让游客不会失望。

二、地方文艺

香港原属广东省管辖，其居民也多是广东人，地方文艺特色与广东基本相同，主要是粤剧、潮剧、广东音乐和南音。

三、旅游交通概况

香港与祖国内地陆海相连，交通十分方便，具有发达的立体式水、陆、空交通系统，公共交通十分发达。香港既有定期航班或定期包机飞往国内各大城市，又有陆路的列车和直通汽车，还有海上客运轮船，游客可以根据自己的需要自由选择。

四、香港经典四日游

D1 游浅水湾、海洋公园。

浅水湾位于港岛南部，是香港最具代表性的泳滩。浅水湾水清沙细，海滩绵长，滩床宽阔，波平浪静。浅水湾东端是富有宗教色彩的镇海楼公园，园内面海矗立着两尊巨大塑像“天后娘娘”和“观音菩萨”。附近建有七色慈航灯塔，气势雄伟，吸引着众多游客在此留影。

位于香港岛南面的海洋公园，环山而建，堪称全球最受欢迎的主题公园之一。海洋公园于1977年建成并对外开放，拥有世界最大的海洋水族馆，以及海洋剧场（每天有两场海豚、海狮和高空跳水表演）、海涛馆、鲨鱼馆等。百鸟居饲养180种共2000多只雀鸟，还有超过100种金鱼的金鱼大观园、天幕影院等。

晚餐后夜游太平山，俯视景色迷人的香港。太平山顶俗称扯旗山，是俯瞰维多利亚港景色的最佳地点。赏景最佳的地点在凌霄阁的观景台和缆车总站旁的狮子亭，游览太平山可以乘车从公路盘旋而上山顶。登上凌霄阁俯瞰，香港全貌尽收眼底。

D2 参观黄大仙庙、会展中心、金紫荆广场、参观珠宝行、世界名表总汇、晚上自费参加夜游维多利亚港湾游船。

前往参观黄大仙庙途中经过世界名表总汇，可参观购买。黄大仙祠是香火最旺的庙宇之一，始建于1921年。整个殿堂金碧辉煌，建筑雄伟，极富中国传统建筑的特色。供奉的黄大仙，据说有求必应。黄大仙祠除主殿大雄宝殿外、祠旁还设有小园林、三圣堂、从心苑。农历新年或节日期间，是黄大仙庙香火最鼎盛的时候，善男信女纷纷前来求问运势及还神。祠内的九龙壁仿照北京故宫九龙壁而建，壁上刻有中国佛教协会主席的题诗，增添黄大仙庙的中国传统特色。

位于湾仔海旁的香港会议展览中心，是该区最新建筑群中的代表作之一。香港会议展览中心外貌雄伟，由两座建筑物组成。旧翼于1988年落成，新翼于1997年扩建而成。内有大礼堂及大展厅数个，是世界最大的展览馆之一。新翼外形以流线型上盖为设计重心，犹如大鹏展翅，为湾仔海旁的标记。1997年7月1日香港回归中国大典即在该处举行。金紫荆雕像矗立于香港会展中心新翼海旁的博览海滨花园内，附近屹立着回归纪念碑。前往珠宝行参观、购买。晚餐后自费参加游船夜游维多利亚港湾。住香港。

D3 参观香港历史博物馆、“星光大道”。下午自由活动，晚餐后游览兰桂坊。

尖沙咀是前九广铁路钟楼、多所博物馆及香港文化中心的所在地；置身沿岸而建的海滨长廊，可赏览壮丽的维多利亚港景色。香港历史博物馆就位于尖沙咀。馆内的历史图片及藏品，展示了第二次世界大战前香港的旧貌及其后的发展，记录了香港变化和发展的足迹。

为表扬香港电影工作者而设的“星光大道”，是亚洲区内首个此类型项目。长廊展出了多个台前巨星和幕后杰出电影人士手印、牌匾及香港电影金像奖雕塑，还有电影发展里程碑，从而认识香港的百年电影史及电影工作者的成就，参观之余，还可观览维多利亚港的景致。

兰桂坊是位于中环云咸街与德己立街之间的一条短小、狭窄、呈L形并用鹅卵石铺成的街巷，街巷满布西式餐馆和酒吧。兰桂坊酒吧街缘起于 20 世纪 70 年代初期，当时一位意大利商人在这里开设了餐厅。其后，有些电影在这里取景，兰桂坊渐渐成为一处有品位的休闲之地。如今兰桂坊已由一条小巷发展成一个极富西方文化的地区，开设了超过 50 家餐厅和各种消费场所，名字、装饰洋溢欧陆风情和异国情调，被誉为香港特有的文化特区。

D4　游览香港迪士尼乐园。

香港迪士尼乐园是全球第七个迪士尼乐园，位于大屿山的欣澳，环抱山峦，与南中国海遥遥相望，是一座融合了美国加州迪士尼乐园及其他迪士尼乐园特色于一体的主题公园。香港迪士尼乐园包括四个主题区：美国小镇大街、探险世界、幻想世界、明日世界。每个主题区都能给游客带来无尽的奇妙体验。在美国小镇大街，你可以乘坐迪士尼火车到幻想世界，欣赏美国街市的怀旧建筑、各款典雅的古董车，品尝各种中西佳肴美食；在探险世界里，沿着一条条巨大的河流，穿过非洲大草原，进入亚洲神秘森林，到达泰山小岛，勇敢的领航员会带领游客探索大自然的神奇密境；充满欢乐的幻想世界，是梦幻中的童话世界，美丽善良的白雪公主、纯真活泼的小飞象、天真可爱的小熊维尼，每一个童话中的主角都能给人带来欢乐和幻想；明日世界可以让人体验太空惊险之旅，探索宇宙。

第六节　澳门旅游

澳门位于中国南部的珠江口西侧，古称“濠镜澳”，与香港、广州鼎足分立于珠江三角洲的外缘。澳门地区由澳门半岛、氹仔岛和路环岛三部分组成，东隔伶仃洋与香港相望，相距仅 61 千米；西与广东省珠海市的湾仔镇一衣带水，只隔一条不足 1 千米宽的濠江水道；北边以古老砂堤与珠海市的拱北相连，陆界只有 240 米；南面则濒临浩瀚的南海。陆地总面积（包括填海面积）约为 27.3 平方千米。澳门半岛和氹仔岛、路环岛原先互不相连，如今已由一条长 2.5 千米的澳氹大桥和长 2.2 千米的路氹公路将整个澳门地区连成一片。16 世纪中叶，第一批葡萄牙人抵澳时，询问居民当地的名称，居民误以为指庙宇，答称“妈阁”，葡萄牙人以其音而译成“Macau”，成为澳门葡文名称的由来。

公元 1535 年，澳门开埠，成为东西方贸易交流之所，此时的澳门尚是一个人烟稀少的小渔村。1848 年后，葡萄牙殖民者相继占领了澳门半岛、氹仔岛和路环岛。

1987 年 4 月，中葡两国政府签订了《关于澳门问题的联合声明》。1999 年 12 月 20 日，澳门回到了祖国的怀抱。

澳门半岛有莲花山、东西望洋山、炮台山和妈阁山，氹仔岛有观音岸、大小氹山，路环岛有九澳山、叠石塘山。山岩性质以花岗岩与火山岩为主。澳门属热带季风气候，具有温暖、多雨、湿热和干湿季明显等特点。全年主要分冬夏两季，春秋短暂而不明显，夏热多雨，冬稍干冷，春温多雾，秋日晴朗。1 月平均气温 14.6℃，7 月平均气温 28.5℃，年降雨量达 2000 毫米。澳门还是一个典型多风的地区，风向随季节的变化而变化，常年盛行东北风和东南风。每年的 7—10 月为台风季节。全澳门总人口为 55.23

万（截至2010年11月1日）。澳门2005年成功申报了世界文化遗产——澳门历史城区。

一、风味肴馔

澳门华洋共处，荟萃中西南北美食，来自各地的风味美食大多可在澳门品尝到。澳门的中国菜主要以粤菜为主。澳门的葡国菜分为葡式及澳门式两种。经过改良，更适合东方人口味的澳门式葡国菜是世界上独一无二的菜式，它是葡国、印度、马来西亚及中国（广东）烹饪技术的结晶，如非洲鸡、牛尾、葡国鸡、葡国腊肠、沙甸鱼等是澳门著名菜式。

二、地方文艺

与广东省相似，主要是粤剧、潮剧、广东音乐和南音。

三、旅游交通概况

澳门的对外交通四通八达，有各种交通工具可供选择，为旅客提供方便和快捷的运输服务。澳门对外交通一直以水、陆路为主，自1996年澳门国际机场启用后，填补了除香港以外，澳门与内地及海外地区在客运、货运方面的空白。

四、澳门经典一日游

乘船前往澳门，游览澳门标志大三巴牌坊，西望洋山（主教山）圣堂、妈祖庙，国父纪念馆及葡京赌场。

大三巴牌坊位于炮台山下，是圣保禄教堂前壁的遗迹。“三巴”是“圣保禄”的译音。圣保禄教堂是澳门教堂中建造时代最久远、最著名的。教堂于1602年奠基，1637年落成，当时，该教堂在华南一带非常著名，许多外国传教士都来这里研修教义，学习中国文化，同时把西方文化带到东方来。教堂曾经历过三次火灾，但屡焚屡建，1835年最后一场大火使整座建筑物坍塌，只留下一堵门壁，因教堂前壁遗迹貌若中国传统的牌坊，故称大三巴牌坊，现为澳门的标志，也是著名的旅游景点。牌坊共分5层，从上到下都镶嵌、雕刻着形态迥异、笼罩着浓厚基督教色彩的艺术群像，融合了东西方建筑艺术的精华，是中西文化交融的艺术品。

大炮台位于大三巴牌坊不远处，原名圣保禄炮台，是300多年前为防海盗，保护传教士及居民安全而建造的全澳最大的炮台，部分建筑于1835年与圣保禄教堂同遭火焚。原来一直为军事禁地，现辟为旅游景点。城堡高居市区中心，从上可眺望澳门全景，当年古老的铁炮现仍安放于城堡上。大炮台城堡的中心，有一座南欧式的平房建筑，原为兵营，现为气象台。

澳门半岛南部的西望洋山上有建于1622年的圣母堂，其左侧为1935年加建的主教府，西望洋山因而又称“主教山”。教堂内钟楼高耸，庄严肃穆，环境幽美。圣母堂前屹立着一尊圣母石像。登临远眺，南湾中心商业区和澳氹大桥尽收眼底，也可欣赏特区珠海的自然风光。澳门最古老的教堂圣老楞佐堂（建于1569年）、有200多年历史的圣若瑟修院以及极具南欧建筑特色的澳门总督府也建在这里。

西望洋山的西麓有澳门建筑历史最久、最负盛名的古迹妈阁庙，开山至今已超过500 年。它依山面海，沿崖而筑，飞檐凌空，古木森郁，是澳门的三大禅院之一。山间岩石上还有历代摩崖石刻数十款。整座庙宇由大殿、石殿、弘仁殿、观音阁四座主要建筑组成，其中由石窟凿成的弘仁殿，历史最悠久，殿中央供奉着天后（妈祖）。妈阁庙终年香火不断，朝圣者络绎不绝。每年春节和三月廿三的妈祖诞辰，庙内香火最为鼎盛。除夕夜开始，至此祀拜祈福的善男信女络绎不绝，场面热闹非凡。1998 年 10 月，在澳门最高点的路环岛叠石塘山顶，落成了全世界最高的妈祖雕像。

国父纪念馆位于文第士街，环球酒店侧，是一幢回教色彩的建筑物。孙中山先生于 1918 年出资兴建此寓所，作为其家人的住所。故居于 1958 年易名为“国父纪念馆”。馆内陈设均为孙中山在广州任大元帅时所用的文物家具及在澳门行医时所用的物品。馆侧有花园，现矗立着一尊孙中山先生的全身铜像及“天下为公”四个大字。

在有“东方的拉斯维加斯”之称的澳门，葡京、皇宫、假日、金碧等“游乐场”是众多赌场中最大的。娱乐场内一般都设有百家乐、21 点、轮盘、法国轮盘、番摊、大小、摇银机等博彩项目。入夜，灯火最亮、最为热闹的就是这些地方。

第七节　台湾旅游

台湾位于中国大陆架的东南缘。北临东海，东临太平洋，南接巴士海峡，西隔台湾海峡与大陆福建省相望，最近处仅 130 千米。全省扼西太平洋航道的中心，战略位置非常重要。台湾四面环海，海岸线总长达1600千米。全省由台湾本岛和兰屿、绿岛、钓鱼岛等 21 个附属岛屿，及澎湖列岛 64 个岛屿，共 80 余个岛屿所组成。陆地总面积约 3. 6188 万平方千米，省会台北市。

台湾省是中国第一大岛。岛上多山，高山和丘陵面积占 2/3，平原不到 1/3。台湾山系与台湾岛的东北—西南走向平行，竖卧于台湾岛中部偏东位置，台湾岛有五大山脉、四大平原、三大盆地，分别是中央山脉、玉山山脉、雪山山脉、阿里山山脉和台东山脉（又称海岸山脉）；宜兰平原、嘉南平原、屏东平原和台东纵谷平原；台北盆地、台中盆地和埔里盆地。中央山脉诸主峰均在 3000 米以上，是全岛的脊梁和分水岭。玉山山脉的主峰玉山海拔 3952 米，为台湾第一高峰，也是我国东部沿海地区的最高峰。山顶终年积雪，四周云雾缭绕。阿里山山脉山势则比较平缓，主峰大塔山顶部平坦，是著名风景区。台湾岛位于环太平洋地震带和火山带上，地壳不稳，是一个多震的地区。台湾本岛河流众多，共同特征是短促湍急，多沙，不利行舟。主要河流有浊水溪、下淡水溪、淡水河、曾文溪、大甲溪等。著名湖泊有日月潭、珊瑚潭。

台湾全省位置跨温带与热带之间，北回归线穿过台湾岛中部，北部为亚热带气候，南部属热带气候。由于它四面环海，受海洋性季风影响，终年气候宜人，冬无严寒，夏无酷暑。台湾多雨，且受台风影响较多，年降水量多在2000毫米以上。全省总人口 2316. 21 万（截至 2010 年 11 月 1 日）。

台湾是我们伟大祖国不可分割的一部分。台湾同中国大陆的渊源深厚而久远。台湾的基本地形，与大陆的地块相同，在地质成分上，是与福建、浙江两省相同的酸性火成岩体。因此，台湾有一个雅号——“浮福建”。

从台湾岛的考古发现来看，祖国大陆的文化在旧石器时代就已传到台湾。台湾在战国时代称为“岛夷”，隋、唐以后称“流求”，明万历年间正式在公文上使用“台湾”的名称。到17世纪20年代的明朝末期，大陆居民开始大规模移居台湾，给台湾的社会经济和文化的发展以极大的推动。1624年，荷兰人占领台湾，台湾自此沦为荷兰的殖民地。1661年民族英雄郑成功驱逐荷虏，收复台湾。清康熙二十二年（公元1683年），清政府统一台湾，翌年在台湾设1府3县，隶属福建省。

1894年中日甲午之战，清政府于1895年与日本签订了丧权辱国的《马关条约》，将台湾和澎湖列岛割让给日本。1945年8月日本无条件投降，台湾重新回归祖国的怀抱。新中国成立前夕，蒋介石以及国民党的部分军政人员跑到台湾，在台湾维持偏安局面，使台湾与祖国大陆再度处于分裂状态之中。

台湾省旅游资源十分丰富，清代即有“八景十二胜”之说。自然风景有全国十大风景名胜区玉山、阿里山、日月潭；台湾文物资源丰富，大多与反抗荷兰、日本侵略者有关，或是台湾与大陆关系的历史见证，如赤嵌楼、安平古堡、明延平郡王祠、指南宫凌霄宝殿、云林北港妈祖庙、台北与台南孔庙等。

一、风味肴馔

台湾菜肴源自大陆福建，但加以变化，融入了江浙口味而富有台湾特色。菜肴简单清淡，佐料常用沙茶、咖喱、花生酱等，多用清汤炖煮。台湾也保留了日本统治期间所遗留的一些特色，如使用味噌和刺身。

台湾厨师善于大胆创新，使菜肴极富特色，具有外地风味，但仍保留其本土风格。风味小吃品种极多，台北新店碧溪潭香鱼，桃园大溪豆干、石门沙锅鱼头，台中菜根香原汁牛肉，淡水阿婆铁丹蛋和淡水鱼丸，嘉义鸡肉饭，高雄六合夜市贝类海鲜及“山河肉”（大山鼠肉），新竹米粉，鱼羹，卤肉饭，担仔面等，都使人垂涎欲滴。

二、地方文艺

台湾地方虽小，但戏曲剧种众多，主要剧种闽语区有福建传入的梨园戏、高甲戏、福州戏，粤语区有广东传入的大戏、南管等。另有从民歌基础上吸收大陆各剧种的唱功、音乐、行头、道具等而生产的地方戏剧，如歌仔戏、采茶戏、车鼓戏、大人红戏、童子戏、布袋戏、子弟戏。其中，最具台湾地方特色及在民间流行的还是歌仔戏与布袋戏。

三、旅游交通概况

台湾一直有着相对良好的交通运输基础。台湾除海运历史悠久外，19世纪末修筑的基隆至新竹段铁路（1893年通车）是中国最早修筑的铁路之一，清代还修筑了连贯东西的数条公路干线。现在台湾的对外交通与岛内交通体系比较发达，对外交通依靠空运和海运，岛内旅行则环岛铁路、四通八达的公路网及客运巴士都十分方便。

四、台湾经典环岛游

大陆目前已开放大陆居民赴台旅游。1991 年国务院颁布《中国公民往来台湾地区管理办法》，对祖国大陆居民赴台旅游问题作出了法律规范。2008 年 6 月，海峡两岸关系协会会长陈云林与台湾海峡交流基金会董事长江丙坤在北京签署了《海峡两岸关于大陆居民赴台湾旅游协议》。双方同意赴台旅游以组团方式实施，采取团进团出形式，团体活动，整团往返。2011 年 6 月 28 日正式启动大陆居民赴台个人游，目前已在 11 个城市试行。

D1　乘机赴台北桃园机场，游台北忠烈祠，故宫博物院，途中参观中正纪念堂、国民党党部、"总统府"、国际音乐厅、国家剧院外貌，赴台中，游览精明一街（珍珠奶茶街）。晚餐后前往士林夜市，品尝各种小吃。

忠烈祠位于台北剑潭山东面，前临基隆河，建于 1969 年，主建筑形式仿北京故宫太和殿，宏伟庄严。祠内供奉从中华民国成立前的革命烈士，到在抗日战争及国共战争中阵亡的 33 万将士。

台湾“故宫博物院”位于外双溪，1962 年动工修建，1965 年孙中山诞辰纪念日落成。进入故宫广场前，即见六根石柱所组成的牌坊，坊上题有孙中山手迹“天下为公”，拾级而上，可见刻有“博爱”二字的铜鼎。整座建筑仿北京故宫博物院的形式，采中国宫廷式设计。收藏有许多无价中华艺术宝藏，其收藏品的年代几乎涵盖了整个五千年的中国历史。博物院内 62 万件收藏品中，大多数是昔日的清宫收藏，其中以陶瓷、书画、青铜器最为完整，以三楼的翠玉白菜、肉形石和二楼的瓷器最受游客瞩目。

台中精明一街即“台中商务中心行人徒步区”，是一条充满异国风味的街道。徒步区两旁有茶艺咖啡、异国风味餐馆、画廊等。人行道上设有露天座椅，每逢假日常举办露天音乐会、艺文展示等社区活动，犹如法国香榭大道的缩影，是一条兼具购物、休闲与艺术的街道。坐在露天咖啡座中，品尝着咖啡，看着熙来攘往的人群，别有一种生活情趣。

士林夜市是台北颇具规模且相当知名的夜市之一，有超过五百家店面和摊贩。可分两大部分，以阳明戏院为中心，南北小吃、流行服饰、杂货加上如织的人潮，洋溢着热闹的气息。位于慈诚宫对面的士林市场，铁皮覆顶，市场内囊括大江南北综合小吃、从牛排、铁板烧到蚵仔煎、广东粥、生炒花枝，琳琅满目；每到夜晚，逛夜市的人潮总将狭窄的通道挤得水泄不通。

D2　游台中南投县日月潭风景区。

日月潭是台湾著名的风景区，位于台中山区南投县境内，湖面海拔 740 米，是台湾岛上唯一的天然湖泊，由玉山和阿里山之间的断裂盆地积水而成，是台湾八景之首。日月潭本来是两个单独的湖泊，后来因为发电的需要，在下游筑坝，水位上升，两湖因此连为一体。日月潭旧称水沙连、水社大湖、龙湖、珠潭，当地人也称它水里社。在祖国各大名湖中，独具亚热带的秀丽风光。日月潭之美在于环湖翠峰环抱，湖水澄碧，一年四季，晨昏景色各有不同。潭中有一小岛，远看好像浮在水面上的一颗宝珠，故名珠仔岛，现名光华岛。以光华岛为界，北半部为前潭，水色丹，形如日轮，故名日潭；南半部称为后潭，水色碧，形觚似月，故名月潭，合称日月潭。潭的形状和颜色，更贴切地传达了日月潭名称的意义。

日月潭四周的群山有多处名胜古迹，潭东水社大山高逾2000米，风光旖旎。潭北山腰有一座文武庙，依山而筑，因供奉孔子、岳飞及关羽而得名。潭南侧青龙山，山麓有著名的玄光寺和玄奘寺。玄光寺紧挨着湖边，供奉唐代高僧玄奘法师全身塑像，寺中悬有“民族法师”楹额，以纪念其对佛学及我国古代文化的重要贡献。抗日战争期间，日本人从南京天禧寺劫走了部分玄奘灵骨，抗战胜利后灵骨从日本迎回台湾，存放在玄光寺。由于前来顶礼膜拜的信众络绎不绝，玄光寺不够用，1965年又建成玄奘寺，专门供奉玄奘灵骨。涵碧楼在日月潭西北的山坡上，是当年蒋介石的“行宫”，现为宾馆。

日月潭附近的德化社，是高山族聚居的村落，现已建为山地文化村，山胞歌舞翩翩，尤以表现舂米的“杵舞”吸引着众多游客。

D3　游阿里山森林游乐区，赴台南游览赤嵌楼、延平郡王祠。

阿里山位于嘉义县东北，是大武恋山、尖山、祝山、塔山等18座山的总称，有祝山云海、千年古木、塔山断崖等奇观，设有高山博物馆、植物园，是台湾著名游览胜地。主峰塔山海拔2800多米。阿里山的森林、云海和日出，称为三大奇观。这里所产的是世界罕见的高级建筑木材，如台湾杉、铁杉、红绘、扁柏和小姬松，称为阿里山特产“五木”。阳春三月，阿里山又成为一个绯艳绚丽的樱林，这里的樱花驰名中外，每年二月至四月花季，登山赏樱花的游人络绎不绝。阿里山森林铁路与印度大吉岭至喜马拉雅山铁路、智利至阿根廷之安第斯山铁路，并称世界上仅存的三条登山铁路。铁路全线自海拔30米的嘉义，以“Z”字形向上爬升到2216米高的阿里山，途中经过49个隧道、77座桥梁，沿途可欣赏热、暖、温等不同气候带的植物种类变化与美丽的山脉、溪谷。

台南市中区民族路上耸立着一座气势宏伟的中国式建筑，这就是台湾省一级重要史迹“赤嵌楼”。“赤嵌楼”的前身是荷兰人1653年在台南赤嵌兴建的“普罗民遮城”，当地人民称做红毛楼。因城楼砖瓦均为红色，又叫“赤嵌楼”。赤嵌楼濒临大海，红色的砖墙在夕阳的西照下，如吐红霞。自古为台湾八景之一“赤嵌夕照”。1661年郑成功逐驱荷兰入侵者后改设政厅承天府于此。为了纪念郑成功，人们便在大殿“文昌阁”的厅堂正中供奉起他的画像及半身雕塑；在院中还建立有“郑成功受降图”雕像。

延平郡王祠位于台南市开山路，建于清同治年间，俗称郑成功庙或开山圣王庙，奉祀郑成功及其部将，为台湾的重要古迹。庙宇占地广阔，庭园修筑极美，整体风格庄严典雅，是台湾唯一福州式庙宇建筑。延平郡王祠分为照壁、供奉郑成功的正殿、崇祀太妃与宁靖王的后殿，以及东西庑。祠中收藏许多古文物，包括珍贵的沈葆祯手书。东西两庑则陈列郑氏部将牌位、仪仗等。后殿中央供奉郑氏母亲的牌位。庭中的两棵古梅是郑成功亲手所植，已有300多年历史。

D4　游览垦丁公园。

垦丁公园是台湾省一级公园中唯一拥有海域的公园，位于台湾南端高雄地区屏东县。垦丁半岛位于台湾岛的最南端，像一条鸭舌伸进了巴士海峡和太平洋。这里自然资源非常丰富，加上气候温暖，景致怡人，交通便利，成为台湾人最好的度假去处。

鹅銮鼻是垦丁的最南端，为珊瑚礁石灰岩地形，礁石林蔓延，海边植物生态丰富。鹅銮鼻灯塔为台湾八景之一，建于 1882 年。塔身全白，呈圆柱形，高 21.4 米，有“东亚之光”的美誉。鹅銮鼻的东边是太平洋，西边是猫鼻头，猫鼻头的西边是台湾海峡，从猫鼻头到鹅銮鼻间是巴士海峡，垦丁青年活动中心位于鹅銮鼻到猫鼻头的中点，在中心的青蛙石公园海滨步道上，可立足方寸地，纵览三大洋。台湾海峡、巴士海峡、太平洋交汇处，湛蓝的海水呈现不同颜色，泾渭分明、互不相融，让人感叹大自然的鬼斧神工、变幻莫测。

垦丁公园中的社顶自然公园，主要以次生林、热带灌木丛林、草原等为主，植物有 300 种以上，适宜蝴蝶食性的植物茂盛，有大宗温、热带种类蝴蝶，夏季为赏蝶好时机。园区内为珊瑚礁林地形，有礁石及石灰岩洞等，景观壮阔。全区以长达 13 千米的步道衔接，设有赏景休憩亭及解说标示，行走其中可以充分享受森林浴。走南回公路赴台东，可观赏沿途风景。

D5　沿台东—花莲海岸线，游览八仙洞、三仙台、太鲁阁峡谷。

八仙洞位于长滨乡樟原村附近，东临太平洋，是这一带星罗棋布的海蚀洞总称。陡峭的海岸上，洞穴从海边一直排列到悬崖的顶端，其形成的原因是在地壳上升过程中，受到海水侵蚀，由上至下形成的。“灵岩八仙”是台东十景之一。其中最大的是云岩洞，洞内经人工修饰，建有佛殿、石桌椅、莲花池等，称为灵岩寺，奉祀观音菩萨像，八仙洞作为台东的一处胜景，常常游人如织。

八仙洞是台湾早期发现旧石器时代遗迹的地方，因曾出土大量的史前遗物，而被列为台湾的一级古迹。这说明在 5 万年前的更新世末期，台湾与大陆相连接之时，台湾已成为人类活动的场所。这里以木栈道或石板路将洞穴连接，游客可一览八仙洞鬼斧神工的自然景观；游客可以在潮音洞前聆听洞内海浪潮声回响，更可登上洞顶眺望远处太平洋海天一色的壮丽风景。

三仙台位于台东县成功镇北 5 千米处，因岛上有三座小山峰而得名，为一离岸珊瑚礁岛。岛上巨石罗列与海中礁岩形成特殊景观。传说八仙中的铁拐李、吕洞宾、何仙姑曾于岛上停憩，故名。这里主要是由火山集块岩所构成，四周由珊瑚礁岩环绕，再加上风化及海蚀作用，因而呈现出造型奇特的岩石相。海岬北侧为一片少见的卵砾石滩，当海浪拍打滩头时，成千上万如拳头般大小的卵石相互撞击，声音犹如万马奔腾，令人震撼。三仙台岛上现有造型优美的跨海人行步道桥一座，可步行直上三仙台。岛上尚有合欢洞、蝙蝠洞、仙剑峡等景观。

位于台湾东部花莲县的太鲁阁峡谷，以雄伟壮丽、几近垂直的大理岩峡谷景观闻名，是台湾东北部的著名风景旅游区，台湾八大奇景之一。“太鲁阁”原是台湾高山族用语，意思是“连绵不断的群山”。整个峡谷风光由太鲁阁、长春祠、燕子口、大断崖、九曲洞、天祥等景观组成，并以太鲁阁命名。

650 万年前，随着造山运动的开始，深埋地下的大理岩层浮出海面，经过立雾溪的长期冲刷和地壳的隆起上升，形成了几乎垂直的 U 形的太鲁阁峡谷。立雾溪全长 50 千米，溪床陡峭，溪流湍急，两岸是旖旎的风光，横贯悬崖的绝壁，色彩绚丽的大理岩。

大理石峡谷的岩壁上，随处可见溪水冲击岩壁而形成的壶穴。地壳的抬升使壶穴位置慢慢升高，形成了今天的壶穴奇观。

太鲁阁峡谷一般泛指中横公路太鲁阁至天祥段将近 20 千米的峡谷路段。由东段太鲁阁牌楼入口处一路西行，峡谷愈来愈窄，燕子口到慈母桥为太鲁阁的精华区，公路不是凿洞穿行，就是由岩壁成“匚”形路段，车辆行驶其间，令人有“一线天”的感觉。燕子口和九曲洞，是太鲁阁峡谷最让人心动的自然奇观，也是峡谷最窄的两段，临溪侧辟有人行步道供游客漫步欣赏。沿着这条峡谷风景线而行，触目所及皆是壁立千仞的峭壁、断崖、峡谷、连绵曲折的山间峡谷、大理岩层和溪流等风光，游人无不赞叹造物主之鬼斧神工。

D6　赴花莲参观原住民山产中心，沿苏（澳）花（莲）公路，经过九份到淡水，游淡水老街，赴台北。

九份位于台湾东北角的台北县瑞芳镇，是一座依山傍海、敦厚古朴、历史悠久的采金老山城。相传在陆路尚未开通时，一切物资都由海路供给，当时由于村中只有九户人家，采购物品时都以九份为单位，人们便以九份来命名。九份环山面海，地理景观特殊，民初时曾是繁华的黄金小城，人口最高达四五万，山城入夜后灯火辉煌，当时被誉称为“亚洲金都”；1970 年后因金脉枯竭、开采结束而没落。自从电影《悲情城市》以此为背景，并获得威尼斯大奖后，再度吸引游客前来欣赏山城独特的景色及闻名的九份老街。此地保有着纯朴的旧日生活风貌和许多已消逝的传统，吸引了四方的艺术家来此定居。除了首屈一指的山海风光外，其自成一格的矿山文化、采金历史，更值得玩味。

淡水是一个充满历史的小镇，早在 1858 年就开港通商，是台湾北部最早开发的港口。今日的淡水，从一座座红色的陈年洋楼、闽式、日式的旧建筑，仿佛看到了从前。游淡水最好是步行，沿着河畔徒步走淡水老街，欣赏小镇风光。老街上零星可见的古旧建筑，加上古董文物艺品店林立，更显其古朴风味。

D7　游览台北圆山风景区、士林官邸、野柳风景区、阳明山国家公园、北投温泉。

“圆山风景区”其实是位于台北市中山北路四、五段路旁剑潭山上的一座都市型公园，圆山大饭店是这里最明显的地标，也可以说是藏身于圆山大饭店后面的都市公园。

台北市士林区福林路 60 号的士林官邸，是蒋介石夫妇在台最具代表性的故居，原为日据时代总督园艺所。从 1950 年起，直到蒋病逝，他们在此居住了 26 年，现为台北市一座环境优美的生态公园。士林官邸四周园林环绕，景色清幽。园内植各类盆栽、药用植物、观赏花卉等，花木扶疏，并有丰富的动植物资源，常有许多新人在此拍摄婚纱照，每逢假日游人如织，是民众休闲的好去处。

野柳风景区位于台北县万里乡野柳村，为大屯山余脉伸出海中的岬角，远望如一只海龟蹒跚离岸，昂首拱背而游，因此也有人称之为野柳龟。海蚀、风蚀及地壳运动等在不同硬度的岩层上作用，造就了海蚀洞沟、烛状石、蕈状岩、豆腐石、蜂窝石、风化窗等世界级的岩层景观。女王头、仙女鞋、烛台石等更是闻名中外的海蚀奇观。进入野柳风景区，沿着步道而行，一路可尽览奇特的地质景观，行至岬角尖端，即为白色的野柳灯塔。除了地质景观，野柳亦是众多候鸟休憩的驿站，是赏鸟人士眼中的宝库。

阳明山又名草山，位于台北盆地北缘，因盛产茅草而得名。海拔高度自 200 米至 1200 米，以天然的溪谷，温泉、瀑布和森林公园著称，是全省唯一具有完整火山特性的地区。受纬度及海拔的影响，气候属亚热带与温带气候区，季风型气候极为明显。蒋介石十分看好此地风光，为纪念明代大儒王阳明先生，而改名为“阳明山”，是全台最大、景色最美的郊野公园。

北投温泉位于台北市北郊，为台湾北部著名温泉区。泉水主要来自附近弥勒山，水温 85℃左右，属硫黄泉，不能饮用。“北投”原是少数民族平埔族北投社所在，北投温泉最早被外界知悉是 1894 年，此后旅游业逐渐兴起。北投温泉备受台北民众的喜爱，水质含各种硫磺，据说对风湿病、皮肤病、肌肉酸痛等各种病痛有医疗效果。

北投温泉博物馆内的温泉浴池，过去曾经是东亚最大型的温泉浴场，具有浓厚英国乡村别墅风格，一楼中央的大浴池采用古罗马式建筑，四周窗玻璃是西方教堂常见的彩绘玻璃，浴池四周的拱墙带有几分罗马浴池的欧式风格。当年的浴场设有温泉澡堂、休憩室、餐厅、娱乐室等，为东南亚最大型浴场。现今的博物馆重现了当年的风貌，分别展出北投发展的历史演变、人文介绍并对温泉乡产业的介绍。

D8　游台北 101 大楼、龙山寺。

台北 101 大楼位于台北市信义区，是台北市的新地标，总高 508 米，地上 101 层，地下 5 层，故名。2004 年 12 月正式启用。在规划阶段初期原名台北国际金融中心（Taipei Financial Center），是目前世界第三高楼（2010 年）。建设用途为购物中心，办公，观景。由建筑师李祖原设计，KTRT 团队建造，保持了中国世界纪录协会多项世界纪录。

龙山寺位于台北市广州街，寺庙坐北朝南，面向大街，整个龙山寺的布局以大殿为中心，结构严谨，前后殿相呼应，左右相对称。中殿供观世音菩萨、文殊、普贤；左右厢堂供四海龙王、山神、土地公、十八罗汉；后殿祀妈祖娘娘；左右享堂则祀城隍爷、关帝爷、文昌夫子、水仙花王等。所供奉的释、道、儒各派诸神汇集一寺，蔚为大观，这也是台湾寺庙文化的一个新发展。龙山寺的香火鼎盛，参拜者络绎不绝。由于空气湿度大，缭绕的香烟，聚集不散，更使整个大殿平添了氤氲的气韵。龙山寺是由泉州商人募款筹资兴建起来的。建造后，庙主还专门派人到晋江安海龙山寺奉请观音佛像入台。后殿的妈祖娘娘神像，也是福建分灵来的。寺庙中玲珑剔透、精美绝伦的青石龙雕，出自福建惠安石雕工艺师之手。整个寺庙建筑保持着闽南寺庙建筑的精细特色，是台湾寺庙建筑艺术的佼佼者，现已列为台湾重要古迹。寺庙景观保持着福建龙山寺的特色，一直是泉州移民聚会和活动的地点，也是闽台同胞同根共缘的实证。

第7章。华中名山峡谷旅游区

第一节 概 述

华中旅游大区位于我国中部，包括渝、川、鄂、湘三省一市，是既不靠海又无国境线的旅游区。在自然地理上属于长江上中游地区。本区面积约 97 万平方千米，人口约 2.32 亿（截至 2010 年 11 月 1 日），汉族是主要民族。

本区地形复杂，北部是我国自然地理南北分异的重要分界地区，也是东西部地区的过渡地带；气候类型多，四川盆地以东广大地区开发较早，是我国的粮仓之一，属于我国三大经济带的中部地带。本区地处我国地势的三大阶梯交接地带，依托长江黄金水道，自然旅游资源具有地域关联性强的特点，地域特征突出。

一、旅游地理环境概况

(一) 地形复杂，峡谷地貌景观突出

本区地跨我国地形上的三大阶梯，地形复杂多样。从西向东大致由川西山地、大巴山地、四川盆地、川东及鄂西山地、两湖平原、湘西山地丘陵组成。其中川西山地属于我国地貌上的第一阶梯；大巴山地、四川盆地、川东及鄂西山地属于第二阶梯；其余属第三阶梯范畴。

川西山地属于青藏高原的一部分，由一系列平行延伸的高山

深谷组成，这里多高山大河，气势壮美，地形复杂，受人类扰动相对较小，是开展科学探险、考察的理想场所。

大巴山地、四川盆地、川东及鄂西山地属于第一阶梯向第三阶梯过渡地带，河流峡谷地貌复杂，出现许多两山夹峙、壁立千仞、谷窄流急的壮丽景色。著名的长江三峡和大宁河小三峡就属于此类景观。这一区域中岩溶地貌发育，风景荟萃，武当山、神农架都是典型代表。这一区域是华中旅游区自然旅游资源荟萃之地，也是人文旅游资源相对集中的场所。

两湖平原、湘西山地丘陵为第三级地貌阶梯，两湖平原以长江为界，以北为江汉平原，以南为洞庭湖平原，是三国名胜集中之地，湘西山地丘陵有我国江南许多著名的山峰，如武陵源山地、南岳衡山、岳麓山、湘南九嶷山等。

（二）温暖湿润的亚热带湿热季风气候

本区除川西山地属高寒气候外，其他地区基本属于亚热带气候，其特点是冬温夏热、四季分明、降水丰沛；但因受地形影响，水热差异明显。两湖平原年均气温较高，年降水量超过1000毫米，但秋季天气晴朗；四川盆地因北部有山地屏障，冬季较两湖平原更温暖湿润，夏秋季节降水集中；湘西、湘南山地降水多于平原；川西山地虽然为青藏高原气候，但因位置偏东，水热条件较青藏高原其他地区好。

本区以常绿阔叶植物为主，植被生长茂盛，山地以秀美为特色，“峨眉天下秀”、“青城天下幽”等即是对这一景观特色的写照。

（三）河流密布，水体景观繁多

湿润的气候使本区成为全国河流稠密、湖泊众多、水利资源丰富的地方。河流水量大，汛期长，含泥沙少，无冰期，水量稳定。河流在山区形成峡谷风光和瀑布景观；在平原形成田园风光；在上游某些河段形成漂流河段。本区湖泊主要集中在两湖平原，其中素有“千湖之省”的湖北省最多，河网湖泊形成了丰富的自然旅游资源，并衍生出各具特色的人文旅游资源。

（四）经济发展迅速，土特产品较多

本区自然条件优越，开发历史悠久，人口稠密。钢铁、有色金属、纺织、粮食、经济作物、中药材、淡水渔业在全国占有举足轻重的地位。

本区物产丰富，土特产品品种多，尤其以名酒和丝绸最为著名。四川的名酒在全国占首位，湖南湘绣和四川蜀绣是丝绸绣品中的精品，位列中国四大名绣。本区具有悠久的工艺美术品生产历史，产品具有浓郁的地方特色。四川的竹器、陶器，湖南的彩瓷、陶瓷制品，湖北的绢花、剪纸等均很著名。

（五）交通运输畅通，水运条件优越

本区地处大陆核心部分，改革开放前交通不便，目前这一状况已得到有效改善。京广、焦枝—枝柳、宝成—成昆三条铁路干线纵贯本区，浙赣—湘黔—湘桂和汉丹—襄渝两条铁路干线分列大江南北。素有“黄金水道”之称的长江横贯东西，长江可通航的支流多集中于本区，形成了发达的内河运输系统，干线铁路和长江航运线将本区与全国紧密相联。区内交通便利，各主要城市间已基本开通高速公路，各主要旅游景点间已通行高等级公路，各重要旅游城市和重要旅游景点已建立大型机场，已基本形成铁路、公路、航空、水运相结合的立体运输体系，使可进入性大大提高。

二、旅游资源的基本特征

（一）自然旅游资源驰名中外，峻岭名山各具风采

华中旅游大区地貌形态复杂，多高山峡谷、大河巨川，有多座国家级重点风景名山和中华十大名山，河流以长江最具代表性。长江三峡和大宁河小三峡自然景色奇秀、沿岸文化古迹众多，旅游资源集中。其幽深壮丽的峡谷景观，配合两岸的文化古迹和现代水利枢纽工程三峡和葛洲坝，构成了中外闻名的峡谷风光旅游带。

川西北、川北及鄂西山地是我国自然地理南北、东西交界地带，自然生态环境良好，动植物资源丰富，珍稀动物种类和数量在全国位居前列。本区已建立各种自然保护区，较好地保护了自然原貌。

（二）人文旅游资源特色鲜明，三国古迹遍布全区

本区开发较早，四川三星堆遗址的发现及发掘，证明了长江流域和黄河流域相同，都是中华文明的发源地。古今水利工程闻名国内外，三国故事世代相传，巴蜀和楚文化特色鲜明，近代革命圣地、纪念地众多。

位于四川的都江堰是我国古代四大水利工程之一，建于战国秦昭王时期，由当时秦国蜀郡太守李冰父子主持修建，历经2200多年仍在发挥作用。川、湘、鄂是三国故事的主要发生地，留存有大量的三国文化遗存。武侯祠、白帝庙、张飞墓、荆州古城等，如此众多的三国文化遗存，为开展三国古迹专项旅游创造了条件。3000多年前，重庆即为古巴国首府，崇拜白虎、喜好歌舞、崇尚体育等是巴人（今土家族）的文化特色。2400年前，成都即为蜀国王都。2500年前，湖北江陵即为楚国都郢，楚文化的突出成就表现青铜冶铸工艺、刺绣工艺、木竹髹漆工艺、文学创作辉煌、美术和乐舞，其中湖北随州出土的编钟享誉海内外。重庆、四川和湖北历来以“巴”、“蜀”、“楚”相称，即源于此。本区还是近现代中国革命早期活动的中心，湖北武昌的辛亥革命首义成功，标志着中国封建社会的终结，武汉中央农民讲习所、打响秋收起义第一炮的湖南省文家市、湖南韶山冲毛泽东故居、花明楼刘少奇故居均是重要的纪念地。

三、旅游分区与旅游线路

因本区地形地貌复杂，一般以大尺度旅游线路为主。全区共设计了8条旅游线路，从区内旅游资源的相似性和差异性出发，根据具有地区特色的旅游景观及其辐射范围，基本上以省市为单位将本区划分为4个旅游区，每个旅游区内再根据旅游资源的具体分布特点，可灵活变动旅游线路。

第二节　重庆旅游

重庆位于中国西南部，地处长江上游，简称“渝”，中央四大直辖市之一，中国西部最大的城市，总面积8.24万平方千米。重庆是一座举世闻名的山城，突出特点是地形起伏有致，立体感强。重庆辖区主要分布在长江沿线，以丘陵、低山为主，仅河谷地

区有少量平坝。华蓥山、大巴山等山脉纵横于西、北两面，长江自西南向东北流贯过境，流程长达 665 千米，横穿巫山三个背斜，形成著名的长江三峡：瞿塘峡、巫峡、西陵峡。市区地处长江与嘉陵江交汇处，四面环山，江水回绕，城在山上，山在城中，依山傍水，建筑层次分明，具有独特的山城风貌。重庆属亚热带季风性湿润气候，夏热冬暖，无霜期长；雨量充沛，夏季高温，冬多云雾。常年降雨量 1000～1400 毫米，春夏之交夜雨尤甚，素有“巴山夜雨”之说。全市总人口 2884.61 万（截至 2010 年 11 月 1 日）。

重庆是一座有着悠久历史文化的名城。远在两万多年前的旧石器时代，这片土地上就出现了人类的生息繁衍活动；到新石器时代已有较稠密的原始村落，在三四千年前的夏商周时期，以重庆为中心地带的大片地区，已形成强大的奴隶制部族联盟，统称“巴”。公元前 11 世纪商周时期，巴人以重庆为首府，建立了巴国。抗日战争时期，重庆为国民政府战时首都和陪都。中华人民共和国成立后，重庆先后成为中央直辖市和四川省辖市，1997 年，重庆再次成为中央直辖市。

重庆是全国历史文化名城之一，古文化遗址、古人文景观众多。现有世界文化遗产大足石刻，世界自然遗产中国南方喀斯特重庆武隆天生桥、地缝、天坑群，国家级重点文物保护单位 20 处，省（市）级文物保护单位 341 处。重庆是中国优秀旅游城市，有国家 5A 级旅游景区 3 处，全国十大风景名胜区 1 处，国家级风景名胜区 6 处，国家级森林公园 24 处，国家级自然保护区 5 处，全国旅游胜地四十佳 2 处。巴渝古朴独特的民风民俗引人入胜，多姿多彩的活动引人入胜；古老的重庆旧貌尚可辨，新妆更奇妍，吸引着越来越多的中外游客前来观光游览。

一、风味肴馔

重庆是川菜主要代表地域之一。重庆火锅历史悠久，早在三国时代就有关于重庆火锅的记载；火锅麻、辣、烫、鲜，担担面味鲜、量足且经济实惠，川北凉粉色艳、味鲜、质嫩爽口，酸、辣、麻皆备。

二、地方文艺

“川剧”是我国西南地区影响最大的地方戏曲剧种，流行于四川、重庆及贵州、云南、湖北部分地区，在长期的发展过程中，融合了高腔、昆曲、皮黄、梆子及四川的民间灯调，在巴、蜀文化的熏陶中形成了独特的剧种风格，地域特色鲜明，形式不拘一格。

三、旅游交通概况

重庆是中国西南地区及长江上游最大的经济中心城市和水陆空立体交通枢纽，拥有完善的水陆空综合交通运输体系。

四、重庆三峡古迹游

D1　重庆接团，游大足石刻及红岩村。

大足县位于重庆西北，以北山、宝顶山、南山、石篆山、石门山（简称“五山”）摩崖造像为代表的大足石刻是中国石窟艺术重要的组成部分，也是世界石窟艺术中公元9世纪末至13世纪中叶间最为壮丽辉煌的一页。大足石刻始建于唐永徽元年（公元650年），兴盛于晚唐至南宋年间，延至明清，是中国晚期石窟艺术的代表作品。在大足石刻群中，存在着一个有趣的现象：北山石刻造像以佛教人物为主，而南山则是道教的石刻造像。各教的造像有的独据一山，有的又共居一窟，体现了中国传统文化三大主体之间复杂关系的演化发展过程，以集释、道、儒“三教”造像之大成而异于前期石窟。大足共有石刻40多处，造像5万余尊，佛教徒朝山进香，有“上朝峨眉，下朝宝顶”之说。山上佛像的特点是用一组一组的雕像连续表达一个或几个不同内容的佛经故事，题材内容丰富。

红岩村原名红岩嘴，位于沙坪坝区，抗日战争时期，中共中央南方局和八路军驻渝办事处设于红岩村。周恩来、董必武等中国共产党领导人曾在此生活、工作，历时8年。1945年8月毛泽东同志亲临重庆与国民党谈判，也是住在这里。红岩村八路军驻渝办事处大楼的二楼有毛泽东、周恩来同志的办公室、卧室。晚餐后上船，住船上。

D2　游览丰都鬼城。

丰都鬼城位于丰都县城东北角的名山上，山上有48座庙宇，素以“鬼国都城”闻名。丰都按“阴曹地府”的建筑构思设计，其中奈何桥和阎王殿是比较著名的景点。回船上继续航行到忠县，参观石宝寨。石宝寨位于忠县城东90余千米的长江北岸，山势陡峭，形如玉印，又称玉印山。清乾隆初年在山顶建了高楼，游人要攀铁索而上，清嘉庆二年（公元1797年），为了改善登山通道，工匠们修建了一座依山叠连的亭阁，共12层，亭内楼梯盘旋，从山脚直通山顶，高达56米，形制独特，远远望去，孤峰拔地而起，楼亭接天，攀上阁顶即是山顶，登上山顶长江一览无余。山顶中央有一座三层大殿的绀雨宫。回船上继续航行，住船上。

D3　游白帝城。

早晨游船航行到长江三峡中的瞿塘峡西口，在西口的北岸，有著名的白帝城，李白曾作诗“朝辞白帝彩云间，千里江陵一日还”，三国刘备托孤就发生在这里。这里的白帝庙内有武侯祠、观星亭、东、西碑林等建筑。长江三峡西起重庆奉节白帝城，东至湖北宜昌南津关，长193千米，两岸岩壁陡峭，高出江面常达500米以上，许多山峰则高达1000~1500米，而江面则收缩到宽200~300米，甚至100余米。山高水深，峡窄谷长，形势险峻。峡江自西向东分别为瞿塘峡、大宁河宽谷、巫峡、香溪宽谷、西陵峡。三峡各具特色，素有“西陵险、巫峡秀、瞿塘雄”之说。从白帝城上船后游船即航行在瞿塘峡中。

瞿塘峡又称夔峡，西起奉节白帝城，东至巫山黛溪，全长8千米，是三峡中最短、最窄的一个峡，极为雄险。南岸白盐山峭壁万仞，拔地而起，宛如刀削；北岸赤甲山高耸入云，悬崖万丈。瞿塘峡中河道狭窄，河宽不过百余米。最窄处仅几十米。其中峡之西端的夔门尤为雄奇，两岸若门，呈欲合未合之状，堪称天下雄关。上游之水，都汇于夔门之下，逼进这一窄道，此门“镇全川之水，扼巴鄂咽喉”。游人仰望天空，确实有“峰与天关接，舟从地窟行”之感。

出瞿塘峡谷，进入大宁河宽谷，游览大宁河小三峡。大宁河在巫峡口注入长江，小三峡是龙门峡、巴雾峡、滴翠峡的总称。北起涂家坝、南至巫山，总长 50 余千米，是长江三峡旅游线上的一个重要组成部分。小三峡的特色是秀美、神奇。有人认为它有六奇，即山奇雄、水奇清、峰奇秀、滩奇险、景奇幽、石奇美，可称为“天下奇峡”。两岸山峰高耸，峡内怪石嶙峋，风光自然古朴，并可见到巴人悬棺、古栈道遗迹等。从巫山县逆水而上，首先是龙门峡，峡口两岸峭壁高耸入云，峰峰相对，形若一扇扇铁门，其势雄若瞿塘峡，有“不是夔门，胜似夔门”的说法，故有“小夔门”之称。进峡后，河西绝壁上可见一方方的石孔，为古栈道的遗迹。

巴雾峡以怪石嶙峋而著称，峡内山高谷深，云遮雾障，两岸怪石形成一组组天然雕塑，个个妙趣横生。其“龙进、虎出、马归山”的天然石景饶有趣味，构成奇异的天然画图。

小三峡中最幽深秀雅、最富诗意的是滴翠峡。峡中钟乳石遍布，处处苍翠，碧水清纯，两岸峭壁，树藤蒙茸；乘舟其间，颇有古诗“空翠湿人衣”的感受。

巫峡位于重庆和湖北巴东县境内，西起大宁河口，东至巴东县的官渡口，长 42 千米，中间无间断，是三峡中最整齐、最壮观、连续最长的一段。两岸高峰多在海拔 2000 米。巫峡主要景观有三台、八景和十二峰。十二峰中以神女峰最为高峻绮丽，在峭壁群峰之间，兀立着一个酷似人形的石柱，形似亭亭玉立的少女。传说是西天王母娘娘的小女儿瑶姬的化身，因为此峰每天最早迎来朝霞，最后送走晚霞，故又称望霞峰。

出巫峡，进入香溪宽谷，北岸有秭归古城，是战国时期楚国大夫屈原的故乡，有“屈原纪念馆”和屈原墓，香溪上游兴山县城西北的明妃村，是汉朝王昭君的故乡。

西陵峡西起湖北省秭归县香溪口，东至南津关，全长 75 千米，是三峡中最长的峡段，以滩多水急著称，特别是崆岭滩，是三峡中最险滩之一，过去船工中就流传着“青滩、泄滩不算滩，崆岭才是鬼门关”的歌谣。

第三节　四 川 旅 游

四川省位于中国内陆西南腹地，简称川或蜀，是中国唯一周围有八省毗邻的省份，也是连接西南、西北和华中三大区的天然纽带。其总面积 48.41 万平方千米，省会成都市。四川地貌类型复杂多样，地跨青藏高原、横断山脉、云贵高原、秦巴山地、四川盆地几大地貌单元。地势西高东低，西部为川西高原，属青藏高原的东南翼，东部为四川盆地及其边缘山地。四川以多山与高原为特色，60% 上的地区海拔都超过1000米，最高点是西部的大雪山主峰贡嘎山，海拔高达 7556 米。平原以成都平原最为著名，是中国西南地区最大的平原。四川省地处亚热带，气候温和，由于复杂的地形和不同季风环流的交替影响，气候复杂多样。东部盆地属亚热带湿润气候。川西南山地为干湿季分明的西南季风气候，川西高原为长冬无夏的高原气候。在地形作用下，从南部山地到北部高原由亚热带演变到亚寒带，垂直方向上有亚热带到永冻带的各种气候类型。全省总人口 8041.82 万（截至 2010 年 11 月 1 日）。

四川省历史悠久，是我国古代文化发生发展最早的地区之一。大约 200 多万年以前，这里有了人类活动。从距今四五千年前的新石器时代晚期开始，这里产生了新石器时代晚期文化——蜀文化源头的“宝墩文化”。距今3000多年前的殷周时期，四川有巴、蜀两个独立的小国，故四川又称“巴蜀之地”。春秋战国时为蜀国地，北宋真宗咸平四年（公元1001年）将川陕路分为益州、梓州、利州、夔州四路，简称四川路，至此始有“四川”之名。明清起为四川省。

四川的旅游资源丰富，类型齐全，品种多样，现有世界自然遗产3处，分别是九寨沟、黄龙风景名胜区和四川大熊猫栖息地，世界文化遗产都江堰—青城山，世界自然文化双遗产峨眉山—乐山大佛。有国家级重点文物保护单位127处，省级文物保护单位578处，国家级历史文化名城8座，中国优秀旅游城市21座，国家5A级旅游景区5处，国家级风景名胜区14处，国家级森林公园30处，国家级自然保护区23处，全国旅游胜地四十佳5处。

一、风味肴馔

川菜为中国八大菜系之一，用料广泛，味多浓郁，以麻辣味为特色。宫爆鸡丁、麻婆豆腐、棒棒鸡、牛肚火锅等最有特色。小吃品种极多，赖汤圆、龙抄手、担担面、夫妻肺片、灯影牛肉、小笼蒸牛肉、蛋烘糕等均为传统小吃。

二、地方文艺

川剧形式活泼，曲调多样，语言诙谐，表演形式多样化，一些特技如变脸、旋舞、喷火等，有强烈艺术效果。四川扬琴、四川清音等为主要曲艺形式。谐剧寓庄亦谐，反映生活现实。

三、旅游交通概况

四川地处中国内陆腹地，四面环山，历史上交通闭塞，有“蜀道难，难于上青天”之说。经过新中国成立后多年的建设，如今四川已形成以成都为枢纽，以铁路干线、国道和省级公路、长江水运和航空线为骨架的立体运输系统。

四、四川的旅游线路

（一）天府之国风光游

D1　成都接团，市内游。

成都是一座历史悠久的城市，周朝末年，蜀国将国都迁到这里，取一年成市、三年成都之义，定名成都。汉代成都织锦业发达，设置锦官管理，于是又称“锦官城”或“锦城”。五代后蜀嗣主孟昶在城墙上遍植芙蓉，成都又被称为芙蓉城，简称蓉城。三国时，刘备的蜀汉在此建都，五代前蜀、后蜀也在此建都，因此名胜古迹较多。

武侯祠是纪念诸葛亮的祠堂，西晋末年始建，唐代已有相当规模。因与刘备庙相邻，明初合二为一，前门额书有“汉昭烈庙”，但习惯上仍称“武侯祠”。刘备殿在前，诸葛亮殿在后，两者布局在南北向的中轴线上，构成了一个完整典雅的五重建筑群体。现存祠宇均为清康熙年间重建。祠内现存蜀汉历史人物塑像47尊，碑碣40多块，其中尤以唐朝的“蜀丞相诸葛亮武侯祠”碑和岳飞手书的《出师表》最为著名。在刘备殿西的“惠陵”，是刘备及甘、吴二夫人的合葬墓。

前往杜甫草堂。唐肃宗乾元二年（公元 759 年），杜甫由陕西流亡到成都，靠友人帮助在浣花溪畔建茅屋而居，在这里住了近 4 年，写了《春夜喜雨》、《茅屋为秋风所破歌》等 240 多首诗篇。为了纪念这位伟大的诗人，从唐代末年起，历代都有人在草堂的旧址布置修葺。现在的草堂，是后人为纪念杜甫而建。草堂内溪流环绕，亭台池阁掩映在花木丛中，是一所优美的园林，现已开辟为浣花风景区。

青羊宫是一座道教宫观，唐代名玄中观。现存殿宇建于清代，重要的建筑有灵祖殿、乾坤殿、八卦亭、三清殿、斗姥殿、唐王殿，两边有老子降生台和说法台。三清殿供有三清塑像，殿前有一对清雍正年间从北京运来的铜羊，其中一只单角铜羊，将十二生肖的特征汇聚一身，造型奇特。自唐朝以来，每年农历二月十五在青羊宫举行庙会，相传这天是老君的生日，又是“花朝”，百花同时开放，称为花会。一年一度相传成俗。青羊宫花会期长达月余，热闹非常。

D2　赴乐山市游览。

乐山古称嘉州，位于岷江、大渡河和青衣江汇流处。大渡河与岷江成直角相交，河水直冲对岸的凌云山和乌龙山，常常覆舟溺人。凌云寺海通和尚为了确保船只航行安全，发起修建大佛的募捐活动，借佛力镇水。大佛于唐开元元年（公元 713 年）动工始建。海通去世后，剑南川西节度使韦皋征集工匠，继续开凿，朝廷也诏赐盐麻税款予以资助，到唐贞元十九年（公元 803 年），历时 90 年大佛终告完成。乐山大佛依凌云山栖鸾峰而坐，头与山齐，脚踏大江，通高 71 米，头高 14.7 米，耳朵孔中间可并立两人，赤脚上可围坐百余人，是世界上最大的石刻佛像，俗称“山是一尊佛，佛是一座山”。大佛俯视三江，造型庄严，设计巧妙，排水系统隐而不漏，非常科学。近年人们在大佛附近的江面上发现，远观群山，竟是一尊睡佛，头、身、足分别由乌龙山、凌云山和龟城山三山联袂而成。远眺四肢齐全，体态匀称。到乐山可先乘船在江中观大佛全貌和天然睡佛全景，然后弃船登山，从大佛两边登凌云山，进凌云寺游览。

D3　游览峨眉山。

峨眉山是我国的四大佛教名山之一，主峰万佛顶海拔 3099 米。山体向南北方向延伸，山势峰峦起伏，重岩叠翠，遥望弯曲柔美的山体轮廓，犹如少女的面容和修眉，“如螓首峨眉，细而长，美而艳”，于是人们很早便称它为“峨眉”。长久以来，峨眉山以其秀丽的自然风光和神话般的佛教胜迹而闻名于世，素有“峨眉天下秀”之誉。

峨眉山自山麓至峰顶近 60 千米，山上寺庙创建于东汉。最初流行道教，唐宋以后佛教日趋兴盛，至明清臻于极盛。山上有大小寺庙近百座，以佛教普贤菩萨道场为主。此山保留至今的寺庙尚有 20 余处，著名的有报国寺、伏虎寺、万年寺、清音阁、仙峰寺、洗象池、卧云庵等。从峨眉山南行到峨眉山麓，首先看到一座高大牌坊，上书“天下名山”四字，不远就到报国寺；沿山路上行，到洗象池，这一带传说是普贤菩萨在池中洗象后升天的地方。金顶海拔 3077 米，有云海、日出、佛光、圣灯四大奇观。

D4　游览都江堰、青城山。

都江堰位于成都平原西部的岷江上，是战国时期秦国蜀郡太守李冰及其子率众修建的以无坝引水为特征的、至今仍然发挥效益的为数不多的古代水利工程之一。都江堰建成以前，岷江水出山口，常泛滥成灾。距今约2200多年前的秦昭王时期，李冰和他的儿子吸取前人的治水经验，率领当地人民，兴建了都江堰水利工程。都江堰是将岷江水流分成两条：一条引入成都平原，这样既可以分洪减灾，又起到了引水灌田、变害为利的作用；另一条则汇入长江。都江堰建成后，成都平原沃野千里。“水旱从人，不知饥馑，时无荒年，谓之天府”是对它的真实写照。四川人民为了纪念李冰父子，在玉垒山麓修建了二王庙。

青城山距都江堰10千米。山上树木葱郁，重峦叠翠，状若城郭，故名青城山。相传轩辕黄帝曾封这里的宁封子为五岳丈人，又名“丈人山”。青城山风景优美，自古就有“青城天下幽”的美誉。青城山是我国道教发祥地之一，东汉道教创始人张道陵在山上设坛传教。道书称青城山为道教第五洞天。著名古迹有建福宫、天师洞、上清宫、金鞭岩、石笋峰、丈人峰等。建福宫在青城山麓丈人峰下，传为宁封子修道处，原名丈人祠，唐开元十八年（公元730年）始建，现建筑为清光绪十四年（公元1888年）重建。天师洞位于青城山半腰，隋大业年间（公元605—616年）始建，名延庆观，唐改称常道观。现存建筑为清康熙年间重建，是青城山最大宫观，也是全国道教重点宫观和青城山道教协会所在地。上清宫是青城山位置最高的道观，晋代始建，现存观宇为清同治八年至民国年间陆续重建。

（二）神奇九寨、黄龙游

D1　成都接团，乘车赴松潘。

过都江堰市后，沿岷江前行，可观岷江河谷风光。坐车从盘山公路山上至七珠山山顶，从山顶往下看，悬崖下的岷江变成了三个碧绿色的海子，这便是70年前因地震形成的叠溪大小海子。叠溪海子湖面原为叠溪城，为古代边防重镇。民国时属茂县叠溪区，城内商贾云集。1933年叠溪发生7.5级地震。叠溪城中心部分在剧震发生的几分钟内笔直陷落，叠溪城及附近21个羌寨全部覆灭。四周山峰崩塌堵塞岷江，形成11个堰塞湖。伤亡人数近万人。这就是历史上著名的“中国叠溪大地震”。叠溪海子正是由于这次大地震而形成的高原堰塞湖，由于人迹罕至，原始风光尚存。

松潘城沿岷江而建，是川西北地区的门户之一，自古以来就是重要的军事要塞。明洪武十三年（公元1380年）设“松州卫”、“潘州卫”，并称“松潘卫”。古城墙、门堡始建于此时，城门城墙至今保存完好，是我国首屈一指的古城墙遗址。松潘城内景观独特，城东、城南、城北的三座城门顶部均呈半月形，门基大石上镂刻着各种别具匠心的浮雕。此地是藏族聚集区，藏羌风情浓郁，民居为木制结构，上层住人，下层经商。狭窄的街道两边，各家各户的门前摆满了琳琅满目的藏羌民族手工艺品和当地的土特产。

D2　早餐后出发，进入藏区后沿途可以看到藏族风情如经幡、嘛尼堆。

雪山梁是连接雪宝顶和红心山两大山组的脊梁，是纵览风景区全貌的“观景台”，登上雪山梁，千山万壑尽收眼底。天气晴朗时，可以看到岷山主峰雪宝顶。汽车下山时，可以看到红心岩奇景，下山后即到黄龙景区。

黄龙位于四川省阿坝藏族羌族自治州松潘县境内，四周地势高峻，海拔5000米以上的高峰就有十余座，景区由黄龙沟、雪宝顶、牟尼沟、火焰山（红心岩）、丹云峡五部分组成。景区内整个山谷几乎被乳黄色的碳酸钙质覆盖，从高处看去，宛如一条从岷山雪峰飞腾而下的黄龙，蜿蜒于茂林翠谷之中。黄龙风景区以宏大的地表钙华景观为主景，与其相衬的山岳景观、峡谷景观、森林景观、人文景观构成壮丽奇特的人间瑶池。黄龙地表钙华景观分布在长3.6千米、相对高差达400多米的黄龙沟内，古冰川塑造的地貌经过长期钙华沉积，形成了相邻的许多叠置的彩池群，八群彩池。黄龙景区的主景——“黄龙”，钙华滩流长约2.5千米，宽约100米，浅浅的池水在滩面滚流，在阳光的照射下，波光粼粼，晶莹透亮。黄龙“瀑金泻银”，其规模虽然比不上大瀑布，但它飞泻于黄色钙华坡上，银色飞泉从金黄色的沟壁上飞泻而下，气势磅礴。从洗身洞绝壁顶到“姿萝映彩”池群，一段长800米，宽20~100米的河滩为“金沙铺地”，因沉积了大面积的钙华而如金沙闪耀，璀璨夺目。黄龙风景被人们准确地概括为雄、峻、奇、秀、野五个字，并享有“世界奇观”、“人间瑶池”之美誉。这里居住着藏、羌、回、汉等民族，每年的农历6月15日，是传统的黄龙庙会，在庙会期间，居住在此的各民族群众，身着节日盛装，按自己的风俗参加庙会。游完黄龙，乘车至九寨沟口。

D3　游九寨沟。

九寨沟位于阿坝藏族羌族自治州九寨沟县西部的崇山峻岭之中，是嘉陵江的支流之一。因沟内有九个藏族寨子而得名。九寨沟沟尾最高海拔4700米，沟口最低海拔2000米。118个被称为“海子”的高山湖泊和17处瀑布群分布在“丫”字形的石灰岩质的沟谷里。水源自雪山流入沟尾海子，漫溢穿林过滩，形成雄伟壮观的瀑布，汇入层层梯级海子，犹如一串五光十色璀璨的明珠。周围四季积雪的山峰，随季节变化的密密丛林，与五彩缤纷的高山海子交相辉映，勾绘出一幅迷人的山水画卷。

树正景区位于九寨沟主沟内从万景滩到犀牛海一段，主要包括双龙海、火花海、卧龙海、树正群海、老虎海和犀牛海等30多个海子和火花海瀑布、树正海瀑布等。诺日朗瀑布至箭竹海，为九寨沟风景区的华采段与游览的中心区，景点多样，特色突出，包括诺日朗群海、诺日朗瀑布、珍珠滩和珍珠滩瀑布、镜海和五花海等。

诺日朗瀑布瀑顶宽270米，为全国瀑布宽度之最。因处于九寨沟的中心位置，常被作为九寨沟的标志和象征。珍珠滩与珍珠滩瀑布是九寨沟最美、最吸引人的地方，该景区主要由上部的珍珠滩与下部的大瀑布组成。

剑岩景区以粗犷神秘为特点，其间有熊猫海、天鹅海、飞泉、剑岩、原始森林。长海景区包括下季节海、上季节海、五彩池、长海。树正寨是九寨沟中最热闹的寨子之一，宾馆、饭店、商店、民族文化村都聚于此地。寨中九座白色的莲花塔是藏族人民求神拜佛、祈求平安的地方。寨边便是与珍珠滩、诺日朗齐名的树正瀑布。

（三）相会在四姑娘山

D1　成都接团乘车前往四姑娘山。

四姑娘山位于四川省西部阿坝藏族羌族自治州小金县邛崃山脉中段，由4座5000米以上的雪峰构成，根据当地藏民的传说，这是4个聪明姑娘的化身，故名四姑娘山。主峰幺妹峰海拔6250米，与海拔7556米的“蜀山之王”——贡嘎山遥遥相望，是邛崃山脉的最高峰；山体陡峭，直指蓝天，冰峰覆盖，银光照人；以雄峻挺拔著名，素有

“东方的阿尔卑斯山”和“蜀山王后”之称。四姑娘山是全国离省会中心城市最近的国家级雪山型风景旅游区，距成都约220千米，车程约需一天。沿途可观赏小九寨沟风光、巴郎山云海、高山草甸、花卉和四姑娘山全景。乘车经过卧龙河谷时可浏览卧龙自然保护区风光。沿途的景色如诗如画。翻越海拔4400米左右的巴郎山，一般旅游者可能会有高山反应。

D2 游览双桥沟。

双桥沟沟长34.5千米，沟内开阔平坦，景点集中，景区分为杨柳桥、撵鱼坝、牛棚子草坪和长河滩，有阴阳谷、日月宝镜山、五色山、人参果坪、沙棘林、阿妣山、猎人峰、红松逸彩、牛棚子等景点。沟内峰峦相连，山山各异，山涧流泉飞瀑，原始沙棘林中时现大片高山草甸，平坦宽阔，风光绮丽。双桥沟为四姑娘山风光最为集中、最为迷人的景区，可与阿尔卑斯山及瑞士山地风光媲美。

D3 游览长坪沟。

长坪沟位于四姑娘山北面，沟长约40千米，沟内植被丰富茂盛，分布着大片的原始森林，古柏苍松交错攀附，原始古朴。森林深处，大片高山草甸置于群山环绕之中，没有人工修饰，一切自然天成，给人远离尘世般感受。沟内可以看到4座姑娘山，另可观赏到枯树滩、唐柏古道、擂鼓岩、头道坪、二道坪藏族村寨，由于道路未完全开通，游客进入沟内大部分路段只能骑马，比较艰苦。徒步探险之旅可以一直延伸至理县的毕棚沟。

D4 赴卧龙。

沿途欣赏英雄沟、巴朗山云海、婆缪山，到卧龙熊猫自然保护区内参观大熊猫馆及周围生态环境，可与大熊猫合影留念。

第四节 湖北旅游

湖北位于中国中部，长江中游、洞庭湖以北，故称湖北，总面积18.59万平方千米，省会武汉市。湖北省地势呈三面高起、中间低平、向南敞开、北有缺口的不完整盆地。地貌类型多样，山地、丘陵、岗地和平原兼备。湖北因地处长江、汉江两岸的冲积平原上，境内有大小河流1193条，也因此分布着众多的大小湖泊，形成“江汉湖群”，故湖北又以“千湖之省”著称。湖北属亚热带季风性湿润气候，光照充足，热量丰富，无霜期长，1月平均气温2~4℃，7月平均气温27~29℃。武汉地区冬冷夏热，有明显的南北过渡性。年均降水量800~1600毫米。全省总人口5723.77万（截至2010年11月1日）。

湖北省历史悠久，春秋战国时为楚国所在地，是楚文化的发源地；三国时期成为兵家交战的主战场，因而有着众多的三国文化遗迹。湖北主要有土家、苗、回、侗、满、壮、蒙古等少数民族，民俗风情浓厚。省内少数民族集中分布在鄂西南地区。

湖北有着丰富多彩的旅游资源，山水名胜与文物古迹二者兼备。现有世界文化遗产2处，分别为明清皇家陵寝群（明显陵）、武当山古建筑；国家级重点文物保护单位91处，省级文物保护单位825处；国家级历史文化名城5座，中国优秀旅游城市12座，国家5A级旅游景区6处，国家级森林公园29处，国家级风景名胜区7处，国家级自然保护区12处，全国十大风景名胜区1处，全国旅游胜地四十佳3处。这里有雄伟的长江三峡驰名世界，有号称“华中屋脊”和“绿色宝库”的神农架自然保护区，珍稀物种多。有“白云千载空悠悠”的黄鹤楼，有“伯牙摔琴谢知己”的古琴台，有周瑜大败曹操的赤壁，有辛亥革命武昌军政府旧址……这些地方都足以让湖北成为一个值得游览的地方。

一、风味肴馔

武昌大中华酒楼的清蒸武昌鱼、老通城的豆皮、谈炎记的水饺、荆州的皮条鳝鱼、石首的鸡茸鱼肚和鱼糕丸子、公安的三鲜头菜、钟祥的蟠龙菜、江陵的散绘八宝饭、沔阳三蒸等，都是著名的地方风味。洪山菜苔是蔬菜品种中的上乘佳菜，与武昌鱼并称为楚天两大名菜。孝感麻糖、咸宁桂花糖、青山麻烘糕也是湖北省著名的特产。

二、地方文艺

汉剧、楚剧。汉剧有300年历史，角色齐全，长于抒情，京剧即是在徽剧和汉剧的基础上形成的。楚剧语言质朴，有浓厚的乡土气息。黄梅采茶戏源于明末清初，唱腔丰富，影响极广。湖北大鼓、湖北评书、汉滩小曲、汉川善书等说唱艺术丰富多彩。

三、旅游交通概况

湖北历来为中国水陆交通运输枢纽，交通十分便利。尤其是省会武汉，长江、汉江和京广铁路相交于此，武汉市也因此有了“九省通衢”之称。随着近年来基础设施建设力度的加大，湖北已形成了便利、通畅、快捷的水、陆、空密集交通网络。

四、湖北的旅游线路

（一）湖北“一江两山”精华游

D1　武汉接团，赴宜昌，乘船游葛洲坝、三峡大坝、西陵峡。

宜昌位于长江中上游交界处、长江三峡的西陵峡口，有2400多年的历史，因“水至此而夷，山至此而陵”得名夷陵，是楚文化和巴人文化的发祥地。夷陵上控巴蜀，下引荆襄，以“三峡门户”、“川鄂咽喉”著称，为历代兵家必争之地。三国时期的长坂坡之战和夷陵之战就发生在宜昌。

乘船游葛洲坝及三峡水利枢纽工程。葛洲坝水利枢纽工程，位于长江三峡的西陵峡出口——南津关。葛洲坝工程的兴建，使大坝上游形成了一个巨大的人工湖，同时也有效地改善了三峡的险恶航道。三峡水利枢纽工程于1994年正式开工，现首批机组已发电。建成后的三峡工程正常蓄水位175米，可将荆江河段的防洪标准由目前的约10年一遇提高到100年一遇，遭遇大于100年一遇特大洪水时，辅以分洪措施可防止发生毁灭性灾害；年发电量847亿千瓦时，对缓和华中、华东、川东地区能源紧张状况有重要作用；可改善长江特别是川江渝宜段（重庆—宜昌）的航道条件，此外，还具有巨大的养殖、旅游等方面的效益。

西陵峡西起秭归县香溪口，东止宜昌市南津关，是长江三峡中最长的峡谷。峡内有灯影峡、兵书宝剑峡、牛肝马肺峡、崆岭峡、黄猫峡、青滩、泄滩、崆岭滩等名峡险滩和黄陵庙、三游洞等古迹。黄陵庙位于西陵峡的黄牛峡黄牛山麓，是长江三峡中最大且年代最久远的古建筑群。原称黄牛庙，又称黄牛灵应庙。相传此庙是春秋时为了纪念神牛助大禹开峡治水的功绩而修建的。现存庙宇有山门、禹王殿、武侯祠等，依次建造在逐级升高的台地之上。

灯影峡南岸的马牙山上有四块奇石，很像《西游记》中唐僧师徒四人去西天取经的情景：悟空探路，八戒牵马，唐僧合十，沙僧挑经，姿态酷肖。每当落霞晚照，从峡中远望，极似灯影戏中人物，故名灯影峡。

兵书宝剑峡位于香溪东1.5千米、长江北岸的陡壁峭岩上，岩上石隙中有物迭置其间，状若书卷，名曰“兵书”，实为巴人岩棺葬之遗迹。其右下方有条形岩石凸起，宛如巨剑直插激流，名曰“宝剑”。从兵书宝剑峡向东过新滩不远，江北有岩壁，上有两块重叠下垂的赭黄色岩石，一块形似牛肝，一块形似马肺，故名牛肝马肺峡。

D2　游览昭君故里、神农架。

昭君故里位于兴山县西香溪河畔的宝坪村，有昭君宅、楠木井、梳妆台等遗迹。王昭君，姓王名嫱，晋代避司马昭之讳，改称明妃。汉元帝时，王嫱被选为宫女。汉元帝竟宁元年（公元前33年），北方匈奴呼韩邪单于请求和亲，昭君自请“求行”，汉元帝将其以公主身份许嫁，并将年号改为竟宁以资纪念。昭君和亲，对结束汉匈的长期战争具有重要作用。

神农架林区位于湖北省西部，湖北、重庆的交界处，因境内有华中名山神农架而得名。相传神农氏（炎帝）曾在这里搭架攀山采药，尝遍百草，为民除病，因而人们称这里为神农架。神农架主峰神农顶，海拔3105米，是华中地区最高峰，故有“华中屋脊”之称。神农架因其荒蛮，自古以来为流放之地。先秦至宋，有14个君王被流放于此，唐中宗李显就曾被贬在此驻留13年。得天独厚的地理条件，使这里最大限度地保留了原始状态，留存了大量的珍稀动植物种类，绮丽的原始风光更是绝妙诱人。神农祭坛、燕天景区、红坪画廊、神农架自然保护区等是其著名景区。

神农祭坛地处木鱼镇，是神农架旅游的南大门，香溪由此缓缓南流。整个景区内青山环抱，美丽而幽静。景区分为主体祭祀区、古老植物园、千年古杉、蝴蝶标本馆、编钟演奏厅五大部分，主体建筑是神农巨型牛首人身雕像。神农祭坛的特色旅游项目是当地的篝火烧烤晚会。

D3　继续游览神农架。

神农架自然保护区主要保护金丝猴、珙桐等珍稀动植物和森林生态系统。保护区内古木参天，奇花异卉遍布，植物种类十分丰富，有“绿色宝库”之称，如有“活化石”之称的古老孑遗植物珙桐和水杉；水青树、连香树、领春木等珍稀树种；天麻、贝母、党参、当归、灵芝、石斛等丰富的名贵稀有药材。珍稀动物种类繁多，除名贵的金丝猴外，有白雕、白鹿、白松鼠、白蛇、白熊等，堪称是一个“白色的动物王国”。保护区内的“野人梦园”、金猴岭原始森林、风景垭、瞭望塔、板壁岩等景点是游客必游之处。金猴岭原始森林海拔3019米，金丝猴在这里栖歇、攀缘、嬉戏，吸引了不少专家前来考察。风景垭位于神农架主峰西侧，由于受到1亿多年前燕山运动的影响，南坡下切成深达千米的峡谷，又经过千万年的风刀霜剑，雕塑出石林丛生、如柱似笋的奇观，人称“神农第一景”。板壁岩之所以出名，是因为这里被称为“石林”和“野人的出没地”。板壁岩上下箭竹林漫山遍野，是天然的屏障。据传这一带经常有神农架野人出没，箭竹林中经常发现野人的踪迹，如毛发、粪便和竹窝之类，经研究，这种毛发的细胞结构要优于高等灵长目动物。

燕天风景区位于神农架林区西北部，是鄂西南北交通之要冲。燕天风景区是神农架自然保护区重要的生态景观，也是亚洲生物多样性示范基地之一，受国家重点保护的植物有20多种，动物10余种。风景区内有燕子垭、燕子洞、野人洞、天门垭、红坪画廊等景点。红坪画廊全长15千米，属高山峡谷地带，山地景观最具特色。天门垭距红坪12千米，两侧危崖叠石，由于时常云遮雾绕，登临此垭如上云天，得名“天门垭”。燕子垭远看山崖旁两翼山岭，似飞燕展翅，因邻近有著名的燕子洞，得名“燕子垭”。燕子垭常年飞云流雾，有步游道沟通野人洞、燕子洞等各主要景点。燕子洞是燕子垭标志性的景观，洞内常年栖息着数万只短嘴金丝燕，呈“金燕戏洞”之景，是神农架上百个奇洞的典型代表。

D4　前往武当山游览。

武当山又名太和山、玄岳山，位于湖北省丹江口市西南，景区内有着众多的自然胜景和人文胜景。武当山是我国著名的道教圣地，相传道教信奉的“真武大帝”即在此修仙得道飞升，武当意为“非真武不足当之”，至今香火依然。武当山也是武当拳术的发源地，但使武当独领风骚的，当论它的建筑。山上古代建筑中规模宏伟、工程浩大的道教宫观，堪称世界古代建筑史上的奇迹。武当宫观始建于唐代，宋、元、明、清各代均有构筑，山上现存的大量古建筑多为明代所建。据史载，明成祖朱棣崇奉道教，在建设北京宫殿（今故宫）、太庙、社稷坛、天坛等基本完工后，于明永乐十年（公元1412年）动用30万民众，大兴土木，以13年之功，从筠县（今丹江口市）城内的净乐宫到天柱峰金顶绵延70千米的路旁，建成九观、九宫、十二亭、三十六庵堂、三十九桥梁、七十二岩庙等整套雄伟壮观的建筑群，其规模之宏大、技艺之精湛、工程之艰巨，世所罕见。现在尚存的主要有金殿、太和宫、南岩宫、紫霄宫、五龙宫、玉虚宫、复真观和元和观等宫观，以及磨针井和玄岳门等。遇真宫于2003年毁于火灾。

南岩是武当山三十六岩中最美、最险、最奇的一岩。从唐代开始，历代在此建有道观，现存殿宇40间。其中天乙真庆宫石殿建于元君殿遗址后万仞危岩绝壁内，始建于元代中期，为面阔进深均三间的仿木结构，其梁、柱、檩、墙、斗拱等全用石构件拼砌而成，至今依然保存完好无损，是一座罕见的石雕艺术杰作。殿内供奉“三清”等数十尊神像，壁间嵌有500铁铸灵官，形态各异。宫右侧有两仪殿，殿右后侧有皇经堂、藏经洞、八卦亭等建筑。

太子坡也叫复真观，位于天柱峰东北，是登临金顶的必由之路，该观始建于明代前期，后多次重修，而其建筑基本上保存了原貌。殿堂依山势而建，层层向上，最高处为太子殿。观中有一栋依岩层叠而建的五层楼阁，以一根立柱支撑着交叉叠搁的十二根梁枋，称为“一柱十二梁”。此楼建筑结构独特，建筑技术精湛，虽经历几百年风雨，依然巍峨耸立山间。

金殿坐落在武当山主峰天柱峰上，建于明永乐年间，是我国现存最大的铜铸鎏金大殿。金殿构件严密精确，密不透风。殿内供奉着“真武祖师大帝”的鎏金铜像，重达十吨。史载，该殿由20吨精铜和300公斤黄金在北京铸造而成，然后再送往武当山。金殿最为奇特的地方在于它本身是良导体，每逢电闪雷鸣的时候，光球在金殿四周滚动，但霹雳却击不到金殿，这一奇观被称为“烈火炼殿”。金殿已有六七百年历史，但仍完好如初、光彩夺目。参观完后前往襄阳。

D5　游览古隆中。

古隆中位于襄阳城西13千米，古隆中为诸葛亮青年时期隐居的地方，刘备曾三顾茅庐于此。现存的建筑物主要有两组：一组是诸葛亮的故居，包括三顾堂、草庐；另一组是祭祀性建筑，包括武侯祠、古隆中牌坊。此外还有一些与诸葛亮当年生活有关的遗址，如六角井、躬耕田、老龙洞、梁父岩、抱膝石、野云庵等。三顾堂乃诸葛亮出山前的故居，诸葛亮著名的《隆中对》即出于此。现存建筑是清康熙五十九年（公元1720年）重修，堂内有石刻诸葛亮像、石刻《隆中对》、前后《出师表》和其他一些题刻。武侯祠位于三顾堂东，依山而建，共分四层院，一层高于一层。

D6　游黄鹤楼。

黄鹤楼乃江南三大名楼之一，原址在湖北武昌蛇山黄鹤矶头，1957年建长江大桥武昌引桥时，占用黄鹤楼旧址。如今重建的黄鹤楼距旧址约1000米，楼高五层，坐落于蛇山顶，宝顶高出江面90多米。相传黄鹤楼始建于三国吴黄武二年（公元223年），1700多年来屡建屡毁，最后一次毁于清光绪十年（公元1884年）的大火。如今重建的黄鹤楼于1985年6月落成。三国时孙权在此建楼，是出于军事上的需要，但后来逐渐成为文人荟萃、宴客、会友、吟诗、赏景的游览胜地。历代的名人如崔颢、李白、白居易、陆游等都曾先后到这里游览、吟诗、作赋。

（二）三国古迹游

D1　武汉接团，游归元寺、东湖、钟祥明显陵。

归元寺系佛教禅宗寺院，约清顺治十五年（公元1658年）落成，修建在明代汉阳诗人王章甫的“王氏葵园”基址上，至今已有300多年的历史。归元寺开山祖是白光、主峰两位俗家同胞兄弟，他们游方到汉阳兴国寺研究藏经，同时行医、行善。汉阳富商孙耀光、戴天成等人深受感动，捐钱修建归元禅寺。清道光（公元1821—1850年）之前，归元寺名横书，道光皇帝欣闻白光、主峰行善积德，功德无量，亲赐玉玺一方，其上阳文篆刻“敕赐曹洞宗三十一世白光主峰祖师之印”，以嘉其行。此后归元寺地位在佛教丛林中大大提高，寺名改用只有皇帝御赐玉玺的建筑方可使用的直书匾额。归元寺现有藏经阁、大雄宝殿、天王殿、观音阁、念佛堂和罗汉堂等建筑。罗汉堂里的五百罗汉采用“脱胎漆塑”的工艺，造型别具一格，各富情态、栩栩如生。

东湖是武汉著名的风景区，位于武汉市武昌区东郊。湖水面积约33平方千米，为杭州西湖的5倍多。东湖的花木品种繁多，其中尤以春兰、夏荷、秋桂和冬梅最为著名。东湖依自然环境，分为听涛、磨山、落雁、白马、吹笛、珞洪六个游览区。其中听涛区景点比较集中，主要有行吟阁、雾抱亭、泽畔客舍、长天楼、九女墩纪念碑、湖光阁等。行吟阁是为纪念爱国诗人屈原而建，耸立于“荷风”、“落羽”两桥之间的湖岛上；阁高三层，绿瓦圆柱，精巧壮丽，具有民族风格。

明显陵位于湖北省钟祥市东郊的松林山，陵墓始建于明正德十四年（公元1519年），嘉靖四十五年（公元1566年）建成，是明世宗嘉靖皇帝的父亲恭睿献皇帝和母亲章圣皇太后的合葬墓。显陵是我国数千年历史长河中最具特色的一座帝王陵寝。为一陵双宝顶，呈“八”字形，这在全国仅此一例；显陵是明代帝陵中单体面积最大的皇陵，也是我国中南六省区唯一的一座明代帝陵。

D2　前往当阳，游玉泉寺、关陵。

当阳位于湖北中部偏西，是三国古迹较为集中的地方，县城西有当年张飞、赵云、关羽等人力拒曹兵的长坂坡，“赵子龙单骑救主”、“张飞吼断当阳桥”就发生在这里，现已开辟为“长坂坡公园”，有石碑和赵云塑像。

玉泉寺位于当阳城西15千米处的玉泉山麓。古寺始建于汉代建安年间，历代皆有扩修，曾被誉为“中国四大丛林”之一、“荆楚丛林之冠”。现存建筑多为明代重修。玉泉寺铁塔为北宋嘉祐六年（公元1061年）铸造，塔身为生铁仿木结构阁楼式，八角十三层，分段铸造，逐层叠装，不加焊接，在我国古塔中独具一格。

关陵位于当阳城和玉泉山之间，乃三国蜀将关羽之墓。东汉建安二十四年（公元219年）关羽被吴将所杀，孙权将关羽首级送到曹操处，同时以诸侯礼节葬其尸骸于此地，当时仅是土墓；明成化三年（公元1467年）创建寺庙。后人崇关羽之“忠、义、勇、武”的品格操守，尊其为“武圣人”，对其墓庙多次重建、增修而成现今规模。

D3　游赤壁市（蒲圻）三国赤壁、黄冈市东坡赤壁。

三国赤壁即历史上三国时赤壁之战发生地，在赤壁市（蒲圻）西北的长江西岸的南屏山上，有一石峰延伸江中，上边镌刻有“赤壁”两个大字。这时有赤壁、南屏、金鸾三座小山，保存有摩崖石刻、拜风台（又称武侯宫）、凤雏庵等文物和建筑。

东坡赤壁位于黄冈市西门外，江边有赭色砂砾岩断崖，被江水侵蚀，形成绝壁。北宋文学家苏东坡贬居黄州时，常游此地，误认为是三国时赤壁之战的赤壁，写有前、后《赤壁赋》和《念奴娇·赤壁怀古》等篇，诗词中“清风徐来，水波不兴”，“江流有声、断岸千尺，山高月小，水落石出”，“乱石穿空，惊涛拍岸，卷起千堆雪”等名句脍炙人口，生动地描写了东坡赤壁的壮丽景色。清康熙时称此处为“东坡赤壁”或“黄州赤壁”，又称“文赤壁”，现存建筑物为清代重修。

第五节　湖南旅游

芙蓉之国湖南，位于我国东南腹地，北枕长江，因大部分地区在洞庭湖之南，故称“湖南”；因湘江贯通南北，故简称“湘”。湘江流域过去多植芙蓉，唐代诗人谭用之有“秋风万里芙蓉国”之句，故湖南又有“芙蓉国”之称，总面积21.18万平方千米，省会长沙市。湖南境内东南西三面环山，幕阜、罗霄山脉绵亘于东，南岭山脉屏障于南，武陵、雪峰山脉逶迤于西。湘西山地大多数山峰海拔1000米以上，中部丘陵与河谷盆地相间。湘北为洞庭湖平原，海拔多在50米以下。全省形成从东南西三面向北倾斜开口的马蹄形状，境内山地约占总面积的一半，平原、盆地、丘陵、水面约占一半。其主要水面有洞庭湖及湘江、资水、沅江、澧水，四水由西南向北汇聚洞庭湖，经岳阳城陵矶注入长江。湖南为大陆型亚热带季风湿润气候，受东亚季风环流的影响。冬季寒冷短促，夏季酷热长久；春夏多雨，秋冬干旱。1 月平均气温4～7℃，7 月平均气温 26～30℃，年均降水量1200～1700 毫米，为我国雨水较多的省区之一。全省总人口6568.37万（截至2010 年11 月1 日）。

湖南有着源远流长的人文历史，从湘南的道县玉蟾岩出土的 4 粒稻谷，表明早在 1 万多年前，人类的先祖便在这里生活。春秋战国时期，湖南属于南方楚国的版图。秦统一后在湖南设黔中、长沙两郡。汉初（公元前 206 年）长沙为诸侯封国。唐广德二年（公元764 年）设湖南观察史，自此有“湖南”之名。清康熙三年（公元1664 年）设湖南省并沿用至今。

湖南山川秀丽，古迹众多，旅游资源丰富。绮丽的自然风光和悠久的历史文化使湖南独具特点。现有世界自然遗产武陵源风景区和中国丹霞崀山，国家级重点文物保护单位 60 处，省级文物保护单位 523 处；国家级历史文化名城 3 座，中国优秀旅游城市 12 座，国家 5A 级旅游景区 5 处，国家级风景名胜区 15 处，国家级森林公园 43 处，国家级自然保护区 18 处，全国旅游胜地四十佳 1 处。

一、风味肴馔

湖南的饮食文化历史悠久，湘菜是中国八大菜系之一，用料注重本地特色，以蒸、煨、煎、炒、烧、腌见长，具有酸、辣、麻、焦的特点，有清香、浓鲜、脆嫩多种风格，名菜有东安仔鸡、冰糖湘莲、腊味合蒸、麻辣仔鸡、火方冬笋尖、叉烧鳜鱼、桃源铜锤鸡等，还有长沙火宫殿的臭豆腐、姊妹团子，岳阳的糯米粽，湘西的桐叶粑、米豆腐等传统风味名点。

二、地方文艺

湖南地方戏曲艺术魅力独具，著名的有湘剧、花鼓戏、祁剧等，湘剧为湖南主要地方剧种，形成于明末清初，兼收南北曲调，具有浓郁的地方特色。祁剧流行于湘南、湘西，表演粗犷朴实，有山野气。花鼓戏流行全省，曲调优美，形式活泼，语言通俗，反映现实生活，深为群众喜爱。湘西的苗歌剧是新中国成立后才发展起来的，吸取了苗族民间艺术加以提炼而成。

三、旅游交通概况

湖南北靠长江，南接两广，邻近港澳，具有承东启西、南联北进的区位优势，交通位置十分重要。潇湘大地交通较为发达，铁路、公路、航运、航空均较便利。

四、湖南的旅游线路

（一）鬼斧神工张家界

D1 长沙接团，乘夜车赴张家界。

张家界市是一座新兴的国际旅游城市，前身为湖南省大庸县。张家界市的旅游资源极为丰富，有张家界国家森林公园、索溪峪自然风景区、天子山自然保护区和杨家界风景区，周边有九天洞、八大公山、五雷山、天门山、茅岩河等五大景区。唐代大诗人李白曾写诗“功成拂衣去，归于武陵源”，就是赞叹张家界风光。普光禅寺、玉皇洞石窟等名胜古迹，贺龙、杜心五等名人故居构成了当地的人文旅游资源，而古朴的少数民族风情更为当地旅游资源锦上添花。

D2　早晨到张家界，前往索溪峪。

索溪峪自然保护区位于武陵源的东部，这里以奇峰秀水、钟乳洞和深壑著名。索溪峪景区内有 2000 多座独具特色的险峰，主要景点有黄龙洞、宝峰湖、十里画廊、西海、百丈峡、神堂湾、索溪、观音洞、宝峰山和百丈峡等。索溪自水绕四门处向东流去，两岸景色秀丽，索溪峪亦因此得名。

宝峰湖湖水由高处向低处泄落，形成了宝峰瀑布，落差迭起。宝峰山上有始建于宋朝的灵贞观。鹰窝寨位于宝峰湖西南绝壁之上，早年是著名的土匪寨子，电视剧《乌龙山剿匪记》拍摄于此。登上鹰窝寨顶，视野豁然开阔，极目远眺，山村田舍，蓝天白云，一派田园氛围，使人有融化于大自然中之感。

军地坪向西景点是著名的西海，由军地坪至叶家岗后登山，可见如海涛般起伏的西海峰林。从这里为起点，一路上可见到睡美人、天然植物园、回音壁、骆驼峰、天台等景点。登天台再观西海，可饱览西海峰林胜景。

黄龙洞位于索溪峪景区东北部，属石灰岩地下河侵蚀型洞穴，被称为“地下魔宫”。洞体宏大、深远，旱洞、水洞各 2 层。形成一库（黄龙水洞）、二河（响水河、水晶河）、三瀑（黄龙瀑、天水瀑、天地瀑）、四潭、十三厅（宫）（龙舞宫、水晶宫、迷人宫等）、九十六廊等；最大洞厅的面积 12000 平方米，可容纳上万人。洞口雾霭弥漫，洞内长廊蜿蜒，钙质堆积物五颜六色，造型奇特。在国内溶洞中罕见的是洞中有山，叩击石琴山上的钟乳，便能发出动听的丝竹管弦之音。定海神针高达 19.2 米，直径 10 厘米，通体透明，直抵宫顶。

D3　徒步游览天子山。

天子山保护区位于武陵源的西北部，宋代土家族领袖向大坤在此率众起义，自称“天王”，失败后在此跳崖殉难，故名。天子山东北，向南可达御笔峰，这里是天子山景区的最佳景观之一，数峰参差并列，传说是向王天子兵败时丢弃的御笔化成的山峰，附近还有贺龙公园、点将台、仙女献花、情人幽会、舍子岩、千层台等景点。天子山景区北部，有老人峰、将军岩、天子井、龙王洞、天池、黄龙泉等景点。鸳鸯瀑是一处奇特景观，高达 50 多米的瀑布，由对峙而立的两座山上流下的两条瀑布汇合而成，两条瀑布一大一小，在中间交汇，因此得名鸳鸯瀑。十里画廊是一条长达 6 千米多的高山峡谷，峡谷内奇峰叠耸，怪石林立，一路上风景相连，宛若一卷秀美的画幅。沿途可见转阁楼、猛虎啸天、采药老人、众女拜观音、夫妻岩等景观。其中采药老人、众女拜观音为最佳景观。

D4　游览水绕四门、张家界国家森林公园、金鞭溪、黄石寨、猛洞河。

水绕四门地处武陵源中心，是张家界国家森林公园的东大门，索溪峪自然保护区的西大门。金鞭溪、索溪、鸳鸯溪、龙尾溪四条溪流，在不足 200 平方米的山谷盆地里盘绕汇流，四周峰岩奇秀，几条山溪切割出东南西北四道山门，人称水绕四门。此处的万岁牌、将军岩、笔架山等景，均有极佳的观赏情趣。金鞭溪沿线是张家界风景最美的地界之一，沿溪岸延伸的峡谷，长约5.7千米，沿溪行进，穿行于绝壁奇峰之间，幽静异常。溪水明净如镜，跌宕多姿，两旁林木繁茂，溪水清澈。一路上可见金鞭岩、神鹰护鞭、西天取经、劈山救母、白沙泉、双龟探溪、骆驼峰等景观。金鞭溪两岸的山峰，大多峭壁万仞，直上直下，蔚为壮观。

黄石寨亦称黄狮寨，相传张良的师傅黄石公曾到此炼丹，因而得名，也因山势像一只雄师而得名黄狮寨，是张家界景象“极奇摄胜”之地。故有“不上黄石寨，枉到张家界”之说。

猛洞河位于湘西土家族苗族自治州境内，地跨永顺、古丈两县，距张家界80千米，下游与酉水会合注入沅江。因其源头之水从龙山县猛必村的一个洞内流出，故名。猛洞河一带被称为“集三峡之雄伟，汇张家界之神奇，溶漓江之秀丽，怀西湖之温馨”。整个景区内石壁高耸，峡谷幽深，碧水潆洄，洞穴纵横。20世纪70年代初在猛洞河下游修起了凤滩水电站，使永顺山城下游一带变成了高峡平湖，四周的自然风景区成为理想的水上旅游胜地。游人从王村码头登船，溯酉水而上进入猛洞河，一路有石壁画廊、鸳鸯峡、将军峡、百鸟峡、金狮洞、风洞、阴阳洞、间歇泉、洞溪飞瀑等景点数百处。两岸山峰林立，水杉、银杏、珙桐等奇花异木遍布于山峡峰岭，风景秀丽，构成奇特的自然画卷。由于凤滩水库回水，河水流急滩陡，是漂流的极好场所。游客可从哈妮宫出发，登上橡皮舟，沿途经三角岩、鸡笼门、捏土瀑布、阎王滩、落水坑瀑布、梦思峡等数十个景点，既可观赏两岸的峡谷风光，又可享受到探险家的乐趣。漂流结束后乘船沿凤滩水库上行至王村。

D5　游览王村，凤凰古城。

王村是一座具有2000年历史的古镇，史称酉阳。镇上的主要街道全部用青石板铺成，古朴典雅。街道两旁的吊脚楼鳞次栉比，别具一格。公元940年，楚王马希范与溪州刺使彭士愁多年交战媾和，缔结盟约，划疆而冶，铸5000斤铜柱为证。千余年来，溪州铜柱屹立在猛洞河边，见证和记录着土、汉文化交流的历史。这里由于地域偏僻，交通不甚方便，过去不为人知。20世纪80年代初，著名电影导演谢晋选择王村作为电影《芙蓉镇》的外景拍摄地，电影放映后，在海内外引起轰动，王村及猛洞河也因此而名声大振，成为海内外旅游者争先游览之地。参观完乘车赴凤凰古城。

凤凰古称镇竿，是一座古色古香的小镇。山城位于沱江之畔，得名于城西南的凤凰山，出名于沈从文先生的文章。古城风景秀丽，历史悠久；群山环抱，关隘雄奇；城外沱江蜿蜒，河水清洌，江中渔舟游船数点；城内明清古院吊脚楼轻烟袅袅，给人以时光倒流的感觉；幽静的边城景色，犹如一幅浓墨淡彩的山水画。凤凰城中并没有什么著名的景点，却处处能读到历史的沧桑。北门又称“壁辉门”，城门上的城楼依然完好，雄伟壮观。古城楼两端沿江岸筑有城墙，建于康熙年间，现有一段依然保存完好。沱江中的“踏岩”是人们从北门进城的必经之路。虹桥是一座南北走向、横跨沱江的石拱风雨桥，建于明洪武年间，三拱两墩，规模宏大。古城外围，有风景秀丽的南华山国家森林公园、地下艺术宫殿奇梁洞、建于唐代的黄丝桥古城、举世瞩目的南方长城等风景旅游区（点），以及民族风情浓郁的山江、都罗等苗家村寨。

D6　游凤凰，下午乘车返长沙。

（二）名人名山游

D1　长沙接团，游览岳麓山、湖南省博物馆。

岳麓山坐落于湘江西岸，系南岳衡山七十二峰之尾，属低山丘陵，由麓山、天马、花岭、石佳岭、橘子洲头五大景区组成，其中麓山景区是其核心景区。岳麓山最高峰海拔仅 297 米，但层峦叠耸，山涧幽深；景色优美，古迹众多。群峦叠翠之间错落着晋陶侃、唐裴休、宋朱熹等人的寓所和近代著名革命家黄兴、蔡锷、陈天华、焦达峰等人的墓庐。儒、佛、道三教在此长期共存，遗存比比皆是。岳麓书院位于岳麓山抱黄洞下，北宋开宝九年（公元 976 年）创建，为宋代四大书院之首。天禧二年（公元 1018 年）宋真宗手书“岳麓书院”牌匾高悬门额，南宋理学家张拭、朱熹都曾在此讲学著书。岳麓书院前厅左右两壁石刻“忠孝廉节”为朱熹所写，“道南正脉”木匾为清乾隆所赐。爱晚亭建于清乾隆五十七年（公元 1792 年），因四周皆是枫林，原名红叶亭。清代著名诗人袁枚到此游览，依唐代诗人杜牧“停车坐爱枫林晚，霜叶红于二月花”的诗句，改名为“爱晚亭”，1952 年经修缮，毛泽东题写匾额“爱晚亭”。游完岳麓山后，前往橘子洲游览。橘子洲在岳麓山回市区的路上，是湘江中的一个小沙岛，因盛产橘子而得名。毛泽东同志的诗《沁园春 · 长沙》而使此处名声大震。现建有橘子洲纪念亭。

20 世纪 70 年代，长沙马王堆汉墓的发掘，震惊了世界。该墓葬保存完好的女尸，是世界上首次发现的湿尸，女尸入土已经 2000 多年，仍保持着栩栩如生的面目和弹性肌肤。同时，马王堆汉墓还出土了一大批品种繁多、保存完整、价值极为珍贵的文物，包括衣物、食品、药材、漆器、木俑、乐器、陶器、帛画以及大量的帛书和竹木简，这些文物具有极高的艺术性和实用性，堪称中华文明古国的瑰宝，现保存于湖南省博物馆。

D2　赴韶山参观。

韶山位于湘潭西 40 千米，是南岳七十二峰之一。相传虞舜南巡经过此峰，演奏韶乐而得名。到韶山主要参观毛泽东同志故居和滴水洞。

毛泽东故居上屋场坐落于茂林修竹、青翠欲滴的小山冲中，房屋系泥砖青瓦、土木结构，是南方常见的普通农家住房。现有十三间半民房，为毛泽东同志的父亲毛顺生所建。毛泽东故居曾遭到国民党政府的破坏，1950 年以后经多次修葺恢复原貌。屋前有毛泽东少年时代劳动过的田地、禾场、游泳的池塘等。滴水洞位于毛泽东铜像以西约 4 千米处的狭谷中，是毛泽东同志晚年回韶山小住的地方。滴水洞景区有三大核心部分，即以一号楼为中心的别墅系列，西面以毛泽东祖坟、虎雕、虎亭、滴水清音为主的虎歇坪景观系列，东面以毛泽东曾祖父母坟、龙泉三叠、奔龙泉池、观音远眺为主的龙头山景观系列。毛泽东纪念园将毛泽东同志一生中的重要事件都微缩在一起，参观以后对毛泽东同志一生的革命活动会有一个大致了解。在韶山的半山腰，还有一个毛泽东诗词碑林，内有毛泽东同志一生所写诗词 100 多首。参观完后乘车前往衡阳。

D3　游衡山风景区。

南岳衡山位于湖南省南岳区境内，是我国五岳中唯一位于南方的。衡山气候温暖湿润，植物繁茂，山川如画，素有“七分山水三分云”之说。因此，五岳之中衡山以景色秀丽见长，古称“五岳独秀”。衡山历史悠久，相传舜帝南巡、大禹治水都曾到过衡山。衡山海拔高度为1000~1300米。山体由巨大的花岗岩构成，有大小72峰，以祝融峰、天柱峰、芙蓉峰、紫盖峰等最为著名。祝融峰之高、藏经殿之秀、方广寺之深、水帘洞之奇，是衡山的四绝。

衡山自隋朝正式定为南岳后，历代修建的名胜古迹甚多。衡山游览区名刹古迹、风光名胜大多分布在登山道路两侧。南岳庙是衡山最大最雄伟的建筑。大庙位于南岳山下的南岳古镇北街尽头，坐北朝南，前有寿涧水，后有赤帝庙，始建于唐开元十三年（公元725年），历经六次大火，大殿是清光绪八年（公元1882年）按照北京故宫的样式重修的，是我国五岳中规模最大、总体布局最完整的古宫殿式的庙宇。现存建筑中还保留有宋、明时代的建筑构件，具有较高的历史和艺术价值。

祝融峰是衡山最高峰，海拔1290米，相传祝融氏是上古轩辕黄帝的大臣，黄帝任命他为管火的火正官。他住在衡山，又葬在衡山，为了纪念他对人们的重大贡献，将衡山的最高峰命名祝融峰，故衡山是以祭拜火神为代表的。祝融峰附近寺庙林立，祝融峰上建有祝融殿。峰顶有望日台，是观日出的最佳处。参观完后乘车到岳阳。

D4　游岳阳楼、洞庭君山。

岳阳位于湖南省东北部，洞庭湖出口处。岳阳楼位于市区西面西城门洞庭湖畔，是我国“江南三大名楼”之一，登楼可饱览“八百里洞庭”的湖光山色，历来有“洞庭天下水，岳阳天下楼”之称。岳阳古称巴陵，三国时吴将鲁肃在此驻守，操练水军，并在依山临湖的西城门上建阅兵台，名阅军楼。唐开元四年（公元716年）岳州太守张说对楼台进行扩修，正式定名岳阳楼，并常与文人登楼赋诗，李白、杜甫、白居易、刘禹锡、孟浩然都曾到过此地。宋庆历五年（公元1045年）滕子京守巴陵时重修，并请文学家范仲淹撰《岳阳楼记》，名声日盛。现建筑为清同治六年（公元1867年）重修。楼内大厅里刻有范仲淹《岳阳楼记》的巨幅屏风，两旁立有李白、杜甫等人的诗词碑刻。传说吕洞宾三次醉倒在岳阳楼，主楼右侧建有“三醉亭”。

乘船游洞庭湖、君山。君山原名洞庭山，是南洞庭湖中的一个小岛，有大小72个山头。全山的西、南两面因岩石垂直节理分割和崩塌造成悬崖陡崖，崖下部经长期风化和湖水冲刷，形成“虎洞”、“龙洞”、“猴洞”等，每当春秋水涨，惊涛出入有声，山上有“听涛阁”遗址。传说四千年前舜帝到南方巡察，他的两个妃子娥皇、女英追到洞庭湖边，听说舜已死在九嶷山，二妃恸哭，泪水洒在竹子上，形成了斑竹，也叫湘妃竹。二妃死后葬在洞庭山，现存有“二妃墓”。二妃也叫“君妃”，又称“湘君”，为纪念她们，洞庭山改称君山。君山上古迹很多，现仅存“二妃墓”、香炉山、酒香亭等，以及为吕洞宾吟诗处而建的“朗吟亭”，君山上还有神话故事“柳毅传书”中的“柳毅井”和“传书亭”。

第8章 西南岩溶山水旅游区

第一节 概 述

西南旅游大区位于祖国的西南边陲，包括滇、黔、桂二省一区，与老挝、缅甸、越南等国家相邻，广西濒临北部湾，是一个既靠海又有国境线的旅游区。全区总面积约 80.6 万平方千米，总人口约 1.267 亿（截至 2010 年 11 月 1 日）。该区内岩溶地貌发育典型，分布广泛，是世界上最大的岩溶地貌成片典型发育地区。由于所处纬度较低，地势反差大，气候与生物垂直分异明显，动植物类型丰富多彩，自然旅游资源具有得天独厚的优势。该区还是我国少数民族分布最多的地区，有 30 多个少数民族，占全国少数民族总数的一半以上，各民族的服饰民居、节日庆典、饮食婚丧等风土人情和传统文化是本区比较典型的人文旅游资源。

一、旅游地理环境概况

（一）*地形以高山、山地、盆地为主，岩溶地貌发育*

本区跨滇西与滇南山地、云贵高原和广西丘陵盆地三大地貌单元。广西丘陵盆地周围有海拔 1000～1500 米的云贵高原与群山环绕，中间为海拔 200 米以下的郁江、浔江平原和玉林盆地。云贵高原上分布有许多山间盆地，是云、贵两省经济较发达地区和城镇的所在地。

本区在古生代、中生代海浸时间长，沉积了55万平方千米的厚层石灰岩。第三纪又处于湿热条件，因而形成了大面积的岩溶地形。在发育过程中，溶蚀或沉积形成各种岩溶地形，如地面上的石林、峰林，溶洞中的石笋、石钟乳等，且造型千奇百怪。如滇东的路南、宜良、弥勒、罗平、个旧的石林风景，黔西南、桂西北的峰丛，广西盆地周围的峰林，可谓是“无山不洞，无洞不奇”，其中以漓江沿岸最为典型。

（二）气候类型复杂，地域差异明显

西南大部分地区属于亚热带、热带气候，由于距海较近，气候普遍温暖湿润，一年四季皆宜旅游，但因地域辽阔，地势高低悬殊，使得气候复杂多样，各地区之间差异明显。

云贵高原西部冬季受热带气团控制，气温较高；夏季受海拔高度影响，天气凉爽，四季如春。尤其是昆明，春夏秋长达9～10个月，冬季长约2个月，气候温和，故有“春城”美称。广西北部属于亚热带季风气候，温暖湿润。南部为湿热的热带气候，没有真正的冬季，夏季炎热，但降雨就凉，因此有“四季皆为夏，一雨便成秋”之说。

（三）三大水系密布全区

三大水系指珠江、长江和三江（元江、澜沧江、怒江）水系。长江支流湘江和珠江支流桂江的上游漓江只隔低矮的分水岭。两千多年前，秦统一岭南，在兴安修建了连接湘、桂二水的灵渠，沟通了长江、珠江两大水系，是世界最早的运河之一。灵渠至今发挥着重要的航运功能。金沙江在滇西北的玉龙和哈巴二雪山间形成一段闻名中外的峡谷——虎跳峡，雪山高出江面3000米，江面最窄处仅30米，奇险惊人。黔桂两省岩溶地区多瀑布，黄果树、红滩、冷水滩等名瀑皆为著名旅游胜地。

二、旅游资源的基本特征

（一）山水奇异，风景如画

与我国其他旅游区相比，本区自然景观更具“未雕饰”之天然美。本区因地形复杂，地势高低悬殊，南北跨度大，气候垂直和水平分异显著，环境千差万别，为多种动植物的生存提供了适宜的条件，区内动植物资源十分丰富，种类达15000多种。其中云南动植物种类达12000多种，几乎占全国植物种数的一半，居全国第一，被誉为“植物王国”。在野生生物繁多的地区建有许多自然保护区，如梵净山、西双版纳等。

本区是我国岩溶地貌发育最完美、分布最广的区域，其岩溶地貌景观无所不有，是世界上著名的岩溶风景游览胜地。云南路南石林、建水燕子洞，贵州织金洞、龙山仙人洞、安顺龙宫洞，广西桂林芦笛岩、柳州都乐岩、龙州紫霞洞、兴安乳洞等均为该旅游区内著名的岩溶地貌风景区。

（二）民族风情别具一格

本区是一个多民族聚居地，有少数民族30多个，其中云南省有25个少数民族。这些少数民族在长期的生产生活中，形成了各自的民族风格，创造出富有民族特色的文化，构成了独具优势的人文旅游资源。少数民族的服饰、饮食、建筑、礼仪及喜庆活动等对旅游者均具有极大的吸引力。

三、旅游分区与旅游线路

西南旅游区属中国旅游大区之一，以省（区或直辖市）为单位将本区划分为三个旅游区。以云南、贵州、广西三区为单元，以大尺度旅游线路为主，设计了若干条旅游线路。旅行社或旅游者也可根据旅游资源的具体分布特点及需要，灵活变动。

第二节　贵州旅游

贵州简称“黔”或“贵”，地处云贵高原东部、长江和珠江两大水系的分水岭地带。地势东高西低，自中部向北、东、南三面倾斜，平均海拔1000米左右，全省总面积17.6万平方千米，省会贵阳市。全省地貌可概括分为高原山地、丘陵和盆地三种基本类型。境内岩溶分布范围广泛，全省总面积的61.9%为喀斯特地貌，岩溶地貌形态类型齐全。贵州属亚热带湿润季风气候区，气候温暖湿润，温度变化小，冬暖夏凉，1月平均气温3~6℃，7月平均气温22~25℃，年降水量多为1100~1300毫米。全省总人口3474.64万（截至2010年11月1日）。

贵州是中国古人类的发祥地之一，历史悠久，春秋以前，贵州为荆州西南裔，属于“荆楚”或“南蛮”的一部分。战国后期，夜郎国发展成为西南地区的大国之一。宋代“贵州”名称始见于文献。贵州是一个多民族的省份，世居少数民族有苗族、布依族、侗族、土家族等16个，少数民族人口占全省总人口的38%左右。

贵州被誉为天然“大公园”，特殊的喀斯特地质地貌、原生的自然环境、浓郁的少数民族风情，形成了以自然风光、人文景观和民俗风情交相辉映的丰富旅游资源。现有世界自然遗产——中国南方喀斯特贵州荔波锥状喀斯特（峰林）和中国丹霞贵州赤水，国家级重点文物保护单位39处，省级文物保护单位263处，国家级历史文化名城2座，中国优秀旅游城市7座，国家5A级旅游景区2处，国家级风景名胜区18处，国家级森林公园21处，国家级自然保护区9处，全国旅游胜地四十佳2处。

一、风味肴馔

“贵州菜”又名“黔味菜”，其独特的风味有别于川、湘、粤、鲁、苏等菜系，香辣是黔味菜的主要特点。著名菜点大多与辣椒密切相关。黔味菜肴还突出酸，贵州有“三天不吃酸、走路打窜窜”的民谣。小吃更是贵州一道特殊的风景，肠旺面、丝娃娃、恋爱豆腐果、青岩小豆腐、糕粑、遵义羊肉粉、毕节汤圆、铜仁绿豆粉等最受欢迎。

二、地方文艺

贵州各民族能歌善舞，都有各自的民族歌舞和说唱艺术。民族音乐有布依族的山歌、情歌和双声部大歌；苗族的史歌、情歌、芦笙曲调；水族的大歌和小歌等。民族舞蹈有布依族的刷巴舞、花包舞；苗族的芦笙舞、板凳舞、铜鼓舞；水族的铜鼓舞和斗角舞等。黔剧是流行于贵州省的地方剧种，由曲艺“文琴”发展而成，主要以扬琴为伴奏乐器，地方特色浓郁。贵州花灯有花灯歌舞与花灯戏两种，乡土气息浓郁，是一种有歌有舞有戏、有说有唱的综合性戏剧艺术表演形式。

三、旅游交通概况

贵州地处祖国大西南民族聚居区，境内山地多，地形复杂，一直以来交通欠发达。新中国成立后贵州的铁路、公路、航空和河运建设取得了一定成就，已建成南下出海大通道和大西南陆上交通枢纽，并逐步构成和完善综合交通运输体系，使贵州交通条件有了较大改观。

四、贵州的旅游线路

（一）风情贵州行

D1　贵阳接团，游黔灵山、甲秀楼。

贵阳因位于贵山之南而得名。黔灵山位于贵阳西北部，以明山、秀水、幽林、古寺、圣泉、灵猴而闻名遐迩。黔灵公园就位于黔灵山群峰中，园内峰峦叠翠，古木参天，林木葱茏，古洞清涧，深谷幽潭，景致清远，森林覆盖率达98%以上。有黔灵湖、麒麟洞等景点，园中野生放养的100多只猕猴更是一道绚丽的风景。黔灵山自古是贵州高原一颗璀璨的明珠，有“黔南第一山”的美誉。弘福寺位于黔灵山上，为赤松和尚于清康熙年间创建。现有三重建筑，大雄宝殿（正殿）、观音殿（中殿）、弥勒殿前（前殿），另配藏经楼、毗卢阁等。弘福寺前沿陡崖而下为“九曲径”，系登寺捷径，有石级380余步，乃清康熙二十七年（公元1688年）辟建，乾隆、咸丰年间各重修。沿径摩崖石刻无数，并有亭、殿筑于其间，“古佛洞”、“海螺亭”、“响石洞”、“洗钵池”等自然奇胜使人置身绿荫之中。明地理学者徐霞客也曾于崇祯十一年（公元1638年）至贵州，游古佛洞。“九曲径”下北行，即“麒麟洞”，洞中乳悬垂，千姿百态，其一巨者坠地，形若麒麟，故名。

甲秀楼位于贵阳市南明塘，兀立在南明河中的巨石——鳌矶上。明万历二十五年（公元1597年）在此建楼，名“甲秀”，取科甲挺秀之意。后几经重建增修，仍保持原貌。甲秀楼右依观音寺、翠微阁，下为浮玉桥，桥上有小巧玲珑的涵碧亭。甲秀楼现已成为贵阳市的标志建筑。

D2　赴安顺，游黄果树瀑布、天星桥、水上石林、龙宫。

黄果树风景区位于安顺市镇宁县境内，是白水河上九级瀑布中最大一级，是我国第一大瀑布，也是亚洲最大的瀑布。这一带是典型的岩溶地区，长期的河道变迁、袭夺、暗河塌陷，河流下切，致使河床逐级跌落，形成多种多样的瀑布。景区内有地表瀑布18个，地下瀑布14个。黄果树瀑布落差74米，宽81米，河水从断崖顶端飞流而下，倾入岩下的犀牛潭中，势如翻江倒海。“白水如棉不用弓弹花自散，红霞似锦何须梭织天生成”乃黄果树瀑布的生动写照。黄果树瀑布后有水帘洞，洞内有洞窗、洞厅、洞泉和洞内瀑布等。游人穿行于洞中，可在洞窗内观看洞外飞流直下的瀑布。

天星桥景区位于黄果树大瀑布下游7千米处，由地下河塌陷形成。这里主要观赏石、树、水的美妙结合，是水上石林变化而成的天然盆景区，玲珑秀美。“风刀水剑刻就万顷盆景，根笔藤墨绘制千古绝画”的对联，概括了天星桥景区的神韵。宽约 300 米的“天星桥”，上下奇峰壁立，瀑布飞泻，有旱石林、水上石林等奇特景观。

龙宫位于安顺西南 27 千米的马头乡，距黄果树瀑布 30 多千米，龙宫全长 3000 多米，以景致奇特的溶洞暗湖为主，地下溶洞由暗河连接的五组溶洞组成，当地群众习称“五进龙宫”。

D3　赴清镇县，游红枫湖、苗侗村寨。

红枫湖位于贵州中部清镇、平坝县境内，距安顺 77 千米，距贵阳 33 千米，是贵州省最大的人工湖。1958 年政府在此修建电站。红枫电站是猫跳河六级电站中的一级电站。红枫湖就是电站大坝建成后形成的人造湖。初建时无名，后因湖中桃花园山上有上百株枫树，每到金秋，枫叶红似火焰，映得满湖通红，于是便将这座人工湖命名为“红枫湖”。

湖面烟波浩森、湖湾曲折幽深、峰林险峻奇特。景区内建有苗、侗、布依等三个民族村寨，苗家吊脚楼、布依石板房和侗家的鼓楼、风雨桥错落有致，别具特色。3 个村寨都建在岛上，隔水相望，相互呼应。民族村不仅荟萃了大西南 16 个民族的原始风俗表演，而且还从全国各地引进杂技马戏、珍奇猛兽驯化表演等等。每周还举办一次“土风狂欢夜”，各民族的歌舞在这里各领风骚，令游人大开眼界。

D4　赴黔东重镇凯里，游雷山县郎德上寨、西江千户苗寨。

凯里是黔东南州州府，早在明清时期就曾有“小京州”美称。凯里不仅山清水秀、景色迷人，更是一个多民族大花园，被誉为“苗岭明珠”，素有“芦笙的故乡”、“歌舞的海洋”、“百节之乡”等美称。郎德上寨坐落在雷公山麓丹江河畔，距凯里市 27 千米，有“天然民俗博物馆”之称。寨子依山傍水，四面群山环抱，茂林修竹衬托着古色古香的吊脚楼，蜿蜒的山路掩映在绿林山间，具有独特的苗寨风格。

西江苗寨素有“苗都”之称，被誉为“苗族民族文化艺术馆”，是研究苗族历史、文化的“活化石”。西江苗寨依山傍水而建，寨内吊脚楼重重叠叠，是了解和研究苗族干栏民居文化的最好去处。西江还是远近闻名的银匠村，苗族银饰制作具有极高水平，凯里一带的苗族银饰珍品，如大角银、银冠、银衣等，大多出自西江。

D5　赴施秉、镇远，游舞阳河、镇远古镇、青龙洞古建筑群。

舞阳河风景区位于黔东南苗族侗族自治州的镇远、施秉、黄平三县境内。发源于贵州省瓮安县都凹山，分上舞阳、下舞阳两个峡谷风光旅游区，在这两段风景名胜区内，河湾河滩、奇峰异岩、瀑布溶洞、竹木森林、飞禽走兽分布广泛，风景秀丽。

镇远位于舞阳河下游，是一座具有 2000 多年历史的名城。镇远的街巷，爬坡上坎、拐弯抹角，巷中有巷、巷中有井、巷下有沟，这是给排水的需要；巷对码头、巷通驿道、深宅大院，这是商业文明的显现。小城的民居多集中在巷内。富商的深宅大院均为四合院结构，既有江南小庭院的风格，又有依山而筑的特点。

青龙洞古建筑群位于镇远城东部中河山麓，是贵州现存最大的古建筑群，始建于明洪武二十一年（公元 1388 年），迄今已有 450 余年的历史。集佛、道、儒三教建筑风格于一体。建筑大部分为木结构，楼阁亭殿建在古树参天、藤萝垂吊的山腰，整个建筑群不受地形地势约束，造型奇特，将建筑艺术、雕刻艺术与自然风光完美结合，是我国屈指可数又极富观赏价值的古建筑群。

D6　游览梵净山。

梵净山坐落在贵州东部的铜仁地区江口、松桃、印江三县交界处，乃武陵山脉的主峰，为我国亚热带森林生态系统保存较为完整的典型地区之一。这里植物种类丰富，古老、孑遗树种多，植被类型多样，垂直带谱明显，被确定为我国西部中亚热带山地典型的原生植被保存地；有国家重点保护动物黔金丝猴等，为黔金丝猴的唯一分布区。梵净山不仅是珍贵的生物资源库，也是我国历史上佛教名山之一。山上人文历史遗迹保存较多，历史上有四大皇庵、四十八脚庵，著名寺庙有承恩寺、镇国寺、太平寺、天庆寺、护国寺等。梵净山有三大主峰：凤凰山、老金顶、新金顶。凤凰山古朴厚重；老金顶怪石峥嵘，形成奇特石林；新金顶则是一柱擎天。梵净山的自然景观就集中在金顶和蘑菇石一带。蘑菇石位于老金顶石林中，是一座高10多米的蘑菇形巨石，乃梵净山的标志。蘑菇石及附近的岩石是由许多石片堆积而成，岩石都呈块状，而且纹理清晰，就像无数书卷随意堆成的书山，因此附近岩石又有“万卷经书”的美名。

D7　返贵阳，游花溪风景区。

花溪位于贵阳市南郊，以朴实无华的真山真水著称于世。其风景以鳞、凤、龟、蛇四山为中心展开。麟山是花溪公园主峰，外型酷似凶猛的麒麟，披绿挂翠，怒目向天，有“云卷青麟”之名。凤山处于田圃阡陌的平地之中，在山顶可见村寨小径伏在花丛中田野上。龟山如同一年迈老者匍匐于公园之中，山中有一阁，供游人闹中取静。蛇山与龟山遥相呼应。著名的百步桥就在花溪公园的深处。

（二）向黔走、往黔看，黔东南多彩民俗游

D1　贵阳接团，乘车前往都匀，游布依族村寨，参加歌舞联欢。

布依族是贵州少数民族中仅次于苗族的又一主要民族，多依山傍水聚族而居。布依族女性服饰具有浓厚的民族特点，喜欢蜡染，领、肩、襟、袖、衣摆镶有花边，喜戴银饰。地区不同，服饰也各异。布依族节日很多，有六月六、三月三、四月八、尝新节、赶干洞等。在都匀布依族村寨，游客可尽情领略布依族的风采习俗。

D2　赴三都水族自治县，游水族村寨、仙人桥、雪花洞瀑布。

水族是古越人的分支，主要生活在苗岭以南、都柳江游域，多聚族而居，同村寨的成员大多有血缘关系。水族无论男女都喜穿青、蓝色服装。节日主要是“端节”和“卯节”。在三都，除了领略水族风情外，还可游览天然形成的仙人桥、落差50米直泻于溶洞内的雪花洞瀑布、羊福崖墓、水族起义军遗址等。赴荔波。

D3　从荔波乘车到小七孔景区，游茂兰喀斯特森林自然保护区。

小七孔景区位于荔波县西南部，距县城28千米，集洞、林、湖、瀑、石、水多种景观于一体，玲珑秀丽，享有“超级盆景”的美誉。小七孔景区是我国亚热带喀斯特地貌上原生性森林植被保存较完好的地区，森林覆盖率达91.58%。这里有建于清道光年间的七孔石桥，“小七孔风景区”因此得名。景区在宽仅1千米、长12千米的狭长幽谷里集中了洞、林、湖、瀑、石、水各种景观，有碧水澄澄的鸳鸯湖，有龟背山的原始森林，有野猎林的漏斗森林和响水河上的水上森林，这里生长乔木树种500多种，有被称为活化石的银杏、鹅掌楸等珍稀树种，并保存有林麝、香獐、华南虎、熊豹、白猴等野生动物，保护区内还有 68 阶梯的瀑布。除此之外，景区内还有发育完整的喀斯特溶洞群、常年恒温的鸳鸯湖、瑶族风情等景观，这些景点是樟江风景名胜区中的精华。

D4　乘车赴榕江，游苗王庙、三宝千户侗寨、从江县岜沙苗寨、增冲鼓楼。

榕江县位于黔东南苗族侗族自治州东南部、都柳江中上游，以侗、苗、水、瑶为主的少数民族人口占 84.4%，被誉为“中国侗苗文化祖源地”，以车江三宝千户侗寨、乐里七十二侗寨、大利侗寨为代表。苗王庙位于榕江县城古州城西的卧龙岗上，是我国乃至世界绝无仅有的苗族庙宇，被誉为“苗族天下独一庙”，在省内外及东南亚国家直至法国都有一定影响，为中国人文景观之精品。苗王庙是为纪念开辟苗岭的苗族始祖而建，建造年代已不可考，但历代香火鼎盛。

三宝千户侗寨又叫车江侗寨，位于与榕江县城一河之隔的车江大坝，因由三四个大小不一的侗寨连成，分上宝寨、中宝寨、下宝寨，故合称“三宝侗寨”；榕江傍寨流过，共有侗族 2467 户，素有“天下第一侗寨”的美称。客人进寨，好客的车寨人会行“拦路酒”礼。

增冲鼓楼位于从江县增冲乡增冲侗寨，始建于清代康熙十一年（公元 1672 年）秋，是贵州省境内规模最大、保存最好的侗家鼓楼。平日鼓楼大厅是休闲的公共场所，侗寨中有事商议或节日踩歌堂的时候，便捶响大皮鼓，寨中乡亲闻鼓声聚在鼓楼大厅中听长老发号施令。

岜沙苗寨位于从江县城附近，岜沙，是苗语中“草木繁多”的意思。这里至今还保留有浓郁的古代遗风和古老的生产方式，在山寨里，可以见到妇女在操作古老的木纺车、织布机，村民们穿着土法染制的民族服装，岜沙的男孩子长到 16 岁，就要举行一种古老的“成人节”仪式，仪式由寨老和巫师共同主持，将其头顶周围的头发剃掉，只留下头顶部一小撮头发挽成发髻，发尖飘散于脑后。男子腰间别着砍刀，出门时喜欢带着猎枪，枪已成了他们的随身饰物。

第三节　广西旅游

广西壮族自治区地处祖国南疆，属沿海地区，是中国大西南物资的重要进出口通道，陆地面积 23.6 万平方千米，首府南宁市。广西总的地势是由西北向东南倾斜、四周高中间低的盆地地形。西部是云贵高原的延伸部分，大部分海拔 1000～2000 米。地形以山地为主，主要是低山、丘陵，平原零星分布，面积较小，“八山一水一分田”是广西总的地貌形态。广西南邻北部湾，海岸线全长约 1595 千米。广西喀斯特分布遍及 84% 的县份，面积约占总面积的 51%，是中国喀斯特分布广发育典型的地区之一。本区属于亚热带湿润季风气候，雨、热资源丰富；夏热冬暖，夏长冬短；夏湿冬干，雨热同期。全区总人口 4602.66 万（截至 2010 年 11 月 1 日），汉族和壮族为主要民族。

先秦时期，广西为百越之地。公元前 214 年，秦统一岭南，设置桂林、南海和象郡，广西大部分地区属于桂林郡，广西简称“桂”由此而来。宋时此地属广南西路，简称广西路，“广西”之称由此始。

广西历史悠久，在四五万年前旧石器时代晚期，就有“柳江人”和“麒麟山人”

在此劳作生息。秦统一岭南后，开凿灵渠，把长江与珠江两条水系连接起来，促进了广西与中原经济和文化的交流。春秋战国时期广西先民在左江沿岸创作的崖壁画、汉代前创造的大铜鼓以及干栏建筑等，成为广西当时的文化代表。广西素有“歌海”之称，农历三月三是壮族的传统歌节，最为隆重。广西旅游资源十分丰富，最著名的是桂林到阳朔的百里漓江风景区，素有“桂林山水甲天下”之美称，为全国四大旅游胜地之一。广西现有国家级重点文物保护单位42处，省级文物保护单位355处，国家级历史文化名城3座，中国优秀旅游城市12座，国家5A级旅游景区2处，国家级风景名胜区3处，国家级森林公园21处，国家级自然保护区16处，全国十大风景名胜区1处，全国旅游胜地四十佳1处。

一、风味肴馔

广西北接湖南，东连广东，西与云、贵、川近邻，因此在饮食口味上受川味、湘味、粤味的影响很深，加之少数民族的地域特色，逐渐形成“域乡有别，风味不同，清甜、微辣、鲜香、脆嫩”的地方饮食文化特色。广西菜肴以山珍为主料，土特产为辅料，营养价值高，色、香、味、形俱佳，南宁蛇餐馆的蛇馔、桂林米粉、玉林牛肉巴和牛肉素有盛名。

二、地方文艺

地方文艺主要有桂剧、壮剧、彩调剧、粤剧、邕剧、广西鱼鼓、铜鼓音乐等。桂剧以小旦、小生、小丑的“三小戏”见长。彩调形成于明末清初，广泛吸收民间小调，有独唱、对唱、帮腔等形式，注重旦角与丑角的表演。壮族中流行壮剧，用方言演唱，采用“一人唱众人和”的帮腔形式。壮族“吹木叶”（其他少数民族亦有）、弹七弦琴、瑶族长鼓舞、铜鼓舞，苗族赛芦笙，侗族琵琶歌，京族独弦琴“唱哈”等，都是独具特色的民族文艺形式。

三、旅游交通概况

新中国成立前广西地区交通极为不便。新中国成立后，广西的交通事业取得较快发展，特别是改革开放以来，广西致力于建设西南地区的出海口和大通道，交通建设进入了快速发展时期。目前，广西已形成了公路、铁路、航空、水运相互配套的立体交通体系，尤其公路、铁路方面方便。

四、广西的旅游线路

（一）桂林漓江风光游

D1　桂林接团，游市内的靖江王府、独秀峰、七星岩公园等景点，乘船夜游两江四湖。

七星公园位于桂林市区漓江东岸，公园由北面的天枢、天璇、天玑、天权四峰与南面的玉衡、开阳、瑶光三峰组成。北四峰像斗魁，称普陀山；南三峰像斗柄，称月牙山，因七峰并峙，犹如天上的北斗七星坠地而得名七星山。七星公园为桂林最大、游客最盛、历史性最长的一个综合性公园。具有典型的岩溶地貌景观，集山清、水秀、洞奇、石美四绝于一体。1000 多年前的隋唐时代，七星岩就成为游览胜地，历史上形成了“北斗七星”、“栖霞真境”、“月牙虹影”、“驼峰赤霞”、“龙隐奇迹”等名胜，为山水增添了历史文化的光彩。七星公园月牙山瑶光峰南麓，有龙隐洞、龙隐岩两处石刻。此处“壁无完石”，碑刻如林，共有石刻 220 余方，形式有诗词、曲赋、铭文、对联、图像等，为古代书法艺术之林。桂林碑林收集的历代众多名人佳作全国罕见，尤其以宋代摩崖石刻的数量和质量为国内首屈一指。故有“北有西安碑林，南有桂海碑林”、“汉碑看山东，唐碑看西安，宋碑看桂林”的说法。

两江四湖景区，是指由漓江（市区部分）、桃花江、木龙湖、桂湖、榕湖、杉湖江湖相连而构成的环城水系风景带，是桂林市的一个金牌水上旅游项目。漓江活水进入市区内湖，形成贯通两江四湖的“城在水中，水在城中”的环城水系，沿途文物古迹有上百处。游客乘坐游船游城，在中国旅游中独具特色。

D2　乘游船顺江而下游览漓江风光，到达阳朔后游碧莲峰、西街。

由桂林至阳朔 84 千米的漓江，是桂林风光的精华。唐代大诗人韩愈曾以“江作青罗带，山如碧玉簪”的诗句来赞美如诗似画的漓江。漓江风光之美，不仅充分展现了“山清、水秀、洞奇、石美”的特点，而且还有着“深潭、险滩、流泉、飞瀑”的佳景。同时漓江因不同的季节、不同的气候，有着不同的神韵。阳朔位于广西桂林市东南，处处奇山秀水，整个阳朔就似一座山清水秀的大公园，有传说中壮族歌仙刘三姐抛绣球的千年古榕；有令人叹为观止的月洞奇观；有被誉为“小漓江”之称的遇龙河。漓江最精彩的一段风景杨堤、九马画山、兴坪、渔村均在阳朔境内。“桂林山水甲天下，阳朔堪称甲桂林”，高度概括了阳朔的自然风光在世界上所占有的重要位置。

D3　游览象鼻山、伏波山、叠彩山、芦笛岩。

象鼻山位于桂林市东南漓江与桃花江汇流处，因山酷似一头大象站在江边伸鼻吸水而得名，简称象山，是桂林城的象征，桂林的城徽。象鼻山的象鼻与象腿之间，有一个穿洞，洞映水面，恰如满月，故名水月洞。夜间明月初升，构成“象山水月”奇景。象鼻山有历代石刻文物 50 余件，多刻在水月洞内外崖壁上，山顶有一座古老砖塔矗立。远看好似插在象背上的一把剑柄，又像一个古雅的宝瓶，所以有“剑柄塔”“宝瓶塔”之称。此塔建于明代，须弥座雕有普贤菩萨像，也称“普贤塔”。

伏波山位于象鼻山的上游，孤峰雄峙，因其半枕陆地，半插江潭，遏阻洄澜，故名伏波山。现有听涛阁、半山亭、还珠洞、试剑石、米芾自画像、千佛岩等名胜，还有一口重 1000 余公斤的“千人锅”和重2700多公斤的大钟，为清定南王孔有德的女儿为悼其父所铸。

叠彩山位于桂林市区北面，临漓江，山石如层层叠彩，故名。叠彩山包括四望山、于越山和明月、仙鹤两座山峰。山的南麓有登山古道，山下为秀山书院和桂山书院，山顶有于越亭，从亭中眺望明月峰的山石，便见叠彩层层，琳琅满目，最能领略“叠彩”之意。山顶是桂林览胜赏景的最佳处。

芦笛岩在桂林西北光明山南山腹，距市中心约 7 千米。它原是一条古老的地下河道，约形成于 60 万年以前，下层河道仍在发育中。芦笛岩以玲珑、瑰丽、虚幻、雄伟著称，洞中石乳、石笋、石柱、石幔、石花玄妙无穷，变化多姿，极具造化之神妙，素有“大自然艺术之宫”的盛誉。岩内存有唐宋元明乃至民初壁书70余件，是研究桂林古代社会历史的珍贵资料。

（二）桂北精华风情游

D1　桂林接团，游市内的靖江王府、独秀峰、七星岩公园等景点，乘船夜游两江四湖。

D2　赴兴安，游灵渠、乐满地主题公园。

灵渠古称秦凿渠、零渠、陡河，又名湘桂运河、兴安运河，位于桂林市兴安县境内，距桂林70千米，有着“世界古代水利建筑明珠”的美誉。建成于公元前214年，距今已2000多年，仍然发挥着功用。中国长江流域与珠江流域之间，隔着巍巍的五岭山脉，陆路往来已很难，水运更是无路可通。但是，长江支流的湘江上源与珠江支流的上源，恰好同出于广西兴安县境内，近处相距仅1.5千米左右，中间的低矮山梁，高不过30米，宽不过500米。灵渠的设计者利用这个地理条件，凿出一条水道，引湘入漓，蜿蜒行进于起伏的丘陵间，连接起分流南北的湘江、漓江，沟通了长江水系与珠江水系。灵渠所经之处，大部分是岩溶地区，蜿蜒曲折，风光优美。灵渠设计灵巧，工艺精湛，与都江堰、郑国渠同被誉为秦代三大水利工程。

乐满地主题乐园是引进国际级大型游乐园的设计而建造的一个主题公园，有时空交错的欢乐中国城、惊险刺激的美国西部区、奇妙魔幻的梦幻世界区、充满神秘的海盗村、高贵典雅的欧洲区以及热情洋溢的南太平洋区等景点，游客可进入时光隧道体验奇幻多变的精彩乐趣。赴资源。

D3　资江漂流，游览八角寨丹霞地貌风景区（或天门景区）。

资江是资源县境内最大的一条河，发源于华南第一峰猫儿山东北麓。资江漂流河段既有别具一格的雄伟险峻，又有桂林漓江的清纯秀丽。两岸植被保护良好，流量、流速相对稳定，具有相当好的漂流价值。乘车赴八角寨。

八角寨又名云台山，属丹霞地貌风景区。因山顶具八角故名八角寨，又因云涌峰浮而得名云台山。八角寨东、西、北三面均为悬崖绝壁，只有西南坡有一条山径可以登顶。山顶有始建于宋元年间的天空寺。登峰远眺，景区方圆40多千米丹霞奇观尽收眼底。

天门景区属于典型的丹霞地貌，有三十八岩、十九洞、二潭、六泉、八石等。现已在悬崖峭壁之上开发出一条1098级的石梯，可沿梯攀缘而上。其他还有“天脊”、“一线天”、“天鼠下凡”、“桃花岛”等20多处景点。赴龙胜县。

D4　参观龙脊梯田、金竹壮寨、白面瑶寨。

龙脊梯田位于龙胜县和平乡境内，开垦于元代，完工于清初，堪称天下一绝。水田依山环绕，凡有泥土的地方，都开辟了梯田。鳞次栉比的梯田，从山脚盘绕至山顶，春如层层银带，夏滚道道绿波，秋叠座座金塔，冬似群龙戏水；彼此绵延起伏，气势恢宏。龙脊梯田在华南乃至全国亦是罕见。金竹壮寨位于和平乡金江村，与龙脊梯田相毗邻，是我国典型的壮族村寨，其建筑具有鲜明的壮族风格。金竹壮寨因其作为龙脊梯田风景区的门户而名扬海外。这里可以看到古朴的壮族民间舞蹈，听到优美的壮族山歌，享受原汁原味的壮族风情、品尝香纯味美的龙脊茶、龙脊辣椒、龙脊水酒。

白面瑶寨位于龙胜温泉度假区内，离龙胜温泉6千米，1993年开发为民俗村寨，寨门有清代寨规石牌，寨前矗立的“红瑶柱”是红瑶民的图腾。这里村民人人会唱山歌，热情好客。

龙胜温泉位于龙胜县城东矮岭溪边，又名矮岭温泉，被这里的瑶胞称为“神水”。泉水由地下 200 米深处的岩层涌出，水温 45 ~ 50℃，是医疗、饮用两者兼优的天然矿泉水。晚沐龙胜温泉。

D5　游览花坪自然保护区，赴三江侗族自治县，游侗族村寨、鼓楼、风雨桥，欣赏侗族习俗及歌舞表演。

花坪自然保护区位于龙胜、临桂两县交界处。这里崇山峻岭，山高林茂，径河流量大，形成众多的溪泉瀑布，人称花坪为“南国瀑布之乡”。花坪还是广西最大的亚热带常绿原始阔叶林区，古木参天。

三江侗族自治县位于广西北部，地处湘、桂、黔三省（区）交界地，侗族人民在这片古老的土地上创造出灿烂的民族文化，其中最具标志性的是造型精美的侗族建筑，风雨桥和鼓楼便是其精髓。程阳风雨桥建于民国五年（公元 1916 年），桥上有五座亭阁，远远望去，五亭并列，层层叠叠，雄伟壮观，为侗族地区桥梁之冠。乘车返回桂林。

D6　乘船游览百里画廊——漓江风光，到阳朔后游碧莲峰、西街、书童山，晚上观看山水实景演出——《印象刘三姐》。

书童山在阳朔县东南约 2 千米处，一峰如削，屹立江畔，是漓江边最娇小隽秀的一座山峰。又似船桅，俗称桅杆山。山腰有一石，高约 10 米，若拱立的古装男童，名书童石，因石得名书童山。大型桂林山水实景演出《印象刘三姐》是阳朔“锦绣漓江·刘三姐”歌圩景区核心工程，由著名导演张艺谋任总导演，历时三年半制作完成，是全国第一部全新概念的“山水实景演出”。表演舞台为漓江阳朔段书童山附近的两千米水域及 12 座背景山峰，构成全世界最大的天然剧场。

D7　赴荔浦，游丰鱼岩、阳朔大榕树村。

丰鱼岩位于桂林荔浦县城三河乡东里村，因岩内地下河盛产油丰鱼而得名。该溶洞贯通九座大山，洞中小厅连大厅，有 2.3 千米地下河可乘舟览胜，是国内外罕见的奇特大溶洞，被誉为“亚洲第一洞”。

阳朔大榕树距县城约 6 千米，大榕树位于古榕公园内，植于隋代，距今 1400 多年，树冠覆盖一亩土地，独树成林，被当地居民称为“神树”。传说壮族歌仙刘三姐曾在大榕树下与阿牛哥对歌定情，并从此处出发到广西各地传歌。电影《刘三姐》“定情”一幕戏选在此拍摄，更使大榕树名扬四海，游人不远万里慕名而来。乘车赴柳州。

D8　游览柳侯祠、鱼峰山。

柳州又称龙城，建城至今已有 2100 多年历史，名胜古迹较多。柳江绕着柳州市区回流，北岸城中心三面环水，形成一个巨大的“U”字，古籍称其为“三江四合，抱城如壶”，故柳州有“壶城”之称，也有人将它形容为一个巨大的天然盆景。柳侯祠原名罗池庙，位于柳州市中心柳侯公园内，是为纪念唐代著名文学家柳宗元而建造的衣冠墓。柳宗元晚年居官柳州，做了许多有益于人民的事。他病故柳州后三年，当地百姓建了罗池庙祭祀他。北宋末年，宋徽宗追封他为“文惠侯”，祠堂改称“柳侯祠”。现在的柳侯祠是按照清代建筑物重建的。

鱼峰山位于柳州市南区鱼峰公园内，因山小而高，其形如立鱼，故又名立鱼峰或石鱼山。山上绿树成荫，山脚一泓碧水称小龙潭。于潭畔俯览仰观，潭峰相映，如巨鲤跃立潭面，“南潭鱼跃”为柳州古八景之一。山腰七洞贯通，人称“灵通七窍”。相传壮族歌仙刘三姐曾在此传唱山歌，并于小龙潭骑鱼升天成仙。山上有刘三姐汉白玉雕像，洞内塑有男女对歌群雕。登上鱼峰山顶，可俯瞰柳州全景。每天傍晚鱼峰山下都有壮族群众自发的对歌活动。

（三）广西南部风情游

D1　南宁接团，视时间游武鸣及市内青秀山等景点。

青秀山公园位于南宁市青山路，素以“山不高而秀，水不深而清”著称，山峦起伏，群峰叠翠，山上绿树成荫，四季常绿，且泉清石奇。园内“青山塔影”是古“邕州八景”之一。园内现存古迹和名人文士的题吟颇丰，是游客观光旅游、寻古探幽的好去处。

伊岭岩风景区位于武鸣县城南，距南宁市 17 千米。伊岭岩是一座喀斯特溶洞，据推断形成于 100 万年前。岩洞地势上下盘旋，形似海螺，洞内钟乳石、石笋、石花、石幔，景景各异，奇幻无穷。已开发“双狮迎宾”、“空中走廊”、“瑶池盛会”等 8 个景区，共 100 多个景点。

D2　游览乐业天坑、百色、德天瀑布。

乐业天坑是世界最大的天坑群。形成于 6500 万年前，由方圆 10 多平方千米范围的数个巨大的天坑状溶洞组成，被誉为“中华一绝”、“天坑博物馆”和“世界岩溶圣地”。最大的天坑“大石围”位于乐业县同乐镇刷把村附近，经专家实地考察论证，大石围的地下原始森林面积世界第一，深度、容积居世界同类大型岩溶漏斗第二。

百色位于广西西部，著名的桂西重镇，是滇、黔、桂三省结合的交通枢纽和商品物资主要集散地。1929 年，邓小平、张云逸等老一辈无产阶级革命家在这里发动和领导了著名的百色起义，创建了中国工农红军第七军。中国工农红军第七军军部旧址坐落于百色市解放街 39 号“粤东会馆”内。“粤东会馆”始建于康熙五十九年（公元 1720 年），是广西至今保存完好、规模宏大、颇有建筑特色的古建筑。楼阁殿宇雕梁画栋，各式雕塑栩栩如生，人物瓷雕均取材于古粤剧里的故事，赋予建筑极高的文化内涵。经过全面的整修，旧址已完全恢复了当年司令部的原样，每年都吸引成千上万慕名而来的观众，成为红色旅游的一个亮点。百色起义烈士纪念碑位于城东后龙山，前临右江，后拥群山，是百色地区的标志。

德天瀑布位于中越边境大新县硕龙镇，源起靖西县的归春河，经大新县德天村处遇断崖跌落而成瀑布。瀑布横跨中国、越南两个国家，排在巴西—阿根廷的伊瓜苏大瀑布之后，是世界第二大、亚洲第一大跨国瀑布。德天瀑布与越南板约瀑布相连，宽 200 多米，纵深 60 多米。德天瀑布三级跌落，第一层河水笔直俯冲而下，落在百多米下的山潭中，银瀑飞泻，水势激荡，声闻数里，动人心魄。第二层比较低缓，山势在此呈一个几十米的台阶，让第一层瀑布猛冲而下后有一个缓步，然后蓄势而发，形成了最为壮观的第三层。在第三层汇聚从源头流出的河水垂直而下，流入瀑布下面一个 30 多米深、

200 多米宽的深潭。瀑布随四季变化，姿色各异。黄昏时，夕阳挂在德天瀑布上方，美景无限。现在德天景区在瀑布前开设餐厅，可在暮色中的瀑布前进餐。

D3　清晨朝阳东升时，可观看瀑布前的彩虹。游归春界河、明仕田园。

大新县地处中越交界之处，国界线长 40 多千米，归春河发源于广西靖西县，中途流经越南，后经过德天瀑布回归到我国，故名“归春”，当地边民习惯称它为“归春界河”。这里的国境线宁静而恬美。河两岸有竹筏摆渡。明仕田园在距县城西南约 53 千米，明仕河曲折盘旋，河两岸群峰竞秀，山清水秀，素有小桂林之称。尤其明仕桥一带，翠竹绕岸，农舍点缀，风光俊朗清逸，极富南国田园气色。到明仕田园可乘竹筏游明仕河。赴崇左。

D4　游归龙斜塔、花山崖壁画。

归龙塔又名左江斜塔，位于崇左县城东北，建在左江中的石岛——鳌头峰上。明朝天启元年（公元 1621 年）制造，始建三层，清康熙三十五年（公元 1629 年）增建两层，成为五层砖塔，塔身呈八角，内有楼梯至塔顶。塔呈歪斜欲倒之势，人走在阶梯上，斜感很强。然而虽经年长久的风雨侵袭，宝塔仍屹立鳌头峰上。

崇左左江沿岸 200 多千米长的崖壁上分布着全国最大的古代崖壁画群，有 80 处。其中以宁明县花山崖画规模最大，统称为花山崖画或花山崖画廊，乃两千多年前骆越先民所作。花山壁画面积约 8000 平方米。壁画绘有各种图像 1900 多个，其中绝大多数为人像，其次是马、兽、铜鼓、刀、剑、羊角钮钟等。宁明花山壁画以其形象最大、图像最多、绘制最密而成为“左江崖壁画之王”。

乘车赴凭祥，游友谊关、中越边境界碑、边贸市场。凭祥市位于广西西南边陲，是通往越南乃至东南亚国家的重要通道，俗称祖国南大门，是我国内陆边境口岸城市之一。境内有两关一卡十九隘，既有古战场遗址，又有现代战争的痕迹。友谊关位于凭祥市区西南 18 千米处，两边高山矗立，形势险峻，卡在峡谷通道上，是一座城楼式建筑，非常雄伟。镶在拱门上的“友谊关”三个大字，是陈毅元帅亲笔题书。友谊关历史上曾叫镇南关，是中越边境上最大、最重要的关防，始建于明代洪武年间，是中国古代九大名关之一。1885 年，清军名将冯子材率军在此痛击法国侵略者，取得举世闻名的镇南关大捷，如今这里还留有中法战争古战场。新中国成立后，为彰示中越两国人民“同志加兄弟”的深厚情谊，关名改为“友谊关”。

凭祥浦寨边贸市场是中越边境线上中越两国乃至东南亚商贸活动最繁华的中心。游客在这里能够买到从越南进口的各色商品。乘车赴北海。

D5　乘船赴涠洲岛。

涠洲岛位于北部湾海域，是广西第一大岛，也是中国最大、地质年龄最年轻的火山岛。同时，涠洲岛还是中国最美的海岛之一，在波浪、海流、潮汐的侵蚀下，涠洲岛海岸基岩出现海蚀洞、沟、龛、崖、柱、台、窗、蘑菇等奇妙地貌。全岛绿树茂密，气候宜人，风光旖旎。从沿岸峭壁上往海水里看，海中的鲨鱼及贝类、珊瑚等清晰可见。站在涠洲岛上可以观看到太阳斜照该岛的情景，这就是著名的“涠州斜阳”。岛上还有 19 世纪中后期法国传教士到涠洲传教所建的天主教教堂。岛上人口的 85% 以上是客家人，热情好客，勤劳淳朴。

乘船回北海，游北海银滩、珍珠养殖基地。北海是个美丽的海滨城市，被称为“南方北戴河”。这里有着相当优质的海域环境，春、夏、秋三季均可游泳，其中以银滩一段最为著名。银滩位于北海市南部海滨，东西绵延约24千米，海滩总面积约38平方千米，在阳光的照射下，洁白、细腻的沙滩会泛出银光，故称银滩。这里的海水水质清洁，透明度在2米以上，游泳安全系数很高。北海还出产著名的“南珠”，尤其以合浦出产的质量最佳，因此北海又被称为“珠城”，可到珍珠养殖基地参观购物。

第四节 云南旅游

云南地处中国西南边陲，因位于“云岭之南”而得名，另一说法为“彩云之南”，因东部在战国时为滇国辖地，故简称“云”或“滇”，总面积39.4万平方千米，省会昆明市。云南地处低纬高原，地理位置特殊，地形地貌复杂，海拔相差大。全省最高点梅里雪山卡格博峰海拔6740米，最低海拔76.4米。全省地势自西北向东南分三大阶梯递降，断陷盆地星罗棋布，山川湖泊纵横，处在东南季风和西南季风控制之下，气候类型丰富多样，有北热带、南亚热带、中亚热带、北亚热带、南温带、中温带和高原气候区共7个气候类型。栖息着从寒带、温带的亚热带、热带的野生动物和植物。全省总人口4596.62万（截至2010年11月1日）。

云南是人类重要发祥地之一，云南元谋人是我国历史上迄今为止所发现的最早的猿人。云南自战国时期建立滇王国以后，唐、宋时分属南诏和大理国，元代置省；行政建制和区划经过无数次的演变，逐渐形成了今天的云南。云南是中国少数民族最多的省份，全国56个民族中，云南就有25个。少数民族人口仅次于广西壮族自治区居全国第二位。由于各自居住于不同的自然环境，呈现出不同的社会文化形态。每一个民族有个性鲜明的衣、食、住、行及婚恋、丧葬、生育、节典、礼仪、语言、文字、图腾、宗教、禁忌、审美。

云南省旅游资源十分丰富，现有世界自然遗产三江并流，中国南方喀斯特云南石林剑状、柱状和塔状喀斯特，世界文化遗产丽江古城；国家级重点文物保护单位76处，省级文物保护单位377处，国家级历史文化名城5座，中国优秀旅游城市7座，国家5A级旅游景区5处，国家级风景名胜区12处，国家级森林公园27处，国家级自然保护区18处。云南素有“彩云之南，万绿之宗”之美誉。

一、风味肴馔

云南蒙自过桥米线以其制汤考究，吃法特异著称。宣威火腿是云南著名特产之一，素以风味独特而与浙江金华火腿齐名媲美。汽锅鸡是云南独有的高级风味菜，以烹制特殊，鸡肉滋嫩、汤汁鲜美、原汁原味，芳香扑鼻、富于营养而广为流传。

二、地方文艺

滇剧约有200年历史，唱腔刚柔相济，表现力丰富。花灯剧源于花灯歌舞，广泛吸收了云南各民族曲调，载歌载舞。白剧（吹吹腔）、壮剧（弄𠹌）、彝剧、傣剧为少数民族戏剧。傣族的孔雀舞、象脚鼓舞、景颇族的“木脑总戈”、哈尼族的扇子舞、白族的霸王鞭、拉祜族的芦笙舞、纳西族的东巴舞、瑶族的铜铃舞、怒族的生产舞、傈僳族的琵琶舞等最有代表性。

三、旅游交通概况

云南交通便捷，已形成铁路、公路、航空和管道运输相结合的综合运输体系，交通以铁路、公路为主，省会昆明为省内交通枢纽。

四、云南的旅游路线

（一）*彩云之南神奇之旅*

D1　昆明接团，视时间游昆明滇池。

昆明最初是个部落的名称，《后汉书》上说昆明是指居住在云南的古昆明族，是当时居住在云南境内人数最多的一个民族。昆明城中名胜古迹众多，著名的有滇池、西山龙门、筇竹寺、大观楼、圆通寺等。滇池位于昆明市的西南，古名滇南泽，又称昆明湖。其外形似一弯新月，为我国的第六大淡水湖，是我国一颗璀璨的高原明珠。滇池北濒的大观楼，为清康熙二十九年（公元 1690 年）建造，几经毁建，楼上有清乾隆年间名士孙髯翁撰写的 180 字长联，被称为“古今第一长联”。

D2　游览世博园。

世界园艺博览园坐落于鸣凤山金殿风景区内。园内用鲜花摆放成的“世纪时钟花坛”，直径 19.99 米，寓意 1999 年在昆明召开的世博会。世博会结束后，世博园内的园林部分继续保留，供后来的游客参观。博览园主要有 5 个展馆、6 个专题展园、34 个国内展园和 33 个国际展园组成，集中展示了中国各省、区、市和国际著名的园林园艺精品。

D3　游览石林。

石林风景区位于昆明东南 120 千米的石林彝族自治县境内，是世界最典型的喀斯特地貌景观之一，素有“造型地貌天然博物馆”之称。石林属于石灰岩，经长期的地质变迁，发育为典型岩溶地貌，群峰壁立，千姿百态。远望犹如一片莽莽森林，蔚为壮观。石林区面积达 40 余万亩，包括大小石林、外石林、石林湖、大叠水瀑布等。小石林有著名的“阿诗玛”。乘火车赴大理。

D4　早晨抵达大理，品白族三道茶，游崇圣寺三塔、大理古城、蝴蝶泉、洱海。

崇圣寺位于大理古城西北 2 千米的苍山应乐峰下，为南诏国和大理国时的佛教寺庙，是大理古国的象征。三塔是寺前的一组风格不同的砖塔，故又名三塔寺。现寺庙已毁，三塔犹存。

大理古城简称榆城，至今已有 1200 多年历史。古城规模壮阔，原有四座城门，上有城楼，城中到处可见古朴雅致的白族传统民居。

蝴蝶泉位于大理古城北 20 千米的苍山云弄峰下，泉池边有一古老的合欢树，当地人称蝴蝶树。每年四月初，繁花满树，花香馥郁，树叶上分泌一种蝴蝶喜食的黏液，吸引了大批蝴蝶来这里交配产卵，五彩缤纷，是云南一大奇观。每年阴历四月十五日为民间传统的蝴蝶会，游人如云。游洱海，至大理下关。

苍山又名点苍山，其十九座山峰嵯峨壁立，海拔都在3000米以上，峰顶终年积雪。洱海因形似人的耳朵，加之风浪大如海而得名，是云南省著名的高原湖泊。湖中金梭岛上有南诏国王避暑宫遗址，环湖绿柳成行，山青如玉，素有“银苍玉洱”之誉。洱海由于少受污染，湖水清澈，透明度高，自古以来一直被称做“群山间的无瑕美玉”。

D5　乘火车赴丽江，游丽江古城、黑龙潭。

位于云南省西北部的丽江，是纳西族聚居的地方。丽江古城位于玉龙雪山脚下，始建于宋代，距今已有近800年的历史。古城建筑融会了白族和汉族的建筑特色，形成了纳西族轻灵飘逸的独特风格，充满了浓厚的民族文化气息。清澈的玉泉水分东、西、中三股流入城中，又分无数支流，绕街过镇，入墙过屋，淌遍小街窄巷，形成“家家泉水，户户垂柳”的宜人景象。古城内石桥密布，大街小巷路面用彩花石铺成，素有“丽郡从来喜植树，山城无处不养花”之称。

黑龙潭位于丽江古城东北角的象山西麓，初建于清乾隆年间（公元1737年），乾隆赐题“玉泉龙神”，因此而得名黑龙潭。公园内有状如一弯新月的湖面，湖心亭与湖岸一侧有黑龙潭出水口——珍珠泉。

D6　乘车赴香格里拉，途中游长江第一湾、虎跳峡。

金沙江乃长江的上游。相传过去沿江一带的居民曾取沙淘金，故名金沙江。金沙江由滇西北进入云南后，一直与澜沧江、怒江并肩在横断山脉和高黎贡山间的高山峡谷中穿行，这就是已被列为世界自然遗产的“三江并流”奇观。但金沙江到了丽江县的石鼓镇因山崖阻挡而突然掉头急转东北而去，来了个一百多度的急转弯，形成罕见的“V”字形大湾，被人们称为“万里长江第一湾”。石鼓镇就坐落在转角处一片开阔的台地上，因江边有一面汉白玉雕成的鼓状石碑而得名。该石碑建于明嘉靖四十年（公元1561年），系明代丽江木氏土司向北扩张势力得胜的记功碑，乃丽江目前所发现石碑中年代最早的石碑。1936年4月，贺龙率领的红二方面军就在石鼓一带渡过金沙江北上抗日。这里还建有红二方面军渡江纪念碑。

金沙江下行至距石鼓镇30多千米处，是著名的虎跳峡。虎跳峡是世界上著名的大峡谷之一，以奇险雄壮著称于世。峡谷最窄处仅30余米，海拔高差3900多米，峡谷之深位居世界前列。

到香格里拉，游览松赞林寺、纳帕海草原。迪庆藏族自治州首府香格里拉原名“中甸”，有“香巴拉”之称，意思是“人间仙境、世外桃源”。距县城5千米的松赞林寺汉语称为“归化寺”，松赞林寺历史悠久，由五世达赖喇嘛占卜选址，清康熙十八年（公元1679年）动工兴建，康熙二十年（公元1681年）竣工，达赖喇嘛五世赐名“嘎丹·松赞林”。清雍正二年（公元1724年）划归云南行省。松赞林寺高高耸立在屏山的坡顶上，巍峨壮阔，气宇轩昂。松赞林寺是云南省藏传佛教之首，筑有坚固的城垣，开设有五道城门，两大主寺建于最高点，居全寺中央。松赞林寺内历代珍品众多，有达赖五世和达赖七世埋藏的八尊包金释迦牟尼佛像、贝叶经、五彩金汁精绘唐卡、黄金灯等。

纳帕海位于香格里拉县城西北8千米处，三面环山，一面临湖，地势平坦，是香格里拉最富有高原特色的风景区之一，也是全县最大的草原。6月初，草原野花开放，牛羊成群，四处“风吹草低见牛羊”，如同到了仙境。

D7 游览碧塔海。

碧塔海位于云南省西北部的香格里拉东部，距县城25千米。藏语称碧塔海为“碧塔德错”。“碧塔”意为牛毛毯，“德”为魔，“错”为海。碧塔海素被称为高原明珠，湖面海拔3538米，是云南省海拔最高的湖泊，逢五月杜鹃花盛开的季节，碧塔海畔的杜鹃花瓣纷纷飘落于水中，引来游鱼，鱼儿吞食花瓣后，醉倒而飘浮于水面，醉鱼和杜鹃就这样形成了湖面的奇特景观。据说林中的老熊也会趁月色来捞食昏醉之鱼，著名作家冯牧曾描写了这种景象，从此碧塔海“杜鹃醉鱼”的景观就扬名于世。湖水清澈，能见度极高。湖水平静时可看到十多米以下的湖底。由于没有任何污染，碧塔海鱼类资源保存得较为完整，其中有一种有3个嘴唇的鱼，这就是“碧塔重唇鱼”，是第四纪冰川时间期遗留下来的物种，距今已有250万年的历史。

每年农历五月端午时节，杜鹃花开，湖畔鸟语花香。前往宁蒗泸沽湖，晚上可参加摩梭人举办的篝火晚会。

D8 游泸沽湖，体验摩梭风情。

宁蒗是云南西北隅的一个山中盆地，终年既无严寒也无酷暑，境内有著名的狮子山、泸沽湖，宛如世外桃源，如诗如画。摩梭人是纳西族的一个分支，至今生活在母系社会里，实行走婚制度。摩梭家庭是由母亲主宰的母系家庭，女性有着崇高的地位。家庭里的成员都是一个母亲或母祖的后代，男不娶妻，女不嫁人，一辈子生活在母亲身边。摩梭人的民居是方木垛成的井干式木楞房，以木板当瓦，内部以火塘为居室中心，旁边有老人及未成年孩子居住的地方。

D9 乘车游览玉龙雪山、云杉坪、玉峰寺、白沙壁画，晚上听纳西古乐。

玉龙雪山位于丽江坝北边，距丽江县城15千米，山北麓直抵金沙江。整座雪山由十三峰组成，由北向南呈纵向排列，十三峰海拔都在4500米以上；主峰扇子陡海拔5596米，是世界上北半球纬度最低、海拔最高的山峰，也是中国纬度最南、孕育有现代海洋性冰川的最高山峰。玉龙雪山植物资源非常丰富，从海拔1800米的金沙江河谷到海拔4500多米的永久积雪地带之间，有着亚热带到寒带的多种气候，形成了完整的山地植物分布带。

玉峰寺位于丽江城北15千米处的玉龙雪山南麓，建于清朝康熙三十九年（公元1700年）。寺院内外种有山茶、樱花、含笑、山玉兰等名贵花木，尤以上院中的“万朵山茶”驰名中外，被誉为“云岭第一枝”、“世界山茶王”，并有“云南山茶甲天下，丽江山茶甲云南”之说。

白沙地处丽江城北约16千米，是一座古老而美丽的小镇，是纳西族在丽江坝的最初聚居地，也是丽江木氏土司的发祥地，为纳西族最早的政治中心。明朝时期，丽江木氏土司在此大建宫室，建成一批颇具规模的建筑群。现存的白沙琉璃殿、大宝积宫和大定阁等庙宇均为该时期所建。其中所藏的壁画大多绘于明永乐年间，壁画融汉、藏、纳西文化于一体，众教合一，展示了藏传佛教和儒、道等生活故事，是极为珍贵的文物。

（二）彩云之南热带风情游

D1　昆明接团，视时间游路南石林、昆明西山、滇池、大观楼等景点。

D2　游览金殿、邛竹寺、九乡等景点，晚乘飞机赴西双版纳。

九乡位于昆明市境内，距昆明90千米，距石林风景名胜区28千米，是独具特色的国际观光型喀斯特地质公园，到云南旅游，有一句俗语流传很广“地上看石林，地下游九乡”。石林之美在于峰，九乡之美在于谷。在石林，人们可以看到峰外有峰，峰外有湖，峰外有树；在九乡，则会看到洞中有洞，洞中有河，洞中有天。拥有上百座大、小溶洞，为国内规模最大、数量最多、溶洞景观最奇特的洞穴群落体系。

D3　游览橄榄坝、佛寺、植物园。

西双版纳位于云南省南端，古代傣语为“勐巴拉那西”，意为“理想而神奇的乐土”。在西双版纳，小乘佛教深入人心，家家都是佛教俗家弟子，处处可见佛寺、佛塔。寺庙建筑糅合东南亚、傣族文化风格，别具特色。橄榄坝位于景洪市东南勐罕镇，是西双版纳气候最炎热的地方，无论走进哪一个寨子，都可看到典型的东南亚式佛塔和传统的傣家竹楼。位于橄榄坝的傣族园是专门设立的民俗村，不仅集傣家民俗之大全，还可欣赏到哈尼、彝族等其他云南少数民族的风采。园内既有规模庞大的迎宾广场，还有佛寺、赶摆场、烧烤场、露天剧场、泼水广场等设施。园内曼春满佛寺有1400多年的历史，是西双版纳最古老的佛寺之一。每天上午，傣族园内都会进行歌舞表演和斗鸡表演，下午有泼水活动。

勐仑植物园，即中国科学院西双版纳热带植物园，是我国唯一的热带植物园，现已栽培了3000种国内外的热带植物，其中有1700种是本地热带植物。园内古树参天，还有各种热带水果、热带花卉及各种竹类，品种纷繁，故有“植物王国的缩影”、“绿宝石的心脏”之誉。

D4　中缅边境一日游。

乘车前往中缅边境小镇打洛，办理出境手续，游览中缅界碑、边贸集市。回景洪的路上游独木成林、景真八角亭。

独木成林位于打洛镇的开发区内，树高28米，树龄在200年以上，该树主干中部平生的众多气生根顺树而下，相互交缠，盘于根部。左右两侧的主枝上，有32条大小不等的气生根垂直而下，扎入泥土，形成根部相连的丛生状支柱根，塑造出一树成林的景致。

景真八角亭位于勐海西南哈河畔的景真山上，傣语称为“窝苏”，是一座佛教建筑物，是景真地区中心佛寺“瓦拉扎滩”的一个组成部分。相传这座八角亭是佛教徒们为纪念佛祖释迦牟尼，仿照他戴的金丝台帽建筑的。傣历每月15日和30日两日，景真地区的佛爷就集中亭内听高僧授经和商定宗教重大活动。这里也是处理日常重大事务的场所，同时是和尚晋升为佛爷的场所。八角亭造型玲珑华丽，是古代傣族建筑艺术水平的一个标志。

D5　赴勐养，游原始森林公园、野象谷。

原始森林公园距景洪城8千米，景区内融汇了独特的原始森林自然风光和迷人的民族风情。独特的热带沟谷雨林横亘整个公园内，向游客充分展现了原始森林、野生动物、民俗风情三大主题。

野象谷位于勐养自然保护区内的河谷地带，是西双版纳野象活动最为集中、频繁的地方。现野象谷主景区内建起了游览步行道、专供游人观看野象活动的高架走廊、大树旅馆、森林酒吧、雨林观光客运索道。游人不仅可以从高空到林下，从林内到林外观赏热带雨林风光，每当野象出现时，还可以在观象长廊上自由行走，方便安全地观看野象在河里洗澡戏水、漫游觅食的生动情景。因为野象活动大多在夜间或早晚时分，游人晚上可以住在树上旅馆，等候野象的光临，还可以租借红外线夜视镜观察夜间大象的活动。

D6　游曼飞龙佛塔、版纳民族风情园，参加傣族泼水活动。

曼飞龙佛塔位于景洪市大勐龙乡曼飞龙寨子后面的山顶上，系小乘佛教建筑。其建于傣历五六年（公元1024年），由一大塔和八小塔组成塔群，主塔居中，8个小塔分列八角，塔身洁白呈葫芦形，故得名“白塔”。塔尖宛如玉笋破土而出，因此又有“笋塔”之称。基上的雕塑和彩绘十分精美，座下设有佛龛，内供佛像。

民族风情园位于景洪城南流沙河畔，是景洪城区最负盛名的旅游景点之一。园内培植有热带果木，奇花异草，建有风格各异的干栏式竹楼，用于展示世居西双版纳的傣、哈尼、拉祜、布朗、基诺、瑶等少数民族的民族风情。园内还建有高大宏伟的西双版纳解放纪念碑、民俗斗鸡场、民族歌舞表演场、泼水场、大象表演厅、百鸟园等设施。这里已成为展示以傣族为主体的多民族风情和热带风光的综合性公园。游客可在此参加傣族模拟泼水活动。游览后乘车返回景洪，到著名的曼景兰傣味街品尝正宗的傣家风味。晚乘飞机返昆明。

（三）昆明周边游

D1　昆明接团，游石林。下午前往建水，游燕子洞。

建水历来是滇南的交通要道和军事战略要地。远在汉唐时期，云南通往安南（今越南）的“安南通天竺道”就穿建水而过。南诏政权为镇守边陲之便，于唐元和年间（公元806—820年）在此筑“惠历城”，汉语译为“建水”，至今已近1200年。建水古城在元、明、清时期修建了数量众多的楼塔、寺庙和学堂。景区内有古寺庙近百座，古桥50余座，塔、书院、古井、古民居等古迹数不胜数。

燕子洞在建水城东20千米处，一分为二，上为明，乃干洞；下为暗，乃水洞。其中暗洞在峡谷底，泸江河奔腾入洞，洞内外岩壁上岩燕成群，燕子洞名称由此而来。每逢春夏之交，数十万只岩燕栖息繁殖于此，群燕乱舞，悬崖峥嵘，是此处一大奇观。

D2　游建水古城、元阳梯田。

朱家花园是建水古城中规模最大、最具地方特色的民居建筑，由清末富绅朱渭卿兄弟所建。花园占地2万多平方米，房舍鳞次栉比，共有大小天井42个，厅堂房舍260余间，被古建专家誉为“边陲大观园”。现朱家花园内已建有古民居式宾馆，供游人住宿。

建水文庙是云南第一、国内第二大文庙，其规模和建筑艺术仅次于山东曲阜孔庙，占地144亩，仿照曲阜孔庙风格建造，气势雄伟，庄严肃穆。

建水城内还有很多景点，如元代建造的具有宋朝风格的大型木结构建筑的指林寺，明代建造、酷似天安门的朝阳楼，清道光年间建造的被誉为“最古老的现代派建筑”的文笔塔，明清时期设立的书院和考生员的学政考棚，全国大型古桥之一的双龙桥，等等。乘车赴元阳，游元阳梯田。

元阳位于建水南部，距建水县城 80 千米。境内民风浓郁，尤其云海梯田令人叹为观止。元阳有梯田 19 万余亩，是云南哈尼等族梯田的核心区域。2500 年前，哈尼族从西藏高原来到云南哀牢山区，用石块砌起围墙，围住新开垦的农田，引来山泉灌溉种植稻谷。祖祖辈辈的山民们开垦了规模庞大、世界闻名的梯田。在云雾多的季节，山坡上大片的梯田在云雾笼罩下，非常壮观美丽。三月春耕时节来看梯田为最佳季节。

第9章 青藏高原景观旅游区

第一节 概述

青藏旅游大区地处我国西南部的青藏高原上，包括青海省和西藏自治区，总面积195万平方千米，人口约862.88万（截至2010年11月1日），其中绝大多数为藏族，另外还有汉、回、土、满、蒙、哈萨克、门巴、纳西等30多个民族。

一、旅游地理环境概况

（一）“世界屋脊”——地形复杂多样

青藏旅游大区全境海拔平均在4000米以上，是世界上海拔最高的高原，号称“世界屋脊”。

高原内部众多的山脉之间分布着盆地、谷地、湖泊、峡谷、河流、冰川等自然景观。其中，喜马拉雅山位于青藏高原最南部，是世界上最大的山脉。珠穆朗玛峰是世界最高峰，海拔8844.43米，被称为“世界第三极”。柴达木盆地介于阿尔金山—祁连山和昆仑山之间，东西长约850千米，南北宽250千米，面积约22万平方千米，是我国第三大内陆盆地。“柴达木”蒙语意为“盐泽”。盆地有丰富的盐矿资源和其他矿产资源，素有“青藏高原上的聚宝盆”之称。青藏高原也是亚洲和我国许多大河的发源地或流经地，长江、黄河、澜沧江、怒江等皆发源于此。雅鲁藏布江是西藏的主要河流，在其境内长 2057 千米，沿江地区是西藏的政治、经济、文化的中心地带。

青藏旅游区湖泊星罗棋布，是我国湖泊最多的地区，同时也是世界上湖面最高、数量最多的高原湖区，湖泊大部分是咸水湖。湖泊总面积 3 万多平方千米，占全国湖泊总面积 1/3 以上，仅西藏就有大小湖泊 1500 多个。位于青海省东北部的青海湖，面积 4500 多平方千米，最深处 32.8 米，是我国最大的咸水湖；纳木错是我国第二大咸水湖，也是世界上海拔最高的咸水湖，海拔 4718 米。高原湖泊景色秀美，林海环绕，雪山映照，水草丰美，成为众多鸟类的乐园。

（二）“高原气候”与“热带风光”

青藏高原因地势高，气候复杂多变，地区差异大，昼夜温差大，气温低。气温年变化小，日变化大，降水稀少，太阳辐射强，空气稀薄，形成了独特的高原气候。高原腹地年平均气温一般在 6℃以下，藏北高原和高山的年均气温低于 0℃，日温差一般在 14～15℃，故有“一年无四季，一日有寒暑”之说。由于海拔高，空气稀薄，大气透明度高，光照充足，太阳辐射强，拉萨被誉为“日光城”。

与高原气候相映成趣的是喜马拉雅山东端南坡，雅鲁藏布江下游谷地，海拔 3000 米以下的地方。这些地方纬度低，海拔低，北有高大山体作为屏障，南有西南季风，因此，这里气候温暖湿润，植物生长茂盛，呈现一派“热带风光”。这里蕴藏着丰富的珍稀动植物，不仅成为天然的旅游胜地，也是地学、生物学研究的天然实验室。1982 年西藏自治区为了保护这一独特的高山森林生态环境和珍稀动植物资源，建立了面积达 10 万亩的 6 个自然保护区。白唇鹿、长尾叶猴、小熊猫、羚羊等珍稀动物进行国家级重点保护。

（三）丰富的地方土特产

青藏旅游区物产丰富，盛产贝母、虫草、麝香、天麻、党参、蝎等名贵中药材，其中冬虫夏草和麝香已经出口亚洲及欧美国家。珍贵的野生动物有猴、豹、熊、野牛、野马、野驴、野羊、白唇鹿、长尾叶猴、小熊猫、羚羊等。稀有植物有长叶松、长叶云杉、喜马拉雅山红豆杉、高原巨柏、延龄草等。藏毯、金银器等工艺品驰名国内外。矿产资源也很丰富，有石油、天然气、钾盐和铅锌矿等多种有色金属。农作物以青稞为主，其次是小麦、油菜等。牧业是重要的经济部门，主要牲畜是牦牛、藏绵羊，以及黄牛、马、骡、驴等。

（四）不断发展的旅游交通

历史上的青藏旅游区交通相当闭塞，藏民原始的运输方式，陆地以牦牛和驴骡为主，水上运输工具则是牛皮筏和空心独木舟。新中国成立后，修建了青藏、川藏、新藏、滇藏等主要公路，修建了兰青、青藏铁路。航线开辟了北京—拉萨、上海—拉萨、西安—格尔木—拉萨、成都—拉萨、香港—拉萨等。

二、旅游资源基本特征

（一）雄伟壮丽的自然风光，奇特的地热景观

丰富的冰雪探险旅游资源。广阔的高原、绵延的山脉、严寒的气候使许多山峰终年

积雪，形成巨大的冰川，形态奇异的冰川在阳光的照耀下，景色蔚为壮观，成为人们高山滑雪、冰雪探险、科考的理想去处。珠穆朗玛峰是世界上所有的登山家、探险家、科考家梦想征服的高峰，中国登山队曾于 1960 年 5 月 25 日首次从北坡登上顶峰。

青藏高原位于中低纬度地带，但因地势升高温度与同纬度其他地区差别很大，自然景观表现为高山草甸、草原和高寒荒漠景观。而雅鲁藏布江大峡谷的河谷地带因地势较低则表现为热带雨林、季雨林景观特征。因高差巨大，在此可以看到从海南岛到极地的各种自然带景观。

青藏旅游区是我国地热资源最丰富的地区，据考古学家考察，青藏高原是印度洋板块与亚欧板块碰撞而隆起形成的。地质板块运动使岩浆活动频繁，从而形成了丰富的地热资源。它不仅提供了重要的能源，而且是我国乃至世界上其他地区都难得一见的自然奇观，成为本地区独特的旅游资源。地热资源主要分布在雅鲁藏布江中上游河谷地带，有热泉、温泉、沸泉、间歇喷泉、热水河、热水湖、热水沼泽、水热爆炸穴等 20 多种，其中水热爆炸穴、间歇喷泉是我国仅有、世界罕见的自然奇观。位于拉萨西北 90 千米的羊八井地热田最负盛名，它海拔 4000 米，面积 15 平方千米，有沸泉、热泉、温泉、热水湖、水热爆炸穴、喷气孔等，在当地平均气温只有 2℃ 的时候，而湖面温度竟达 40℃ 以上，沸泉水温最高达 92℃。羊八井建有我国第一座温蒸汽型地热发电站。

（二）古老的历史宗教文化，多姿多彩的民俗风情

青藏高原的历史具有浓厚的宗教色彩。青藏地区的文化实质上是宗教文化，宗教在高原有着特殊的地位。藏民基本上信奉喇嘛教，“喇嘛教”在西藏形成了众多的派系，红教、花教、白教、黄教被称为藏传佛教的四大派系。由于宗教盛行，作为宗教活动场所的寺庙建设在当地极为发达。因此，西藏成为我国近代史上寺庙和教徒最多的省区，全区有大小寺庙 2000 余座，有著名的宫堡式建筑群布达拉宫，还有大昭寺、罗布林卡、扎什伦布寺等世界上知名的庙宇梵宫。红楼白壁、金顶飞檐的庙宇不仅是宗教活动的场所，也是政治、经济、文化、艺术、教育的集中地，可以说寺庙是高原历史、文化的浓缩和凝聚点。

青藏高原聚居着众多的少数民族。藏族是其中人口最多的少数民族。藏族的服饰、建筑风格、生活习俗、传统节日以及草原上一年一度的盛大赛马会和赶集会有其特殊的民族特色。藏族非常重礼仪，他们用“哈达”、酥油茶、青稞酒向客人表示敬意。

三、旅游分区与旅游线路

青藏旅游大区面积广阔，旅游景观相对间隔较大，交通方式主要是公路和航空。因此安排大尺度游览较为适宜。可将青藏旅游大区分为西藏、青海两个旅游区，设计了 2 条旅游线路，以观光为主。

第二节　西藏旅游区

西藏自治区位于中国的西南边陲，青藏高原的西南部，简称藏，首府拉萨市，面积 122.84 万平方千米。西藏自治区国境线长达 4100 千米，是中国西南边陲的重要门户，

战略位置十分重要。西藏自治区是青藏高原的主体部分，是世界上海拔最高的高原，平均海拔高度在4000米以上，有“世界屋脊”之称。西藏自治区地形复杂，地貌基本上可分为极高山、高山、中山、低山、丘陵和平原六种类型，还有冰缘地貌、岩溶地貌、风沙地貌、火山地貌等。境内分布有东西向、南北向两组高大山脉，山势雄伟壮观，素有“地球第三极”之称。

北部藏北高原位于昆仑山、唐古拉山和冈底斯山—念青唐古拉山之间，占全区面积的2/3；冈底斯山和喜马拉雅山之间是藏南谷地。冈底斯山—念青唐古拉山以北为羌塘高原，以南为藏南高山峡谷区，唐古拉山、念青唐古拉山由西向东延伸转折形成近南北向的横断山脉，山岭中分别夹持金沙江、澜沧江、怒江，构成著名的藏东南高山深谷区。

蜿蜒于西藏高原南侧的喜马拉雅山，由许多近似东西向的平行山脉组成，其主要部分在中国与印度、尼泊尔的交界线上，全长2400千米，宽200~300千米，平均海拔在6000米以上。世界第一高峰——珠穆朗玛峰，耸立在喜马拉雅山中段的中尼边界上。

西藏的气候资源类型多样，分亚热带山地季风湿润气候区，高原温带季风湿润及半湿润气候区，高原温带季风半干旱及干旱气候区，高原亚寒带半湿润季风气候区，高原亚寒带季风半干旱及干旱气候区，高原寒带季风干旱气候区等九个气候区。西藏高原复杂多样的地形地貌，形成了独特的高原气候。除呈现西北严寒干燥，东南温暖湿润的总趋向外，还有多种多样的区域气候和明显的垂直气候带。年平均气温的分布差异较大。雅鲁藏布江下游地区年平均气温均在8.5℃以上，甚至可达18℃以上，是西藏年平均气温最高的地区。气温随海拔高度升高而降低，沿江西部地区为5~7℃。西藏降水在很大程度上受地形、海拔影响，年降水量分布的总趋势是由东南向西北逐渐减少，绝大部分地区年均降水量在1000毫米以下。喜马拉雅山脉南坡及藏东南靠近边境的部分地区降水量分布极其丰沛。西藏自治区是中国人口最少，密度最小的省区，全区总人口300.21万（截至2010年11月1日）。

西藏自治区历史悠久，自古以来就是中国的领土。1959年，西藏人民实行民主改革，废除了封建农奴制度。1965年，西藏自治区成立。

西藏是全国藏族居民最集中的地区，占全国藏族人口的45%。全区人口中藏族人口约占总人口的92.2%。区内居民（除汉族外）大部分信仰宗教，藏传佛教影响最大。藏传佛教公元4世纪以来外来佛教与西藏原有宗教长期相互影响、相互斗争的过程中形成的带有强烈地方色彩的西藏佛教，在藏流传已有1000多年的历史。从公元16世纪起，西藏实行政教合一的制度，人们无论在思想意识上，还是在生产和生活等习俗上，都带有浓厚的宗教色彩，宗教活动成为大多数居民生活的一个组成部分。

西藏旅游资源极其丰富，现有世界文化遗产布达拉宫、罗布林卡及大昭寺；国家级重点文物保护单位35处，省级文物保护单位224处，国家级历史文化名城3座，中国优秀旅游城市1座，国家级风景名胜区3处，国家级森林公园8处，国家级自然保护区9处。西藏举世无双的高原雪域风光，古老而绚丽多彩的民族文化均向世人昭示着西藏永恒的魅力和神秘的诱惑。

一、风味肴馔

西藏菜是中华民族整个风味体系中独具特色的一支，形成于 20 世纪 50 年代，原料以牛、羊、猪、鸡等肉食以及土豆、萝卜等蔬菜，主食以米、面、青稞为主。生活在这里的人民喜欢重油、厚味和香、酥、甜、脆的食品。牧区的著名小吃有手抓羊肉、烤羊肠、风干肉等。酥油茶是每个藏族人每日不可缺少的食品。

二、地方文艺

藏族人民能歌善舞，西藏素有“歌舞的海洋”之称。藏族歌舞高亢热烈，可分为歌舞、舞蹈、乐舞、跳神（“恙姆”）等，风格独特，是中国民族歌舞园地里一朵绚丽多彩的奇葩。藏戏已有 1300 年历史，是一种以歌舞形式表现文学（故事）内容的综合性艺术，与宗教关系密切。在表演上以唱为主，运用帮腔，唱、舞、韵、技、艺相结合，表演粗犷、质朴。演员头戴白色面具，身穿白色藏装，右手持“达塔”（五彩丝带所装饰的箭），以表示吉祥和纯洁。

三、旅游交通概况

西藏素有“世界屋脊”之称，因地势险峻，高山雪域阻隔了它与外界的联系。新中国成立前，西藏交通极为落后，没有 1 千米正式公路，没有民用汽车，运输全靠人背畜驮，进藏比登天还难。交通闭塞极大地阻碍了西藏经济的发展和社会的进步。

新中国成立后，国家拨款修建了著名的川藏、青藏公路，并陆续建成了中尼、新藏、滇藏公路等 5 条干线，形成了以拉萨为中心向区内、区外以至国外辐射的公路网。民用航空业获得发展，拉萨已开通至北京、成都、上海、广州、重庆等地的国内航线以及至加德满都的国际航线。2007 年建成通车的青藏铁路全长 1142 千米，东起青海格尔木，西至西藏拉萨。

四、神秘西藏游

D1　赴拉萨。

D2　游拉萨布达拉宫、大昭寺、小昭寺、罗布林卡等。

拉萨位于雅鲁藏布江支流拉萨河畔，从公元 7 世纪初松赞干布统一西藏定都以来，已有 1300 多年的历史。拉萨作为西藏的首府，是西藏政治、经济、文化和交通中心。佛教文化和喇嘛寺庙是拉萨的两大旅游热点，著名的历史古迹有布达拉宫、大昭寺、小昭寺、罗布林卡等。布达拉宫位于市区玛布日山上，始建于公元 7 世纪，相传是松赞干布为迎娶文成公主而建。原建筑毁于战火，明代由五世达赖修复和重建。其高 117 米共 13 层，建筑面积 13 万平方米，共有房间 999 间，全部为石木结构。

布达拉宫依山垒砌，群楼重叠，殿宇嵯峨，金碧辉煌。其建筑风格体现了藏式建筑的鲜明特色和汉藏融合的特点。宫内藏有壁画雕塑、诏敕、印鉴等大量文物，是西藏最珍贵的历史、宗教、文化、艺术的宝库，也是世界上海拔最高、规模最大的宫堡式建筑群，是高原上一颗璀璨的明珠。

大昭寺位于拉萨市中心，公元7世纪中叶松赞干布为纪念文成公主入藏而建。整体建筑属藏式石木结构，内部同时融合了唐代风格和尼泊尔建筑艺术。大殿四壁绘满壁画，主殿中央供奉着文成公主从长安带来的释迦牟尼12岁时等身镀金铜佛像，以及松赞干布与文成公主的雕像，还保存有唐代以来的大量历史文物，寺前有唐蕃盟碑等古迹。

小昭寺位于拉萨市区，大昭寺北，藏语为“放宝之处”，于7世纪中叶，由文成公主从内地带来的汉族工匠与藏族工匠按唐朝格式共同建造。后几经焚毁，依藏族形式重修。寺内壁画众多，正殿内供有尼泊尔尺尊公主带到西藏的释迦牟尼8岁时的等身镀金佛像。

罗布林卡位于拉萨市西郊约3千米，藏语为“宝贝林园”，始建于1755年，是历代达赖避暑行宫。全园面积36万平方米，森林面积约占一半，园内建筑金碧辉煌，林木花卉青翠繁茂，亭台楼榭曲折清幽，是西藏最富特色的著名园林。

D3　前往山南，游览雅砻河国家重点风景名胜区。

雅砻河风景区位于山南地区南部，雅鲁藏布江的支流雅砻河发源于措美县，流经琼结县和乃东县。雅砻河流域气候温和、土质肥沃，自古是西藏的主要产粮区，也是藏族的发祥地。这里白雪冰川、田园牧场、河滩谷地、高山植被遍布，历史古迹众多。该区的主要旅游景点有：雍布拉康、昌珠寺、桑耶寺、藏王墓群等。经泽当赴乃东。

D4　参观雍布拉康，赴琼结县参观藏王墓群，回拉萨。

雍布拉康位于乃东县南雅砻河东岸的一座山顶上，藏语意为“母子宫”，是西藏人民为第一代藏王聂赤赞普所建造的，相传建于公元前1世纪，是西藏的第一座宫殿。雍布拉康分为前后两部分，前部是一座三层楼房，后部是一座碉堡式的高层建筑。前后相连，均以石块砌成，巍峨挺拔，气势雄伟。殿堂内供奉吐蕃历代赞普，松赞干布和大唐文成公主、尼泊尔尺尊公主塑像也在其内，造型极为精美。这里保存有大量的历代文物和典籍，是研究西藏历史的重要资料。前往琼结县。

藏王墓在琼结县城东南3千米的穆日山上，是公元7—9世纪期间历代吐蕃赞普的墓葬群，方圆3千米。原有13座，现存9座，都未发掘过。墓由土石夯筑而成，大小不一，呈方形平顶，因长期风雨剥蚀，大多成圆顶形态，被称为“世界屋脊”上的藏族“金字塔”。大部分墓主已不可考。其中，1号墓是最大的一座墓，墓高约40米，宽约200米，墓前有石狮一对，形象生动，为藏王陵地象征物。最著名的是松赞干布墓，墓堆上建有一座小庙，庙内供有松赞干布、文成公主、尺尊公主等塑像。据史料记载，墓内设5个神殿，面积1万平方米，殿内有松赞干布、释迦牟尼和观世音塑像，还有大量的金银珍宝等陪葬品。

D5　赴羊卓雍湖游览，赴江孜。

羊卓雍湖位于拉萨南100多千米的浪卡子县境内，是西藏三大圣湖之一，藏语的意思是“上面牧区的碧玉湖”。湖面海拔4441米，面积638平方千米，水深30~40米，湖中盛产高原裸鲤鱼。这里是藏南最大的水鸟栖息地，有天鹅、水鸽、黄鸭、沙鸥等多种水鸟。

D6　参观白居寺、宗山炮台，赴日喀则。

白居寺位于日喀则东100多千米、江孜县境内的宗山脚下，海拔3900米，始建于明代。白居寺由寺院和白居塔两部分组成，主要建筑有措钦大殿、白居寺塔、16个扎仓（殿堂）。措钦大殿三层，第一层大殿内供奉有一座用140吨黄铜铸造、近8米高的释迦牟尼铜像，第二层有闻名西藏的泥塑罗汉堂，罗汉造型各异、形象逼真，是明代艺术珍品。寺内还保存有大量的经书，具有极高的文物价值。白居寺塔俗称“八角塔”，共13层，高42米，木石衔接，层层叠起，逐渐收缩。它融合印度、尼泊尔和汉佛建筑艺术风格于一身，被誉为“西藏群塔之冠”。寺内藏有10多万座佛像，故有“十万佛塔”之称。

宗山炮台位于江孜县境内的宗山顶上，是清光绪三十年（公元1904年）西藏爱国军民抗击英国侵略军的遗址。19世纪中叶，英国在中国东南沿海发动侵略战争时，同时从西南入侵西藏，江孜宗山地势险要，为抵抗英军，当地军民构筑炮台等防御设施。英军使用新式火器向宗山发动猛攻，守军利用简陋的武器，誓死抵抗，坚持了8个月，最后弹尽粮绝，与攻上宗山的英军展开肉搏，跳崖牺牲。宗山炮台现为全国重点文物保护单位。

D7　游扎什伦布寺，回拉萨。

日喀则位于西藏自治区南部，是西藏的第二大城市和宗教中心，平均海拔3840米，被称为世界上海拔最高的城市。距今已有近600年的历史。“日喀则”藏语是“最好的庄园”的意思。这里环境优美，土地肥沃，农牧业发达，是藏南佛教中心和旅游胜地。其主要旅游景点有扎什伦布寺、萨加寺、那当寺、夏鲁寺等。

扎什伦布寺位于日喀则市西面，建于1447年，是黄教最大的寺院，是班禅喇嘛举行宗教和政治活动的中心。其建筑面积有30万平方米，寺内有历代班禅灵塔，塔身包银皮，镶嵌各色宝石，辉煌灿烂；这里还有世界第一大铜佛——强巴大佛。寺内还保存有大量的珍贵文物。乘车回拉萨。

D8　游览八角街。

八角街位于拉萨古城的中心，大昭寺的周围，是全国闻名的民族交易市场，是拉萨的宗教、经济、文化、民族手工艺、风土人情的集结地，被称为拉萨的窗口，是拉萨旅游的必去之地。八角街长约1.5千米，宽3尺，呈圆形，南街有一广场，可容纳万人，街道两旁商铺林立，摊贩聚集。这里有西藏各地的名优特产，又有印度、尼泊尔、不丹等国的进口商品。

第三节　青海旅游区

青海省位于中国西部的青藏高原东北部，因境内有中国最大的内陆咸水湖青海湖而得名，简称“青”。青海省是长江、黄河、澜沧江的发源地，被誉为“三江源头”。全省面积72.23万平方千米，省会西宁市。青海处在我国地形三大阶梯的第一级上，绝大部分属于“世界屋脊”——青藏高原。境内山脉高耸，地形多样，河流纵横，湖泊棋布，全省平均海拔3000米，其中4000～5000米地区占全省总面积54%。北面祁连山矗立，南面唐古拉山峙立，巍巍昆仑横贯中部，西部是柴达木盆地，北部和西北部为山岭谷地，南部为青南高原，东部为河湟谷地。青海河流众多，境内大小湖泊2043个，水体总面积13665平方千米。地形复杂多样，形成了独具特色的高原大陆性气候。太阳辐射强，气温日差较大，年温差较小；冬季较长而不寒冷，夏季短促而凉爽；气温地区分布差异大，垂直变化明显；降水分布地区差异显著，季节集中。全省总人口562.67万（截至2010年11月1日）。

青海省历史悠久，早在远古时期，青海就有人类活动，最早生息在这块土地的是中国西部古老民族之一的氐羌族群。众多的古文化遗存表明，青海的开发至少已有6000年的历史。商代到周秦时，青海称为“西戎氐羌地”，隋置西海、河源等郡，唐宋为吐蕃地。清代东北部属甘肃省西宁府，北为青海蒙古部，南为玉树等土司地。1928年建青海省。

青海省现有国家级重点文物保护单位18处，省级文物保护单位383处，国家级风景名胜区1处，国家级森林公园7处，国家级自然保护区5处。此外，黄南藏族自治州的同仁县是国家级历史文化名城，西宁市和格尔木市是中国优秀旅游城市。全省已形成东部、中部和西部三大旅游区，旅游设施日渐配套，可为国内外旅游者提供多种有效的服务。

一、风味肴馔

青海是多民族聚居地区，千百年来，各民族相互融合，形成了独特的饮食文化，具有浓郁的民族特色。青海的风味饮食以牛羊肉及其副产品的烹饪见长，传统饮食中的手抓羊肉、羊肠面、牛羊肉杂碎、尕面片、甜醅、锅榻及盖碗茶等饮品都是很受欢迎的大众性风味食品。

二、地方文艺

“花儿”是流传青海地区的一种情歌，是青海民歌之魂。每年农历四月至六月，各地的花儿演唱会相继开始。各族人民尽情歌舞，十分热闹。青海民间说唱曲种贤孝，因其大部曲目的内容是弃恶扬善、表扬贤孝、劝化人心，故名。“热贡艺术”是藏族文化艺术的一支奇葩，发源于黄南藏族自治州同仁县，这里几乎每个村庄都有人从事绘画、雕塑，被称为“藏族画家之乡”。

三、旅游交通概况

具有兰青、青藏铁路干线及在新中国成立后以8条国省道为主骨架的公路网，青海省的民用航空事业有了很快的发展，本省的航空运输已纳入全国航空运输网的体系之中。

四、青海游

D1　西宁接团，游览塔尔寺，前往青海湖。

塔尔寺位于距西宁市西南25千米的湟中县鲁沙尔镇，始建于明嘉靖三十九年（公元1560年），由于它先建塔后建寺，故名塔尔寺。整个寺院依山而建，殿宇层叠，雄伟壮观。酥油花、绘画、堆绣是塔尔寺的三绝。它是我国喇嘛教格鲁派（黄教）创始人宗喀巴的诞生地，著名的藏传佛教寺院，黄教六大寺院之首（其他五寺是西藏的扎什伦布寺、哲蚌寺、色拉寺、甘丹寺和甘肃的拉卜楞寺）。每年正月、四月、六月、九月举行四大法会，届时，以许多美妙的宗教传说、神话故事和“三绝”吸引数以万计的各族人民来寺瞻仰朝拜，成为西北地区佛教活动的中心。

D2 湖边游览，到鸟岛观鸟。

青海湖位于青海省东北部，距西宁150千米，面积4583平方千米，平均水深20米，是我国最大的咸水湖。湖水晶莹透彻，湖畔绿草茵茵，景色秀丽，是天然旅游胜地。青海湖中有五个岛屿，著名的鸟岛面积0.11平方千米，每年春夏之交，来自中国南方及东南亚等地的10多万只斑头雁、鱼鸥、天鹅、黑颈鹤等20多种候鸟栖息于此，进行繁衍生殖。整个小岛从天上到地下，从山崖到水面，到处是鸟群，铺天盖地，蔚为壮观。地上到处是鸟巢，遍地是鸟蛋，整个小岛成了鸟的王国。上鸟岛要在青海湖鸟岛保护区管理站所划定的范围内参观游览，并要遵守规章制度。

D3 游东关清真大寺、市容。

东关清真大寺位于西宁市东关大街，始建于明洪武十三年（公元1380年），1895年被清政府拆除，后重修扩建。清真大寺是青海省最大的一座伊斯兰寺院，与西北地区著名的西安化觉寺、兰州桥门寺、新疆喀什艾提卡尔清真寺并称为西北四大清真寺，是一座融塔、墙、殿为一体的伊斯兰建筑，正中的礼拜大殿为全寺最大的建筑物，占地1102平方米，可容纳3000人礼拜。此大殿为中国古代宫殿式建筑，纯系砖木结构，建筑坚固，结构严谨，外形宏伟壮观，内部清静素雅。大殿南北两侧是两座两层的厢楼，为歇山式建筑。大殿和厢楼紧相毗邻，浑为一体，十分协调。整个建筑飞檐斗拱，雕梁画栋，描金涂彩，显得艳丽华贵，蔚为壮观。每逢礼拜、三大宗教节日，数以万计的穆斯林汇集在此举行隆重的聚礼活动。它也是我国西北地区伊斯兰教的教育中心和最高学府，在海内外享有盛誉。

第10章 西北边塞风情旅游区

第一节 概述

西北旅游大区包括蒙、宁、陇、新四个省区，总面积约336.8万平方千米，人口约7839.6万（截至2010年11月1日）。西北地区是一个少数民族聚居的地区，除汉族外，主要民族有蒙古族、回族、维吾尔族、哈萨克族、乌孜别克族等40多个民族，是我国少数民族分布最多的地区。

本区深居内陆，面积广大，自然风光和人文景观独具特色。美丽的绿洲和茫茫戈壁交相辉映，古丝绸之路与多彩民族风情使人流连忘返。本区旅游以沙漠绿洲景观、丝路古迹景观为主要特征。

一、旅游地理环境概况

（一）独特复杂的自然条件

西北地区有着复杂的自然条件。本区地形大势东西呈现出两种不同的特征：东部是较为平坦的高原和河套平原，包括内蒙古自治区的大部分和宁夏自治区的一部分，其中内蒙古高原海拔在1000米左右，地势坦荡，河套平原地势平坦，土壤肥沃，灌溉便利，是重要的粮仓。西部包括新疆以及内蒙古和甘肃的西部，可以概括为“三山夹两盆”的地形特征。北部的阿尔泰山与中间的天山之间为准噶尔盆地，南面的昆仑山及阿尔金山与天山之间是塔里木盆地。

在以上地形大势背景下，本区地形地貌复杂多样。有茫茫的大草原，巨大的盆地，平坦的高原，众多的谷地，神秘的沙漠戈壁，皑皑的冰川雪地，生机勃勃的绿洲。

（二）温带大陆性干旱气候

本区属典型的温带大陆性干旱气候，其特点是：日照时间长，气温变化大，干燥少雨，风沙大。

（三）丰富的地方土特产

复杂的地形地貌与干旱性气候，形成了本区丰富的地方土特产。由于日照充足，有利于瓜果糖分的积累，使本区的瓜果质量上乘，闻名中外，其中新疆葡萄、哈密瓜，甘肃的白兰瓜等久负盛名。药材也是本区的重要土特产，有陇南的当归、大黄、党参；宁夏的枸杞、甘草、贺兰石、滩羊皮、发菜被誉为宁夏的“红、黄、蓝、白、黑”五宝。此外，工艺品酒泉夜光杯、天水雕漆、洮砚，宁夏仿古地毯、贺兰石刻等也深受中外游客的喜爱。

（四）日益发展的交通运输网络

本区以前交通比较落后，运输以牲畜为主。新中国成立后，初步形成了以铁路为主，包括公路、民航等的交通网络。铁路干线主要有京包、包兰、兰新、兰青等，其中，兰新铁路西端与哈萨克斯坦铁路接轨，成为第二欧亚大陆桥的重要组成部分，极大地促进了西部经济的繁荣和边境旅游的发展。公路在区内游客集散方面也起着重要作用。航空以兰州、乌鲁木齐、呼和浩特、银川为中心，通往北京、上海、西安等全国各大城市。

二、旅游资源基本特征

（一）自然景观独特，天高草绿引人入胜

特殊的地形和气候条件形成了本区独特的自然景观：沙漠戈壁、荒漠绿洲、草原、雪山森林。

本区是我国沙漠的主要分布地区，主要包括塔克拉玛干沙漠、古尔班通古特沙漠、腾格里沙漠、毛乌素沙漠等。沙漠地区由于风力大，形成了风蚀地貌和风蚀地貌景观。

风蚀地貌形成的风蚀蘑菇、蜂窝石、风蚀柱等地貌在准噶尔盆地的乌尔禾地区分布较广，被称做“魔鬼城”，是一个引人入胜的风蚀地貌区。风蚀地貌主要是指沙丘，波涛起伏、浩瀚无垠的茫茫沙海，构成本地区独特的自然景观，本区四省区都分布有风蚀地貌。响沙是沙漠地区一种有趣的自然现象，人从大沙丘顶向下滑，沙随人体滑落过程中，发出不同的响声，敦煌的鸣沙山因此而得名。

本区内蒙古高原北部和中部属典型的温带草原。在这一望无际的草原上，水草肥美、景色宜人，羊群如流云飞絮，呈现出“天苍苍，野茫茫，风吹草低见牛羊”的美丽画卷。

（二）丝路古迹彰显历史，边塞风情意趣浓郁

本区人文旅游资源丰富多彩，以丝绸之路古迹为主的旅游路线吸引着世界的目光。我国是世界上最早栽桑养蚕和缫丝织绸的国家，中国的丝织品闻名海外。秦汉时期我国

精美的丝绸品开始行销西亚、欧洲，形成了从西安，经河西走廊、新疆、帕米尔高原，经中亚和阿富汗、伊朗、伊拉克、叙利亚而抵达地中海沿岸的“丝绸之路”，全长7000多千米。在“丝绸之路”所经之处，留下了数量众多、种类丰富的文物古迹，分布着长城、古道、石窟、城堡。军事设施方面，有临洮秦长城遗址，汉代阳关、玉门关，明代的嘉峪关等；宗教遗迹方面，有敦煌莫高窟、麦积山石窟、炳灵寺石窟、克孜尔千佛洞等举世闻名的石窟艺术。古“丝绸之路”上许多曾经著名的城池、关隘，如今已变为废墟，如楼兰古城、米兰古城、高昌故城、交河故城等，这些神秘而富有传奇色彩的古城遗址，给人以无限的遐想。本区也汇集了众多的寺观古塔，如五当召、承天寺塔、艾提尕清真寺等。古城遗址、古墓遍布各地，主要有楼兰古城遗址、交河故城遗址、高昌故城遗址、昭君墓、成吉思汗陵、西夏王陵等。

本区是我国少数民族聚居的主要地区之一，有维吾尔、回、蒙古、哈萨克、塔吉克、乌孜别克、东乡、保安等40多个少数民族。维吾尔族能歌善舞、服饰艳丽，烤全羊、抓羊肉等民族风味食品和“叼羊”、“姑娘追”等文体活动深受人们喜爱。回族主要聚居在宁夏回族自治区，他们的清真风味小吃，极为吸引游客。蒙古族主要聚居在内蒙古自治区，蒙古族具有剽悍的性格和健壮的体魄，待客热情。一年一度的“那达慕”大会更是民族的盛会。

三、旅游分区与旅游线路

根据本区旅游资源的特色、所属区域及交通道路情况，将本区以省区为单位划分为4个旅游区，设计了8条旅游线路。每个旅游区内再根据旅游资源的具体情况布线，可灵活变动。

第二节　甘肃旅游区

甘肃位于中国西部内陆，地处黄河上游，取甘州（今张掖）、肃州（今酒泉）两地的首字而成。由于西夏曾置甘肃军司，元代设甘肃省，简称甘；又因省境大部分在陇山（六盘山）以西，而唐代曾在此设置过陇右道，故又简称陇。其总面积45.4万平方千米，省会兰州市。甘肃是一个呈西北—东南向分布的狭长形省份，全省地形似哑铃形。甘肃省地处黄土、青藏和蒙古三大高原交汇地带。境内地貌复杂多样，山脉纵横交错，海拔相差悬殊，山地、高原、平川、河谷、沙漠、戈壁，类型齐全，交错分布，地势自西南向东北倾斜。主要地貌大致可分六个区域：陇南山区、陇中黄土高原、陇东（甘南）高原、河西走廊、祁连山地、河西走廊以北山地。

甘肃省位于全国气候区划中主要气候区之间的过渡带，气候类型十分复杂，从东南到西北，由亚热带湿润气候过渡到温带干旱气候。各地气温、降水差异大，1月平均气温从西北往东南-12～3.8℃，7月平均气温从祁连山向白龙江流域11～27℃。大致祁连山区最低，白龙江下游最高。各地年平均降水量差异很大，由800毫米过渡到30毫米。河西走廊和北山山地的年温差、日温差都很大，有“早穿皮袄午穿纱”的说法。全省总人口2557.52万（截至2010年11月1日）。

甘肃历史悠久，是我国远古人类的主要聚居地和古代农业的主要发祥地之一。西周时秦人先祖在今天水一带与西戎杂居，秦统一中国后，设陇西郡，筑起了西起临洮东北至陕北的秦长城。汉武帝派霍去病开发河西，发展军屯民垦，促进了河西走廊的游牧民族向农耕转变。张骞出使西域，开拓了中西贸易的“丝绸之路”。唐统一全国后，设置陇右道。隋唐时期是中西贸易陆上丝绸之路繁荣的顶峰，也是甘肃历史上政治、军事、文化的鼎盛时期。举世闻名的古迹敦煌莫高窟创建于东晋，历经北魏、西魏、北周，至隋唐基本上形成了今日的规模。公元1038—1227 年，党项族在今宁夏、河西及甘肃中部建立起了西夏政权，元代设甘肃行中书省，是历史上首次出现甘肃省的行政区划，后沿用至今。

甘肃旅游资源丰富，历史悠久，文化积淀深厚，既有闻名世界的人文景观，又有丰富多彩的自然景观，很多资源是世界独有或是全国第一。现有世界文化遗产 2 处，分别为长城、莫高窟；国家级重点文物保护单位 71 处，省级文物保护单位 515 处，国家级历史文化名城 4 座，中国优秀旅游城市 9 座，国家 5A 级旅游景区 3 处，国家级森林公园 20 处，国家级风景名胜区 3 处，国家级自然保护区 16 处，全国旅游胜地四十佳 1 处。

一、风味肴馔

甘肃菜以秦陇风味为主，秦陇风味总的特色是主料突出、主味突出、香味突出；以牛、羊肉为主，山珍野味为辅；烹饪技法多采用古老的传统烹调方法，烧、蒸、煨、炒、氽、炝有独到之处。官府菜以典雅见长，商贾菜以名贵取胜，市肆菜各有千秋，民间菜经济实惠，清真菜闻名遐迩。代表名菜有“奶汤锅子鱼”、“光头肉片”、“带把肘子”、“佛手鱼翅”等。

兰州清汤牛肉面是兰州最具特色的大众化经济小吃；甘南的饮食特点以肉品和奶制品为主；浆水面多见于兰州、定西、天水、宁夏，用发酵之青菜汁水浇于面条中食用，酸而鲜；静宁锅盔大而厚，黄亮香美；酿皮子为面粉制成之凉食；静宁烧鸡肉嫩味鲜；陇西腊肉瘦而不柴，肥而不腻。

二、地方文艺

“花儿”在甘肃各族民众中广泛流行，形式短小精悍，是人们日常生活的智慧结晶。临夏回族自治州为“中国花儿之乡”，临夏州和政县、康乐县分别为“中国花儿传承基地”、“中国花儿保护基地”。康乐县莲花山每年农历六月初一到初六的花儿会最盛大。陇剧是由皮影戏陇东道情发展而来的新剧种，高山戏流行于武都地区，常于春节时演出。其他有秦腔、皮影戏、兰州鼓子等。

三、旅游交通概况

甘肃地处祖国内陆腹地，地域辽阔，地形狭长。新中国成立前，交通设施发展缓慢，运输能力较低，铁路只修到了天水，省内大部分地区交通情况极其落后。新中国成立以来，特别是改革开放以来，初步形成以省会兰州为中心的道路运输网络。

四、陇原丝路风情游

D1　兰州接团，游嘉峪关。

嘉峪关位于嘉峪关市西南，是万里长城西端的终点，建于明洪武五年（公元1372年），城南为祁连山，城北为戈壁滩，地势险要，自古为军事要地。关城呈梯形，周长733米，面积3.3万平方米，城墙高10米。城有东西两门，门上各有一座高17米的城楼，城墙四角均有角楼，形如碉堡。西面城垣凸出，中间开门，门额刻有“嘉峪关”，西门外500米处有一石碑，上刻有“天下雄关”四字。

悬壁长城位于嘉峪关城楼北长城墙北段约8.2千米处。据记载，这段长城始建于明代，因“悬挂”在约400米高的黑山陡峭岩壁上而得名。原墙大部分已坍塌，现“悬壁长城”为1987年后修复，全长600多米，用土沙、青砖砌筑，气势壮观，已对中外游客开放。

D2　游莫高窟、鸣沙山和月牙泉。

莫高窟俗称千佛洞，位于敦煌东南鸣沙山东麓的断崖上，共分上下五层，南北长约1600米，现保存有北魏、西魏、北周、隋、唐等各代壁画和塑像的洞窟492个，壁画总面积45000平方米，彩塑像2415个，另有数以万计的彩塑佛像，是世界上现存最宏大的佛教艺术宝库。其雕塑、壁画记录了我国古代与各国交往的场面。敦煌莫高窟是敦煌文化和艺术的中心，中外学者研究敦煌艺术而形成了一个专门的学科“敦煌学”。

鸣沙山和月牙泉位于敦煌市城南6千米。鸣沙山因沙动有声而得名，人从沙顶滑落，沙粒会发出美妙的声响，夜晚还可看到沙粒摩擦闪烁的火花。天气晴朗时，沙响如笙竹管弦之音，犹如奏乐，故称“沙岭晴鸣”。它和新疆哈密巴里坤、宁夏中卫的沙坡头和内蒙古达拉特旗响沙湾被称为我国“四大鸣沙”。

月牙泉位于鸣沙山北麓一块绿色的小盆地中，因湖面形似一弯新月，故称“月牙泉”。南北宽约54米，东西长约218米，平均水深5米。月牙泉被鸣沙山四面环抱，但风沙起飞，也不落入泉中，泉水始终清澈见底，久雨不溢，久旱不涸，成为沙漠奇观。

D3　游玉门关和阳关。

玉门关位于敦煌西北75千米处（现存小方盘城），阳关位于敦煌西南70千米处（现名古董滩），都曾是历史上著名的城关，一南一北遥相呼应，是古代通往西域、印度、欧洲的重要关卡。汉武帝为防匈奴的侵扰，沿张掖、武威、酒泉的北面，东连秦长城，西沿长城到敦煌郡的龙勒县，并在长城的尽头建了玉门关和阳关。阳关以西就是丝绸之路南道，向西直达地中海，故有“劝君更饮一杯酒，西出阳关无故人”之句。关隘已被毁，只有一个汉代烽燧矗立在一座红色的砂石岩山峰上，但留下了大量的汉代文物。大风过后，常有兵器、陶器、货币、生活用具等文物发现，当地成为“古董滩”。玉门关呈方形，四垣保存较为完整，汉代在关外构筑的长城遗址犹存。

D4　赴甘南，游拉卜楞寺。

拉卜楞寺位于夏河县境内，藏语全称为“噶丹雪珠达尔吉扎西叶苏旗卫林”，意为“足喜讲修宏扬吉祥右旋寺”，简称为“拉章扎西寺”。拉卜楞寺是藏语“拉章”的变音，意思为活佛大师的府邸，建于清康熙四十八年（公元1709年），是藏传佛教格鲁派六大主寺之一，其规模仅次于布达拉宫，有“小布达拉宫”之称。目前拉卜楞寺保留有全国最好的藏传佛教教学体系，已成为包括显、密二宗的闻思、续部下、续部上、医学、时论及喜金刚 6 大学院，108 属寺和八大教区的综合性大型寺院，寺内有铜佛像 2.9 万尊，还有无数的壁画、堆绣、卷轴佛画等，珍藏藏经经典 6 万多册，文物数万件。

D5　游桑科草原，赴天水市。

桑科草原位于夏河县境内，是桑科乡达久滩（“跑马滩”之意）草原的一部分，为四周群山环抱，中间开阔平坦的高山草原。平均海拔 3000 米以上，面积达 70 平方千米。桑科草原上大夏河水从南到北徐徐流过，水草丰茂，风景优雅，蓝天白云下牛羊成群，一派自然田园风光。设有藏式接待帐篷，备有新鲜奶茶、藏包子、手抓羊肉等特色风味，还准备了马匹、牦牛、射击、篝火晚会等草原旅游节目。

D6　参观麦积山石窟，玉泉观、伏羲庙。

麦积山石窟位于天水市东南 30 千米处的麦积山上，石窟开凿于十六国时期的后秦，后经各朝代不断开凿、重修，成为我国著名的四大石窟之一。石窟大多凿于 20 ~ 80 米的悬崖峭壁上，有洞窟 194 个，保存有 7000 多尊泥塑、石雕，1000 多平方米的壁画。泥塑造型千姿百态是麦积山石窟艺术的主要特征，有“东方雕塑馆”之称。

玉泉观位于天水市城北天靖山麓，占地面积 4.15 万平方米，是一组围绕主建筑玉皇阁和三清宫组成的道教宫观建筑群。亭台纷陈、碑碣遍山、曲径幽静、郁郁葱葱，令游人流连忘返。

伏羲庙位于天水市西关，因相传是三皇（伏羲、神农、皇帝）之一的伏羲诞生地而闻名遐迩。该庙始建于元代，后经明清重修。庙宇气势非凡，殿亭对称。主要建筑有先天殿、太极殿等。

第三节　新疆旅游区

新疆维吾尔自治区地处中国西北边疆，古称西域，意为中国的西部疆域，面积 166 万平方千米，约占中国总面积的 1/6，是我国行政面积最大的省区，首府乌鲁木齐市。新疆自然地理环境独特，四周高山环抱，北有阿尔泰山脉，最高峰友谊峰海拔 4374 米；中部是天山山脉，最高峰托木尔峰海拔 7435 米；南为昆仑山脉，最高峰乔戈里峰海拔 8611米，是世界第二高峰。

天山将新疆分为南北两部分，俗称南疆和北疆。北部阿尔泰山和天山之间有准噶尔盆地，盆地中间是古尔班通古特沙漠，是中国最大的固定、半固定沙漠。南部天山与昆仑山之间的塔里木盆地是世界最大的内陆盆地，盆地中部的塔克拉玛干大沙漠为世界第二大流动性沙漠。地貌轮廓为“三山夹两盆”。

新疆三大山脉的积雪、冰川孕育汇集为 500 多条河流，其中较大的有塔里木河、伊犁河、额尔齐斯河、玛纳斯河等 20 多条。许多河流的两岸，都有无数绿洲。新疆境内除额尔齐斯河流入北冰洋外，大部分是内陆河。水源多靠山地降水和高山雪水供给。最长内陆河是塔里木河。博斯腾湖是最大淡水湖。新疆远离海洋，首府乌鲁木齐市与海洋的最近距离为2250千米，是中国也是世界距海洋最远的城市，故新疆属大陆性干旱和半干旱气候区。南北疆气温差异较大；北疆平原区年均降水量200毫米、南疆平原区年均降水量50毫米，山区降雨量多于平原区。全区总人口2181.33万（截至2010年11月1日），维吾尔族和汉族是主要民族。

从已经出土的新疆石器时代的文物证明，新疆和祖国内地在远古时代就有着经济和文化上密不可分的关系。新疆在我国历史上称做西域，公元前1世纪就列入中国版图。公元前138年汉朝派张骞出使西域，经过这里，新疆是举世闻名的“丝绸之路”的要冲。公元前60年汉置西域都护府，唐置安西、北庭两都护府，宋为西辽地，元设别失八里和阿力麻里两行省，明朝沿袭元制，并设哈密卫。清属伊犁将军府。1759年，清朝统一西域后，改称西域为新疆，意为“故土新归”。

新疆历史悠久，有难以数计的文物古迹，有名闻遐迩的天池、火焰山、喀纳斯湖、赛里木湖、果子沟，以及美丽的天鹅湖。现有国家级重点文物保护单位58处，自治区级文物保护单位374处，国家级历史文化名城3座，中国优秀旅游城市13座，国家5A级旅游景区4处，国家级森林公园17处，国家级风景名胜区4处，国家级自然保护区9处。

一、风味肴馔

新疆盛产牛羊，是我国主要畜牧业基地之一。信仰伊斯兰教的民族以食牛羊肉为主。牛羊肉风味小吃名类繁多，比较出名的有烤全羊、烤羊肉串、沙羊肉、手抓肉、馕坑肉、烤包子、薄皮包子等。新疆著名的馕以面粉烤制而成，或脆或软，或甜或咸，耐存放。抓饭以大米、羊肉、胡萝卜等蒸成，以手抓食。拉条子面柔韧而清爽，奶茶、马奶子为常用饮料。

二、地方文艺

维吾尔族古典套曲《十二木卡姆》歌舞结合，连续演唱一遍需20小时；边歌边舞的“麦西热甫”、“赛乃姆”舞，跳步抖手，旋转急速。哈萨克族最喜爱“阿肯弹唱”；塔吉克族牧民善吹奏“鹰笛”，一唱百和，奔放悠扬；常用民族乐器包括独它尔、热瓦甫、手鼓、冬不拉等。《阿凡提的故事》、《毛拉则丁的故事》等广为流传。

三、旅游交通概况

新疆交通发达，形成以乌鲁木齐市为中心，航空、铁路、公路辐射四周的立体交通枢纽。

四、新疆的旅游线路

（一）西域风情游

D1 赴天山天池游览，回乌鲁木齐飞伊宁。

天山天池位于乌鲁木齐市东110千米的博格达峰西北坡，海拔1980米，面积4.9平方千米，最深处达100多米，是我国著名的高山湖泊，为传说中西王母宴请周穆王之地，古称“瑶池”、“龙潭”。

D2　游伊宁，赴霍尔果斯口岸参观。

伊犁河谷三面环山，气候温和，水源充足，风光美丽。伊宁市是伊犁哈萨克自治州的首府，是新疆哈萨克族聚集居住的城市，有“花园城市”的美称。鸦片战争以后，林则徐被发配到伊犁地区，在这里兴修水利，鼓励农耕，为此人们兴建了林公坊、林公渠来纪念他。霍尔果斯口岸位于伊宁市西 150 千米的霍城县境内，是新疆对西开发的一个重要窗口，也是中国对俄罗斯陆路贸易的最大口岸。1989 年，开通了自伊犁经霍尔果斯口岸到俄罗斯的国际班车。口岸已对第三国开放，现成为中国对西亚和欧洲各国开放的重要窗口，也是沿古丝绸之路旅游的热点。赴赛里木湖。

D3　游览赛里木湖，赴布尔津。

赛里木湖位于伊宁市北 150 千米的博乐市境内，湖东西宽 20 千米，南北长 30 千米，最深处达 90 米，湖面海拔 2073 米，面积 454 平方千米，是新疆海拔最高、面积最大的高山湖泊。这里湖光山色美不胜收。每年的七八月份，蒙古族和哈萨克族牧民举行传统的那达慕大会，在湖滨草地上举行具有民族特色的摔跤、赛马、叼羊、姑娘追等娱乐活动。近年，赛里木湖“水怪”成为不解之谜，又增加了几分神秘的色彩。

D4　游喀纳斯湖，探访图瓦人村庄。

喀纳斯湖位于新疆最北部的布尔津县境内。“喀纳斯”蒙语意为“美丽富饶，神秘莫测”。它地处阿尔泰山腹地，属冰碛湖，被认为是世界上最后一个没有被开发、利用的自然景观资源。湖南北长25000米，东西宽1600～2900米，最深处 188.5 米，海拔 1370 米，呈月牙形。湖面碧波万顷，群峰倒映，水色随季节变化而变化，人称“变色湖”。现为喀纳斯自然保护区。

D5　赴吐鲁番游览。

吐鲁番位于新疆东部，吐鲁番盆地中部，古称高昌、火洲，为古“丝绸之路”北道上的重镇。它是我国海拔最低的一个盆地，最低处艾丁湖湖面低于海平面 155 米，是仅次于死海的世界第二低地。吐鲁番是著名的“火洲”，每年夏天高于 40℃ 的酷暑天气有 40 天左右，极端最高值达 49.6℃。这里环境特异，古迹遍地，更以葡萄闻名天下。其主要旅游景点有火焰山、葡萄沟、高昌故城、交河故城、坎儿井、柏孜克里千佛洞、苏公塔等。

火焰山位于吐鲁番盆地中部，吐鲁番市以东 40 千米处，东西长约 100 千米，南北宽约 10 千米，由于山体由红色岩石构成，在烈日下如燃烧的烈火，山上寸草不生，夏季气温高达 47℃，地表温度达 80℃，故名火焰山。著名古典小说《西游记》中描写的路过火焰山、孙悟空三借芭蕉扇的故事，就发生在这里。在火焰山下有一条长 8000 米、宽约 1 千米的林阴峡谷，它就是著名的葡萄沟。这里树木茂盛、空气湿润、气候凉爽，为避暑理想之处。沟内以盛产葡萄闻名，尤以无核白葡萄最好。吐鲁番葡萄含糖量居世界之冠，被誉为“中国的绿珍珠”。

吐鲁番盆地四周多为干燥的戈壁滩，但地下蕴藏着水，为更好地利用好宝贵的水资源，人们在山脚下按一定间隔挖一排竖井，深达十几米甚至几十米，然后再井底挖暗渠，连通竖井与农田，进行灌溉，这就是坎儿井。

高昌故城位于吐鲁番市东40千米处，全国重点文物保护单位，始建于公元前1世纪，汉称高昌壁，6世纪为高昌国王都，唐为“西洲”，是“丝绸之路”北道重镇，后因战火连绵，约于15世纪废弃。现高昌故城遗址保存完好。

（二）八千里路南疆行

D1　乌鲁木齐接团，游市内景点。下午乘火车前往喀什。

D2　参观香妃墓。

香妃墓本名为“阿帕克霍加墓”，位于喀什市东北郊约5千米处，相传为清乾隆皇帝的香妃墓，实际上是阿帕克霍加家族墓地，始建于1640年，是一座典型的伊斯兰教陵墓。整个陵园是一组构筑得十分精美宏伟的古建筑，陵墓由门楼、大小礼拜寺、教经堂和主墓室5部分组成。正门门楼精美华丽，两侧有高大的砖砌圆柱和门墙，表面镶着蓝底白花硫璃砖。与门楼西墙紧连的是一座小清真寺。有彩绘天棚覆顶的高台，后面有祈祷室。陵园内西面有一座大清真寺。正北是一座穹隆顶的教经堂。主墓室在陵园东部，是整个建筑群的主体建筑，屋顶呈圆形，其圆拱直径达17米，无任何梁柱，外部全部用绿色琉璃砖贴面，并夹杂一些绘有各色图案和花纹的黄色或蓝色瓷砖，显得格外富丽堂皇、庄严肃穆。墓室内部筑有半人高的平台，平台上整齐地排布着大小不等的数十个墓丘，墓均砌以白底蓝花的琉璃砖，看上去晶洁素雅。

D3　游艾提尕清真寺。

位于喀什市中心解放路的艾提尕尔清真寺是新疆最大的清真寺，也是全疆伊斯兰教的活动中心，有“小麦加”之称，始建于1442年。该寺系阿拉伯式建筑，由礼拜殿、教经堂、门楼、水池等组成，高大的寺门两侧矗立着两座18米高的塔楼。艾提尕尔意为节日礼拜场所。大寺规制严整雄伟，砖砌方形拱寿门的大门楼高达12米，边廓环以15个穹形壁窿形楼。大寺南北长140米，东西宽120米。大寺正门楼以浅绿色为主色，布满精细刻花。进门后即为宽大的内广场，与内广场相连的为宏大的礼拜寺和教经堂，礼拜殿可同时容纳六七千名穆斯林作礼拜。极富伊斯兰特色。

艾提尕尔清真寺既是宗教活动的中心，又是古尔邦节和肉孜节群众游乐歌的场所；每逢礼拜日和节日，成千上万的伊斯兰教徒集结在礼拜寺及大门内外的广场上，身着节日盛装的维吾尔族男青年会跳起“萨满”舞，场面十分热闹。游览完毕乘火车赴库车。

D4　游览库车河谷、克孜尔千佛洞。

克孜尔千佛洞又称克孜尔石窟或赫色尔石窟，位于拜城县克孜尔镇，是我国四大佛教石窟群之一。它是我国开凿最早、地理位置最西的大型石窟群，始凿于公元3世纪，5—7世纪为全盛时期，8—9世纪逐渐停建。千佛洞以壁画闻名，画面之丰富为全国之首。现存编号的洞窟236个，窟中塑像大部被毁，壁画保存较完整的有75个洞窟，壁画总面积约1万平方米。参观完乘火车赴吐鲁番。

D5　游览交河故城。

交河故城位于吐鲁番市西约10千米的雅尔湖乡，是世界上最大最古老、保存最完好的生土建筑城市，也是我国保存两千多年最完整的都市遗迹，因为两条河水绕城在城南交汇，故名交河。交河是车师前国国王的治地，是车帅前国政治、经济、军事和文化的中心。建筑年代距今2000~2300年。故城由庙宇、官署、塔群、民居和作坊等建筑组成，总面积达 25 万平方米。13 世纪下半叶以后，交河古城屡受战乱祸害，破坏严重，据考古学家考证，交河故城毁于一场大火。交河大佛寺、交河官署、陶窑、舍利塔群以及东城门等遗址可作为古城参观游览的重点。近年在交河故城又发现挖掘出了贵族墓地，古水井和金佛等重要古迹。

第四节　宁夏旅游区

宁夏回族自治区地处中国西北地区东部、黄河中上游，简称宁。疆域南北狭长，总面积 6.64 万平方千米，首府银川市。宁夏地势地貌类型多样，地势南高北低，北部为宁夏平原，南部为丘陵山地。九曲黄河从中部进入宁夏，穿过银川平原，银川平原因此成为宁夏最富庶的地区，素有“天下黄河富宁夏”之说。这里主要山脉有贺兰山、罗山、牛首山、香山、六盘山等，其中贺兰山、罗山、六盘山是宁夏的三大天然林区。六盘山海拔 2000 米以上，植被丰富，是宁夏最潮湿的地方，被专家们称为“黄土高原上的绿岛”。宁夏大部分地区属温带半干旱季风气候，受季风影响较弱，贺兰山是中国外流区与内流区的分水岭，也是季风气候与非季风气候的分界线。气候基本特点是干旱少雨，风大沙多，南北气候差异大，具有南寒北暖，南湿北干的特点。全区总人口 630.13（截至 2010 年 11 月 1 日)，其中回族人口 219.09 万。

宁夏有悠久的历史文化，早在三万年前就有人类在此生息，是中华民族远古文明的发祥地之一。春秋战国时期宁夏是羌、戎和匈奴等民族集居地之一。秦始皇统一中国后，派兵在宁夏屯垦，在今宁夏境内修筑了著名的秦长城和秦渠，开创了引黄河水灌溉的历史。公元 1038 年，党项族首领李元昊以宁夏为中心建立了大夏国，史称西夏。元朝灭了西夏以后，设立宁夏府路，始有宁夏地名。明代设宁夏卫，清代设宁夏府，1929 年成立宁夏省。新中国成立后于 1958 年 10 月 25 日成立宁夏回族自治区。

宁夏现有世界文化遗产长城，国家级重点文物保护单位 18 处，自治区级文物保护单位 143 处，国家级历史文化名城 1 座，中国优秀旅游城市 1 座，国家 5A 级旅游景区 3 处，国家级森林公园 4 处，国家级风景名胜区 1 处，国家级自然保护区 6 处。绵延不绝的贺兰山、六盘山，波涛滚滚的九曲黄河，浩瀚无垠的沙漠和草原，神秘奇特的西夏王陵，堪称艺术宝库的须弥山石窟，独具特色的回族风情均吸引着远方的游客。

一、风味肴馔

地方风味有炸羊尾、烧羊羔、手抓羊肉、糖醋鲤鱼、西夏红方肉腐乳等，小吃有馓子、油香与回民小吃等。

二、地方文艺

以“花儿”、“信天游”等民歌为地方特色。

三、旅游交通概况

宁夏由京包、陇海两大铁路干线形成了比较完整的铁路运输网。公路事业发展迅速，在西部地区已跻身前列，民航业也取得很大进展。

四、宁夏的旅游线路

(一) 宁夏游

D1　银川接团，游西夏王陵、西部影视城。

西夏王陵位于银川市西约30千米的贺兰山东麓，为西夏历代帝王陵墓所在地，陵区范围南北长10千米，东西宽4千米。整个陵区随地形起伏错落排列着9座（其中一座已毁）西夏帝王的陵园和70余座陪葬墓。陵园仿宋陵而建，每个陵园都是一个独立而完整的建筑群体。陵园四周有神墙，四角建角楼，由南往北依次排列着门阙、碑亭、外城、内城、献殿、灵台。

华夏西部影视城又名镇北堡西部影视城，位于银川市西38千米，原为明清时为巩固边防而在贺兰山东麓修建的屯兵用的城堡，被西北人称为“土围子”。20世纪80年代以来，《牧马人》、《红高粱》、《红河谷》等十几部著名的影片在此拍摄，因而被称为中国电影的“圣地”。华夏西部影视城在中国众多的影视城中，以古朴、粗犷、荒凉、民间为特色，称为中国西部和古代题材的影视拍摄的最佳之处。

D2　游贺兰山、沙湖风景区。

贺兰山岩画位于银川市西约70千米的贺兰山东麓贺兰口的悬崖峭壁上，面积约0.38平方千米，画面达数万幅。据专家考证，这些画作于春秋战国时期，距今有2000多年的历史。它是我国古代游牧民族凿刻在崖上的真实印迹。岩画的内容丰富多彩，有人面像、射猎、放牧、战争、舞蹈、图腾与生殖崇拜等。艺术造型粗犷浑厚，构图朴实，具有独特的意境和艺术价值，是研究我国北方游牧民族生产、生活和习俗等的重要资料。乘车前往沙湖风景区。

沙湖风景区位于银川市北50千米的平罗县境内。这里湖面广阔，芦苇丛生，是鸟的天堂，每年有数以十万计的候鸟在此栖息。湖的南面是一片广袤的沙漠（流动沙丘），沙海金浪起伏，湖面碧波荡漾，是一个集南北风光于一体的“塞上明珠”。

D3　赴中卫，游览中卫高庙、沙坡头景区，乘羊皮筏子漂黄河和穿越腾格里沙漠。

中卫高庙位于中卫市区城北，建在接连城墙的高台上（包括高台下的保安寺），始建于明代，后经历代修建，形成较大的古建筑群。有殿堂260多间。主体建筑由保安寺和高庙两部分组成，是一座三教合一的寺庙。庙里供奉不仅有佛、菩萨，还有玉皇、圣母、文昌、关公。高庙以高取胜。在仅4000余平方米的高台上，筑有260多间重楼叠阁。整个建筑群分两部分，前低后高，层层叠起，形如凤凰展翅。前院为保安寺及其山门，上为南天门大雄宝殿、中楼，最上层是五岳庙、玉皇阁、圣母宫，有木梯与中楼通。主体两翼分别是钟鼓楼、文楼、武楼等陪殿。南北向中轴线上，建筑物层层紧扣，步步增高，左右对称，上下呼应，加上九脊歇山，四角攒尖，十字歇山，将军盔顶等造型别致的屋顶，构成一座气势雄伟、风格迥异的建筑群体。各建筑之间飞桥相连，布局紧凑，气势非凡。

沙坡头位于中卫县西10千米处的腾格里沙漠的南端，该地沙丘屹立，高达80多米，当游人从沙丘下滑时，沙声如钟鸣，故有“金沙鸣钟”之称，是中国四大鸣沙之一。另外，若骑骆驼穿越腾格里沙漠，沿途可领略沙漠湖泊和沙漠奇景，并可进行“沙浴”，是理想的沙漠旅游胜地。

中卫是宁夏黄河漂流的最佳地段，从沙坡头出发，乘羊皮筏至青铜峡的大坝库区，全程约200千米。沿途能领略美丽的峡谷风光、沙坡景观，经过许多浅滩暗礁，不仅有惊无险，而且每处都有一个动人的故事。还可观赏众多的人文景观（明代长城、古老的水车、一百零八塔等）和“塞上江南”田园风光。

（二）塞上江南游

D1　银川接团，游览市区景点。

南关清真寺位于银川市老城南门外，始建于明代，所有建筑皆土木结构，后被毁，现寺为1980年重建，具有阿拉伯建筑风格，是银川最具象征性的建筑之一。寺院绿色穹顶，浑圆厚重，直插云天，四角四个小穹顶，彼此呼应。整个寺院分上下两部分，上院大礼拜殿，可容纳千人作礼拜，下院是男女沐浴室、下礼拜殿和阿訇住房，以回廊相连。大殿内用汉白玉镶嵌成多圆心的复叶形券壁龛，上刻古兰经文，大殿上悬挂19盏大宫灯，每天有众多的穆斯林上寺做礼拜。

海宝塔又称赫宝塔、黑宝塔。位于银川市北郊，始建年代不详，公元5世纪初西夏国王赫连勃重建，因其与银川市西的承天寺塔遥遥相对，俗称北塔。海宝塔与市内承天寺塔遥查呼应，是宁夏八景之一，素有“古塔凌霄”之誉。海宝塔坐落在宽敞的方形石基上，塔身为砖砌楼阁式建筑，连同台基总共11级，通高54米，塔身呈正方形，四面中间又各突出一脊梁，呈“亚”字形，从外看有十二棱角，风格独特，在我国楼阁式塔中仅见此一例，为我国十六名塔之一。

D2　游青铜峡一百零八塔，乘羊皮筏子漂黄河。

青铜峡市旅游区的主要景点包括青铜峡水利枢纽工程和一百零八塔。

青铜峡水利枢纽工程位于青铜峡市以南的青铜峡黄河上，建于1958—1967年，是集发电、防洪、防凌等多种功能与一身的大型水利枢纽工程。河床及两岸渠道都建有发电站。

一百零八塔位于青铜峡市峡口山黄河西岸的山坡上。塔依山势，按1、3、5、7等奇数自上而下排成12行，每层塔前用砖砌护墙一道，地面用砖铺墁，构成一个等边三角形塔群，共108座。始建年代不详，从历次修缮出土的西夏文帛画、彩塑和彩绘图案、题记等遗迹推测，该塔可能是西夏的遗构，是我国古塔建筑中唯一总体布局为三角形的大型佛塔群。

D3　赴同心县，游览清真寺、回族集市。

同心清真大寺位于吴忠市同心县旧城内，始建于明代，是宁夏回族自治区境内年代最久、规模最大的清真寺，在宁夏南部山区的穆斯林中影响极大。经堂教育很发达，历史上曾是该地区宗教学术活动的中心，曾有不少知名的穆斯林学者在这里求学讲道。中国早期清真寺建筑，多采用中国传统建筑式样，同心清真大寺的整体建筑也是中国古典宫殿式建筑风格，挑梁飞檐、歇山起脊，形制颇具北京故宫太和殿之势。主体建筑礼拜殿坐西向东，是一座单檐歇山顶式宏大建筑，室内为木地板，两侧内墙刻有精致的阿拉伯文《古兰经》节文的书法，殿内可容800人做礼拜。礼拜殿的右前侧，有二重檐、四角攒尖顶亭式建筑邦克楼。台基下部建筑由寺门、井房和沐浴室等组成。

第五节　内蒙古旅游区

内蒙古自治区位于我国北部边疆，由东北向西南斜伸，呈狭长形，横跨东北、华北、西北三大区。土地总面积118.3万平方千米，首府呼和浩特市。内蒙古全区基本上是高原型地貌，除东北部属大兴安岭山地外，基本上处于内蒙古高原上，大部分地区海拔1000米以上。由呼伦贝尔高原、锡林郭勒高原、巴彦淖尔—阿拉善及鄂尔多斯等高原组成，属于中国第二大高原。高原东部多宽浅的大盆地，西部戈壁沙滩面积较大，分布有巴丹吉林、腾格里、乌兰布和、库布齐、毛乌素等沙漠。境内湖泊众多，著名的有呼伦湖、贝尔湖、乌梁素海、岱海等，另有数以千计的短小河流。内蒙古属温带大陆性季风气候，四季明显，春季气温骤升，多大风；夏季短促温热，降水集中；秋季气温剧降，霜冻早临；冬季漫长严寒，多寒潮。全区总人口2470.63万（截至2010年11月1日），蒙古族和汉族是主要民族。

内蒙古地区是中华古老文明的发祥地之一，在历史上，东胡、匈奴、鲜卑、突厥、契丹、党项、女真、蒙古等游牧民族，曾经在此纵横驰骋，创造出独具特色的草原文明。历史上，游牧文明与农业文明的交汇融合，形成了国内外著名的红山文化、大窑文化、河套文化、夏家店文化、朱开沟文化等。内蒙古地大物博，资源丰富。农牧业较为发达，草原面积13亿亩居全国之首，著名的草场有呼伦贝尔、锡林郭勒、乌兰察布等，河套平原素有“塞北江南”的美誉，是内蒙古的粮食生产基地。

内蒙古现有国家级重点文物保护单位77处，自治区级文物保护单位313处，国家级历史文化名城1座，中国优秀旅游城市11座，国家5A级旅游景区2处，国家级森林公园29处，国家级风景名胜区1处，国家级自然保护区24处，全国旅游胜地四十佳1处。独特、浩繁、珍贵的民族民间文化艺术，绚丽多姿的民俗风情，使内蒙古成为一座庞大的、活生生的民俗风情博物馆。

一、风味肴馔

扒羊肉、烤羊腿、涮羊肉、奶茶是款待贵宾的风味餐；烤全羊、莜面是内蒙古名吃；炒米、奶皮、奶豆腐、奶酪、马奶酒都是蒙古族著名的小吃。

二、地方文艺

蒙古族能歌善舞，歌声高亢嘹亮，舞蹈奔放热情，颂歌、顶碗舞等极受欢迎。独有乐器马头琴相当出名，马头琴弹唱流传极广，多以民族的历史为题材，深沉悲壮。

三、旅游交通概况

全区交通已形成了以首府呼和浩特市为中心的，以铁路为骨干，包括公路、航空的立体综合运输网络。

四、内蒙古游

（一）草原风光游

D1　呼和浩特接团，游览昭君墓。

昭君墓位于呼和浩特市城南约 10 千米的大黑河南岸，为黄土夯筑的大土丘，高 33 米，因传说秋天周围青草枯黄后，独此墓独存青色，故称“青冢”。王昭君，西汉人，名嫱，汉元帝时，匈奴单于入朝请求和亲，昭君自请远嫁。昭君出塞对促进匈奴与汉族之间的和平友好及文化交流都起了积极作用。墓前有董必武题《谒昭君墓》诗碑和历代碑文。

D2　赴格根塔拉草原游览观光。

格根塔拉草原位于呼和浩特市北约 150 千米的乌兰察布市四子王旗，“格根塔拉”，蒙语意为“夏日营盘”（夏季放牧的地方）。旅游项目有漫游大草原，观看赛马、赛骆驼、摔跤表演，还可骑马、乘骆驼、射箭等。草原旅游点建有毡房和蒙古包饭店，供游客食宿。

D3　游敖包山，下午乘车回呼和浩特。

敖包是蒙古语，意即“堆子”，意为木、石、土堆。就是由人工堆成的“石头堆”、“土堆”或“木块堆”。旧时遍布蒙古各地，多用石头或沙土堆成，也有用树枝垒成的，今数量已大减。原来是在辽阔的草原上人们用石头堆成的道路和境界的标志，后来逐步演变成祭山神、路神和祈祷丰收、家人幸福平安的象征。数百年来，牧民始终敬仰、供奉着本家族或部落传承的敖包。草原上每年都要举行多层面的敖包社祭活动。

（二）穿越呼伦贝尔

D1　海拉尔接团。

海拉尔区位于内蒙古自治区东北部，是呼伦贝尔市政府所在地。地势东高西低，多为丘陵，城市在东山、西山、北山三山环抱下形成了一个簸箕之状。两条河流在境内贯穿整座城市，形成了“三山环抱，二水中流”的独特而又充满魅力的城市风格。海拉尔古来水草丰茂，土地肥沃，清雍正十年（公元 1732 年）在伊敏河西岸建城设防，所建土城周长 2 千米，城高丈余，称“呼伦城”，商旅过往，货物交易均集于此，城市逐渐繁盛。1906 年东清（滨洲）铁路修通后，于此建站，改称“哈浪”，市容初具规模。海拉尔东连东北经济区，西接俄罗斯、蒙古，素有“草原明珠”之称。交通便利，已形成铁路、公路、航空四通八达的立体交通网络，是内蒙古东部旅游中心城市，呼伦贝尔市旅游、观光、避暑、度假的集散地。

D2　赴陈巴尔虎旗草原游览。

陈巴尔虎旗位于呼伦贝尔市西北部，是著名的呼伦贝尔草原牧区四旗之一。陈旗历史文化悠久，多民族聚居，是“一代天骄”成吉思汗的古战场，蒙古族的发祥地。早在 1732 年，巴尔虎蒙古部族就来此驻牧戍边，至今已有 280 年历史。陈旗草原生态旅游资源潜力巨大。拥有新石器时代的古墓葬、鲜卑墓群、辽代古城和成吉思汗边墙等历史人文景观。陈旗草原生态旅游资源潜力巨大。拥有新石器时代的古墓葬、鲜卑墓群、辽代古城和成吉思汗边墙等历史人文景观。纯天然的草甸草原地域辽阔，绿草如茵，蓝天、白云、绿地构成了美丽的自然景观。千百年来北方少数民族的游牧生活，沉淀了丰厚的草原文化底蕴，更为草原增添了特有的神韵。

每当水草丰美、牲畜肥壮、牧业丰收的夏季，草原上便举行蒙古族人民所喜爱的“那达慕”大会。另外“祭敖包”等传统的宗教活动也是这里少数民族所特有的草原文化，游客在这里可以观草原、参加小型那达慕、骑马乘驼、观看民族歌舞表演、祭敖包、参加篝火晚会、走访牧户、体验牧民生活，亦可进行垂钓、漂流、高山滑雪和品尝民族风味餐等活动。丰富多彩的节庆活动，为来此做客的中外游客展示无限的草原文化。

D3　前往满洲里，游呼伦湖，到中俄边境贸易区购物。

满洲里原称“霍勒津布拉格”，蒙语意为“旺盛的泉水”。1901 年因东清铁路的修建而得名，俄语为“满洲里亚”，音译成汉语变成了“满洲里”，是一座拥有百年历史的口岸城市，素有“东亚之窗”的美誉。满洲里是我国最大的陆路口岸，背靠我国东北和华北经济区，北邻俄罗斯，西连蒙古国。居住着蒙、汉、回、朝鲜、鄂温克、鄂伦春、俄罗斯等 20 多个民族。满洲里市的旅游资源得天独厚，被誉为“北疆明珠”。呼伦贝尔草原、呼伦湖、蒙古风情、中西交融的城市风格，巍峨耸立的国门，组成一幅自然生态与现代景观、远古文化与现代文明、民族文化与异域风情交融和谐的画面。

呼伦湖位于呼伦贝尔市，面积 2339 平方千米，湖长约 80 千米，宽 30 千米，平均水深 6 米，是内蒙古第一大湖、中国第五大内湖，与贝尔湖为姊妹湖。呼伦湖被誉为草原上的一颗明珠。湖区环境优美、水产丰富，湖边牛羊成群，湖中泛舟观景，是内蒙古著名的旅游胜地。旅游点上的活动项目丰富多彩。游客可以穿上蒙古袍，骑着骏马奔驰；也可以骑着双峰驼漫步或乘坐原始的勒勒车漫游；还可划着小船在呼和湖中垂钓，或背着猎枪到附近的林中草地狩猎。

（三）云高天淡内蒙游

D1　呼和浩特接团，乘车赴哈拉乌素海游览。

哈拉乌素海蒙古语意为黑水湖，面积约 32 平方千米，位于土默特左旗。哈拉乌素海是黄河变迁而遗留的牛轭湖，属大黑河水系的外流淡水湖泊，距呼和浩特 70 千米，有“塞外西湖”之称。水深 2 米左右，盛产草、鲢、鲤、鲫等鱼类及河虾蟹。湖面芦苇荡内繁衍着各种鸟类，凌空起飞时盘旋在烟波浩渺的湖面上，组成一幅十分壮观的图景。

D2　观湖上日出，赴希拉穆仁草原游览。

希拉穆仁河蒙语意为“黄色的河”，位于呼和浩特以北 100 千米。在希拉穆仁河边有清代普会寺，为呼和浩特市席力图召六世活佛的避暑行宫，建于乾隆三十四年（公元 1769 年），雕梁画栋，颇为壮观。希拉穆仁草原是典型的高原草场，每当夏秋时节绿草如茵，鲜花遍地。普会寺背后环绕着希拉穆仁河，跨过河上大桥可达阿勒宾包山上观赏草原风光。

D3　观草原日出，游览普惠寺，赴二连浩特。

二连浩特市（简称二连）位于内蒙古自治区中部，与蒙古国扎门乌德市隔界相望。“二连”原名“额仁”，是牧人对荒漠戈壁景色的一种美好描述，有“海市蜃楼”的意思。二连浩特市具有丰富的旅游资源。边境一日游、草原风情游、跨国游、恐龙遗址游独具特色。

国门、界碑是二连市独特的旅游景点。旧国门建于 1984 年，中蒙边界设有 357 号双立界碑。2003 年，815 号大型花岗岩双立同号界碑于替代了原 357 号混凝土界碑。新国门于 2005 年投入使用，横跨铁路双轨，扎门乌德口岸是蒙古国最大的陆路口岸，与二连市隔界相望，两市区相距 9 千米。

D4　参观恐龙博物馆。

二连浩特市是内蒙古最早载入国际古生物史册的恐龙化石产地。地处内蒙古北部的二连盆地埋藏着十分丰富的恐龙等脊椎动物化石，被古生物学家称为“恐龙墓地”。这里是亚洲最早发现恐龙化石的地区之一，恐龙化石品种繁多，其中的白垩纪恐龙化石代表着全球恐龙活动最晚期的生物群特征，因此科研价值极高。

第11章 东北林海冰雪旅游区

第一节 概 述

东北旅游大区包括黑、吉、辽三省，位于我国东北边疆，面积约80万平方千米，人口约1亿（截至2010年11月1日），民族以汉族为主，少数民族包括满、蒙古、朝鲜、鄂伦春、赫哲、锡伯、达斡尔、回等民族。

本区旅游资源丰富，自然风光以林海、火山景观、北国冰雪为特征。

一、旅游地理环境概况

（一）山水环绕，平原辽阔

东北地区外围除西部连陆外，其他三面环水，依次是黑龙江、乌苏里江、图们江、鸭绿江、黄海、渤海；中部为高度不大的山地，分别是大兴安岭、小兴安岭、长白山、千山山脉，海拔在500～1000米；内部为三江平原、松嫩平原和辽河平原组成的东北平原。

（二）温带寒温带季风气候

东北地区除南部辽东半岛附近属暖温带和北部大兴安岭属寒温带外，大部分属中温带。由于东北地区纬度高和接近东西伯利亚等寒冷中心，本区冬季寒冷漫长，一般冬季长达半年左右，1

月平均气温-12～-30℃，最低气温在-20℃以下，是世界上同纬度陆地气温最低的地方，而漠河曾记录了-52℃的全国最低值。夏季气温不高，一般在 20～24℃，大兴安岭则低于 18℃，没有夏季。本区年温差也居世界同纬度地区之冠。

（三）河流水系分布状况

东北地区河流受地形限制，围绕着山地流动，大兴安岭和小兴安岭北侧是黑龙江干流，黑龙江是区内最大的河流，也是中俄界河。东部有乌苏里江、图们江和鸭绿江等水系；平原南部是辽河水系。东北区的河流冬季冰封时间长，北部一般可达半年，南部也在 3 个月左右。夏季河流水量较大，有时有洪水灾害。

（四）稠密的交通运输网

本区是我国最早发展铁路运输的区域，形成了以铁路为骨干，包括公路、航空、内河及海上航运在内的交通网络。

（五）物产丰富

东北地区有丰富的煤、铁、石油等矿产资源，使其成为我国的第一个重工业基地。土地资源丰富，耕地面积大，土质肥沃，是我国重要的商品粮基地和木材生产基地。在原始森林中栖息着东北虎、梅花鹿、紫貂、熊、猞猁、狐、麝等珍稀动物。产于原始森林中的人参、貂皮、鹿茸被称为“东北三宝”。此外，该区还盛产珍贵的毛皮和药材。

二、旅游资源基本特征

（一）北国林海风光，火山奇观壮丽

东北地区的大、小兴安岭和长白山是我国最大的原始森林，针叶树以红松、冷杉和兴安落叶松为主。大面积的原始森林为野生动物提供了生长和繁殖的条件，使东北地区成为我国最重要的野生动物产地和狩猎区。

东北地区是我国纬度最高的地区，冬季寒冷而漫长，千里冰封，万里雪飘，山河银装素裹，成为东北地区自然风光的代表。“冰城”哈尔滨的冰灯、冰雕闻名海内外，江城吉林的雾凇“树挂”千姿百态。

东北地区是我国大陆火山景观最丰富、典型的地区之一。全区有火山 230 多座，组成约 20 个火山群，著名的有五大连池、长白山天池、镜泊湖等火山群。这些火山群成为东北著名的火山遗迹游览区。在火山活动地区地热资源丰富，东北地区分布着五大连池、长白山温泉、本溪温泉等众多的温泉。

东北地区南部有漫长的海岸线，夏季海滨凉爽宜人，是避暑胜地，其中以大连最为著名。此外，还有兴城海滨风景区、长海县庄河冰峪沟风景区。

（二）众多名胜古迹

本区历史悠久，古迹众多，上至春秋，下至清代的历史古迹皆有，主要是渤海国，高句丽国，辽、金、明、清时的遗迹。其中清代遗迹最多，而且保存最完整。最为著名的遗迹有沈阳故宫，它是全国保存下来的最完整的清代宫殿建筑群，仅次于北京故宫。此外，还有清朝关山三陵，明代古城—宁远卫城、佛道教寺庙等古迹。

本区的建筑融合了多种建筑风格，有满汉风格的沈阳故宫，有欧式风格的圣索菲亚教堂、东正教堂、基督教堂，还有日本式及现代建筑风格。哈尔滨是融多种建筑风格于一体的典型城市，素有“东方莫斯科”、“东方小巴黎”之称，现保存下来的早期建筑达500多座，绝大部分为欧式建筑。

三、旅游分区与旅游线路

根据本区旅游资源的特色及道路交通情况，将本区以省为单位划分为3个旅游区，设计了4条旅游线路。每个旅游区内可根据旅游资源的具体情况辐射小尺度线路，可灵活变动。

第二节　辽宁旅游区

辽宁省地处我国东北地区南部，简称辽。辽东半岛伸入渤海与黄海之间，大陆海岸线长2178千米，陆地面积14.59万平方千米，海域面积15.02万平方千米，省会沈阳市。辽宁地势由北向南，自东西两侧向中部倾斜，东部山地丘陵属于长白山脉向西南的延伸部分，西部山地丘陵由松岭、黑山、医巫闾山等组成；中部属于冲积平原，由东北向西南缓倾，大部分河流自东、西、北三个方向往中南部汇集注入海洋。辽宁省属于北温带大陆性季风气候，日照丰富，冬长夏短，四季分明。全省总人口4374.63万（截至2010年11月1日），主要民族为汉族，少数民族有满、蒙、回、朝鲜、锡伯、达斡尔等民族。

早在远古时代，辽宁地区就有人类活动。辽宁地区是中华民族文明的发源地之一。据中国最早的史书《禹贡》记载，辽宁地区最早为冀州、青州之城，夏商为幽州、营州之地。秦始皇统一中国后，在辽宁地区设置辽东、辽西、左北平郡，隋朝时置辽东郡；唐朝时在安东都护府的管辖下；元代置辽阳行省；明代时为辽东都司。辽宁地区是中国最后一个封建王朝——清朝的发祥地，民国初沿袭清制为奉天省，公元1929年（民国十八年）改为辽宁省，取辽河流域永远安宁之意。

辽宁省现有世界文化遗产2处，分别是明清故宫拓展项目沈阳故宫和明清皇陵拓展项目盛京三陵，国家级重点文物保护单位52处，省级文物保护单位297处，国家级历史文化名城1座，中国优秀旅游城市18座，国家5A级旅游景区3处，国家级森林公园29处，国家级风景名胜区9处，国家级自然保护区13处。

一、风味肴馔

辽宁菜是在满族菜和东北菜的基础上，吸收全国各地地方菜特点，特别是鲁菜和京菜所长，形成了自己独特的风格。辽菜技法上擅长扒、熘、烧、炸、烩等，其中以“扒”著称，以“煎、炒、烹”见长，讲究调味，菜肴特点是一菜多味，咸甜分明；酥烂香脆，色艳味浓；富于营养，讲究造型。著名大菜有清蒸加吉鱼、生熗全虾、红扒麟面（驼鹿鼻子）、香酥飞龙（榛鸡）、烧猴头菇等。著名风味菜点有白肉血肠、大虾、什锦火锅、金钱飞龙鸟、游龙戏凤、老边饺子、吊炉饼、鸡蛋羹、马家烧麦等。

二、地方文艺

辽宁地区的民间舞蹈有秧歌、龙灯、旱船、扑蝴蝶、二人摔跤、打花棍、踩高跷等形式，多在一起配合演出，统称为“秧歌”。盛行于东北三省的二人转也叫“蹦蹦”，受到东北群众特别是农民的喜爱。

三、旅游交通概况

辽宁省交通运输十分发达，基础设施完备，拥有全国密度最高的铁路，四通八达的公路，通达世界的沿海港口和航空港口等多种运输体系，形成了以港口为门户，铁路为动脉，公路为骨架，民用航空、管道运输、海上运输相配套的四通八达的综合立体交叉运输网。

四、辽宁的旅游线路

（一）关外风光游

D1　沈阳接团，游沈阳故宫、东陵、昭陵。

沈阳位于辽河平原中部，浑河北岸，因浑河原名沈河，故称沈阳。沈阳是东北地区最大的城市，也是一座历史古城，主要旅游景点有沈阳故宫、东陵、昭陵等。

沈阳故宫位于沈阳市区，为清初皇宫，占地面积约 6 万平方千米，共有建筑 90 余座、房屋 300 余间。四周有高大的红色宫墙，整个皇宫楼阁耸立，殿宇巍然，雕梁画栋，富丽堂皇，主要建筑有崇政殿、大政殿、文渊阁等。它是我国现存仅次于北京故宫的最完整的宫殿建筑群。现为沈阳故宫博物院，院内主要珍藏清前期宫廷遗物。

东陵又称福陵，因位于沈阳东郊，故称东陵，是清太祖努尔哈赤和皇后叶赫那拉氏的陵墓，建于 1629 年。东陵面临浑河，背倚天柱山，颇具气势，沿 108 级台阶上至红门正中，可见到福陵的主体建筑，其制式和关内清陵相差无几。福陵内外，古松参天，枝繁叶茂、苍劲挺拔，从远处望去，如一片翠海，十分壮观，是福陵的一大特色。

昭陵俗称北陵，位于沈阳城北，是清太宗皇太极和皇后博尔济吉特氏的陵墓，建于 1643 年，它是清关外三陵（昭陵、东陵、永陵）中规模最大和最完整的一座，制式和福陵相仿。陵园以精美的石刻艺术闻名，现辟为北陵公园。

D2　赴辽阳北郊参观壁画墓群，参观金代白塔，赴千山风景区游览。

辽阳壁画墓群位于辽阳市北郊，先后发现东汉至魏晋时期的壁画墓多座，墓顶均有高大的方锥形封土。各墓除有许多陪葬物外，墓室四壁都有彩色壁画，内容丰富多彩，形象生动，形态各异。

白塔建于金代，高 71 米，建在一高大石台上，平面呈八角形，十三层，塔身四周有坐佛等雕像，各层悬有风铃、铜镜。塔顶有刹杆、玉珠和相轮。辽阳白塔是东北地区最高的塔，是辽阳最著名的旅游胜地。

千山位于鞍山市东南 20 千米处，因有 999 座山峰其数近千，故名千山，座座山峰似莲花开放，亦称“千朵莲花散”，是国家重点风景名胜区。这里奇峰幽谷，景庙交融，自古就有“无峰不奇，无寺不古，无石不俏”之美誉。奇峰、岩松、古庙、梨花为千山四大著名景观。著名胜景有八步紧、夹扁石、一线天、一步登天、五佛顶和仙人台等。

D3 继续在千山景区游览，下午乘车前往大连。

大连位于辽东半岛南部，东濒黄海，西临渤海。这里气候宜人，景色秀丽，漫长的海岸线和无数大小岛屿构成天然的海岸风光，是国家重点风景名胜区、著名的旅游避暑疗养胜地。大连海滨景区海岸线长30千米，分布着优良的海滨浴场和一系列景点，主要有星海公园、老虎滩、金石滩、棒槌岛、白云山庄、黑石礁等。

D4 游览森林动物园、棒槌岛、海滨沿线。

棒槌岛位于大连东南5千米的黄海中，面积仅0.3平方千米。因退潮时，与岛相连的礁石露出水面，如同一支老山参镶嵌在碧绿的海面上，故名棒槌岛。岛上山崖陡峭，怪石嶙峋，清晨来此可观海听涛，还可欣赏奇妙的日出。棒槌岛附近还有风光秀丽的海水浴场，是著名的避暑胜地。

D5 赴旅顺，参观日俄监狱旧址、电岩炮台，回大连，游大连的城市广场。

日俄监狱旧址位于旅顺口区元宝房，原名“旅顺刑房所”，为沙俄侵略者1898年所建，后由日本侵略者沿用至1945年8月。日俄监狱是沙俄、日本侵略者在中国领土上设置的囚禁、屠杀中国人民的一座法西斯监狱。在这里，无数的中国共产党人、抗日志士和爱国同胞被关押和屠杀。现在这里建立了展览馆和帝国主义侵华遗迹保管所，成为爱国主义教育基地。

电岩炮台位于旅顺港口东侧黄金山南面临海的山崖上，是沙俄强租旅顺后，为加强旅顺口要塞海上防御体系，在原清军海岸炮台基础上扩建而成的一座重要军事工程。炮台东西两端各安装一盏远射程的探照灯，用于夜间监视海面。灯光反射到峭壁岩石上闪闪发光，因此称其为“电岩炮台”。大连的城市广场是一道亮丽的风景线，最主要的城市广场是人民广场，市政府等重要机构均在广场周边，在9：30左右，有英姿飒爽的女骑警在广场上巡逻，这已成为大连一景。位于海边的星海广场是中国也是世界上最大的公共广场，广场面积相当于天安门广场的2倍多，四周绿草如茵，空气新鲜，是休闲的好地方。

D6 游金石滩海滨。

金石滩风景区位于大连东北约60千米金州区的黄海之滨。这里沙砾晶莹，山石璀璨，被人们称为“金石滩”。在6~7千米的海岸线上，巨石长期被海水侵蚀，千疮百孔，犹如鬼斧神工雕塑出来的大自然奇观。金石滩风景区主要包括玫瑰园、龙宫奇景、南秀园、鳌滩等景区。著名的景点龟裂石、金石园为中国一绝、世界奇观。

(二) 辽东风光游

D1 沈阳接团，游沈阳。

D2 前往本溪，游本溪水洞，赴丹东。

本溪水洞位于本溪市约35千米的太子河畔，是数百万年前形成的大型充水溶洞，属石灰岩溶洞。分水、旱两洞，洞口座南面北，高16米，进入洞口首先是一个宽高各20米，长50米可容纳千人的“迎客厅”，大厅向右有旱洞长300米，洞内怪石嶙刚，洞中有洞，洞顶和岩壁钟乳石多沿裂隙成群发育，呈现各式物象，不假修凿，自然成趣，宛若龙宫仙境。古井、龙潭、百步池等诸多的景观。水洞长 2300 米，乘舟畅游洞内，可见鞭蓉峡、二仙宫、双剑峡、玉宫等神奇景观。以本溪水洞为主体，建立了本溪水洞风景区，由水洞、温泉寺、汤沟、玉门山、铁刹山、庙后山 6 个景区组成，融山、水、洞、泉、湖、古人类遗址于一体。

D3　乘船游鸭绿江。

鸭绿江是中朝两国的界河，全长 790 多千米。鸭绿江风景区包括水丰湖、太平湾、虎山、大桥、东港等 5 个景区 100 多个景点组成。鸭绿江大桥是中国人民志愿军抗美援朝的凯旋门。上午游鸭绿江大桥，乘船游鸭绿江，饱览中朝两国沿江风光。

D4　中朝边境一日游，晚上乘火车返沈阳。

第三节　吉林旅游区

吉林省位于中国东北地区中部，处于东北亚的腹地，简称“吉”。边境线总长 1438.7 千米，总面积 18.74 万平方千米，省会长春市。吉林省地貌形态差异明显，地势由东南向西北倾斜，呈现明显的东南高、西北低的特征。以中部大黑山为界，可分为东部山地和中西部平原两大地貌区：东部为长白山地和吉东低山丘陵，西部是松辽平原，东南部高，西北部低，中西部是广阔的平原。地貌类型种类主要由火山地貌、侵蚀剥蚀地貌、冲积地貌和冲积平原地貌构成。吉林省处于北半球的中纬地带，欧亚大陆的东部，相当于我国温带的最北部，接近亚寒带。全省形成了显著的温带大陆性季风气候特点，四季分明。春季干燥风大，夏季高温多雨，秋季天高气爽，冬季寒冷漫长。自东部向西部有明显的湿润、半湿润和半干旱的差异。全省总人口2746.22万（截至 2010 年 11 月 1 日），汉、满、蒙古、朝鲜是主要民族。

“吉林”是满语“吉林乌拉”的略称，即沿江的意思。清置吉林省，即以此得名。吉林省历史上长期是满、蒙古、朝鲜等少数民族活动和聚居之地。约 3000 年前活动在长白山北部一带的肃慎部族（满族前身）为本区原始居民。唐代时曾建渤海国于东部山区。宋代时又建金国（女真）。明以后满族经济活动有畜牧、采集、狩猎、捕鱼及农业等多种生产。清末设吉林省。

吉林省现有世界文化遗产高句丽王城王陵与贵族墓葬，国家级重点文物保护单位 33 处，省级文物保护单位 271 处，国家级历史文化名城 2 座，中国优秀旅游城市 7 座，国家 5A 级旅游景区 3 处，国家级森林公园 31 处，国家级风景名胜区 4 处，国家级自然保护区 14 处。雄山托天池，林海藏珍奇的长白山自然保护区，中国四大自然奇观之一的吉林雾凇，碧波荡漾的松花湖，载入《世界著名湿地名录》的通榆向海自然保护区，都吸引着游人前往。

一、风味肴馔

吉林菜是采用当地天然原料与特有的烹饪工艺，集吉林省满族、朝鲜族、蒙古族饮食文化和习俗而形成的具有特殊风味的系列菜系。刀工精巧细致，色泽造型讲究，五味调和香醇，营养丰富，具有很高的饮食文化品位和滋补保健功能，代表菜有罕参炖飞龙、沙锅鹿宝、清蒸松花江白鱼、白肉血肠。李连贵熏肉大饼、朝鲜冷面是有口皆碑的地方风味。

二、地方文艺

吉剧流行于长白山、松花江一带，生活气息浓郁，表演朴实逼真。二人转在东北秧歌、民歌基础上，吸收借鉴了莲花落、评剧、皮影等艺术，逐渐发展起来。

三、旅游交通概况

吉林交通比较发达，基本形成了以铁路为主，航空和公路客运为辅，内河航运为补充的立体交通网络。吉林省的铁路网大体可分为西北—东南和西南—东北两个走向。京哈铁路干线贯穿吉林南北。从吉林省内可直达全国各主要城市。

四、吉林游

D1　长春接团，赴净月潭风景名胜区游览。

净月潭风景名胜区位于长春市东南 12 千米处，面积约 151 平方千米，水域面积 430 多公顷，这里是长白山余脉，山势起伏、层峦叠嶂、林木参天、群山环抱。其主要有潭北山色、潭南林海、月潭水光、潭东林舍四个景区。这里水面宽广，湖水碧澈，林海面积大，湖光山色，景色迷人；是春季踏青、划船，夏季避暑、游泳，秋季赏红叶、垂钓，冬季观雪景和冰上运动的四季游览胜地。

D2　赴吉林市，游览松花湖风景区，赴延吉。

吉林市坐落于长白山支脉之中，四面环山，第二松花江呈“S”形纵贯市区南北，市区北部的北山公园除景色优美外，冬季积雪盈尺，是全国著名的滑雪场。松花湖风景区位于吉林市南 24 千米的松花江上，为丰满水电站拦截松花江筑坝时形成的人工湖。湖区总面积约 700 平方千米，包括骆驼峰、北天门、五虎山、卧龙潭、石龙壁等 10 个景区。风景区内水面辽阔，植被繁茂，气候宜人，水产丰富。冰雪资源独具优势，松花湖滑雪场是我国靠山滑雪运动的基地。风景区还开设了多种特殊旅游项目，如滑雪、滑水、狩猎、捕鱼、钓鱼、乘游轮、划游船等，最著名的是东北冬季的自然绝景——“雾凇”。

雾凇也叫树挂、银枝、汽水花、冰花，是由雾或水汽冻结而成，是吉林冬季最具地方特色的景观。雾凇的形成具有其独特的自然条件。丰满水电站排出的水，温度较高，水汽充足，在封闭的地形条件下，水汽不易扩散，冬季多浓雾。严冬季节，过冷雾滴在沿江的树干和树枝上凝华成银白色的霜花包裹，造型奇异。在松花江十里长堤上，枝头凝霜挂雪，玉树银枝，婀娜多姿，成为一大胜景，被誉为“寒江雪柳”。雾凇形成的三个阶段各有特色，游人观赏的时候有“夜看雾”、“晨看挂”、“待到近午看落花”之说。每年一月，吉林市举行“吉林雾凇冰雪节”，主要内容包括观赏雾凇奇观，观看“三灯一火”（冰灯、河灯、彩灯和焰火），并开展冰雪体育运动，极富刺激性和娱乐性。

D3　游览长白山。

长白山位于吉林省的安图、抚松、长白三县境内，是世界闻名的巨型复合式盾状火山体，号称“东北第一山”，是著名的湖泊、瀑布、林海、温泉风景区。

长白山天池位于长白山主峰白头山顶上，为一火山口湖，面积约 10 平方千米，平均水深 204 米，最深处达 373 米，湖面海拔 2155 米，是我国最高的高山湖泊之一，也是世界著名的火山口湖。天池是中朝两国的界湖。天池周围奇峰林立，湖水清澈湛蓝，悬崖峭壁倒映水中，千姿百态，形成奇妙壮观的大自然景观。

在长白山天池北面有一个缺口，池水外流，在 1250 米处有一断崖，跌水下注，形成高达 68 米的瀑布，如白练凌空而下，轰鸣如雷，白浪飞溢，气势如虹，蔚为壮观。

在长白山瀑布下 900 米处有长白山温泉，分布面积约 1000 平方米，是一个温泉群，水温最高达 82℃，常年热气腾腾，温泉具有很高的医疗价值。

第四节　黑龙江旅游区

黑龙江省位于中国的东北部，是中国位置最北、纬度最高的省份，由境内最大河流黑龙江而得名，简称“黑”，总面积 45.4 万平方千米，省会哈尔滨市。黑龙江地形复杂，山地平原交叉分布，西北部有大兴安岭山地，北部有小兴安岭山地，东南部有张广才岭、老爷岭、太平岭和完达山等山地，东北部和西南部有三江平原及松嫩平原。地势西北高，东南略低，西南、东北低平。全省属于寒温带大陆性季风气候，为中国气温最低的省份。冬季漫长寒冷，夏季短促多雨，西北端没有夏天。1 月平均气温 -31 ~ -15℃，7 月平均气温 18 ~ 23℃。东西降水差异明显，年降水量 400 ~ 700 毫米。全省总人口 3831.22 万（截至 2010 年 11 月 1 日）。

早在距今 3 万至 4 万年的旧石器时期，黑龙江就有人类活动。先秦时期，这里分布着肃慎、濊貊和东胡三大族系的先民。汉朝属夫余地，辽属东京、上京道，金代称女真，元属岭北和辽宁行省，明为女真地，清代始称满洲。清初为黑龙江将军辖区，清末置黑龙江省。

虽然黑龙江省开发历史较晚，但古迹遗址等人文景观别具特色，自然景观原始壮丽，形成独特的黑龙江省旅游资源。现有国家级重点文物保护单位 28 处，省级文物保护单位 234 处，国家级历史文化名城 1 座，中国优秀旅游城市 11 座，国家 5A 级旅游景区 3 处，国家级森林公园 57 处，国家级风景名胜区 3 处，国家级自然保护区 24 处，全国旅游胜地四十佳 1 处。

一、风味肴馔

黑龙江菜系也称“龙江菜”，以烹制山蔬野味为特点，讲究口味的香醇、鲜嫩、爽润，咸淡相宜。选料严谨，刀法精湛，讲究造型，烹制技法多样，营养丰富，味道醇厚。宫廷白肉血肠、努尔哈赤黄金肉、葱烧辽参、红烧大马哈鱼、烤狗肉、叉烧野猪肉、烩鹿尾、飞龙汤为其代表菜。

二、地方文艺

冰雕艺术自20世纪60年代初在哈尔滨发展起来，至今已产生广泛影响。二人转的语言通俗易懂，幽默风趣，生活气息浓厚、富有地方特色。其表演细腻，唱腔优美，以唱功取胜。龙江剧是新中国成立后在二人转基础上形成的新剧种，乡土味浓郁。

三、旅游交通概况

黑龙江省现有铁路、公路、水运、航空和管道五种运输形式，已经形成粗具规模的陆、水、空、地下综合运输网，成为亚洲及太平洋区域陆路通往俄罗斯和欧洲大陆的重要通道。

四、黑龙江游

D1　哈尔滨接团。游览市内抗洪纪念碑、太阳岛、南岗圣·索菲亚大教堂等景点。

哈尔滨为黑龙江省省会，是位于松花江畔的一座美丽的“江城”。哈尔滨是我国各大城市中冬季气温最低的地方，素有“冰城”之称，是我国北方重要的工业城市和交通枢纽。哈尔滨是夏季避暑胜地、冬天观灯和冰上运动的好去处，还有独特的西方早期建筑和众多的狩猎场。

抗洪纪念碑是哈尔滨的城市象征，由立体塔身和附属回廊组成。塔高22.5米，由20根擎天柱连成弧形相衬托，显示塔的雄伟。塔顶是工农兵和知识分子组成的雕像，下面是1957年全市战胜特大洪水的生动场面。塔上有“塔镇江天”四个光彩夺目的大字。

太阳岛位于松花江畔，是松花江中的沙丘岛，总面积38平方千米。这里碧水环抱，林木茂密，是著名的疗养、旅游胜地，有“哈尔滨明珠”之称。岛上有迷人质朴的自然美景和野味极浓的原始风情。

南岗圣·索菲亚大教堂位于道里北兆麟街，它是哈尔滨、也是远东最大的一座东正教教堂，始建于清代，由俄国传教士修建。现存教堂于1923年重建。教堂面积337平方米，全高53.35米，大厅可容纳2000人。在硕大的球形屋顶上，竖着一个巨大的十字架，整个教堂庄严典雅，雄伟壮观。这座欧式建筑，为哈尔滨增添了异国风采。

每年1月5日起，哈尔滨主办历时一个月的“冰雪节”，尤以冰灯游园会著名。冰灯全由天然冰经过加工而成，千姿百态，惟妙惟肖，造型优美的冰雕雪塑在声、光、电的配合下，异彩纷呈，游人络绎不绝。

D2　游桃山狩猎场。

桃山狩猎场位于哈尔滨东北的铁力市境内的小兴安岭南坡，总面积6200平方千米，是我国第一个天然野生动物饲养狩猎场，场内有黑熊、马鹿、狍子、野猪、山羊、野兔等十多种野生动物。每年九月底至次年初春是狩猎旅游的最佳季节。在狩猎场附近还建有宾馆、滑雪场、溜冰场、钓鱼台等设施和景点，这里每年吸引了大量的海内外游客到此狩猎和旅游。

D3　观看镜泊湖晨景，乘汽艇游览镜泊湖，到东京城游览。

镜泊湖位于牡丹江市境内，距牡丹江市 98 千米，是由火山爆发之后，熔岩阻塞牡丹江古河道而形成的火山熔岩堰塞湖。其水面面积 90 平方千米，水深达 40 ~ 50 米，被誉为“东北第一湖”，也是我国最大的熔岩堰塞湖。湖面四面环山，水平如镜，山峦树木倒映湖中，呈现出一派恬静的自然风光。湖中的 7 个孤岛和吊水楼瀑布合称“镜湖八景”。唐朝我国东北地区的少数民族靺鞨人建立渤海国，隶属唐朝，后为辽所灭。其都城上京龙泉府就坐落在牡丹江畔宁安市距镜泊湖不到 20 千米的东京城里。上京城建制和规模完全仿照唐都城长安建造，规模宏大，城有三重，分廓城（外城）、皇城（内城）、紫禁城（宫城），城内现只留下了遗迹，廓城西南部有清代所建兴隆寺，寺内还存有渤海国时期遗留下来的著名佛教石雕石灯幢。

D4 游览地下森林，赴牡丹江市，乘晚上火车前往齐齐哈尔。

地下森林位于牡丹江市南，镜泊湖西北 45 千米处。由于火山爆发后的岩浆冷却和收缩，火山顶部便自然塌陷，形成了内壁陡峭、大小不等的多处火山口，分布在长 40 千米，宽 5 千米的地带上。火山口直径 50 ~ 500 米，深 40 ~ 200 米，海拔 900 ~ 1000 米。1 万多年来，火山口内生长出茂密的树木，形成火山原始森林，俗称“地下森林”。在这里生长有红松、水曲柳、黄菠萝等植物，还生活着许多珍贵的动物，如东北虎、黑熊、马鹿、獐子等。火山口森林对研究这里的地质地貌、动植物都有重要的科学价值，是东北的一大自然景观。前往齐齐哈尔。

D5 游览明月岛、扎龙自然保护区。

明月岛位于齐齐哈尔市西北 7000 米的嫩江江心，岛形似月，倒映江中，故名“明月岛”。全岛面积 7.6 平方千米，岛上绿树成阴，花草丛生，风光秀丽，景色迷人。岛中心有古建筑万善寺，是明月岛的旅游中心。

扎龙自然保护区位于齐齐哈尔市东南约 30 千米，乌裕尔河下游，总面积 420 平方千米。这里河流交错、芦苇丛生、鱼虾繁多，是水禽鸟类的天然乐园。每年在此栖息的鸟类有 200 多种，尤以丹顶鹤闻名。世界上共有鹤类 15 种，我国有 8 种，而扎龙地区就有 6 种。据统计全世界丹顶鹤有 1000 多只，而扎龙就有 700 多只，因此，扎龙素有“鹤的故乡”之称。每年的 5 ~ 7 月是观鸟的黄金季节。

附录一

我国的历史文化名城

第一批（24 座）：北京、承德、大同、南京、泉州、景德镇、曲阜、洛阳、开封、苏州、扬州、杭州、绍兴、江陵、长沙、广州、桂林、成都、遵义、昆明、大理、拉萨、西安、延安。

第二批（38 座）：天津、保定、平遥、呼和浩特、沈阳、上海、镇江、常熟、徐州、淮安、宁波、歙县、寿县、亳州、福州、漳州、南昌、济南、安阳、南阳、商丘、武汉、襄阳、潮州、重庆、阆中、宜宾、自贡、镇远、丽江、日喀则、韩城、榆林、武威、张掖、敦煌、银川、喀什。

第三批（37 座）：正定、邯郸、新绛、代县、祁县、哈尔滨、吉林、集安、衢州、临海、长汀、赣州、青岛、聊城、邹城、临淄、郑州、浚县、随州、钟祥、岳阳、肇庆、佛山、梅州、海康、柳州、琼山、乐山、都江堰、泸州、建水、巍山、江孜、咸阳、汉中、天水、同仁。

2001—2011 年增补（19 座）：山海关区（秦皇岛）、凤凰县、濮阳、安庆、泰安、海口、金华、绩溪县、吐鲁番、特克斯县、无锡、南通、北海、嘉兴、宜兴、中山、太原、蓬莱、会理县。

截至 2011 年，共有 118 座历史文化名城。

附 录 二

我国列入《世界遗产名录》的自然、文化遗产

1. 长城（1987.12，文化遗产）（附1）
2. 北京故宫、沈阳故宫（1987.12，文化遗产）（附7）
3. 陕西秦始皇陵及兵马俑（1987.12，文化遗产）
4. 甘肃敦煌莫高窟（1987.12，文化遗产）
5. 北京周口店北京猿人遗址（1987.12，文化遗产）
6. 山东泰山（1987.12，文化与自然双重遗产）
7. 安徽黄山（1990.12，文化与自然双重遗产）
8. 湖南武陵源国家级名胜区（1992.12，自然遗产）
9. 四川九寨沟国家级名胜区（1992.12，自然遗产）
10. 四川黄龙国家级名胜区（1992.12，自然遗产）
11. 西藏布达拉宫（1994.12，文化遗产）（附2、附3）
12. 河北承德避暑山庄及周围寺庙（1994.12，文化遗产）
13. 山东曲阜的孔庙、孔府及孔林（1994.12，文化遗产）
14. 湖北武当山古建筑群（1994.12，文化遗产）
15. 江西庐山风景名胜区（1996.12，文化景观）
16. 四川峨眉山—乐山风景名胜区（1996.12，文化与自然双重遗产）
17. 云南丽江古城（1997.12，文化遗产）
18. 山西平遥古城（1997.12，文化遗产）
19. 江苏苏州古典园林（1997.12，文化遗产）（附4）
20. 北京颐和园（1998.11，文化遗产）

21. 北京天坛（1998.11，文化遗产）

22. 重庆大足石刻（1999.12，文化遗产）

23. 福建武夷山（1999.12，文化与自然双重遗产）

24. 四川青城山和都江堰（2000.11，文化遗产）

25. 河南洛阳龙门石窟（2000.11，文化遗产）

26. 明清皇家陵寝：明显陵（湖北钟祥市）、清东陵（河北遵化市）、清西陵（河北易县）（2000.11，文化遗产）（附5、附6、附8）

27. 安徽古村落：西递、宏村（2000.11，文化遗产）

28. 山西大同云冈石窟（2001.12，文化遗产）

29. 云南三江并流（2003.7，自然遗产）

30. 吉林高句丽王城、王陵及贵族墓葬（2004.7，文化遗产）

31. 澳门历史城区（2005.7，文化遗产）

32. 四川大熊猫栖息地（2006.7，自然遗产）

33. 中国安阳殷墟（2006.7，文化遗产）

34. 中国南方喀斯特（2007.6，自然遗产）

35. 开平碉楼与古村落（2007.6，文化遗产）

36. 福建土楼（2008.7，文化遗产）

37. 江西三清山（2008.7，自然遗产）

38. 山西五台山（2009.6，文化景观）

39. 嵩山“天地之中”古建筑群（2010.7，文化景观）

40. 中国丹霞（2010.8，自然遗产）

41. 杭州西湖（2011.6，文化景观）

42. 元上都遗址（2012.6，文化遗产）

43. 澄江化石地（2012.7，自然遗产）

附1：2002年11月，中国唯一的水上长城辽宁九门口长城通过联合国教科文组织的验收，作为长城的一部分正式挂牌成为世界文化遗产。

附2：2000年11月，拉萨大昭寺作为布达拉宫世界遗产的扩展项目被批准列入《世界遗产名录》。

附3：2001年12月，拉萨罗布林卡作为布达拉宫历史建筑群的扩展项目被批准列入《世界遗产名录》。

附4：2000年11月，苏州艺圃、耦园、沧浪亭、狮子林和退思园5座园林作为苏州古典园林的扩展项目被批准列入《世界遗产名录》。

附5、附6：2003年7月，北京市的明十三陵和南京市的明孝陵作为明清皇家陵寝的一部分列入《世界遗产名录》。

附7：2004年7月，沈阳故宫作为明清皇宫文化遗产扩展项目列入《世界遗产名录》。

附8：2004年7月，沈阳市的盛京三陵作为明清皇家陵寝扩展项目列入《世界遗产名录》。

参考文献

1. 保继刚．旅游地理学（修订版）．北京：高等教育出版社，2002.

2. 刘振礼，王兵．新编中国旅游地理．天津：南开大学出版社，1996.

3. 周进步等．现代中国旅游地理学．青岛：青岛出版社，1998.

4. 庞规荃．中国旅游地理．北京：旅游教育出版社，2003.

5. 王钟印等．中国旅游地理概论．北京：中国旅游出版社，1994.

6. 王清廉等．中国旅游地理．北京：警官出版社，1997.

7. 李娟文，游长江等．中国旅游地理．大连：东北财经大学出版社，1999.

8. 袁绍荣．中国旅游经济地理．广州：华南理工大学出版社，1999.

9. 管维良等．中国历史与文化．重庆：重庆大学出版社，1998.

10. 应舍法．中国四十条旅游热线指南．杭州：浙江人民出版社，2001.

11. 睢金钟．中国最佳旅游路线指南．广州：广东省地图出版社，2000.

全国高职高专旅游管理专业系列规划教材

旅游学概论

旅游市场营销

旅游法规

中国旅游地理（第二版）

旅游社交礼仪

导游英语（第二版）

饭店英语

导游日语（第二版）

饭店日语（第二版）

现代饭店管理（第二版）

前厅客房服务与管理

食品营养与卫生（第二版）

酒水与酒吧管理

餐饮服务与管理

武汉大学出版社（全国优秀出版社）